JN218336

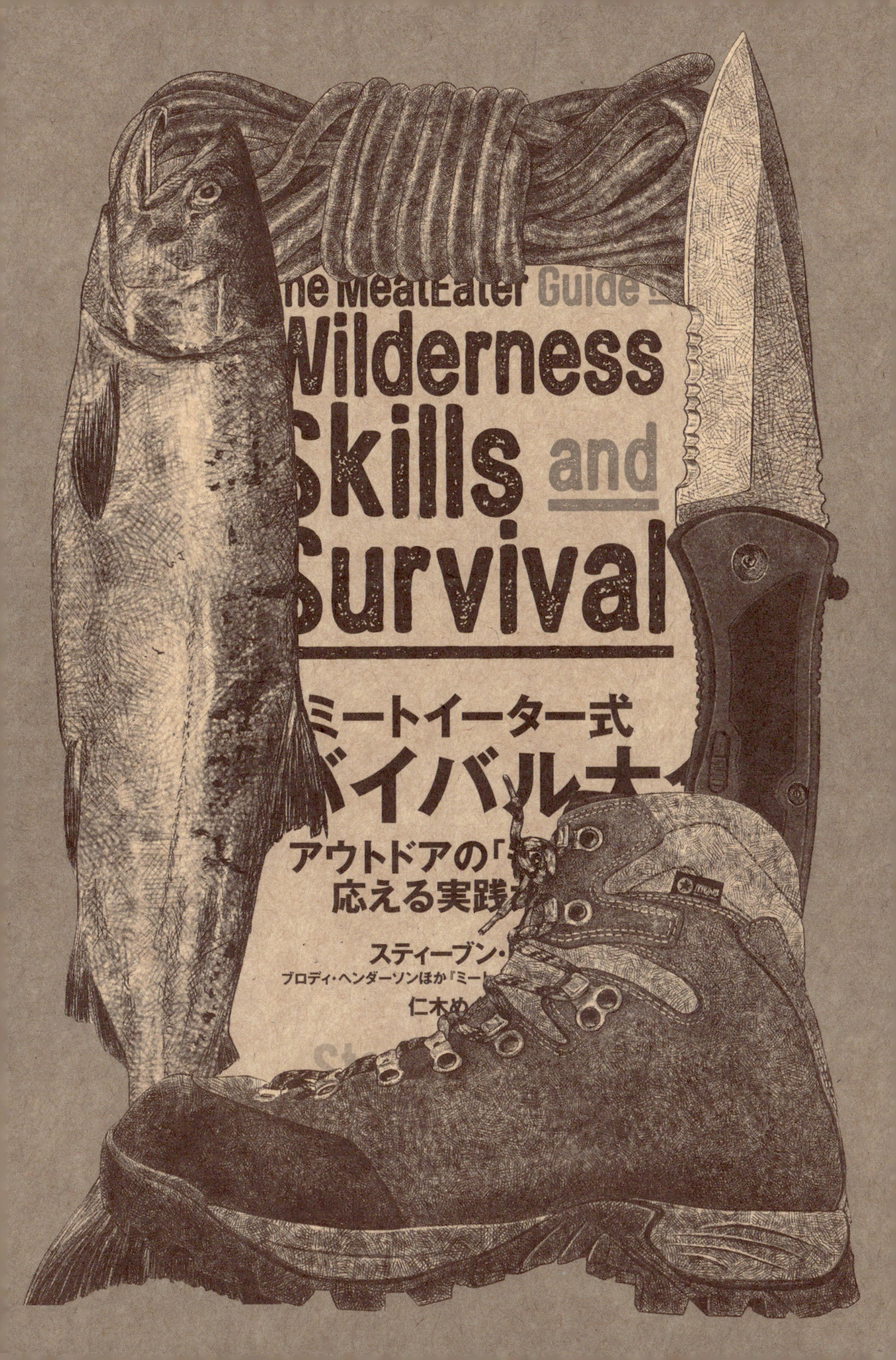
ne MeatEater Guide
Wilderness
Skills and
Survival
ミートイーター式
バイバル
アウトドアの「
応える実践
スティーブン・
ブロディ・ヘンダーソンほか『ミー
仁木め

The MeatEater Guide to
Wilderness
Skills and
Survival

ミートイーター式
サバイバル大全

アウトドアの「もしも」に
応える実践ガイド

スティーブン・リネラ

ブロディ・ヘンダーソンほか『ミートイーター』のクルーとともに

仁木めぐみ＝訳

Steven Rinella

AKISHOBO

サバイバル仲間たちへ

ジャレッド、モー、ニック、ドティ、フィル、ブライアン、
リッジ・パウンダー、コーリー、マイク、アダム、
フリップ・フロップ・フレッシャー、ローレン、エリック、
ドム、マヒング、ダーティ・マイス、リック、
ウォシュレスキー、ブロディ、ラトビアン・イーグル。

それにしてもワイルドな旅だった。

プロローグ　マシュマロには気をつけろ──アウトドアの危険について考える

　どんなに頻繁にアラスカの地で辺境軽飛行機（ブッシュプレーン）に乗っていても、私は離陸するたび15分おきに、墜落するんじゃないかといつも心配している。心配だからといって乗らない選択肢はないのだが、危険の可能性についてはできるかぎり現実的でいようと思っている。だから、木のてっぺんスレスレを飛んで飛行技術をひけらかしたり、谷間の狭い空間を攻めるようなパイロットの飛行機には乗りたくない。それに、「空からの観光」や地上を鳥瞰するスリルを味わうために単発機で飛ぶことにもハマっていない。私の兄は野生動物を研究する生物学者であり、アラスカで何百時間も辺境軽飛行機に乗っているのだが、その兄の言葉を借りると、「離陸し、着陸する、それ以外のよけいなことはすべきでない」。

　けれど、このあいだ9月にユーコンチャーリーリバー国立自然保護区でカリブー狩りをした後、トクという村に戻るときだけは自分のルールを曲げた。ふたり乗りの通称「スーパーカブ」と呼ばれるプロペラ軽飛行機の中で、コースを外れてほしいと言った。皮肉なことにその目的は、ある飛行機墜落現場の残骸の上を飛んでもらうためだった。1943年12月にB-24爆撃機が山腹に突っ込み、乗組員5人のうち4人が亡くなった。ただひとり生き残ったレオン・クレーンというパイロットは機体の爆弾倉から脱出し、パラシュートで降下して雪原に着地した。パラシュート以外の持ち物は、衣類とボーイスカウトのナイフとマッチ2箱を背中に背負っているだけ。手袋もミトンもしていない。気温はマイナス20℃だった。

　クレーンは斜面を下って、チャーリー川にたどり着いた。そこで彼は絹のパラシュートを身体に巻きつけ、トウヒの木の下にうずくまって、1週

間救助を待っていた。救助は来なかった。火を熾すことはできたが、食料を調達することができなかった。彼は食べる感じを味わいたくて植物を口にしたが、吐き出した。急ごしらえの槍や弓矢、そして投石器でアメリカアカリスを捕まえようとしたが、どうにもならなかった。餓死を恐れたクレーンは川に沿って、下流である北のほうへと下っていった。そして我々がトクへ向かう途中で通った地点にたどり着いた彼は、罠猟師の空き屋を見つける。そこには食料やミトン、ライフルなどのサバイバルに必要な大量の物資が備蓄されていた。クレーンはここでふたたび救助を待った。こんどは1ヶ月間も。しかし、救助は来ない。2月になり食料が減っていくことに不安を抱いた彼は、その小屋を出た。チャーリー川に沿って、北や東に1ヶ月ほど歩き回りながら、ライフルでライチョウを仕留めたり、パラシュートから外したコードで装備を修理したりした。そのうちに、最近ついたばかりのソリの軌跡に行き当たる。たどっていくと別の猟師小屋が現れ、そこにはアルバート・エイムズという罠猟師がいた。エイムズとその家族はクレーンを迎え入れ、ムースの肉とパンケーキを食べさせてくれた。数日後、彼らは犬ゾリに乗ってユーコン川の駐留地に行き、クレーンはそこから小型飛行機で帰還することができた。3月14日、北極圏の未開の地で80日間を耐え抜いた後、クレーンはアラスカ州フェアバンクスで自分の部隊指揮官の前に立ち、生還を報告した。

　このエピソードには尊敬すべきところも、学ぶべきところもたくさんある。まずなによりも、クレーンの心身の強靭さだ。仲間の飛行兵たちが亡くなるのを見た後で、何週間も飢えと寒さと孤独に耐え、その間絶望に負けることも、愚かなミスを犯すこともなかった。彼はしっかりと計画を立てて行動し、動かずに待つべきときと、荷造りをして移動すべきときを論理的に考えて決めていた。移動するときはむやみに動き回らず、周囲の環

境を見て行き先を決めていた。最終的に生還することができたのは、大き
なミスを犯さなかった結果だ。さらに、たくさんの物資がストックしてあ
った小屋の持ち主は、十分に準備をし、必要な物資を持っていくことの重
要性を示した。その周到な準備が、予期せぬ客を救ったのだ。この苦し
い体験の1年後、クレーンは部隊を率いて、墜落事故で亡くなった仲間
の遺体回収を試みている。その遠征のときに、彼は笑顔で写真に写って
いる。我々みなにこれほどの強さがあったなら。

　飛行機の中で、私はクレーンについて考えつづけた。すばらしい実話だ
が、こういう話がある種の理解のさまたげになることもある。墜落した飛
行機のパイロットや難破した船の乗組員たちの見事な生還劇の陰にかく
れて、もっとずっと平凡でありきたりのことをやっていてトラブルに陥っ
た人々の、ごく普通の話が目立たなくなってしまうのだ。

　私の友人は以前、高校生が対象の長期バックパック登山ツアーを実施
する会社でガイドを務めていた。高校生が緊急搬送させる理由のトップ
は、ヘビに咬まれることでも、クマに襲われることでも、低体温症でもな
いという。それは料理中の事故で、たいていはキャンプ用のコンロの火や
沸騰した湯による火傷なのだそうだ。これは私自身の子ども時代の怪我や
事故の経験とも合致する。BB銃や22口径の弾丸、ランボーナイフや両刃
の斧、忍者の手裏剣などを好きなだけいじっていたが、何も問題は起きな
かった。トラブルに陥るとき、その原因はだいたい火だった。実際、いま
まで目撃したなかでいちばん忘れられない事態は、燃え上がったマシュマ
ロがスモア〔焼いたマシュマロとチョコを挟んで食べる野外スイーツ〕用のクラッカーの上で
なく、私の兄弟の胸に着地したことだった。

　ただ、元ガイドの友人が言う料理中の事故率は、一般的なアウトドア
愛好家には当てはまらない。アメリカで救急ヘリが出動する怪我のトップ

は、ハイキング中の捻挫と肉離れだ。このデータは、アウトドアにおける我々の最大の危険は、不注意や不器用な動きにあるという真実を示している。これまで、クマよけの催涙スプレーで人が悶絶する光景を2回見たことがあるが、いずれもクマ自体は関わっていなかった。一度目は兄がトラックから荷物を下ろしているとき、誤ってスプレー缶のノズルを踏んでしまい、プラスティックの部品が壊れて中身の劇物が円形状に周囲のものすべてに噴射されたのだ。もちろん兄自身もスプレーを浴びた。二度目は、私がハンノキの藪を苦労して抜けようとしているときだった。一本の枝がスプレー缶に引っかかって安全装置が外れ、さらに別の枝がトリガーを引いてしまったのだ。こんなに危険な装備を腰につけて歩いていたのに、なぜよく気をつけていなかったんだって？　たぶん、クマが出るのではないかという心配で頭がいっぱいだったからだ。

　トレイルを歩きながらスマートフォンの画面を凝視し、衛星システムのマップに現在地を登録したり、友達にメールを打っている人をよく見かける。私もじつは、これは何度もやってしまっている。さらに問題なのは、アウトドアでの経験を投稿して、ソーシャルメディアで承認されたいという欲求だ。自撮りの際に発生した死亡事故は2011年から2017年のあいだに世界じゅうで259件確認されているが、こうした事故はハイウェイから摩天楼のてっぺんまで、ありとあらゆる場所で起こっている。この本に関係する話でいうと、国立公園局の広報担当者から2017年に聞いたのだが、2007年から2016年に国立公園局では"写真に関連する"死亡事故が12件記録されているそうだ。これは1年にひとりの割合であり、少なく感じるかもしれないが、ピューマに襲われて死ぬ人よりも多い。つまり、写真はピューマよりも危険なのだ。ここで私は、南米で川下りをしたときに撮ったお気に入りの写真のことを、冷や汗とともに思い出さずにはいられない。

医療を受けられる場所まで行くのに何日もかかる奥深いジャングルで撮ったものだ。写真に写っている私の仲間は川のふちに立ち、2本の斧でジャグリングをしている。ジャーナリスト、ウェス・サイラーの次の言葉が思い出される光景だ。「人はいつも愚かな死に方を見つけだす」

さらに、うっかりミスや不運な災難によるトラブルもある。それこそ、想像力を試されるほどさまざまな事態が起こりうる。氷穴釣りをしていて氷の下に落ちてしまった人が、翌日凍った死体となって発見されたが、落ちた穴から肘(ひじ)より先が空中に突き出たままだった。キャンプをしていたふたり組が、テント内をプロパンガスのストーブで暖めようとしているうちに眠り込んでしまい、一酸化炭素中毒で死亡した。シロイワヤギの研究者が、トレイルの一部が増水で崩壊しかけていたのに回り道を探そうとせず、その箇所を飛び越えようとしたせいで死亡した。弓を使って狩猟をする某ハンターは、仲間の矢筒から落ちた弓矢がちょうど彼の通る地点に真上から落ちてきて、刺し貫かれ死亡した。ある男性は人里離れた山小屋に行く途中、ゲートの鍵を開けるためにトラックを降りた。すると、停めたはずのトラックが前進してきて、バンパーとゲートの扉に挟まれ動けなくなり、風雨にさらされて死んだ。サバイバルでの最大の難敵は、鏡の中からこちらを見返してくる人物、そう自分自身なのだ。

以前「アウトサイド」誌に、これまでアウトドアで過ごしたなかで見舞われた予想外の病気と寄生虫について書いたことがある。旋毛虫(せんもうちゅう)、ジアルジア、ライム病などだ。そのエッセイを書きながら、ニューメキシコ州のサンタフェで受けた講義とそのとき見たスライドのことを思い出した。講師は最近エベレスト登頂に挑戦した登山家だった。その登山家は講義のなかで、ある有名な心理学の実験を紹介した。それは、数人の選手がボールを投げ合っているようすを映したビデオを視聴させるものだ。被験者

たちは、彼らがボールをパスした回数を数えるように指示される。映像の
なかでは何事もなくボールが投げられ、キャッチされていく。その最中、
ゴリラの着ぐるみを着た男が突然現れて歩き回るが、誰も反応を示さずそ
のままゲームは続けられる。興味深いのは、被験者の半分ほどがゴリラに
気づかないことだ。この実験の本当の目的は、ここにあった。目の前では
っきりと見えているのに、ほかの事柄に気を取られているせいで気づかな
い「非注意性盲目」という現象を調べる実験なのだ。そして、登山家はこ
う言った。「ゴリラに気づいた人が、山では生き残れるのです。気づかな
かった人は生き残れません」

　私はこの登山家の分析についてしばしば話している。なぜなら、まさに
それは真理であると同時に、あてはまらないときもあるからだ。常にすぐ
近くの景色と遠くの目印の両方に注意を払いつづけるのは、アウトドアで
訓練することができる非常に重要なスキルだ。そうやって意識を向けてい
れば、さまざまなピンチを避けられる。けれど、すべてを完全に防げるわ
けではない。どんなに注意を怠らなかったとしても、アウトドアで長い時
間を過ごすうちには、困難な状況にぶち当たることも必ずあるだろう。計
画の変更を余儀なくされたり、生命そのものが危なくなるような状況かも
しれない。じっさい私は何度も、遭難や低体温症、ハイイログマからの襲
撃などの危機を生き延びてきた。自然のなかへ出かけていくなら、あなた
も同じ状況に陥る可能性がある。もしそうなったときには、この本に書か
れている実際的なスキルと知識が、ピンチを切り抜ける助けになることを
願っている。

　あなたが本書を読み進める前に、この本を読むことで起こるかもしれな
い問題について、最初にお知らせしておこう。この本では森のなかで自信

を持って、うまく行動できるようになる何百ものヒントやコツを紹介する
だけでなく、自然のなかで出くわすトラブルについてもたくさん述べてい
る。こうしたトラブルについて知れば知るほど、自然の危険が恐ろしくて
尻込みしてしまいたくなるかもしれない。けれど我々の目的は、そうした
恐怖をあおったり、読者がもともと野生動物や未開の場所に抱いている不
安を高めることではない。反対だ。知ることは力になる、そう考えている。
アウトドアの生活のなかで実際に存在するリスクをちゃんと知っておけば、
むやみに心配することからも解放され、現実の問題に集中して向き合える
ようになる。知識を得て、リスクに備えてさえいれば、トラブルに遭って
もたやすく対処できるだろう。それを「楽しい」と感じることさえあるかも
しれない。

　だから飛び込んでほしい。読み、学び、覚えておこう。それから実践を
しに自然のなかへ向かい、自分自身の経験を重ねていこう。忘れないでほ
しいのは、自然は尊重すべきものであり、人間（あなた）から愛情と敬意を捧
げられるべき存在であるということだ。自然に触れることは神の手に触れ
るのと同じなのだ。この本は、あるがままの自然を前に完全防備で身を固
めたり、恐怖から逃げるためのものではない。自然のなかへ、心を開いて、
勢いよく飛び込んでいくための本なのだ。

CONTENTS

※本文中の（　）は著者による説明、〔　〕は訳者による注です。

準備編

何を詰め、何を着るか

What to Pack and Wear

　苦労して得たアウトドアの教訓というと、兄弟（マットとダン）3人ではじめてアラスカ州中南部のチューガッチ山地へ野生の羊ドールシープ〔ホワイトシープ〕を狩りにいったときのことを思い出す。我々は愚かにもちゃんと荷造りをしていなかった。十分な衣類を持っていなかったし、食料も足りなかった。羊を追いかける刺激的で楽しい旅になるはずだったのに、あっという間に飢えて惨めな我慢大会になってしまった。そもそもマットが出発前にステンレスの実験台の上からボックスジャンプを試みて、むこう脛に深い傷を負い、化膿していたというのに、救急セットすら持っていかなかったのだ。我々は、家を出る前からすでにいくつものミスを犯していた。

　準備不足の原因は単なる無知だった。経験不足で、山の旅の準備の際に何をするべきかを知らなかった。アウトドアのベテランでも陥りがちな罠にもはまっていた。何を失敗したかというと、せっかくアウトドアで過ごすのだから、日常のぜいたくや物質主義的なくだらないものを持ち込みたくないという願望と、戸外でも最低限は必要なちゃんとした装備を用意するという思慮のバランスをうまく取れていなかったのだ。我々はアウトドアへ自分が楽しむために出かけていく。それはもちろんだが、同時にすべてを削ぎ落とした生活スタイルを経験することも大きな目的のひとつのはず。このバランスをうまく取るにはいくらかの妥協が必要だ。フランチャイズのキャンプ場に設置されたエアコンの効いたトレーラーハウスで、衛星放送を観ながら電子レンジでマシュマロを温めて終わるのは嫌だろう。けれどその一方で、我々兄弟のように、山奥で骨の髄までびしょ濡れになった状態で、最後に残ったトローチ一粒を3人で分け合うような目には遭いたくないはずだ。

　私はアウトドアで不自由な生活を乗り切ろうとする時間が大好きだ。美しいまでに純粋なアウトドアライフの頑固な擁護者である。その一方で、

荷造りをするときは目的と安全を忘れないことが大切だとわかっている。その予定は数週間なのか、ほんの数時間の日帰りなのかをいつも考えることだ。もしも食料も衣服も装備も風よけもなしで、どれだけ長いあいだ山で過ごせるかというチャレンジをするのがその旅の目的だったなら、準備はとても簡単だ。ただ服を脱いで、身の回りのものをすべて置いて、山へ行けばいい。しかし普通はもっと複雑な目的があるはずだ。我々兄弟の悲運な羊狩りの旅の目的は、10日間、山の稜線や谷間を元気に動き回って、そこにいるドールシープを根こそぎ捕まえることだった。

　何キロもの道のりを運ぶ荷物は軽くおさえて、動きやすくしたいという思いと、十分な食べ物や身を守るための必要な装備を全部持っていきたいという思いの間で葛藤することさえほとんどなかった。我々は身軽でありたいとしか考えておらず、雨に濡れ体が冷えた状態で長い距離を歩くには相当のエネルギーが必要になることを予期しなかった。その結果、我々の動きは非常に制限された。

　ちゃんとした装備なしで出かけた代償は、計画の頓挫だけではすまないこともある。命の危険にさらされるような状況はすべて、何かを持っていかなかったからそうなった、ともいえるのだ。水がなかったから、GPSがなかったから、ライターがなかったから、ちゃんと乗れるボートがなかったから、必要な医学知識がなかったから……。最悪のケースでは、装備の不足が死を招くことさえある。ありとあらゆるトラブルを回避できる装備を漏れなく持っていくことは、現実的には不可能かもしれない。しかし、正しく装備を選んでいくだけで、冒険をあきらめたり、負傷につながるようなトラブルの多くを事前に排除することができる。ただし、装備さえあれば自然の荒々しさもへっちゃらだとは思わないことだ。あくまでも装備は、最悪の危険に陥らないようにしてくれたり、充実したアウトドア体験

をするのを支えてくれる付加的な一助だと思うべきだ。

サバイバルキット

　1980年代生まれの人たちは、映画『ランボー』に出てきたナイフのチープな海賊版を覚えているだろう。中空になった柄に "Survival kit" という焼印があるあれだ。私の記憶が正しければ、ミシガン州西部マスキーゴンのフリーマーケットで私は当時7ドルであれを買った。プラスティックの鞘には荒い砥石がついていて、安っぽいけれど物騒なほど大きいナイフの刃を研ぐことができた。柄にはギザギザの模様があり、水平器付きコンパスがはめ込まれていて、その針はスノーグローブみたいにゆすらないと動かなかった。柄の中には木製のマッチが何本か入っていたが、火をつけようとしてこすると濡れた灰のようにボロボロになってしまった。自分の傷を縫うための大きな針と、ハリスにつけた釣り針で魚を釣るときに使える単繊維のテグスもすべて柄の中に入っていた。当時売られた何十万本ものランボーナイフの中で、実際に本当のサバイバルに使えた代物は一本もなかったんじゃないかと思う。しかしそれでもこのランボーナイフにはサバイバルキットという重要なものを世に認知させた功績がある、と私は大いに賞賛を送る。

　我々の定義するサバイバルキットには、単なるサバイバル用の装備よりはるかに多くのものが必要だ。我々流のサバイバルキットは、それぞれがすぐに持ち出せるポーチに入っている。ハイキングや狩り、釣りなどでアウトドアに行くとき、休暇にビーチに行くときなど、さっとバッグパックやダッフルバッグ、防水のコンテナに放り込めるようになっている。いつでも必要なものがちゃんと詰め分けられ、用意されていなければならない。

一度キットを用意したら、ふたつのことを心にとめておく必要がある。ひとつはそのキットを常時使えるように維持すること。定期的に中身をチェックし、古くなっていないか、十全な状態にあるかを個別に確認しておく。アルコール綿やウェットティッシュは時間が経つと乾燥してしまうし、絆創膏は貼り付かなくなり、バッテリーは劣化するから、まめにチェックするべきだ。ふたつ目は、目的がどこであろうと何であろうと、荷物に詰めて持っていかなければキットは何の役にも立たないということだ。

ベーシック・サバイバルキット

サバイバルな状況に遭遇するのは、なにも人里離れた大自然のなかに限った話ではない。自宅の裏口から500mも離れていない林に狩りにいって怪我をする人だってたくさんいる。さらに多くの人が、何度も行ったことのあるトレイルで迷子になっている。だからキットを持っていくのだ。そしてキットは小さなドライバッグか、何にでも使える厚手のビニール袋にしまい、外の活動時にすぐ手の届くところに入れておくこと。

- 火熾しキット／ライターふたつ。ビニール袋か密封できるコンテナにワセリンを厚く塗った綿球を詰め込んだもの。丸太の中央部、心材の切れ端
- 浄水システム／ステリペンの浄水装置かヨウ素の錠剤（88ページの使い方を参照）
- 40％の虫除け剤の綿球／1回分
- シュアファイアミニマスのヘッドランプと緊急用の予備のライト。折り曲げられるLEDライトやシンプルなボタン型電池のクリップライトのようなもの
- ユーティリティロープ／太さ3mmのものと5mmのものを7mずつ

- 結束バンド／4本
- コンパス
- ホイッスル
- 反射させて合図を送るための小さくて軽い鏡。割れないポリカーボネイト製のものが望ましい
- ワックス付きのデンタルフロス／ディスペンサー入りのもので、そのディスペンサーに丈夫な裁縫用の針をテープで貼り付けておくこと
- 修理用粘着パッチ（粘着テープ）
- アンクルビルのスライバーグリッパーの携帯用ピンセット
- ブレット型のFisher スペースペン_{（フィッシャー）}（水中や極度の暑さや寒さのなかでも書ける。狩猟許可証の認証をしたり、メモを残したり、遺言や最期の告白を書くのに使える）
- 万能瞬間接着剤（装具の修理や指を切ったときに使う）／1回分のチューブ
- 長い柄がついたキャンプ用スプーン
- 歯ブラシと小さいサイズのチューブ入り歯磨き
- 使い捨てのウエットティッシュ
- デルマトーンのリップ＆フェイス日焼け止めクリーム／180g缶
- 予備のバッテリー、ヘッドランプ、ステリペン、GPS ユニットなど
- Work Sharp のナイフ研ぎ機（ワーク シャープ）（ポケットサイズ）

ベーシックキットに付け足すなら

　上記のリストはメインのサバイバルキット用のもので、いずれも常に持ち歩いているバッグに入れておくものだ。しかし我々はガレージのコンテナに追加アイテムもそれぞれストックしている。どこかへ出発する前に、毎回、自分が持っているサバイバルギアを全部確認して、行先の状況に応じて必要になるかもしれないと思ったものを持っていく。

- 緊急用の保温性が高い軽量なビニールシート（スペースブランケット）
- Coghlans のファイアーペースト（着火剤）／チューブ1本
- ケーブルソー（線鋸）
- 日焼け止め（SPF50のもの）
- ミニ釣りキット／8lb（2号）のフロロカーボン製釣り糸を15m、サイズBB（0.75g）のガン玉おもり4つ、サイズ12のビーズヘッドのフェザントテールフライふたつ、サイズ6の返し付き釣り針ふたつ、サイズ8の返し付き釣り針ふたつ
- 小獣用のくくり罠ふたつ
- SUREFIRE の手持ちフラッシュライト（1200lmのもの）
- LEATHERMAN の差替式ドライバー用ビットキットおよびビットドライバーエクステンダー

困ったときの応急手当キット

　長年のあいだに、私は万能修理キットを確立した。これさえあればどんな苦境からも抜け出せる。全部でスニーカー片方くらいの大きさしかなくて、重さはたったの1.3kgほど 。これさえあれば、テント、いかだ、防水長靴、衣類、トラック、雪上車、釣り具、ダッフルバッグ、バックパック、キャンプ用コンロ、さらには飛行機までの基本的な修理ができる。

- Devcon のプラスティック溶接機
- 靴補修剤アクアシール
- TEAR-AID のタイプ A 補修パッチ
- シームシーラー（目地溶着材）

- 粘着テープ／1巻
- ゴム製のタイヤ用パッチと接着剤
- 2パートエポキシ接着剤の小さいチューブ
- 瞬間接着剤
- 超強力接着剤JBウェルド
- ダクトテープ
- 絶縁テープ
- アルコール綿
- Lサイズのゴム手袋／2組
- 45kgのステンレス製吊り下げフック／1.5m
- ステンレス製のロックワイヤー／1.5m
- 細いケブラー糸（ミシン糸）／3m
- 10lb（2.5号）の釣り用編組糸／3m
- 強度550のパラシュートコード／7mぐらい
- 2.5mmのダイニーマコード／7mぐらい
- ホースバンド（締め具）／直径25mmのものと50mmのもの
- 結束バンドを何種類か
- WD-40ペン型潤滑油ノーメスペン
- カーボングリス
- ロックタイト（ねじ留め用接着剤）
- さまざまな小さなねじ、ナット、ボルト
- さまざまなボタン、安全ピン、キーリング
- ねじ式のカラビナ数種類
- 標準的な縫い針と太いカーブ針
- 小型のモンキーレンチ

- ライター
- 差替式のドライバーセット
- ラジオペンチ
- 小型のバイスグリップのロッキングプライヤー
- 片刃の剃刀／2枚
- テントのポール修理用の中空棒

スキル：役立つ結び方10

　紐の結び方はだいたい1万5000通りぐらい存在するが、それらはある程度数種類の基本的なやり方のバリエーションだといえる。膨大な数の結び方のすべてをちょっとかじるよりも、何種類かを目をつぶってもできるくらいにマスターしておいたほうがいいと思う。長年、森の中や水の上で過ごしてきたが、次に説明する10種類の結び方で90%の状況は切り抜けられた。あとの10%の場合の、その場にあった新たな結び方をする基礎として役立つだろう。

こま結び

　同じ太さの2本のロープを結びつける、もっとも基本的な結び方だ。「右端を左端の上に置いて、下をくぐらせ、左端を右端の上に置いて、下をくぐらせる」という説明を覚えておくとよい。

❶2本のロープの端を交差させる。右側のロープを左側のロープの上に載せ、それから下をくぐらせる。

❷同じロープの端(今は左側にある)を持って、また、もう片方のロープの端の上に載せ、下をくぐらせる。

❸両方のロープの端を引っ張って引き締める。

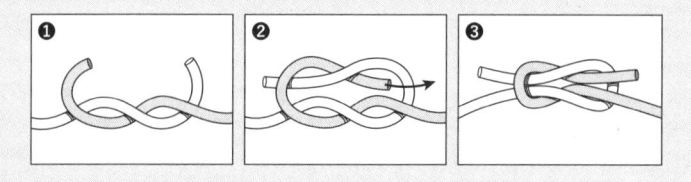

8の字止め結び

ビレイデバイスやカムや滑車、ボートの錨(いかり)などに結びつけたロープがすべって抜けてしまわないようにするために端を留めておくときに使う。

❶環を作る。ロープの端をもう片方の端の後ろに通し、錨あるいはロープの上に出す。

❷ロープの端を❶で作った環の中に折り返すように通す。

❸端を引っ張って引き締める。

8の字ジョイント結び

ロッククライミングで転落したときのためにハーネスをロープにしっかりと結びつけるのに使う結び方。2本のロープを安全につなぐときにも使う。

❶前述の8の字止め結びのやり方を参照してゆるい結び目を作る。

❷2本目のロープを反対側から1本目のロープの道筋に沿うようにする。

　1本目のロープの外側を通るようにして、結び目を安定させる。

❸両側から引っ張る。結び目を「調整」し、きっちりとした形に整える。

❹それぞれのロープを引っ張って引き締め、安定させる。

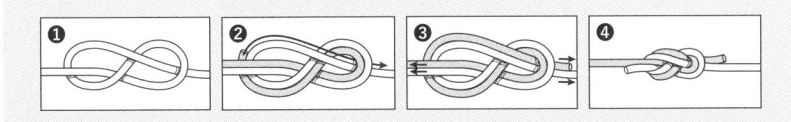

ボウラインノット

　この結び目の名前を「ボウ・ライン」のようにわざわざ2語に区切って言うと、新参者のように聞こえる。「ボウリン」に近い感じで発音するこの結び方は、もっとも素早く、強い環を作れる結び方であり、ボートをつなぐときや、クマから守るために木に食料袋を吊るすとき、人を崖の下に降ろすときだって使える。この結び目を記憶に叩き込むには次のフレーズを使うといい。「ウサギが穴から出てきて、木の周りを一周し、穴に戻っていった」

❶環を作る。ロープの端を環の下から上へ通す。

❷結び目を締めないようにしながらロープを引き、環につながる部分に端を巻きつける。

❸ロープの端を先ほどとは逆の向きでもう一度環に通す。

❹結び目を引き締める。

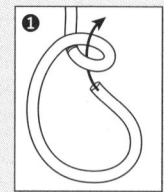 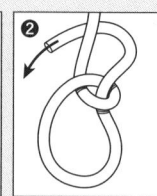 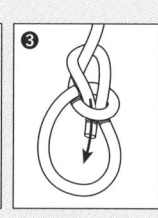 

ハーフ・ヒッチ（片結び）

　もっとも簡単な結び方だが、名前を知っておくと役に立つ。最初にハーフ・ヒッチをしてから発展させる結び方はたくさんある。

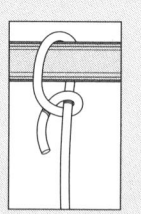

　支柱のまわりにロープを回し、端を縦の部分に巻きつけ、環に通してから引き締める。

トゥー・ハーフ・ヒッチ（ふた結び）

　ハーフ・ヒッチの数を増やせばそれだけ強度が上がる。急いで縛りつけたくて、重さがかからないときには非常に役に立つ。

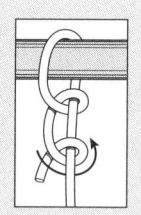

　ハーフ・ヒッチを参照して結び、それをもう一度くり返す。

ローリング・ヒッチ（枝結び）

　木の枝やいかだの枠組み、何か丸いものにロープをしっかり結びつける際に有効な結び方で、回転させても滑らせ

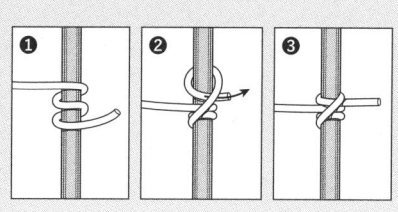

てもゆるまないようにできる。ロープの片方を上に滑らせ、もう片方を下に滑らせても使うことができる。

❶ロープを軸に2回巻きつける。

❷端を交差させ、先ほど巻きつけた上に巻きつけ、交差したロープの下に通す。

❸端を引っ張って引き締め、ロープを両側に出しておく。

巻結び（クローブ・ヒッチ）

これもロープをポールや木や筒状のものに固定するのに簡単でよい結び方だ。

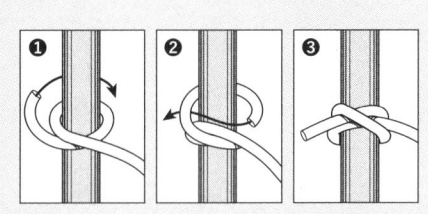

❶ロープの先端を下側に巻く。

❷先端をロープと交差させた後、軸に巻きつける。

❸端を巻きつけたところの間を通し、引き締める。

トラッカーズ・ヒッチ

名前が示すとおり、トラックの運転手が重い積み荷と大きな防水シートを固定するために使う結び方だ。とても複雑だが非常に強く、堅く締めることができる。

❶ロープの端に環を作り、1mほど先を残しておく。先端のほうから最初の環を通してもうひとつ環を作る。

❷ロープの両端を持ち、環を下に引っ張って結び目を締める。

❸ロープの端をカラビナかカムに通し、その後❷で作った環に通す。

❹環にテコの原理が働いて荷物がきっちり固定されるように引っ張る。

❺片結び（ハーフ・ヒッチ）をし、それを先ほど締めた環に固定する。それを
くり返す。

❻引っ張って引き締める。

プルージック・ノット

　パラシュート用のコードをもっと太いロープに巻きつけるのに使われる。ブラッドノット（釣りでよく使われる）のやり方で最初に環を結ぶか、22ページで説明した8の字ジョイントで結ぶ。登山者はこのふたつを緊急時の上昇の際に使っている。ザイルにプルージック・ノットを2回すると、片方を上にあげ、次にもう片方を上げることができる。それから自分が上にあがるのだ。吊り下がっているロープに何かを結びつけるのにも使える。

❶環にしたコードをロープの周りに巻きつけ、環を通す。

❷それを二度くり返す。

❸巻きつけた部分を整え、滑らせることができるかどうか確認する。
きつく締めすぎると結び目が動かせなくなる。

車に載せておく緊急キット

　サバイバルな状況に陥るのは、未開の地をハイキングしている人たちばかりではない。誰もがいつ、ガス欠や故障のせいで路肩に停めた車の中で

ピンチに陥ったり、不毛な地域で立ち往生したり、過酷な天候状況に見舞われるかわからない。2019年の激しい冬の嵐の際は、ロッキー山脈の東側の地域では千人以上のドライバーが救助を必要とする状態になった。もっと人里離れた場所では、泥の道や2車線の道の脇で、何日待っても車が一台も通らないなんてこともある。氷点下の寒風が吹きすさぶなか、立ち往生してしまったら死ぬ可能性だってある。

　どこに住んでいようと、どこを旅していようと、車には最低限、基本的な緊急キットを常備しておくべきだ。暑さや寒さが厳しい環境にいる場合はとくに。狩猟や釣りや探検をする人たちは、携帯電話の電波が届かない場所や、悪路が多かったりする地域を走ることも多いから、この注意がとくにあてはまる。

　これと同じキットをほかのタイプの乗り物、たとえばスノーモービルとかATV（4輪バギー）やボートなどにも載せておくとよい。ベーシックキットを我々の特許である「困ったときの応急手当キット」とともに持っておけば、ピンチのときに頼れる奴と思われるだろう。ダッフルバッグかラバーメイド・アクション・パッカーのようなビニール製の手提げ袋に入れておくと、必要なときに取り出しやすい。

　これらリストのものを揃えておけば、だいたいどんなことになっても切り抜けられるが、すぐに助けがくる見込みがないときにはいくつかの物を足しておきたくなるだろう。狩猟のガイドや野生動物を研究する生物学者で奥地の森の側道をよく走る人たちを知っているが、彼らは家を出るときは必ずチェーンソーと手動式ウィンチを装備している。タイヤが泥地にはまってしまったり、倒木に阻まれたりしても、遠くまで助けを求めにいかずに対処できる。

- 道具箱
- (車の充電用)ブースターケーブル
- バッテリー式の車のジャンプスターター
- 6mの牽引ストラップ(12インチのDリングシャックル付きのもの)
- タイヤチェーンかケーブル
- 修理キット
- ジャッキ
- フィックス・ア・フラット(パンク応急処置用エアロゾルインフレーター)
- アメリカ政府官給品電動工具
- 手斧
- 信号灯、グロースティック
- 大型の手持ちフラッシュライトとヘッドランプ、それぞれのバッテリー
- 救急キット
- 絶縁レザーグローブ
- 絶縁オーバーオール
- ウール素材の帽子
- 冬用ブーツ
- ウールのソックス
- 寝袋
- 水
- 2日分の保存食。キャンディバー、エナジーバー、MRE(個包装のレーション)など
- ろうそく(車内で暖を取るため)
- 過疎地への遠征や四駆で未開の地を旅するための予備ガソリン(缶入り)

バッテリー問題

　現実にサバイバル的状況に陥ったら、バッテリー切れのような単純な事態が生死を分けることになるかもしれない。ナビ、照明、連絡手段、浄水などに使う重要な電気製品には必ず予備の電池を持っていくこと。しかし使っているGPSの電池が単4で、ステリペン（浄水器）の電池は単3で、ヘッドランプはCR123のボタン電池だったとき、それぞれの電池をみなストックし、持っていかねばならないのは面倒だ。可能なら、同じ電池で動く電気製品を揃えるといい。そうすれば予備の電池を複数の機器に使えるからだ。それからちゃんとしたバッテリーチェッカーを買って、毎回出発前に予備バッテリーがフル充電になっているかどうかを確認するのが賢明だ。何年間もしまいっぱなしになっていた予備の電池を見つけて、ちゃんと働くだろうとか、あるいはそもそも多少でも使えると思ったりしてはいけない。必要に応じて古い電池はリサイクルに出し、新しいものに入れ替えたほうがいい。最後に、携帯電話のように逐次充電できるものについては、複数回充電することができるモバイルバッテリーを持っていく。また、外との連絡に電話を使わないのなら、平時は電源を切るか、機内モードや省エネモードにしておくとバッテリーのもちを延ばすことができる。ここまでの注意をちゃんと実行すれば、携帯が電波や接続できるWiFiを探して充電を浪費してしまうこともなくなり、そのぶん2日はもつだろう。アウトドアでの携帯電話の使い方をさらに詳しく知りたい場合は404ページを参照してほしい。

持っていく量

　長年のあいだに、毎回出先で夜となく昼となく頼りにする装備があることに気づいた。それから、使うことは滅多にないが、持っていかないわけにはいかないものもいくつかある。荷造りについて経験から学んだことがある。そもそも持っていくのをやめても、あれがないなと焦ったり、心許ない思いをしたりせずにいられるものもある。もちろん自分の習慣が変わったら、必要な装備の定義も進化していくはずだ。たとえば私たちは以前から定期的に厳しい土地で狩猟をしていたが、最近までトレッキング用のポールを持っていっていなかった。それが今ではクルー全員がポールを必ず持っていくようになった。ポールを使うと、急斜面が多い地域でも肉という重い荷物を安全で楽に運べるからだ。

　どのくらいの量のものを持っていくかという問題は、自分がパックにどれだけの荷物を入れて、安全で快適に運べるかにかかっている。決まったルールはないが、一般的にいって、そのハイキングが長期におよぶものなら、自分の体重の3分の1以上の重さは運びたくないだろう。体力がある人は短い時間なら体重の半分近くは運べる。我々は人里離れた土地で狩猟に成功すると、以前はいつも肉と装備を一度に運ぼうとして、この比率を超えてしまっていた。バランスが取りづらい重い荷物を運びながら起伏の多い急斜面を進めば、転落につながるリスクが高くなる。それにいつも重すぎる荷物を運んでいると、いつしか回復しないダメージが身体に残る。いま我々は歳とともに賢くなり、何回か往復しなければならなくなったとしても、一度に軽い荷物しか運ばないようになった。

　総重量をどのくらいにするにしても、装備は行き先や行動や季節や交通手段、それに文明からどのくらいの期間遠ざかっているつもりかなどを考

えて慎重に選ぶべきだ。安全を最優先にして装備のリストを作ってみよう。可能であれば、信頼できるなんらかの通信手段もリストの上位に入れておくといい (401ページ参照)。水、食料、雨風をよけるもの、暖を取るもの (次の章で詳しく述べる) は必ず考えねばならない。それ以外に生命を維持するために必要なもの、快適に過ごすために持っていきたいもの、置いていって問題がないものなどもよく考えて選ぶ。

　ある種の旅にはとくに必要な持ち物がある。たとえば辺境軽飛行機で人里離れたところにいく場合、持っていける装備はパイロットが決めた厳しい重量制限によって決まる。また場所や活動によって、非常に特殊で専門的な装備が必要な場合もある。ヒマラヤの高地探検に行くなら、ピッケルやアイゼン、ザイルなしでは一日と生きていられないだろう。この本ではそういう種類の装備については触れないが、そういう旅を考えている人のためには、登山家のバイブルと呼ばれる技術書『*Mountaineering: The Freedom of The Hills*』のようなすばらしい情報源がある。

　我々のほとんどはK2に登頂することはないが、森に行くにしても装備を選ぶときには地域と天候だけでなく、自分と仲間の体力、スキル、経験レベルを考慮に入れるべきだ。自分や装備の能力を過信する人たちがあまりに多く、その結果、自分や仲間の安全を危険にさらすことになる。物事を現実的に見積もるために、安全と快適のどちらにも寄りすぎずに、冷静に考えてちょうどよいバランスを取るとよいだろう。

軽装か重装備かの議論

　現代のギアは以前に比べるとずっと軽くなっているので、荷物の総重量を抑えやすくなった。けれど我々はアウトドア・レクリエーションのありとあらゆる場面を席巻している超軽量なミニマリズムブームにはなんとなく懐疑的だ。重要な装備を故意にキットから省いたら、トラブルの確率は間違いなく上がる。一方で、バックパックにつまらない無駄なものをたくさんぶら下げているせいでトレイルをハイクすることさえままならない人たちも大勢目にしてきた。ほとんどの人にとってこの問題の最良の解決方法は、この両極端な主義の間に、自分にとってのちょうどいい着地点を探すことだ。まずはどちらの思想の人々についても紹介しておこう。

■ミニマリスト

　多機能ツールやキャンプ用コンロ、重いダウンの寝袋なしでも何千年も繁栄してこられた野生の部族のこと。それでも今日の我々の多くはアウトドアグッズの店を丸ごとバックパックに「念のため」詰め込む必要があると言い訳する。私にもそんな時代があったが、長年経験を積むうちに、未開の地での旅に関してはミニマリスト的な考え方をするようになった。何が起こるかわからないという不安をなくし、生き延びるために本当に必要なものだけに集中するという考え方でいいと思うようになったのだ。

　荷物を軽くして速く移動できるようにすることは、人里離れたところでは実際に役に立つし、身軽でいようという考え方は心身とも

に自由にしてくれる。私が気に入っている自分自身と自分の装備の限界を広げるときの考え方は、長距離の未開の地でのハイク、我々が「死のレース」と呼んでいるものに挑戦することだ。こういう旅のルートは辺鄙（へんぴ）な山がちな地域で、トレイルから外れたり戻ったりをくり返しながら進むことになる。目標はなるべく短い時間で完走することだ。軽くすることが何よりも重要で、眠らずに夜通し進むこともある。心身のタフさが試される過酷な旅だ。私はここから最小限の装備でどうしたらやっていけるか多くを学んだ。

　バックパックを軽くするために、まずは持ち歩くものすべてのリストを重さまで書き出してみて、軽い代替品はないか、なくても大丈夫ではないかと考える。テントの支柱は10本必要か？　8本で足りるのではないか？　防水防風のブタンガスのライターは重いけれど必要か？　BIC（ビック）の小さなライターでも十分ではないか？　大半の人がもっとも重さを減らせるのは、次の四大アイテムだ。バックパック、テント、寝袋、布団。ひとつの例として、私のふだん使っているのは床がないタイプの小型テントで、重さは430gだ。軽いもので340gのものも持っている。

　荷物を軽くすると山を歩き回るのが驚くほど楽になる。重いバックパックは物理的にも精神的にも負担が大きい。次の谷や頂まで行こうというやる気を奪うかもしれないし、注意力に壁を作ってしまうかもしれない。荷物を軽くすれば可能性の扉が開き、もっと遠くへ、もっと楽に行けるようになる。

　　　　　　　　　　　　・ ブラッド・ブルックスの言葉
（狩猟家、登山家、アラルガリ・アウトドア社共同創立者）

■最大限派（マキシマリスト）

　私は人生のほとんどの期間、年間に200日以上を荒々しい山岳地帯で重いバックパックを背負い過ごしてきた。私が学んだことのひとつは身軽だと快適ということだが、それが常に正解とは限らない。プロの狩猟ガイドとして、毎回旅に出発するときにこれは必須ではないかもと思うものも多い。けれど私は安全と快適さを守ることにつながるなら、喜んで数キロ余分な荷物を入れていく。私は自分よりスキルも能力も低い相手を責任を持って連れていかなければならないのだから、そこは変えられない。顧客の安全と成功と、ある程度の快適さを保証しなければならないので、荷物にはそれが反映されている。

　ニュージーランド南島のサザンアルプスの、私が勤務していた旅行装備業者はいつも「ふたつはひとつ、ひとつはゼロ」と言っていた。我々は予備のヘッドランプ、食料、料理用の燃料、衣類、バッテリーを持っていき、ハンドウォーマーやペーパーバックの本やトランプまで予備を持っていくことがある。旅のはじめにはいつも、持ち物が多すぎる気がしている。それがしばしば旅の終わりになると、すべての予備の品々をちゃんと使っていて、もしもなかったら大変な目に遭っていたということもたくさんあった。

　多くの旅において、荷物を極度に軽くするのは物理的に難しい。悪天候とか、人里離れた長距離のトレッキングなどでは、装備を追加せざるを得ない。9月の後半にエルク狩りのためにひとりで1週間、山の中で数キロのハイキングをするとしたら、そのあいだに天候は夏から冬へと急激に変化するだろう。だから、小さな超

軽量のタープよりも、ずっと重いかもしれないが3シーズン使える頑丈なテントのほうが安心だ。ハンドウォーマーのような贅沢はなしにしてもいいかもしれないが、100gほどを削るために予備の火熾しキットを置いていくとしたら、それは大きな間違いだ。過酷な天候やアクシデントを切り抜けるための基本的な品をすべて入れると荷物は重くなるが、命を危険にさらすような惨事を回避するためなら、私は喜んで重さに耐える。

　常に最優先なのは安全だが、快適さも大切だ。あなたが快適であればそれだけ旅は楽しくなるし、それだけ多くのことを達成できるだろう。子どもやアウトドアがはじめてという人、あなたよりもアウトドアのスキルが低い人を連れていくときは、その人たちにとって旅が快適になるような追加の品を持っていくと役立つことが多い。それは子ども用のココアパウダーを荷物に入れていくことだったり、風邪を引きやすい人のために重い寝袋を持っていくことだったりする。

　最後に、自分の安全と快適さを確保するために必要なものを持っていくのは重さが少し増えるかもしれないが、完全にその価値がある。

レミ・ウォーレン
（ハンティング・ガイド、ポッドキャスト「カッティング・ザ・ディスタンス」ホスト）

衣類とアクセサリー

　アウトドア用の衣類は、我々が子どもの頃に着ていた綿の保温性下着やフランネルのシャツ、軍の放出品から格段の進歩を遂げている。当時

は狩猟や釣りにいくとか、単に野外にいるだけでも常に濡れるか寒いか、その両方かだった。そういうことにみな慣れていたし、それで鍛えられたかもしれないが、やがて我々は暖かくて、濡れずにいられる、あるいは涼しくて快適に過ごせる衣類を選ぶことの大きな価値に気づいたのだ。

　さいわい、今日の技術の進歩により、合成繊維でも天然素材でも、想定される95%の環境でそこそこ快適に過ごせるシンプルで万能な衣類を作れるようになった。もっとも機能性の高い衣類はみなスキーや登山や未開の地でのハンティングの業界が作っているので、まずはそこを見てみるといい。快適さだけの問題ではなく、温かさ（あるいは涼しさ）を保てるかどうかが生死を分けることもあるのだ。本当によいものは安くはないが、高機能な衣類を大幅ディスカウント価格で手に入れる方法もある。シーズンオフのものや、季節の変わり目のセールを探したり、スキー場のある町を通ったときにはリサイクルショップや救世軍の中古品店をくまなく探し、ebayやクレイグリストにアラートを設定して、狙っている品がお得な価格で突然出品されるのを待つといい。我々はこのすべてをやっていて、うまくいっている。firstlite.comでまとめ買いするよりは少し手間がかかるかもしれないが、こちらのほうが満足感がある。

　我々はほぼすべてのアクティビティで、最近の合成繊維とメリノウールを組み合わせて使っている。どちらも軽くて断熱効果が高く、通気性もよくて、身体から出る湿気を外に逃がしてくれる。こういう衣類のおかげで急斜面を登るときに汗だくにならずにすむし、その一方で気温が低いときに運動量が少ない状態でいても、暖かくて快適に過ごせる。行き先と時期に応じてベーシックキットを微調整すれば、気温の上下や予想される天気のパターンに合わせた服装ができるし、10日間予報が外れても対応できる。12月にアラスカ湾のコディアック島に行くなどのような極端な状況

では、特別な衣類や装備を付け足すことが必要になるが、その場合も以下に述べる必携の衣類リストに加えるだけで大丈夫だ。

調節用衣類キット

　ここで挙げる調節用のアウトドア衣類キットは、北アメリカで遭遇する天候パターンの95％に対応可能だ。スペースと重量を削るために、寒すぎたり暑すぎたりしないよう、気温に応じて重ね着をしたり、一枚脱いだりできるような軽くて高機能なアイテムを集めてある。「すぎたり」という言葉に注意してほしい。アウトドアでは、ちょっと肌寒かったり、水ぶくれがひとつかふたつできるといったようなこととも無縁で、常に完全に快適に過ごすことは現実的には不可能だ。我々は、ハイキングをはじめるときは着ぶくれるよりも少し肌寒いぐらいにしておく。トレイルを歩きはじめればすぐに、身体を動かすことによって体温が上がるからだ。だから1kmも行かないうちに上着を脱ぐために止まったり、ずっと汗ばんだ肌着を着てハイキングする羽目になるのを防ぐために、肌寒いぐらいの格好で出発するのだ。慣れてくればあまり考えなくても最適な服装を選べるようになって、寒さや発汗のせいで注意力を奪われることがぐっと減る。

ボトムス

- 合成繊維とメリノウール混合の下着
- メリノ地のインナー
- 速乾のナイロンかメリノ混かプレミアムコットンと合成繊維の混紡のフィールドパンツ
- 軽くて断熱性のあるソフトシェルパンツ。マイクロフリースのライナーがついていて、外側が防水加工されているもの

- 中綿やダウンなど断熱の化繊パフィーパンツ
- 通気性のあるレインパンツ（ほかのパンツの上にはけるサイズのもの）
- 防水のために靴の上から装着するオーバーシューズ（足首用のゲイター〔スパッツ〕でもよい）
- 伸縮するナイロン製のベルト
- ブーツ

トップス

- メリノウールのTシャツ
- 中厚のメリノウール地の長袖Tインナー
- フリースかメリノウールのパーカー
- ソフトシェルジャケット
- ダウンか合成ダウンのパフィージャケットかパーカー
- 通気性のあるレインジャケット（パフィーなコートの上に着られるサイズのもの）

手と首

- メリノウールのネックウォーマーあるいはバフ（薄手のネックゲイター）
- キャップ
- 完全に日除けができるブッシュハット
- サングラス
- ウールのビーニーハット（つばのないキャップ）
- 断熱でない革の作業用手袋
- 断熱の手袋
- 防水のオーバーミトン付きの断熱ミトン

サングラス

サングラスはサバイバルの必須アイテムではない、と考える人たちもいるかもしれない。でも我々はそうした考え方には与しない。私も子どもの頃はサングラスなしでやってきたけれど、最近は必ずかけているか、バックパックの中のケースに入れてある。長年のあいだに紫外線が視力に深刻なダメージをあたえることがあるし、まぶしい日差しの中でずっと目を細めていると、目の疲れやひどい頭痛で一日もたたずに消耗してしまう。サングラスは目を日差しと紫外線の害から守るだけでなく、風が強い日には砂や埃が目に入るのを防いでくれるし、急に跳ね返ってきた枝が目に突き刺さるのも防げる（565ページ参照）。

サングラスを選ぶときは偏光レンズのものにするべきだ。釣り人は水に反射する光と太陽光を避け、魚をよく見られるようにみなそうしている。乾燥した土地でもその同じ機能のおかげでまぶしさと目の疲れを減らすことができる。とくに雪が積もっているときはその効果が大きい。

視界がクリアだからとか、ポリカーボネートレンズより傷つきにくいからという理由でガラスレンズを選ぶ人々もいる。しかし、ガラスレンズのデメリットは割れることだ。プラスティックのレンズのほうが丈夫だ。我々はガラスとプラスティックの両方のレンズを使っているが、釣りにはガラスを、ハイキングにはポリカーボネートと使い分けている。コスタ・デル・マールはガラス、プラスティックともにすばらしいレンズを作っていて、処方箋が必要なレンズもオーダーすることができる。

登山中の湿った下着対策

　湿ってひんやりしたスポーツブラの問題は、現代のテクノロジーをもってしても解決できていない。メリノ素材の通気性がましなものも売っているが、一般的に装着時のサポート力が高いものはそれだけ乾きにくい。進むペースを落としたり、気温が急に下がったときなどに湿った下着を着ているせいで寒くなってしまうと、ほかの装備の吸湿作用をさまたげてしまう。真の解決策はまだないのだが、我々チームの女性たちが未開の地での次善策を教えてくれた。スポーツブラの替えを持っていき、湿ったブラはバックパックの外側にひっかけて干しながらハイクすると速く乾く。あるいはいちばん下のインナーの上にブラをすると、キャンプについたときにすぐ脱いで干すことができる。どちらのやり方にも問題はあるが、不快さがずっと続くよりはいい。とくに暖かさが生死を分けることもある環境ではなおさらだ。

靴

　きちんとした衣類選びは大切だが、靴選びはさらに重要かもしれない。靴のトラブルのせいで旅全体が損なわれるのを何度も見てきた。踵にできた靴擦れが痛くて、足をひきずって車に戻り、トレイルに出る前に合わないトレッキングシューズの試し履きをしておかなかったことを呪うだけですむなら、それは幸運だ。靴選びを間違えたせいで、もっと危険な結果

を招くこともある。砂漠での短いハイキングにくたびれた古いクロックス
を履いていくのはクールに見えるかもしれないが、もっとも足首をくじき
やすい行動だ。それに、ろくに準備をしないで出かけた間抜けとして「サ
ンダル野郎を救助した」とニュースになるようなことにはなりたくないだ
ろう。合わないトレッキングシューズのせいでできた靴擦れが感染して悪
化し、ほとんど歩けなくなることもあるし、靴が環境に合わないせいで進
めなくなることもある。足が濡れっぱなしだったり、しもやけになったり
したら、ひどい状況から文字どおり歩き去れなくなる。

　けれどトレッキングシューズに足を入れる前に、まずは靴下の話をせね
ばならない。靴がとてもよく合っていて、最先端のものであっても、靴下
がひどかったら台無しになってしまうかもしれない。靴下についてもほか
の衣類と同じように考えればよい。断熱で、通気性があり、湿気を逃して
くれるものがいいのだ。アウトドアの活動にもっとも合う靴下はメリノウ
ールとナイロンとスパンデックスの混紡のものだ。季節に合わせて何種類
かの厚さのものが出ているので、我々は夏の南テキサスにイノシシを狩り
にいくときも、冬のアラスカにアイスフィッシングをしにいくときもこの
靴下を履いている。頑丈でもある。荒野の旅で、荷物をあまり持っていけ
ないときにはメリノ混の一足を何日も履きつづけたりする。けれど足が濡
れてしまったときのために、いつも予備の乾いた靴下を一足バックパック
に入れておく。長時間濡れながら歩いた一日の後に、乾いた清潔な靴下
に足を滑り込ませる瞬間ほどの快適さはこの世になかなかない。

　そしてトレッキングシューズについてだが、ちゃんとしたものをすぐに
買おう。形やモデルのちがうものはそれぞれサイズに関しても特徴がある。
普段28cmのスニーカーを履いている人が、いつものサイズを買っておけ
ばハイキングで1日か2日履いているうちに慣れてくるだろうと、28cmの

トレッキングシューズを買うのは、金の無駄になるからやめよう。半サイズ分でもサイズが合わなかったら、足は破滅的なダメージをこうむる。大きすぎる場合は靴ずれができて大きな水ぶくれが破れて、踵全体の皮が剥けたり、下り坂で足の指を痛め、足の爪がはがれてしまったりする。小さすぎる場合は指に水ぶくれができ、脚に痙攣や痛みが出たりする。トレッキングシューズを買うときはプロにフィッティングをしてもらい、ぶかぶかしたところがなくて、けれど足の指を少し動かせるぐらいの余裕があるかを確認する。ぴったり合うことがわかったら、靴を足に慣らすために何キロか履いて歩いてみよう。「うちの商品に慣らし運転は必要ない」と言うメーカーもあるが、そんなのはたわごとだ。新品のトレッキングシューズは、サイズが合わないときと同じタイプのトラブルを起こす可能性があるのだ。数キロのトレッキングの後には、箱から出したばかりのときとはフィット感や柔軟さが変わる。我々の仲間であり名高いハンター兼ガイドであるレミ・ウォレンは新しい靴は80kmは履いてからでないと快適にならないと考えている。最低でも1ヶ月ぐらいは仕事に履いていって、近所を歩き回ったりしてからでないと、しっかり歩くことが必要な旅には履いていけない。

　そしてその靴が目的に合っているかどうかを確認すること。我々は一年じゅういろいろな季節に、ありとあらゆるところで狩りや釣りをしているが、自分で必要だと思った以上にちゃんとした靴を履いていったほうがいいといつも実感する。たとえばジムに履いていくランニングシューズは、よく整備されたトレイルを短時間歩くだけなら大丈夫かもしれないが、軽量のハイキングシューズならもっとさまざまな状況に対応できて、アウトドアの旅での可能性を大きく広げてくれる。滑り止め、サポート、防水の機能にはとても助けられるだろう。何にでも使える靴など、どこにもない

ことを忘れないこと。我々は行き先の環境や天候状況によって履く靴を替えている。

ライトハイカー

ライトハイカー、あるいはスニーカーブーツと呼ばれる靴は温暖な気候の場所に適しているが、よいものならもっと険しいところでも、涼しい気候のところでも、予想外にオフシーズンの雪が山になっているところでも耐えられる。ライトハイカーの多くはサポートのために足首までの高さ（通常だいたい18cm前後）があるが、非常に柔軟にできているので、トレイルでとても快適に歩ける。軽くするために、断熱ではないことが多く、合成皮革とナイロンのメッシュを組み合わせて作られていることが多い。全体が革でできているモデルはだいたい重いが長持ちする。つま先とかかとの底ならし革がゴム製のものを選ぶととがった岩でブーツが破れるのを防ぐことができる。それから靴の内側は通気性があり、外側とは防水の層で隔てられているものを選ぶこと。水はしみてこないが汗は外に逃がし、足を湿らせないですむ。

マウンテンハイカー

よいマウンテンハイカーは数百ドル以上するものもある。ただ、数年はもって、どんな状況でも対応してくれる靴のためなら喜んで投資できる金額だ。マウンテンハイカーはだいたい22cmから28cmほどの高さで、内部に防水の層がある。よいマウンテンハイカーは上部の層が厚い革製で、最高のやつは厚いゴム製の底ならし革が上部の革の層の下の部分を完全に覆い、耐久性を増している。クッション性が十分であることと、ビブラムの頑丈なラバーソールの底にはっきりした模様があるものがいい。ソー

ルの縁は山腹の急斜面に食い込ませられるように固くシャープなものがいい。断熱のものにするか断熱でないものにするかは個人的な好みと必要性によって決めるといい。一足2kgぐらいと、こうした特徴のせいでライトハイカーよりも固く重いが、その必要があるのだ。オオツノヒツジがいて、すばらしい冒険ができる岩地の急斜面を重い荷物を背負っていても進んでいけるようなサポートとグリップ力が設計されている。我々は通常、軽量の合成素材だけで作られたものには手を出さない。合成の靴は革のものよりずっと軽いが、山で必要になるびくともしないサポート力と柔軟性に欠けていて、もっとも必要なときにバラバラになってしまうかもしれないのだ。

　革の靴を防水性を保って長く使うためにはメンテナンスが必要だ。毎回使用後に泥と血を落とし、空気乾燥させる。NIKWAX（ニクワックス）などのレザーコンディショナー（撥水剤）で定期的にケアをする。やり忘れると高価なブーツが短期間でダメになってしまうし、危険を招く足のトラブルをいくつ引き起こすかわからない。マウンテンハイカーの力をもっと引き出したかったら、ちゃんとしたニーハイ丈のゲイターと一緒に履くと、何も気にせず小川を歩いて渡り、雪の中を縫って進むことができる。

スノーブーツ

　マウンテンハイカーでも寒期の雪のなか、ときどき谷を横切るようなハイクもこなせるだろうが、スノーブーツ（パックブーツ）は寒くて濡れやすい気候のためにデザインされたブーツだ。靴底に厚いゴムの層があって、まったく水を通さない。上部は革製で、定期的にワックスを塗っていれば防水性が保たれる。そして厚地の断熱性ウール混の裏地がついているので、氷点下の気温のなかでも足が冷えない。アドバイスとしては、深い水に浸

かってしまったときのために予備のライナーを買っておくといい。そうすれば、濡れた裏地を乾かしているあいだは予備のほうを使えばいい。よいスノーブーツにはソフトエアボブツールもついていて、極寒の環境でも雪や氷にグリップしてくれるだろう（ビブラムのソールは氷点下になると岩地や氷の上を歩くとき、岩のように硬くなって滑りやすくなる可能性がある）。

　スノーブーツにはいろいろな高低のものがあるが、より丈の高いものがいい。我々は13inのモデルを選んでいるが、膝の近くまで届く。氷穴釣りや犬ゾリ旅行者や猟犬を使う狩猟をする人、プロの罠猟師などに何十年も愛されているSchnee'sのスノーブーツのような定番商品だ。

COLUMN

シリコン製結婚指輪の弁護

　狩りや釣りのときまで金属製の結婚指輪をしていると、未開の地で緊急事態に陥り、指を切断しなければならない危険がある。ジャンプしたり、転んだり、つまずいたときに指輪が岩やフェンスや装備の一部、折れた枝などに引っかかってしまったら、「手袋状剝皮損傷」と呼ばれる、指の組織が剝脱した状態になるかもしれない。わかりやすく説明すると、剝脱とは指から皮膚の全部と少しの肉が一瞬のうちに乱暴にむしり取られるということだ。

　デグロービングになると薬指を失ったり、ちゃんと使えなくなったりする。奇跡的な手術をしてくれる顕微外科医でさえ、デグロービングを起こした指はほとんどの場合救えない。デグロービングはどんな場所でも起こる可能性があり、深夜のトーク番組のホスト、ジミー・ファロンは2015年にラグの上で転んで、テーブル

に結婚指輪が引っかかってしまった。ファロンは幸運なことに、名外科医に指を救ってもらえた。

1989年に木に設置した足場で左手薬指をデグロービングしてしまった、インディアナ州で弓を使った狩猟をするブラッド・ヘーンドンも幸運だった。ねじ式の足場から手を滑らせたとき指輪が指の第一関節に入り込んでしまった。担当した医師は指輪の2カ所をのこぎりで切断して取りのぞき、指を縫い合わせて復活させた。ヘーンドンはそれ以来すれちがう人の左手を観察するようになった。「薬指を失っている人がどれだけ多いか知ったら、みんなショックを受けるだろう」とヘーンドンは言う。その中のひとり、友人の姉妹はトラックの後尾扉（テールゲート）から飛び降りたときに、ピックアップの底のボルトに指輪が引っかかって指を失ったという。

『ミートイーター』の本部クルーの中にはもう少しでそうなるところだったという者がたくさんいるので、こういう話はとても身につまされる。ある人物はドライバーがバッテリーの電極に触れてしまい、金属製の指輪がボートのバッテリーに“溶接”されてしまった。彼はまたちがうときに、こんどは指輪が木の枝2本の間にはまってしまい、ひどい裂傷を負った。彼の妻はついに、10回目の結婚記念日に彼に4個ひと組23ドルで売っているシリコンの指輪をプレゼントした。金属の指輪をする代償に指を失う危険を冒すことに疑問を感じないとしたら、知性を疑われても仕方がないだろう。シリコンの指輪は、音を立てたくないときに銃や弓に当たっても安心というおまけまでついてくる。

我々のアドバイスを聞かないとしても、せめてタングステンカーバイド製の指輪をするような愚かな真似だけはしないでもらいた

い。タングステンカーバイドは医療機器では切断できないからだ。大きなペンチで破壊するほかない。薬指が骨折して腫れ上がって痛いときにそんな目に遭う状況を想像してみてほしい。

　指や手に怪我をしたときに、どんな素材のものでも指輪をしていたらすぐに外すこと。腫れてくると指輪が抜けなくなり、血流が停まってしまうからだ。

パトリック・ダーキン（受賞歴のあるアウトドア・ライター兼コラムニスト。
『ミートイーター』の寄稿者であり、「インサイド・アーチェリー」誌の総合編集長）

ニーハイ丈のラバー製かネオプレン製のブーツか

　スノーブーツは足を濡らさないためにはとても役に立つが、一日じゅう水場にいて、そんなに長いハイクはしないというときはニーハイ丈のラバーあるいはネオプレン製のブーツもいい。ボートに乗り降りしたり、沼地や湿地帯を進まなければならないときは、この高さがありがたいだろう。エクストラタフのブーツはアラスカのプロの猟師たちに人気があり、我々もプリンスオブウェールズ島の南東部で狩猟と釣りをしたときにはずっと履いていた。MUCK BOOT（マックブーツ）とLaCrosse（ラクロッセ）もいい商品を出していて、氷点下の気候にとくに適しているものもある。けれどラバー製でもネオプレン製でも、ニーハイ丈のブーツには急勾配の地域でのハードなハイキングに必要な足首のサポートはついていない。

特殊な靴

　特定の環境に特化した靴が必要なときもある。北極圏の北部では日中の最高気温がマイナス30度の日が何週間も続く。最高のスノーブーツで

もこんなに寒い天候の中では全然快適ではない。とくに氷を踏み抜いて足や脚が濡れる可能性があるならなおさら。だから北国の野外で冬じゅうを過ごす罠猟師たちは足を暖かくしておくために「ミッキーマウス」ブーツを履いている。1950年代の朝鮮戦争のあいだに極寒の環境で使うために開発されたブーツで、白くて大きなデザインが特徴的だ。厚いウールの断熱層があり、2層の不浸透性のゴムに包まれているミッキーマウスブーツの現代版は、マイナス50℃まで耐えられるように作られている。濡れてしまったときも、タオルやシャツで拭き取ってそのまま歩きつづけられる。

　川の中を長く歩くときはウォーターシューズを履くのもいいだろう。ハイキングブーツやランニングシューズを濡れた状態で数日履きつづけるのは大きな間違いだ。足が常に濡れた状態になってしまうからだ。足をちゃんと乾かさずにいると、第一次大戦中に何万人もの兵士が苦しんだ「塹壕足」になってしまうリスクがある。塹壕足は放置すると壊疽になる可能性もある（537ページ参照）。気候が暖かくなると、スポーツサンダルやビーチサンダルを履きたくなるかもしれないが、岩だらけの川の中を歩くときや、どんなに短い距離でもハイキングをするにはいい選択とはいえない。つま先が閉じていて、甲を包み込む形になっているウォーターシューズを履くべきだ。滑りにくいゴム製の靴底が地面をつかみ、推進力をあたえてくれる。水が靴の中にたまらないし、滑りやすい川底に足を打ちつけることからも守ってくれるのだ。

　最後に、ハイキングブーツは一日じゅう山の中を歩き回るのには向いているが、夜、キャンプでくつろぐときには脱いでいるほうがいい。そのためのクロックスを荷物に入れてきている人もいる。軽くて丈夫でちょうどいいのだ。合成皮革やダウンの断熱材が入っているショートブーツも寒い環境にはとてもいい。ほとんど履いていないみたいに軽いし、柔かくて持

ち歩きやすいデザインなので、荷物の小さなスペースにも詰め込める。

子どもたちのための衣類

　アウトドアの旅に小さな子どもを連れていくときは、大人とは別に計画を立てて荷造りをしなければならない。カラカラに乾いた砂漠に行くのでもないかぎり、子どもたちは必ず思いもよらない形で水に濡れるだろう。それに子どもはとても風邪を引きやすい。子どもが寒くて濡れた状態になっても、すぐに生死の問題につながるとは限らないが、日程を短縮して帰らなければならなくなるのは確実だ。さらに悪いことに、アウトドアでつらい思いをした子は自分を安全で快適な状態においてくれるはずの親の能力に疑問を抱き、アウトドアでのレジャー全体を怖がるようになるだろう。

　子どもの衣類は自分の服と同じくらい（あるいはそれ以上に）念入りに検討して用意しよう。自分が防水で通気性のいい衣服が快適で使い道が広いと感じるなら、子どももきっとそう感じる。子どもたちは常に大きくなっているから、靴やミトンがきつくなりすぎて血行をさまたげたり、暖かい空気をためる余地がなくなっていないかを毎回確認すること。11月に子どもの足を暖めてくれていた靴が2月にはきつくて足を締めつけるようになっていることなどよくあるし、それを子どもが自己申告してくれることはまずないだろう。新しい衣類を買うときは、大きめのものを買っておくと着られる期間が延びる。そして子どもが何人かいる場合は、できるかぎりいいものを買っておくと、次々とお下がりにしやすい。我々はたくさんの子ど

も用防寒衣類を4人か5人の子どもにお下がりにして着せた。そして最後に重ね着用の予備の衣類や、何か突発自体が起こって「ああ！」となったときのために着替え用の乾いた衣類を持っていくといい。ソックスとレギンスの替えをバックパックに入れておくのは賢いやり方だ。バックパックに余裕があるなら、断熱のポンチョを入れていくといい。子ども連れで野外にいて寒くなったときに、上着を取りに戻らなくてすむ。

　子どもたちがずっと快適でいられるようにするには、服をちゃんとするだけでは十分ではない。子どもは帽子をなくすし、手袋を濡らすし、コートをどこに置いてきたかを忘れるし、ブーツの高さよりも深い水に入って足を水浸しにする。子どもから目を離してはいけない。とくに天候が悪くて危険が考えられるときなどには。一方で、子どもには自らの不注意の結果に耐えさせて次の失敗がないよう学んでほしい。けれどそのまた一方で、十分に楽しみ、いろいろな刺激を受けて帰ってほしくもある。耐えさせることと安全を守ることのちょうどいいバランスを取るのに苦労するかもしれない。けれど彼らが思いやりのある優しいケアの仕方をそれで学んでいたら、子どもが大きくなって今度はこちらが世話になるときにうれしいだろう。

リュック、バックパック、ポール

　よいバックパックは絶対に欠かせない装備だ。ベーシックでシンプルなものが必要だ。どんなタイプのものにするかは旅の目的と期間によって変

わる。徒歩での活動だとすると、装備のすべてがきちんとおさまって、乾燥させられるだけの大きさのリュックが必要だ。非常に湿った環境ではポリスチレンなどのプラスティック製の一体成型の完全防水バックパックが適しているが、一般的には防水でリップストップ（裂けにくい織り方の）のコーデュラナイロン製のものでまず支障はない。大きなメインの部分のほかに小さなポケットがいくつかあって、それぞれに頑丈な外から開けられるファスナーがついているものがいい。そのほかにチェックするべきなのは重い荷物がずれてしまわないようにするコンプレッションベルトがついているかとか、バックパックの外側にＤリングなどをつけて追加の装備をストラップで吊るせるかどうかだ。防水の軽いカバーをバックパックの外側にかけるのも、衣類や寝袋を入れているときにはとくにいいアイデアだ。

　そして忘れないでほしいのは、身体に合わないバックパックにたくさんの装備を入れて背負っていると、首や肩や背中が非常に痛くなるということ。バックパックのメーカーの多くは、ありとあらゆるサイズや形のバックパックを必要とする客がいることを知っていて、さまざまなサイズの腰ベルトやショルダーストラップがついたリュックを作っている。バックパックを買うときもブーツを買うときと同じように、身体にちゃんと合っていて快適に背負えるかどうかを確かめ、アウトドアの旅に出る前に試し運転をしておくべきだ。

デイパック

　デイパックはその名が示すとおり、日帰りなので野外で寝ることはないが、水1本とグラノーラのバー1本以上の荷物を持っていく必要があるときを想定して作られている。ほとんどのデイパックの容量は33L以内だ。子どもの学校用のバックパックよりも少し大きいぐらいだが、それでもサ

バイバルキット、救急キット、食料、水、レインジャケット、その日の目的に必要な装備ひとつかふたつなら十分入る。

宿泊用バックパック

　1泊2日以上の日程向けのバックパックは容量が平均50〜65Lなので、寝袋やテントなど宿泊に必要な装備を十分におさめられる。バッグの形を保つ骨組みが使われていて、エルクの臀部のような重い荷物も持ち運べるようになっている。宿泊用のバックパックの多くが金属のパイプでできた硬い外枠にバッグ部分がついている。外枠はかなりの重量に耐えられるので、本格派の登山者や狩猟ガイドは頼りにしている。しかし我々はストーングレージャーやミステリーランチなどのメーカーのカーボンやチタニウムを使った内部フレームのバックパックを使っている。最近の内部フレームのバックパックは少し前の外部フレームのものと同等ぐらいの強度があるのに、ずっと軽くて能率的にできているので、いっぱいに荷物を詰めても扱いやすい。

遠征用バックパック

　宿泊用バックパックは森での3泊か4泊分の荷物なら入るが、1週間以上の旅には本格的な遠征用バックパックが必要だ。遠征用バックパックは大きい。ほとんどが100〜115Lぐらいの容量で、これは多くの人が楽に背負える重さを超えている。10日以上人里離れたところで暮らそうと思ったら、遠征用バックパックがいい選択だ。いくつかのメーカーが同じフレームでちがうサイズのバックを付け替えられる商品を出しているので、旅の長さによってカスタマイズして使うことができる。

防水デイパック、バックパック、ダッフルバッグ

　寝袋や衣類が濡れていると、転がり落ちるように単なる不便からみじめな感じになり、さらには致命的なトラブルに陥る可能性がある。湿った装備は快適さと生命の両方をおびやかす危険があるから、湿った気候の地域や水場の近くを多く通る旅では装備を乾かすことを通常よりも優先しなければならない。外側を覆うレインカバーがついたバックパックはその点はとてもすぐれているが、寝袋や衣類は軽量のナイロンのドライバッグに入れてからバックパックに入れるなど、強い雨から守るための対策がさらに必要だ。

　実際のところ、もしも今あるなかで最高の登山用バックパックを使ったとしても、数日間、降りつづく豪雨の中をハイキングしたり、急流でのラフティングなどをした後は、装備はすっかり濡れているだろう。こういう状況ではもっと別の収納システムが必要だ。急流下りのラフティングのガイドは、大事な装備は丈夫なシリコン製かビニールコーティングした、ロールアップ式のドライバッグにしまっていた。シンプルだが中身を濡らさないことにかけては優れている。これはいかだの床に置くもので、背中に背負っていくものではない。完全防水のバックパックとダッフルバッグは、不透水製のプラスティックの一体成型構造のケースがついた水中でも開閉できるファスナーで、ロールアップ式のドライバッグより汎用性がある。ショルダーストラップとヒップベルトなど登山用のバックパックによくついているものも併せれば、荷物を持っての水場の周りの旅やキャンプ場所までの乾いた土地を長くハイクするときにも理想的な選択だ。

トレッキングポール

　円筒形のトレッキングポールは、荒れ地や滑りやすかったりする場所で

重い荷物を運ばなければならないとき、とくに下り坂では救いの手になってくれるだろう。我々はよくエルクやムースの肉を背負って移動するような特殊な状況で使うために、バックパックの外側にポールを12本吊り下げているが、結局一度も使わずに帰ることもある。不要なもので荷物が重くなったり、かさばったりしているように見えるかもしれないが、中空のトレッキングポールは非常に軽くコンパクトで、膝がガクガクしないようにするために役立つのだから、歓迎すべき荷物だ。トレッキングポールのメリットとしてはさらに、キャンプを設営するときにおそろしく役に立つということだ。我々は2本のトレッキングポールを使ってタープをシンプルなA型に (364ページの図❶) 張っている。ポール1本なら自立するテントの内部の真ん中に立てると、テントの上に湿った雪が積もらず、下に滑り落ちるようになる。アウトドアの装備の多くのものと同じように、予算内で最高のトレッキングポールを手に入れるべきだ。がらくたのようなトレッキングポールを持っていくくらいならないほうがましだ。壊れやすくて、体重をかけると折れてしまうかもしれない。襲ってきたハイイログマに向かってブラックダイアモンドのポールをバットのように振って殴りつけたら、クマが逃げていったのを見たことがある。ポールは無傷だった。よいギアであることの、これ以上の証明はないだろう。

ナイフ、銃、シャベル

サバイバルナイフと銃はサバイバリスト、つまり世界滅亡を信じて備える人々に崇拝されすぎた結果、誤った情報が死ぬほどあふれている。ここではサバイバリストが妄想する、終末のときに遭遇するゾンビ化した隣人から水を死守したり、狂犬の群れと死闘を繰り広げるなどの事態について

の説明はしない。我々が考えるサバイバル用の銃というのは、まずなによりもリスからライチョウやビーバーぐらいまでの大きさの小動物の猟に使う道具のことだ。同様に、よいナイフというのは必要に迫られるまでそこにあることを忘れさせてくれるナイフでもある。

ナイフとマルチツール

　本格的なハンターと釣り人は、ナイフ1ダースくらいは常に手が届くところに置いている。我々は魚をおろすためのナイフや、獲物の皮をはぐためのナイフのように専用のナイフも持っているが、鹿の臀部からステーキ肉を切り取るためのナイフも持っている。けれど、ほとんどの人にとってシンプルな折りたたみ式のポケットナイフ（EDC〔Everyday carryの略。日常使いのナイフ〕とか持ち歩き用ナイフなどと呼ばれているもの）があれば十分だ。

　ポケットナイフが一本あれば、キャンプでの雑用だけでなく身だしなみのケアにまで使える。器用で多少しんぼう強い人なら、魚の内蔵を取りのぞいたり、シカから肉を取ったりすることだって十分に可能だ。ベンチメイド〔米国老舗ナイフメーカー〕の「グリプティリアン」や「バグアウトナイフ」はベルトに留めておいたり、バックパックの蓋の部分に入れておくのにぴったりだ。刃の両側が通常刃とギザギザ刃になっているポケットナイフはとくに使い勝手がいい。ウサギの内臓を抜くような精密な作業もできるし、のこぎりのように使えば、船を係留する直径2cmのロープを切断するようなハードな作業までこなせるのだ。不用意に怪我をしてしまわないように、必ず安全ロックシステムが付いているナイフを選ぼう。固定刃のナイフがほしいと心に決めているならそれを買えばいいが、使わないときは必ず鞘にしまっておかなければならないので、それだけスペースを食う。どんなタイプのナイフを買うにしても、刃の長さが7〜10cmのものを選ぼう。枝

を削ってテントの杭を作るのにも、大きな獲物を解体するのにも、そのぐらいの長さがあれば十分だ。長い刃は重く、扱いにくいので一般的にいって実用的ではない。

　よいナイフはいろいろな作業をこなせるが、戸外で何かを建てたり、修理したり、調整したりするために実際に道具が必要になることがある。何十年ものあいだ、スイス・アーミー・ナイフはアウトドア派にとっての最高のマルチツールであるとうたわれてきた。32種類ものツールが装備されているモデルまである。たしかに森で役立つものもあるが、サバイバル的状況に陥ったときプラスティックの楊枝やワインのコルク抜きは必要ないだろう。我々が子どもだったときには成人祝いの定番プレゼントだったが、これよりはるかに使いやすくて実用的なマルチツールがいまはたくさんある。その点、LEATHERMANとGERBERは至高といえるだろう。最上のモデルは強力なペンチを中心に作られていて、ナイフの刃、のこぎり、やすり、プラスとマイナスのドライバーなどもついている。

　マルチツールのいいところは、すべての人のニーズを満たすくらいたくさんのバージョンがあることだ。たとえば、刃先を付け替えられるドライバーキットがあるおかげで、我々はさまざまな刃先を付け替え、ねじなどの金具を自在に締めたり緩めたりすることができる。旅を中止せざるを得なくなりそうな危機的状況をこうしたマルチツールを使って打開し、すべてがいい方向に向かったことがこれまで何度あったかわからない。キャンプ用ストーブを手際よく据え付け、皮膚の下から釣り針を引き出し、ライフルを修理し、副木を作り、水ぶくれの手当てをする——実際これらすべてを我々はマルチツールだけでやってきた。

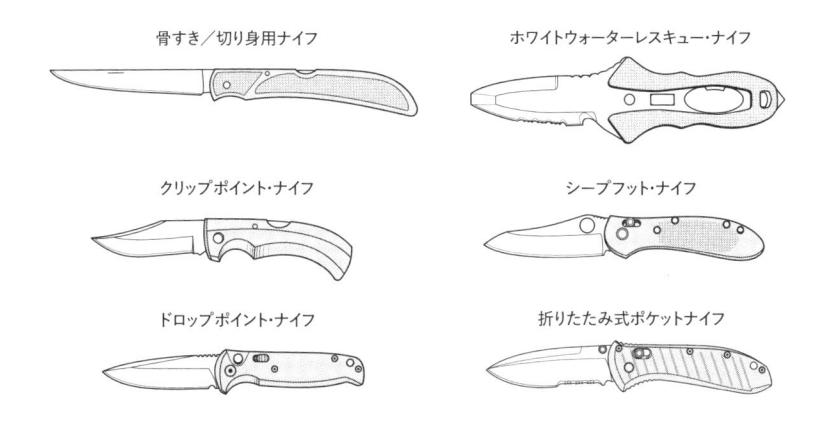

骨すき／切り身用ナイフ　　　　　　ホワイトウォーターレスキュー・ナイフ

クリップポイント・ナイフ　　　　　　シープフット・ナイフ

ドロップポイント・ナイフ　　　　　　折りたたみ式ポケットナイフ

装備についてのアドバイス5つ

❶ライターのまわりにダクトテープを何周分か巻いておくこと。ダクトテープは釣り竿の壊れたガイドを付け直すことから、急ごしらえの応急処置として裂けたテントの穴をふさぐことまで何にでも使えることがわかるだろう。

❷チャンスがあるたびにできるかぎり衣類や靴下を乾かしておくこと。雨が降っていないときは濡れた衣類をバックパックの外側にかけておけばハイキングしているあいだに乾かせる。夜は寝袋の下に濡れた靴下や下着を敷いておけば、寝ているうちに乾いているだろう。濡れたブーツがある場合は、夜インソールを抜き出して寝袋の中に入れるか、下に敷くかしよう。ブーツから取り外すことによってブーツ内部の湿気も速く乾かせる。

❸夜、暖かく過ごすためのすばらしい方法は、水のボトルにお湯を入れて眠るとき寝袋に一緒に入れるといい。ハンドウォーマー

でも同じような効果がある。

❹クマが出る地域や荒天が多いところなど、とくに油断できない
エリアでキャンプをするときはヘッドランプをブレスレットのよ
うに手首に巻いて寝よう。何かに驚いて目を覚ましたり、積雪で
テントが壊れたりしたときに慌ててライトを探さなくてすむ。

❺キャンプしている場所で雪が降る可能性があったら、料理器具
などの道具を外に置きっぱなしにしてはいけない。タープの下か
テントの入口に入れておこう。30cmも積もった雪を蹴散らして
スプーンを探すことほど最悪な事態はないからだ。

サバイバル用の銃

　サバイバル的状況では、シカなど大型の獲物を捕らえるより至近距離
で小動物を仕留めることになる可能性が高い。しかし、ここでお勧めする
小口径の銃を正しく使えば、事実上どんな動物でも倒すことができる。

　サバイバル用の銃はコンパクトで軽くないと何日間も持ち歩けない。い
ちばん妥当な選択は22口径の周縁起爆式のカートリッジ(弾薬)だ。50発入
りの箱でもズボンのポケットに入るほどコンパクトだが、攻撃力は高い。
何十年間もオジロジカの密猟に使われてきたぐらいだからその効果には疑
いがない。我々は豚や牛が22口径の一発で倒されたのを見たことがある。

　小動物のハンティングでは一般的にソリッドポイント弾は避けたほうが
いい。小型で皮が薄い動物たちが獲物である場合は傷を広げることなく身
体を貫通し、素早く絶命させられるが、スタンダードな36グレイン〔1グレイ
ン＝約0.065g〕か40グレインのホローポイント弾〔弾頭が体内で広がることでダメージをあ
たえる弾薬〕を使ったほうが、狙いが多少ずれても獲物である小動物を確実に

絶命させることができる。しかし残念ながらこうしたホローポイント弾では大型獣はほとんど倒せない。22口径でシカやイノシシを倒すには、脳や心臓や肺に深く弾を撃ち込む必要がある。ホローポイント弾は生命に関わる器官に達する前に皮膚や骨や筋肉に当たった衝撃で広がってしまって、表面的な傷しかあたえられない。

　22口径を使うときは正確な射撃をめざそう。小型の銃を考えているなら、20m弱の距離から25セント硬貨〔直径約24mm〕を撃てるぐらいの腕前と銃性能があることが望ましい。正確な射撃の腕がないなら、410番〔口径約10.4mm〕のスチールギアショットガン(散弾銃)を検討してほしい。

　一度に一発の弾丸を発射する銃と比べると、ショットガン(散弾銃)は多数の小さな弾丸を広い範囲に向けて発射するので、近距離から小さなターゲットを撃つのが容易だ。腕前がよければ、飛んでいる鳥や走っているウサギのような動く標的も仕留められる。弾のサイズは6号が万能だ。ショットガンの欠点はかなり近い距離でないと致命傷をあたえられないことと、大型獣の場合、銃口を獲物の頭に当てて撃つぐらいでないと倒せない点だ。ショットガンでもっと効率的に大型の獲物を仕留められるようにするには、スラッグ弾かバックショット弾入りのシェルを買うのがよい方法だが、こうした弾を小口径のサバイバル銃で撃った場合の精度は非常に悪い。

　これは紹介しておくべきだと思うのは、サベージ社のサバイバル銃だ。22口径のライフルと410番のショットガンを一挺のサバイバル銃にまとめたものだ。42テイクダウンというこのモデルはさっと分解し、バックパックに入れたり、バックパックの横のストラップに吊るしたりできるので、藪で引っかかったり、目の前に突き出してきたりしない。しかし、この銃での射撃の精度さは望みどおりとは程遠い。引き金が重く、金属照準器がよくないので、正確に狙いを定めるのが難しい。しかし軽量でコンパク

トだし、ライフル＆ショットガンという最強のコンボだから、その欠点も補えるかもしれない。

さらに詳しい情報は、野外での食料調達(137ページ)を参照のこと。

斧、鉈、のこぎり

かつて罠猟の猟師たちや山男たちにとって、斧は非常に重要なサバイバルツールだった。彼らは斧を乗馬道（ホーストレイル）を開くためにも、簡単なログキャビンを作るのにも、また戦いの武器にさえ使った。いまでも斧はさまざまな作業やビーバーの罠作りやキャンプをしながら長距離を踏破するホースパックトリップにはとても役に立っているが、昔に比べればアウトドアでの出番は大幅に減っている。単に多くの人にとって森の中で重くて柄の長い斧を持ち歩くのは現実的でないし、立つ鳥跡を濁さずという原則も、我々を本格的に斧なしでやっていくよう進化させる結果となった。我々のほとんどは薪にするために木を切り倒すことはないし、小屋を建てなければならないほど長くは滞在しないし、山の中に家畜を入れておく囲いを作ることもない。さらに言うなら、斧は新参者が簡単に使えるような代物ではないのだ。もしも昔の罠猟師や山男のように生まれながらに斧を手にしていたら、向こう脛に深手を負うことなく使い方をマスターしているだろう。そうでなければ、使いこなすのはおそらく無理だ。それでも頑丈な斧は注意深く使えば、狩猟のキャンプやカヌーでの旅に持っていくのに便利な道具といえる。

しかし簡単で安全に扱えるもっと小さなツールを選んだほうがいいだろう。ヘラジカを解体したり、トレイルの障害物を除いたり、急ごしえのタープでキャンプを張ったりなど、斧でできることの多くは、小さな携帯用の鉈や、さらに便利な携帯用のこぎりでもできる。我々チームのお気に入

りはアラスカボーンソーのナイフで、約15cmの厚さの木をはじめ、目の前に現れるどんなものも切り倒してくれる（木の安全な切り倒し方は389ページを参照）。バーゲンハンターの人たちには、我々が信頼する相棒、大工仕事用のスタンリー・スムース・カットというのこぎりを勧める。アラスカボーンソーの4分の1の値段で手に入るのでよいだろう。

シャベル

　車でキャンプをするような、装備をたっぷり持っていける場合にはシャベルを1本入れておくといい。シャベルは本当に便利すぎて、持っていったほうがいい理由はここに挙げられないほどだ。車が雪や泥にはまってしまったとき、シャベルがあれば掘って脱出できる。テントを張れる唯一の平らな場所に邪魔な岩がひとつあったら、シャベルでどかしてしまえばいい。テントのまわりに溝を掘って水が中に入らないようにしたり、火を消すにも、土を掘って釣り餌となる虫を探すのにも使える。そうだ、釣った魚は火の上に置いたシャベルに載せて焼くことだってできる。とにかくシャベルは重宝するので、バックパックでの旅でも、可能なら小さく折りたためるものを持っていくといいだろう。

鬼のように役立つ6つのアイテム

❶**建設現場用のゴミ袋**　極厚の非常に大きなサイズのゴミ袋は信じられないほど丈夫だ。我々は急に雨に降られたときのレインポンチョから獲物を入れる袋から衣服と寝袋を入れてテントの下に埋めるのにまで使う。バックパックの底に1枚入れておこう。

❷キャンプ用枕　未開の地のキャンプで寝るときに、必要ならジャケットを丸めて枕にしても十分だ。けれど本当によく眠りたいなら折りたためて、空気を入れてふくらますタイプのキャンプ用まくらを持っていくといい。重さはゼロみたいなものだし、テニスボールぐらいの大きさまで小さくなる。

❸結束バンド　約20cmの長さの結束バンドを5、6本サバイバルキットに入れておくこと。小さくて丈夫でいろいろなものをくっつけたり修理したりと使い道が多い。

❹パフィーパンツ　我々は最初、ファーストライトのアンコンパーグルのパフィーパンツを、寒いところで草に座って望遠鏡で動物を探すとき外側に重ね着して使っていた。あまりに気に入っていたので、だんだんキャンプや氷の上での釣りなど、低い気温の中で身体をあまり動かさないほかの活動でも着るようになった。

❺インソール　ブーツに付いてくるちゃちなものではなく、別売りのちゃんとしたやつを入れると、長い距離を歩いてもぴったりフィットする別次元に快適な靴になる。スーパーフィートというブランドのインソールが最高だ。

❻キャムストラップ　高い強度を持つナイロンかポリエステルで織られたストラップで、先端にバネ入りのロックできるバックルがついている。もっとも一般的な使い方は、急流でのラフティングの際に枠を安全に固定することだが、我々は30cm～6mまでのさまざまな長さのものを、ズボンのベルト代わりとか、ピックアップトラックの後ろでアイスボックスが転がらないよう固定するためとか、獲ったエルクのを4つに解体したものをバックパックに縛りつけて木から吊るすとか、サケなど大きな魚の口から

通して留めておくとか、いろいろな用途に使っている。

特殊な装備

　ある種の環境や天候や活動にはそのための専用の装備が必要だ。アウトドアで想定されるありとあらゆる状況を過ごしやすく快適にするためのガジェットやら何やらをすべて挙げることは不可能だが、次のリストは我々がキットに採用したものだ。こうした状況になるかもしれない旅の計画段階で、このリストに目を通しておこう。

低温と雪　運動量の少ない活動時の手、足先、身体用の防寒具。断熱のフェイスマスク、強風と吹雪対策のスキー用ゴーグル。断熱のオーバーオールと重ね着できる大きめなサイズのパフィーパンツとコート（尻当てがついているもの一着と立っているとき用のもの一着）。ゴーグルが凍ってしまうのを防ぐために通気性のあるフェイスマスク。

高温と日光　日差しから首と耳を守るためのネックゲイター。軽い合繊の長袖シャツかパーカー。合繊で長さを変えられる軽いパンツ。アクアフォー。Body Glideの皮膚保護バーム。CAMELBAKの給水パック。手動の霧吹き。日除けのためのバンダナ。偏光サングラス。傘。

豪雨　防水のブッシュハット。GrundensかHELLY HANSENのゴム引きのプロの釣り人用レインウェア。アトラス620PVCの寒冷地用グローブ。アトラス460PVCの寒冷地用グローブ。建設現場用ゴミ袋。クローズド

セル（独立気泡型）の防水布。小物を保護するジップロックの袋。小さなスポンジをいくつか。装備を拭いたり、水を吸い取ったり、水滴を拭き取ったりするため。傘。

水中、あるいは水場の近く　漁師用の腰か胸まで届くゴム長靴。機能的なウェーディングベルト付きのもの。暖かい気候の場合は通気性のあるナイロン、寒い気候の場合はネオプレン製の腰まであるゴム長靴。救命胴衣。ライフジャケット。PVC（ポリ塩化ビニル）製の肘まである手袋、気候に応じて断熱のものか断熱ではないものか。ネオプレン製の急流用の短いブーツ。建築現場用ゴミ袋。防水の携帯電話ケース。マイクロファイバーのタオル。ウェットスーツかドライスーツ。

氷の上　ブーツの靴底につける滑り止めの金具。アイススパイク（氷の穴に落ちたときに自力で這い上がるのに使う）。氷の状態をチェックするための軽量のスパッド（小さな鋤）。断熱のPVC製手袋。膝当て。ウールフェルトのブーツ用インソールか、独立気泡型のブーツ用インソール。

荷造り＆荷解き術

　私は旅の前の荷造りの手順を決めて習慣化し、荷解きも同じようにした。私のやり方は時間がかかるが、装備が壊れたり、忘れ物をしたりしたことによるトラブルを防ぐので、結局は時間の節約になる。

　手順はまず出発の数日前、ガレージにある大きな作業台をきれ

いにすることからはじまる。地下室や寝室に簡単な折りたたみテーブルを設置するのでもよい。それができたら、まず忘れるのが心配なアイテムを先にテーブルに並べる。こうすればそのアイテムについてはもう考えなくてすみ、ほかのことに集中できる。たとえば寝室のクローゼットに入ったときにウール混の靴下を前回の洗濯の後に間違った引き出しにしまっていたことに気づく。この靴下はテーブル行きだ。ネットで注文して買った、まだしかるべき箱や引き出しにおさめられていない新しい装備も一緒に持っていこう。すぐにパックに詰められないアイテムは——保存がきかないとか、誰かから借りなければいけないとか、まだ買ってないなどのもの——メモしておいて、そのメモをテーブルに置こう。あとでそれらをテーブルに置くときにリストの上から線を引いて消そう。

　次の段階では、ある特定のカテゴリーの装備を用意し、それをテーブルの上に、時間があればきちんと積む。寝るときに必要なものを用意しているときには、カンバス布、キャンプマット、寝袋、ビビィシェルター、テントを全部一気に持ってくる。私のやり方で重要なのは装備を集めながらチェックし、杭や支え綱などにみな問題がないかを確認することだ。調理関連のアイテムを用意するときにはキャンプ用コンロ、鍋、マグ、燃料を用意し、ちゃんと使える状態になっているかどうかをチェックする。大きな獲物の狩猟の準備の際は、光学機器が必要なので、双眼鏡と双眼鏡ホルダーと三脚とスポッティングスコープとレンズクロスをみな一緒にテーブルの上に置く。すぐにほとんどのカテゴリーの必要な装備を揃えられるだろう。衣類はいつも最後に用意している。そしてアウターからインナーへという順で荷造りをする。雨具が最初で、靴下と

下着が最後だ。すべてのカテゴリーが終わったら、パソコンに保存している装備のマスターリストを出す。このリストには、全部いっぺんに持っていったことはないほど多量のアイテムが載っているが、目を通すことで何か忘れていることに気づけたりする。すべてが揃ったら、テーブルの上の装備をダッフルバッグかバックパックか、適切なバックにおさめる。

荷解きのほうは荷造りよりもさらにまじめにやる。これは父から教えてもらった。父はふたつでセットになったこのキャッチフレーズが好きだった。「装備のケアをしておくと、装備が自分をケアしてくれる」「自分のケアをする前に装備のケアをしろ」

私は家に帰ると、作業台にバッグを載せて、荷解きをしながらひとつひとつのアイテムをチェックする。衣類は洗濯場へというのは当たり前だし、すべてはラベルが貼ってある箱や引き出しなどの元の場所に戻す。修理や調整やとくにきれいにすることが必要なアイテムは作業台の端に置いておき、後でその手入れをする。この時点で私は次に出発するときに取り出すことになるアイテムのリストを作りはじめている。強迫性障害の一歩手前かもしれないとわかっているが、やはりアウトドアの装備に関しては大事なルールだと思っている。私のアイテム管理システムを見た友人から、こだわりすぎと笑われた。このとき、自分のシステムは極端なものかもしれないとはじめて意識したけれど。

2

水
探し方と作り方、病原菌と浄水術

Water

　私は不幸なことに少なくとも二度、「ビーバー熱」に罹っている。呼び名はかわいいが、実体はジアルジア症という消化器系の病気だ。世界じゅうでみられる病気で、人から人へ、排泄物で汚染された食物を通して感染することが多い。しかしアウトドア界隈では、人里離れた場所の旅と切っても切れない関連がある。ジアルジア・ランブリア（ランブル鞭毛虫）という顕微鏡でなければ見えないほど小さな寄生虫を摂取することによって起こる病気だが、このジアルジア・ランブリアはマスクラットやビーバーの糞便が媒介し、もともとは湖や小川などの水面に存在している。ジアルジア・ランブリアを摂取した人の約20％は無症状だが、私も含んだ残りの人々はひどい状態になる。腹部が膨張し、まるで腹の中で何かが破裂したかのような感じ。まるで悪魔が気体の姿で体内から出てこようとしているかのような恐ろしいゲップが出る。下痢はさらに悪い。下痢といえば激しく腹が下った後は、とりあえず楽になるからホッとするのが普通で、我々はそれに慣れている。しかしジアルジア症の場合は、このホッとできる時間はせいぜい奇妙に油っぽい排泄物を拭いているあいだぐらいなのだ。

　そんなにつらいのなら、どうして二度も罹ったのか、と思うかもしれない。1回目は懐古趣味と愚かさのせいだったと思っている。15歳ぐらいのころで、私は兄弟たちと一緒に冬のさなかに家から数キロ離れた場所にウサギ狩りに出かけた。家の近くに、沼から流れ出した小川が別の沼に注いでいるところがあって、私たちはいつも誰かがこの小川に丸太や木枝をかけて渡っていた。この橋の上に立って、美しく透明な小川を眺め、今までに観た映画の中を思い出す。カウボーイやネイティブアメリカン、開拓者たちがこんな見た目の流れの水をごくごく飲んで喉の乾きを癒やしている。ほんの1800m上流の沼の水なら絶対に飲む気にならなかったが、この水は動いているせいでおいしそうに見えた。だから飲んだ。24時間後、症

状が表れた。

　2回目は喉の渇きのせいだった。私は同僚たちと一緒にアリゾナをハイキングしていて、戸外で1泊することになっていたが、空になったボトルに汲む水を見つけられずにいた。夕食にはエナジーバーしかなく、これは口の中が死ぬほどパサパサになることで悪名高い食べものだ。翌朝、谷底まで苦労して降りたころには水はまったくなくなっていた。私は濁った水たまりの水をボトルで汲み、浄水の錠剤を放り込んだ。水は冷たく、錠剤が溶けるのに時間がかかった。イライラした私は、1Lサイズのボトルにレザーマンのナイフを突っ込んで錠剤を砕き、速く溶かそうとしたのを覚えている。錠剤が砕けると、ボトルをカクテル用のミキサーのように振った。錠剤の効果が出るまで30分は待つことになっていたが、10分後にもうこれ以上待てないと私は決意した。あまりにひどく喉が乾きすぎていたし、水はあまりにおいしそうに見えた。水の中ではまだ溶けていない錠剤が揺れていたけれど。2日後、私は具合が悪くなった。1週間後には入院していた。

　二度目のジアルジア症は自業自得と言ってもいいし、一度目もほぼそうだ。どちらも防ぐことができた。インフラが整備されたほとんどの場所でなら。水が媒介する病原体は必然的にアウトドアを仕事とする人やアウトドアのマニアなど、進んで、そしてときに、不注意にもさまざまなリスクが伴う荒野に身をさらそうとする人たちが罹りやすい。我が国では水処理や下水処理の技術がすばらしく発展しているおかげで、水に関しては戸外よりも家の中のほうが安全だ。けれど世界じゅうのどこでもそうなわけではない。きれいな水がまったく手に入らない場所もある。国連児童基金（UNICEF）の推定では水が媒介する病原菌によって毎日6000人の子どもが死亡している。その多くが致死性の下痢によるものだ。大人も数に入れれ

ば、こうした病気で毎年340万人が死亡している。

　この数字は我々に、家の近くのキャンプでも海外に旅したときでも水の扱いについてうっかりすることはできないという事実を突きつけてくる。さらに水の摂取についても気を抜くことはできない。人間には水が必要だ。それもたくさん。人がずっと食べずにどのくらい生きられるかについては、インドの独立運動の際に21日間の断食をしたマハトマ・ガンジーが有名だが、水をまったく摂取できなかったら人は3日か4日で死んでしまう。極端な暑さや体力の消耗などによって、この持ち時間は劇的に短縮されるから、ぜひこの章は熟読してほしい。水について計画をどう立てたらいいか、そしてその計画がうまくいかなかったときにどう対処したらいいかを知ることは、世界一かっこいいサバイバルスキルではないかもしれないが、まず間違いなくもっとも重要なスキルだ。

必要な量

　古くからの水の摂取に関する言い伝えである"8のルール"はこうだ。1日にコップ8杯を飲む。一杯の量はだいたい250mlぐらい。このとおりに飲むと1日分は約2Lになる。だが実際のところ、このルールは最低限と思うべきだ。現在では、活動量が多い場合、1日に女性は約3L、男性は約4Lの水を飲むことが推奨されている。大事なのはとにかくたくさん水を飲むべきだということ。

　実際にどれだけ飲んだかをはかるのは、とても役に立つ。しかし、ある人がベストコンディションで活動するためにどれだけの水が必要かは、人によって本当に幅がある。普通より多くの水が必要な人もいる。そのちがいの原因となるものは、体質や汗をかく量などいろいろだ。食べるものに

よっても水分の摂取量は変わる。生野菜や果物にはたくさんの水分が含まれている。ジャーキーやドリトスにはそれほど含まれていない。それでも森で過ごすときはまずは1日にナルゲン製1Lのウォーターボトル2本分を目標にすると、脱水によるつらい症状を避けられていいかもしれない。

　喉が渇いたと感じていないとき、あるいはそれほど喉が渇いていないと感じているときにも忘れないでほしい。喉の乾きの感覚は水を飲むタイミングのいい指標になるが、その感覚はいつも正しいとは限らないのだ。体内の水分量がひどく減っているのに、まったく喉の乾きを感じないこともある。とくに寒いところにいると、喉の渇きの感覚は鈍くなるし、バックパックの中にある凍りかけの水を見ても、あまり飲みたくはならないだろう。喉の渇きというサインがないからといって、体が水を必要としなくなっているわけではない。寒いところでは汗の蒸発によって体液を失うことはそれほどないが、寒さのせいで代謝のスピードが上がり、水分の消費量が増える。喉が渇いていると思っても思わなくても、水は飲みつづけなければいけない。

水を飲む量を増やす工夫

　水分を摂らなければ、というのもストレスになるときがある。水を汲もうとしている谷の水が、腐った落ち葉やヘムロックの木から出たタンニン酸で茶色く変色していたら、飲むのはあまり気が進まない。あるいは水に天然のナトリウムが死ぬほど含まれていて、おいしくないかもしれない。あるいは水を汲んだ湖にシカの死体が浮いていたことは、どんなに浄水しても忘れられない。あるいはむちゃくちゃ寒くて、水を飲む気になれないかもしれない。

　そうだとしたら、水を飲む気になるための工夫をしよう。まず、コーヒ

一には利尿作用があるという考えは忘れよう。たしかに濃いコーヒーには利尿作用がある。しかし薄い、あるいは中ぐらいの濃さのコーヒーなら、飲むとマイナスになるほどの利尿作用はないと証明されている。朝、インスタントのホットチョコレートのパックがあれば、飲もうという気になるだろう。昼には粉末のゲータレードとか水分摂取のためのスポーツドリンクの粉末などを使おう。こういう商品の多くには電解質やビタミンCなど、汗で失われるミネラルが含まれていて、身体にもいい。こうした飲み物は実際に体内に水分を取り込むことにも役立つ。レモンかライムをひとつ荷物に入れていくだけでも、まずい水をぐっと飲みやすくできる。夜、夕食の後にハーブティーやカフェイン抜きのお茶ならさらにもう1杯か2杯飲めるだろう。アラスカのアンカレッジにあるコバックコーヒーというカフェはすばらしいサモワール用のお茶のデカフェバージョンを出している。あまりにおいしくて最後の1杯をめぐって仲間内で撃ち合いになるかもしれないほどだ。どんなやり方をするとしても、次のことだけは忘れないでほしい。おいしくて飲みたいなと思う液体があって、それがノンアルコールのものだったら何でも飲みなさい。

自分の必要量を計算する

そのアクティビティでの水の必要量を計算するとき、まずはひとり1日1ガロン（約3.7L）というざっくりとした見積もりからはじめよう。これは飲む分だけの数字であり、風呂や皿洗いに必要な分は含まれていない。先ほども書いたように、摂取するべき水分の量は個人差や作業の強度や環境によっても大きく異なる。周囲の気温が15℃ぐらいまでしかあがらなかったら、1日あたり2Lぐらいの飲み水でやっていけるが、気温が上がればそれだけ必要量が増える。25℃を超えたら1Lほど追加し、さらに極端に暑

い場合は通常の量の2倍が必要だ。次に運動量はどのくらいかを考えよう。涼しい気候のときに起伏のゆるやかな地域をのんびり歩く場合の基準量がナルゲンの1Lウォーターボトル1本の人だったら、急斜面で進むのが難しい場所を暑い気候のなか、急いでハイクしなければならないとしたらどうなるだろう？　計画を立てるときには基準量を忘れないようにしよう。

　料理の問題もある。フリーズドライや乾燥した食品を食べるには水を加える必要がある。標準的なフリーズドライの食品は約500mlの水を必要とする。朝食にインスタントのオートミールとコーヒーを加えるとしたら、さらに350〜500mlが必要だ。だからバックパックを背負った3日間の旅をするなら（初日の朝食と最終日の夕食は文明世界で食べるものとする）、だいたい8Lの水があればやっていける。これだけの量の水は非常に重く、またかさばる。この長さの旅に使う通常の大きさのバックパックの3分の1ほどの体積を占めることになる。

　ありがたいことに、常にすべての水を携帯していかなければならない場所はあまりない。よく注意し、ちゃんと準備をしていけば、途中で水を調達することができる。この本では野外で水を安全に入手するために必要なことすべてを説明しよう。けれどその前に水の管理のコツと知識を説明する。

ウォーターボトル、給水用バッグ、ドロメタリー、ジャグ

　効率的に水を携帯する方法としては、我々は昔ながらのナルゲン製のボトルが好きだ。軽くて信頼できて、実際に頑丈だ。互換性のあるホルダーや浄水システムや断熱ポーチの選択肢が多く、蓋が割れたり、なくなったりしたら、簡単に蓋だけ買うことだってできる。広口と細口のどちら

のタイプにするかは好みによる。広口タイプのナルゲンは池や小川から水を汲みやすく、料理などさまざまな用途に使いやすい。細口タイプのほうは歩きながらとか運転しながら水を飲むときに、水が垂れてシャツの胸のあたりを濡らすことがない。1Lのボトルが定番だが、ボトルを1本持っていこうか2本持っていこうか悩んだときのために1.5Lのものを買っておくのもいい。ささいなちがいだと思うかもしれないが、後者の卓越性を主張するためなら死をも辞さずに戦おうという人々もいるのだ。と、ここまで述べてきたが、ほかのボトルがみな役に立たないと言いたいわけではない。耐久性があり、見ためも美しいステンレス製ボトルが好きな人々はたくさんいるし、それはそれで問題ない。使用済みのペットボトルしか使わないという原理主義者もいて、彼らはもう一年も同じボトルを使っていると豪語する。漏れなくて、凍っても大丈夫なものであれば、何でも好きな物を持っていけばいいと思う。

厳しい対立を生む給水袋の件

『ミートイーター』クルーの間では、キャメルバック社製のような、歩きながら水を飲めるストロー付きの給水パックについて意見が一致していない。これなしでは夏のハイクやシーズンに入りたての狩猟に行けないという者もいれば、あんなものは単なるちゃちながらくたで、ぜったい最終的には装備を濡らすことになる、と考えている者もいる。読者のみなさんが自分の意見を決めるためのヒントをここに書いておく。

長所

● 水袋のバルブはバックパックのショルダーストラップに留められるので、歩きながら飲めてとても便利だ。少しでも喉の渇きを感じたらすぐに飲

めるので、立ち止まってバックパックからボトルを掘り出して飲むのに比べたら、一日じゅう切れ目なく水分を取るのがとても楽になる。暑くて乾燥した気候で口の中がいつも潤っているのは生物としてホッとする。

- ●ボトルをバックパックの中に入れておくより、横に吊るしておいたほうが水が温まりにくい。飲み終わったら、毎回チューブ内の水を袋まで吹き戻しておくようにしないと、次に飲むとき最初のひと口が太陽の光で熱されている。

- ●水袋の多くは3L以上の容量があるが、機能的なデザインによって徹底的に軽量化されているので、軽いアイテム用の場所に吊るせて背中から遠いところに置ける。

短所

- ●漏れる。ナイロンやプラスティックのバッグはバックパックに不注意に寄りかかったりすると裂けたり、破裂したりする。ホースと袋の接続部分が取れたり、割れたりする。蓋の縫い目の糸がからまると漏れる原因になる。こうした原因によって水が漏れば装備が濡れ、タイミングが悪ければ深刻な危険につながる。

- ●ホースが凍る。キャメルバックの多くにはホースがあるが、それでも0°C以下の気温ではチューブ内の水はすぐに凍ってしまう。そうなると飲むことができない水ひと袋を抱えて歩かなければならなくなるのだ。

- ●水袋には形がないので、硬いボトルに比べ、水を汲みにくい。愛用者の中にもフィルターを使って浄水を作るときのためにナルゲンも持ってきている者もいる。彼らはボトルで汲んだ水を水袋に移すのをくり返す。

- ●ホースの端にストッパーのバルブがない場合(あるいは使っていない場合)はバックパックの中の水袋に圧力がかかると飲み口から漏れてくる。テントや

車の後部座席などに置いているときにバックパックの重みで同じことが起こって水が全部漏れ出てしまい、周りのすべてが濡れるというのを見たことがある。

ドロメダリー

ドロメダリーあるいは我々が「ドロム」と呼んでいるものは折りたためる多機能バッグで、水が手に入らない場所で多量の水を運んだり、現地の水源で汲んだ水をキャンプ地に運ぶのに使ったりする。キャメルバックはドロムにホースをつけただけではないのかと言う人もいるが、大きな違いがある。品質のよいドロムは作りがしっかりしていて、布の裏地と頑丈な蓋がついている。ホースやバルブや飲み口などの欠点もない。常にこれでなければというわけではないが、未開の地や砂漠の旅ではすばらしい力を発揮する道具だ。水を調達することができないとわかっている場所へ数日行くことを予定していたり、ある地点から別の場所に水を運ぶことが必要な場合にはドロムは最良の選択だ。

カーキャンプ用ジャグ

車でのキャンプ（車中泊、あるいは車の近くで寝る）は水の置き場所に関しての状況を簡単にしてくれるが、それでも事前の計画は必要だ。大きな、持ち運べるウォータージャグがあるとぐっとやりやすくなる。我々が好きなのは23〜30Lのプラスティックのジャグで、注ぎやすいように蛇口がついている。スタンダードな20ドルで買えるアクアテイナーから高級なメタルモデルまであり、車のテールゲートで手や皿を洗えるのは快適だし、いつも水を備蓄してあると安心感がある。蛇口は先端が壊れたり漏れたりしやすいので、蛇口付きのジャグはひとつだけ持っていき、あとは頑丈なねじ式の

蓋のあるジャグにして、水を入れ替えて使えばいいという意見もある。忘れてはいけないのは、水は使えば必ずいつかはなくなるということだ。たとえばバハでの1週間の野外キャンプでは25Lのアクアテイナーがぎりぎりひとり分だった。しかもこれには皿洗いや風呂用の水は含まれていない。カーキャンプのときは、水に関しては多すぎるということはない。スペースも重さもあまり問題にならないからだ。夏の暑い時期は自然のなかに行くのでなくても、車やトラックにジャグを置くといいと思う。準備をしておいて困ることはない。

水の備蓄

　米南西部のトビネズミの多くは、水をより長く利用するためにお気に入りの隠し場所に備蓄している。長期のキャンプや乾いた山の登頂をめざすときにはバックパックに折りたたみのウォータージャグを詰め込んだものをいくつか用意し、それをどこか自分しか知らない場所にかくしておくといい。水の隠し場所を1週間以上離れるとき、とくにジャグが太陽の光を浴びるときは、水が臭くならないように処理をしておいたほうがいい。IONアルカライン・ウォーター・ドロプスのような製品は水を浄化すると同時にpH（ペーハー）やアルカリ性をあげてバクテリアなどの悪い雑菌がコンテナ内で繁殖するのを防ぐ。かくしておいた水がすべて悪くなってしまっていたら、せっかくの苦労が水の泡だ。また、かくしたジャグを回収せずに放置するとゴミになって自然環境を害する。しまったら、出すこと！

水を凍らせないようにするためには

　一年のうちでもっとも寒い気候の時期やひどい嵐の多い時期は、ちょうど狩猟のための条件がいいときと重なっている。寒いからといって我々は外に出るのをやめることはできない。それに氷穴釣りのベストシーズンでもある。寒いことによる困難はいくつかあるが、そのなかでも水を液体のまま保てるどうかは大きな問題だ。

　真空断熱のサーモスは昼間の短期間の使用なら、とくに湯を入れておけば問題ない。しかしかさばって重いのに、壁が厚く中身がそれほど入らない。そこが短所だ。普通の水が凍らないようにするには、バックパックの中の装備や予備の衣類に包まれるように、よく考えて入れることからはじめるといい。バックパックの外側に吊るしておくとだいたいずっと早く凍ってしまうから。いくつかのメーカーが長時間水を飲めるように保てる、断熱でファスナー留めの蓋がついたボトルホルダーを作っている。寒い夜には寝袋にウォーターボトルを入れると凍らせないですむ。本当に寒い夜にはボトルに湯を入れて、それを寝袋の脚のほうに入れるといい。足がぽかぽかするうえに水を凍らせないですむから、一石二鳥だ。

水が媒介する病原菌

　西側先進国で供給されている水は工業的な汚染と無縁ではなく、鉛による汚染事件については、最近のミシガン州フリントの例でその影響が示

された。最新の水処理設備があっても、ウィルスや細菌などの病原体が都市の水を汚染することがある。1993年にミルウォーキーでクリプトスポリジウムのアウトブレイクにより40万人が罹患した。嵐の際に地表を流れた水が流入したせいで肝炎ウィルスA型とノロウィルスが自治体の水道に入り込み、その水の中を泳いでいた媒介生物によって再生水が汚染されたのだ。

しかし本章では、小川や川や池や湖など自然の水源の飲み水に触れることで感染するケースが多い寄生虫やバクテリアに絞って話をする。その後の部分で、腸を下記のような目に遭わせないための水の処理法方を説明したい。まずは真実を知ろう。簡単に言うと、こうした病原体は野生動物や家畜や人間の排泄物からやってくる。病原体の種類は少ないが、深刻な害を及ぼす。

ジアルジア症

人間や動物の排泄物から感染するジアルア症（一般にジアルジアと呼ばれている）は地球上でももっとも普遍的にある寄生虫による腸の感染症だ。野外の自然水源には非常によくいるし、発展途上国では公共の水道の水にもいる。湖や川や池や小川など、人間や動物の排泄物が入り込む水系で発見されることが多く、ジアルジア鞭毛虫という微細な寄生虫（ジアルジアの中でも人間に感染する種）は汚染された水で洗浄されたり、汚染された土壌で育った、加熱されていない果物や野菜にも存在する。殻に包まれた胞子のような形で過ごす時期もあり、この原生動物は人間や動物の腸から出ても（水中だけでなく、たとえばトイレの表面など）長期間生存できる。感染させると確認されているのは10種類だけだ。「ビーバー熱」という名前でも知られているが、これはビーバーが池や川や湖を家としてもトイレとしても使っているからで、こ

の胞子を摂取したことによって起こる下痢に伴う病気のせいで、未開の地の旅はただただつらいものになるし、長期にわたる腸へのダメージが残ることもある。

　ジアルジア症の症状は接触から約1〜2週間で現れるが、先ほど述べたように私は翌日にきた。症状は軽いものから深刻なものまであるが、下痢、腹部膨満、ガス、水に浮く脂性便、急激な腹痛、腹の底から湧いてくるような驚くほど大きなげっぷなどだ。最悪な症状は2週間から4週間で自然に消えていくが、急性の30〜50％は慢性のジアルジア症へと移行し、栄養失調、貧血など消化吸収の不具合による症状に数週間苦しむこともある。ビーバーが作ったダムは飲み水の調達先として悪い選択肢であることで有名だが、ビーバーだけでなくほかにも多くの動物がジアルジアを保有しているので、水源はよく注意して選んでほしい。用を足したあと、また食事や調理の前には必ず手を洗うか消毒して、ヒト─ヒト感染のリスクを減らしてほしい。仲間の誰かが病気になっている場合にはとくに注意してほしいが、それ以外のときも常に警戒を怠らないこと。ジアルジアに感染した本人は無症状でも、知らないうちにほかの人へ移すことがあるからだ。

　感染して、治療をしなくてもそのまま治るかもしれないが、一般的には抗生剤で治療することが推奨される。ジアルジア症に罹ったら、アウトドアでの冒険はまったく楽しくなくなる。治るまでのあいだにどんどんひどくなる症状に苦しめられるし、テントの中でそれに耐えるのはつらすぎる。病院かクリニックに行ってメトロニダゾールを1日3回、1週間以上投与してもらうと回復が早くなる。塩素とヨウ素はバクテリアやウィルスやほとんどの原生動物嚢子の消毒に有効だが、ジアルジアを完全に消毒できるとは考えられていない。原生動物はかなり大きいので水を濾過することで

うまく取りのぞける。煮沸や紫外線による浄化も効果がある。

クリプトスポリジウム

　一般的には「クリプト」と呼ばれている微少な寄生性原虫で、ヒトや動物の腸管内で生存、繁殖することができる。ジアルジアと同じように、排泄物を通して感染する。クリプトの症状は通常、接触から1週間以上経ってから現れる。その症状は血性でない下痢、急激な腹痛、吐き気、熱などだ。免疫系に問題がある人は症状が深刻化し、くり返すことになって治療が難しい。

　クリプトを治療せずに放っておいても、健康な成人の場合、2週間ほどで症状が消えることが多い。しかし、とくに森の奥深くにいる場合には人生最悪の半月になるだろう。きっと医師の診察を受けたくなるはずだ。ニタゾキサンドという抗生剤で感染症は5日以内に治るだろう。

　クリプトスポリジウムは物の表面で生きることができるので、汚染した果物や野菜を食べたり、汚染した水を飲むことで伝染することがある。一回の排便の中に何百万もの伝染性の高いクリプト寄生虫が含まれていることもあるので、衛生がなによりも大切だ。原生生物は厚い外殻があるので、塩素やヨウ素などの化学薬品による浄化では効果がない。濾過するか沸騰させるとクリプトのリスクを排除できる。悪い水に触れたものは完全に加熱調理することも重要だ。

大腸菌

「旅行者下痢」の主な原因であるこのバクテリアは糞便と同義語であり、川や小川に直接的な汚染や嵐の際にあふれた水の流入によって入り込む。ほとんどの種類は無害だが、数種の変種は（とくに家畜、ヤギ、羊、シカ、エルクなど

の反芻動物の腸内に棲息するものは）非常に重い症状を引き起こす毒素を作り出す。

　症状は血性でない下痢や急激な腹痛、嘔吐などで、発熱をすることもあり、症状は曝露の1〜10日後。低い確率ながら、溶血性尿毒症症候群（HUS）という生命に関わる合併症に陥ることもある。疲労と排尿回数の減少が現れたら腎機能に問題が起こっている可能性がある。HUSは特定の侵襲性の大腸菌によって引き起こされ、血性の下痢、発熱、重度の脱水が症状であり、その症状によって貧血と血栓の形成と腎不全が起こることがある。

　大腸菌への感染の多くは自然に治癒する。感染性ではないので抗生物質による治療は通常は必要ではない。しかし熱が出たり、尿量が著しく減少したり、濃い色の尿が出た場合、あるいは10日から2週間以上症状が続く場合、39℃以上の熱が出た場合は絶対に医師の診察を受けなければならない。便に血が混じる、過度の嘔吐、水分を取ると吐いてしまうなどは深刻な状態であることを示している。

　ここでもまた、水を浄化し、とくに食事の前に手の衛生状態を保つこと。大腸菌は塩素とヨウ素で除菌することも、水を濾過することでも取りのぞくこともできる。

水の処理

　短い時間でもアウトドアで過ごすなら、水の処理は絶対に必要なスキルだ。難しい技術ではないが、処理方法によって水の中の寄生虫をすべて殺すか、だいたいの寄生虫を殺すかの程度のちがいが生じる。処理法方をいくつか軽くでも知っておくと、おしゃれな処理用品がうまくいかなかったときの代替手段に使えるので役に立つ。

　アウトドアのエキスパートの多くは水の濾過と浄水をきっちり区別している。濾過は水を微細な編み目に通すことによってジアルジアやクリウプトスポリディウムなどのような寄生虫、大腸菌のようなバクテリア、泥、ごみ、悪臭、砂利などを取り除く。しかしほとんどの濾過装置の編み目では小さなウィルスを捕らえられない。

　その一方で浄水は微生物のDNAを壊して、効果的に寄生生物の嚢子（ジアルジアやクリプトスポリディウム）、バクテリア（大腸菌、サルモネラ）、ノロウィルスやA型肝炎ウィルスやロタウィルスを殺す。方法は化学薬品や紫外線を使ったり、煮沸したりする。潜在している病原体を不活化はするが、除去されるわけではないし、水に浮いている小さな異物を取りのぞけるわけでもないし、においもそれほど改善できない。自然の水源が新型コロナウィルスに汚染されていることはまれだが、ありえる。その場合は浄水が有効だ。

　浄水は病原体のすべてではないがほとんどを破壊するので、よい方法だ。しかし、今まで我々チームが濾過した水で病気になったことはないという事実も知っておく価値がある。ウィルスはどこの水にもいる可能性があるが、濾過や煮沸で処理できるジアルジアやクリプトよりは可能性が低い。また濾過は自然の中では効果的で安全だが、発展途上国の旅では適切な方法ではないかもしれない。水が人間の排泄物で汚染されていたり、水質汚染の問題があるかもしれないからだ。最良の道は微生物を殺し、まずい微少な異物を取り除けるようにするため、浄水と濾過、どちらもすぐできるよう準備しておくことだ。

濾過

　アウトドア用品として売られている水濾過のための用品はポンプ、ストロー、絞り出し袋、重力濾過器などなど、信じられないほどたくさんある。

使い方はそれぞれちがうが、濾過装置はみな水を内部の微細な目のフィルター（網目フィルター）を通すようになっている。この網目はだいたいセラミックか活性炭でできているか、その両方を使っている。

　その過程で浄水では取り除けない水の中の異物と悪臭が除去される。異物とは泥や氷河の沈積土、木や葉などに含まれていたタンニン、藻類など水の中に浮いているものすべてだ。濾過によって水の見ためも味もよくなるが、まったく不潔でなくなったわけではない。濾過はこの性質のため、砂漠や未開の地（人間の排泄物が混入するおそれがないところ）など、泥がまじり、どろどろと濁った水が多い環境では浄水より適している。

　濾過は一度に長時間はできない。水から取りのぞかれたどろどろの物質ですぐに網目が詰まってしまうからだ。これが濾過のいちばんの欠点だが、道具をうまく使うことによって改善できる。濾過器具の多くには詰まりやすい微細なフィルターの前に大きな異物を取りのぞいておくためのプリフィルターがある。ポンプで水を取り込む部分にスポンジボールがついているのがプリフィルターの一例だ。プリフィルターを必ず使い、使用後は次に使うまでに清掃しておこう。濾過装置にプリフィルターがついていない場合は、自分で付け足さねばならないときもあるだろう。我々はほかに選択肢がなくて、尿のにおいがするエルクの水浴び場の泥水からどうしても水を取らなければならなくなったことがあるが、こういうときは何か特別に強力な濾過をしたいものだ。水を汲むのに使うボトルの口にTシャツかバンダナをかぶせるだけでも濾過のじゃまになりそうな異物を取りのぞくことができる。濁った水を濾過するときには沈殿物がボトルの底に沈むのを待ってからフィルターを通すのもいいアイデアだ。氷河の水を濾過するときはバケツに汲んだ水をひと晩おいてからおこなうのが一般的だ。

　旅から帰ってきたら、濾過装置のマニュアルに従って水を逆流させる。

これはきれいな水を逆方向に流して詰まっている異物を取りのぞくものだ。それが終わったら、次の旅までのあいだにバクテリアやカビが繁殖してしまわないように濾過装置内の水を捨て、乾燥させてからしまっておく。水が装置内に残っていると、低温の環境では凍ってしまって、フィルターが使えなくなる。使っていないときはテントの中に置いていくか、身近に携帯し、使える状態に保つよう気をつけよう。

ポンプフィルター　水処理の方法はたくさんあるが、アウトドア系の人々がもっとも身近に感じているのはnalgenのウォーターボトルの上にねじ式でつけられるポンプスタイルのフィルターを装着することだ。我々の多くはポンプをひと目見ただけで、滑りやすい岩の上に座って渓谷から水をポンプで吸い上げる、不安になるほど長い時間の記憶が鮮やかによみがえる。フィルターを12年で交換し、ホースを清潔に保てば、ポンプフィルターはKATADYNやMSRなどのメーカーの製品なら10年以上はもつ。保存の利かない化学薬品もバッテリーも使わないので、コンテナや非常持ち出し袋に入れておけばいつでも使えて安心だ。大事なことは、ポンプフィルターには注入用と排出用のホースがついているのを忘れないことだ。このホースを間違えたり、2本のホースの間を水が流れるようにしてしまったりすると、きれいな水をボトルに入れるべきホースに濾過前の水が流れてしまう。ボトルに水を詰める前に、数百ミリリットルの水を地面や元の渓谷に流しておけば、混入のリスクを減らすことができる。

ストロー式フィルター　ライフストローなどの製品では一本のストローが、口をつけて吸うのと中空繊維膜を通して水を吸い上げる両方を兼ねる。片方の端を水に入れ、もう片方を口に入れ、吸う。小型でコンパクトでシン

プルで、緊急時には本当に苦境から救ってくれる。しかしこのタイプの道具は大量の水処理装置の代わりにはならない。水を飲みたいと思うたびに谷川の上にかがみ込んで口で吸う労力はなかなかの負担だ。あるいはフリーズドライの袋を満たすための水を汲むのに、疲労困憊しながら吸っては袋に吐き出すのを何度もくり返さねばならない。面倒臭いだけでなく、食欲をそそらないことこのうえない。ストロー式フィルターはメインの濾過装置としては使えないが、予備や緊急用の濾過装置としてはすばらしい。

スクイーズ式フィルター　ソーヤースクィーズフィルターなどのフィルターは数年前に大ブームだった。魅力的なポイントはわかりやすい。バッグに水を入れ、ねじ式のフィルターをつけ、その上に座るかぎゅっと握るかして水を濾過し、ボトルに流し込む。小さくてコンパクトでホースがついていないので、大半のポンプ式フィルターの半分ほどの値段で買える。こうしたリーズナブルなフィルターは長持ちしないのが問題だ。袋に入れる前に水をプリフィルターすることは難しいので、水に浮いている異物はみなメインフィルターにそのまま入っていく。そしてすぐに詰まってしまう。比較的弱いビニールのバッグを握ってくり返し圧力をかけるので、そのうち破れてしまう。ストロー式フィルターと同様にメインの水調達装置として使わず、緊急用にとっておくのがいちばんいい。

重力濾過器　この濾過方法は、大きな容器から水を流すことで重力とサイフォンの原理を使って並んだ袋の間に水を流し込む。既製品を買うこともできるし、ストロー式フィルターやスクイーズ式キャメルバックかドロムなどの給水袋ふたつの間に設置して作ることもできる。大量の水を濾過し、分配するのに便利なので大人数のグループに向いている。常にひとつ

のドロムを未処理の水用にし、もうひとつを処理後の水用にして、混同しないように気をつけること。そのルールさえ肝に銘じれば用意は簡単だ。未処理の袋を近くの川の流れに浸けたら、あとは装置を木に吊し、必要なときにやってきてボトルに水を入れればいい。

浄水

　濾過フィルターは水からすべての微生物を取りのぞけるわけではないので、浄水のほうを選ぶ人もたくさんいる。浄水によってバクテリア、原生生物、ウィルス、菌類もみな、かなり殺すことができるが、浄水装置や薬品が実際に水中のあらゆる悪者を「除去する」わけではない。有害な寄生生物は無力化されるが、物理的にはその水の中に存在しつづける。泥や変なにおいや死んだ虫なども同じだ。どうしても他に水が見つからなくて濁った水を使うときは、浄水の前に濾過やプリフィルターをしてから浄水し、それから飲むことが大切だ。

紫外線による浄水装置　我々はステリペン〔紫外線携帯浄水器〕が好きだ。何時間も延々と小さな湧き水の上にかがみ込み、ポンプを使ってすぐに詰まるフィルター越しに水を汲んだことがある人なら、ステリペンでボトルいっぱいの水に紫外線のライトをビビッと当てるだけでいいのがどれだけすばらしいことかわかるだろう。紫外線浄水器は90年代後半に登場したときには革新的だったが、欠点がないわけではない。こうした機器は殺菌作用のある短波の紫外線に当てることによって微生物のDNAの鎖を破壊し、無力化して無害にする仕組みになっている。紫外線ライトは商業用水の処理には一般的に使われていて、ステリペンは99.9999％のバクテリアと99. 99％のウィルスと99.9％の寄生生物を殺菌できるとメーカーはうた

っている。

　使用法は正しい向きにバッテリーを入れ、ライトのプロテクターを外し、スイッチを入れるだけだ。通常、起動するまで数秒かかる。使用可能になったら、装置の先端を水の入ったボトルか容器に入れて、UVスイッチを入れる。装置の先端で水をそっとかきまぜ、自動的にスイッチが切れ、水処理完了のお知らせが出るまで続ける。必ずボトルの口と蓋を受けるねじの部分をきれいにすること。ねじ蓋を締め、ボトルを逆さまにし、それから蓋を少し緩めて水を少し流れ出させる。

　浄水するにはライトを照射することが必要なので、光が通るように水を透明にしておかねばならない。もしも手に入る水がとても濁っていたり、泥が沈澱していたりしたら、Tシャツの布地など何らかの布で簡単に濾して不純物をいくぶんか取りのぞく下処理をする。それでもまだ水が濁っていたら、2回に分け、一度に処理する量を半分にするといい。

　我々はステリペンが大好きだが、UV浄水にも短所はある。バッテリーは尽きたり、腐食したりする。長く使っていると、低温の環境では燃焼率が急増する。また、処理の際の安全性は心配ないが、味も見ためも汲んだときとまったく変わらないだろう。どろどろで悪臭がする水たまりしか水源がない場所に行ったときには困った問題だ。

日光消毒　ステリペンが使っている紫外線による浄水の仕組みは紫外線の元である天然の日光でもおこなうことができる。発展途上国の多くでは飲料水を日に当て、大きな効果を得ている。それにならえば、必要なものは密封できる透明なボトルと十分な日光だけだ。日光の中の紫外線が水に棲むバクテリアやウィルスや寄生生物を殺してくれたら、そのボトルから直接飲むことができる。

　残念なことに日光消毒は時間がかかるし、浄水方法として便利なほうではない。多くのガイドラインには、暑く日射しが強い天候の場所でも、ボトルを直射日光に少なくとも6時間以上、できれば1日当てておくことが必要だと書いてある。水が少しでも濁っていたり、空が曇っていたりする場合は2日以上が望ましい。専門家は、この方法は約2℃以下ではうまくいかないと警告している。また、ボトルは透明なものでないと使えず、アルミニウム製ではできない。このやり方は、本書でたくさん紹介している緊急時の方法、プランAやプランBではなく、プランCぐらいのものだと考えておいてほしい。

ヨウ素、塩素などの化学物質による浄水　水を飲料に適するように変える化学薬品はずいぶん昔から使われている。サバイバルキットや救急キットには、今でもよくポータブルアクアの錠剤などがいくつか入っている。緊急用にいくつか蓄えておくといい。こうした錠剤は使い方が簡単で、値段が安く、かさばらず、軽くて、そのうえ予備の水処理手段として有効だ。

　ヨウ素も塩素も（こうした浄罪にはだいたい含まれている物質）クリプトスポリジウムを殺す。二酸化塩素（浄水の錠剤に含まれていることがある）は寄生生物に有効であることが証明されているが、処理が完了するまでに4時間かかる。喉が渇いているときの4時間は永遠のように感じる。これよりはずっと短時間だが、ヨウ素や塩素も30分から1時間は待つことを推奨されているから、理想的とは言いがたい。キャンプの近くで座っていて、ボトル数本分の水がすぐに手に入る状態で考えると1時間は短いかもしれないが、本当に喉が渇いているときにはイライラするものだ。

　最後に、ヨウ素と塩素を入れると、水がとてもまずくなる。平気な人もいるが、多くの人は平気ではない。幸いなことに最近のヨウ素の錠剤の多

くは安定剤を入れて、あの薬っぽいまずい味を少しはましにしている。それでも完全に消えてはいない。ヨウ素や塩素で処理した水を数日続けて飲むと、皮膚がかゆくなるという人もいる。なのでこうした薬品は緊急時用として持っておくといい。

煮沸　最後になったが、煮沸はおそらくもっとも信頼できる浄水方法だ。缶とマッチさえあれば、水を安全に飲めるようにできる。我々は森に入るときはたいてい小型のコンロと鍋を持っていく。これはフリーズドライの食事や飲み物を作るのに最適だが、予備の浄水装置としても信じられないほど便利だ。ポンプフィルターが詰まってどうしようもなくなったときや、ステリペンのバッテリーが切れたときに思い出すといい。

　多くのガイドには水を1分以上激しく沸騰させてから飲むようにと書いてある。海抜7000mを越えるような高山にいるときは、バクテリア、ウィルス、寄生生物をすべて殺すためには沸騰時間を3分間まで延ばす必要がある。

　冬には浄水の手段が沸騰しかない場合もある。周辺の水源がすべて凍っていたり、雪の中に閉じ込められたりしたときは固体の水を液体にするには煮沸するしかない。雪や氷の固まりをそのまま鍋に入れて溶かすのだ。水を少し加えられると時間をだいぶ短縮できるが。鍋の雪が溶けるたびにさらに雪を追加していかなければならならず、とくに粉雪の場合、できる水の量が少ないので、まとまった量の水を得るためにはかなりの大きさの鍋が必要だ。

　フリーズドライや乾燥の食品を戻すときに煮立てて水を処理するのは、どちらにしても水は煮沸してから使わねばならないので、とても理にかなっている。水をまず浄水し、それからあらためて煮沸するのと同じだから

だ。我々はよく、料理用の鍋を直接キャンプの横の小川に突っ込んで水を汲み、火にかけて沸騰させ、その湯をマウンテンハウスのパッケージにそのまま注ぐ。浄水した水や濾過した水のストックを使うよりいい。しかし、煮沸は飲料水を作る方法としてはナンバー1ではない。ちゃんとした量の水を浄水するにはかなりの時間と燃料、さらには大きな鍋、それに加えて沸騰した湯が飲める温度に下がるまで待つ忍耐力も必要だからだ。

水を探す

アウトドアで緊急事態に陥るのを防いだり、回避したりするためには事前の準備が必要だということは、本書の全編を通じてみなさんの心に叩き込んでいきたい。水分の摂取に関しては、適切な準備が絶対に必要だ。アウトドアで数日過ごすなら、事前にその地域の地図と衛星写真を見ておくことが賢明だ。水源がどこにあるかわかったり、CHAPTER 6で述べているナビゲーションにも役に立つ。必要な水を全部持っていけるか、濾過できるという自信があっても、地図は見ておいたほうがいい。ボトルやドロムは壊れるし、フィルターは詰まるし、ステリペンのバッテリーは切れる。いつトラブルが起こるかもわからないからだ。

地図を使って水源を探す

米国地質調査所(USGS)の1/4サイズの紙の地図は湧き水や水の流れを確認するのに便利だ。通年で流れている水も、季節によって存在する水も確認できる。次に示した記号を使って、地図上の水源を示す凡例に馴染んでほしい。

しかし注意してほしいのは、点や線で示されている流れは季節によって

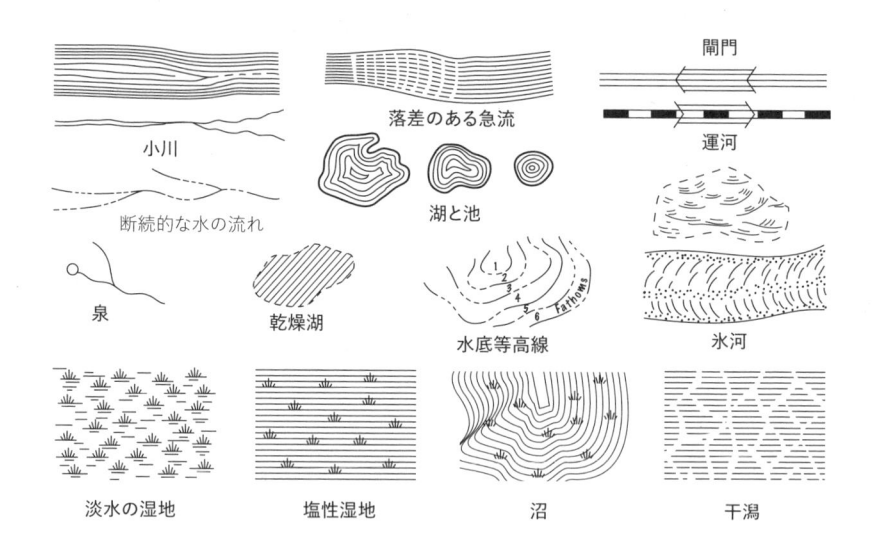

存在したり、短時間だけ存在したりするもので、乾燥している季節には水
がないかもしれないということだ。また、地図には載っていない水源もあ
るかもしれないことも知っておくべきだ。地形について基本的なことを覚
えておくと水源探しに役に立つ。

　水はさまざまな方法で我々の周囲の地形を形作っている。地図上の渓
谷に水の流れを示す青い線が描いてなかったとしても、渓谷はだいたい侵
食で作られているものだから、いまも水がある可能性がある。泉や池は北
米の温暖な山岳地帯には驚くほどたくさんあり、そのすべては地図には載
りきれないほどだ。地形線が上向きのＶ字型になっているところを探そう。
これはこの場所に小峡谷、谷、くぼみ、侵食によってできた岩柱、干上が
った河床、入り江、大峡谷など、地面がくぼんだ場所があるという印だ。
水があるとしたら、こういう場所にある。探索をさらに狭めるなら、この
地形線のＶ字型が小峡谷や入り江のてっぺん付近にあるものを探すとい

い。かくされた泉や湧き水はこういうところにある。とくに圏谷やカール
と呼ばれている、氷の作用によって山頂近くにできた円形の窪地に見つけ
られるといい。小峡谷で地形線の間隔が開いているところがあったら、斜
面がゆるやかになっているか、平らになっている場所だ。こういう場所に
は流れてきた水がたまっているかもしれない。砂漠にある干上がった河床
には鉄砲水のときの水が残っているかもしれない（地形図の読み方について、さらに
詳しい内容は412ページを参照のこと）。

　衛星写真には水探しの手段として独自の便利さがあるが、地形図の代
わりになるとは考えないほうがいい。大きな水源が生い茂った植物の下に
かくれていても、衛星からは見えない。さらに、衛星写真はある瞬間を切
り取ったものでしかない。歴史的な洪水のさなかに撮られた写真を見て、
どれだけの水が手に入りそうかという予測を立てても、乾期に現地へ行っ
たら、予測は大幅に外れているだろう。意外かもしれないが、地形図のほ
うがその場所の実際の状態を教えてくれるのだ。それでも衛星写真を使っ
て、景色を目で見て水を探せるのには明らかに便利だし、グーグルアース
やonXマップのデジタルアプリで紙の地図には載っていない、水や水のあ
りそうな場所を見つけることもできる。グーグルアースでは地形をいろい
ろな角度から見ることができるので、水たまりやくぼみなど水が流れ込ん
でいそうなところを見つけるのに便利だ。onXマップのアプリでは「water
layer（水層）」を選択することができ、小さな泉や湧き水を見つけやすい。水
そのものが画面になくても、画像を使って、水がありそうな場所を発見で
きる。水の周りには草木が生い茂っていることが多い。不毛な景色の中に
突如として木立や藪があったら、そこには水がある可能性が十分ある。少
なくとも、そこに水が過去にはあったかもしれない。干上がった河床に周
りよりも草が繁っている場所や、より生き生きとした草が生えている場所

があったら、それはいい道しるべだ。ヤナギやハコヤナギが生えている場所もとても有望だ。

ナビゲーションにこうしたツールを利用する方法については404ページを参照してほしい。

地図なしで水を探す方法

歩き回って水を探すときも同じ方法を用いればいい。草木が密生しているところを探すのだ。川の上流にいて、その川が干上がっていた場合は、下流、つまり斜面の下のほうに向かって水を探そう。ひょっとしたら、もっと大きくてそんなに涸れていない水源を見つけられるかしれない。そうなったらラッキーだ。川の下流にいて干上がっているときには、上流、つまり斜面の上のほうに行けばまだ水があるかもしれないと考えてはいけない。岩だらけの河床で、その下に流れる水音がしないか聞き耳を立ててみるのもやめよう。水は歩きながら石をめくってみたりしていて見つかることが多い。日陰の岩床湖や木の根の湾曲部など、また砂や礫に吸い込まれていくことがない場所を探すと水が残っていることがある。岩床湖は車ほどの大きさからショットグラスぐらいの大きさまでさまざまなサイズがある。場所にかかわらず、北と東に面している斜面の川には、南に面していて夏の日が照りつけているような川床より水が長く残っている可能性が高い。

湧き水も探そう。岩や砂から水が漏れるように流れ出しているところだ。崖の下や洞窟の入り口、干上がった川床の上流、山の稜線の間の深い鞍部などで見つかりやすい。わかりやすい手掛かりとしては、周りに鮮やかな緑色の藻が生えていたり、草や藪がものすごく密生していたりすることだ。湧き水は一度に一滴しか漏れ出てこないこともあるし、ボトルの口を

差し出しても受け止められない角度に流れているときもある。そういう場合はその湧き水の下の地面を掘って、ボウルのような小さな水たまりを作り、そこから水を汲むといい。この"ボウル"を石や泥で囲って水が流れ出さないようにしてから、水をためて、不純物を沈澱させること。ボウル内の水はかき混ぜずに上澄みを飲むこと。

　ここまでの手段がすべてうまくいかず、流れていたり溜まっていたりする水をどこにも見つけられなかったら、乾いた川床の大きな彎曲部を探し、外側のカーブを調べること。水がたっぷり流れているときに水位がもっとも深くなるところなので、干上がった後でも水が残っている可能性がいちばん高いのだ。余裕があれば、川下のほうにある柔らかい下層土のような砂地で、谷に水があふれたときに水たまりになりそうなところや深い穴を探そう。そしてできるかぎり深く掘る。土の湿り気が増してこなかったら、ちがう場所に移ろう。掘ると濡れた感じがする砂や泥を見つけたら、掘った穴をそのまま数分おいてみよう。小さな水たまりができるかもしれない。そうしたら、そこから手で水をすくい取ることもできる。この方法がうまくいかなかったら、両手いっぱいに湿った砂や泥を集め、ボトルの口の上で絞って、水分を出してみよう。時間があって、装備も揃っているなら、88ページで紹介した日光消毒システムを設置しよう。我々はためらわずにそうする。砂漠の汚い濁った水を飲むのは緊急時でも嫌なものだし、後で病気になるかもしれない。しかし、喉が乾いて死ぬよりはマシだ。

　動物がいるところの近くには水源があると推測することもできる。乾燥した場所にいる牛や羊や馬たちは、泉であれ、「ごくごく池」とかわいい名前で呼ばれる人工の集水池であれ、そこから遠く離れることはほとんどない。家畜が歩く道で、とくにいくつかの道が合流しているものをたどってみよう。シカ、エルク、レイヨウやオオツノヒツジなど乾燥した地面に住

む有蹄類が群がっていることが多いが、彼らも毎日水を飲む必要がある。大きな獲物を見かけたら、追跡するか、尾行して、夜、どこに水を飲みにいくかを突きとめよう。こうした動物は目的を持って移動するので、よく踏みならされている道が水場に続いている確率は高いのだ。

　小型の動物たちの存在も、水が近くにあるわかりやすいサインだ。ハゴロモガラスとキガシラムクドリは水たまりや蒲（がま）のある場所を離れることはない。カエルやヒキガエルは水中に卵を産み、孵化して生まれたオタマジャクシはそのまま水中で育つので、彼らを見かけたら絶対に水が手に入る。一般的に言って、地球上の生物のすべては程度の差こそあれ水を必要とするので、動物が集まっていたり、動物が通った痕跡がたくさんあるれば、近くに生命の素＝水があるという印だ。

濾過しないで水を飲んでも大丈夫なところ

　濾過や浄水、煮沸をするのは常に賢明な選択だ。どんな上澄みの水でも100％安心とは言えない。しかし、比較的安全な水というものはある。浄水ができない状況のときには、次のような場所から水を取れるようベストを尽くしてほしい。

■ 水源に湧いている水

　地面から泡を出して湧き上がっている水は通常、帯水層（地下水を含む多孔質浸透性の地層）から直接湧いてきている。たいがいは、そのまま飲んでも大丈夫だ。しかし、我々はあるとき、地面から直接湧き上がっているきれいな水を見つけたが、後でさらに上にのぼって

いくと、エルクの泥浴び場がいくつもあり、そこから流れた水がそのまま湧き水の辺りに流れ込んでいるのを確認した。ある場所から流れ出ている水が、かならずしもそこで湧いたものとはかぎらないのだ。完全な安全策を取るには、頂上に着くか崖に行き当たるまで登りつづけるか、水を探すのをあきらめるしかない。

■ 高地の氷河

アウトドア界隈の多くの人たちは長年、氷河から溶けて流れてきた水を飲むのは安全だと思っていた。我々の多くも何度も飲んできたがとくに影響はなかった。氷河は何千年も前から凍っているから、悪いバクテリアはみなとっくの昔に死に絶えているだろう、そう考えていたのだ。しかし最近の研究では糞便のバクテリアなどの有害な微生物は氷の中で非常に長いあいだ生きていられることがわかった。ある研究では、アラスカの氷河から流れ出た水から大腸菌と糞便性腸球菌が発見されている。氷河を溶かした水を未処理のまま飲むのは、ほかに浄水の手段がないならリスクを承知の上で考えてもいいだろう。

■ 雨水

雨は水が蒸発して雲に入り、その雲から水が降る現象なので、汚染とは無縁であることが多い。「酸性雨」のような過去の事例はたくさんあるが、これは、工業汚染による高いpH（ペーハー）が取り込まれたもので、現在は改善されてきている。雨はスモッグ中の二酸化硫黄などのように大気中の化学物質を取り込むこともあるが、それは人里離れた土地よりも都市や工業地帯で心配すべきことだ。結

論は水が必要なときに、空から降ってくる水滴を口を開けてそのまま飲んだとしても害はないということだ。しかしそれでは喉の乾きはおさまらない。雨水を現実に使うには、なんらかの方法でそれを集めねばならず、その場所によってはリスクが増える可能性もある。岩のくぼみに溜まった雨水にやってきた鳥が、糞をしているかもしれない。タープを使って作った手作りの雨水キャッチシステムの安全性は、そのタープが清潔かどうかで決まる。こうした要因をうまくコントロールできるなら、雨水を飲んでも大丈夫だ。

　何でも手に入るものを使えばいい。テントのフライシート（防水用外張り布）、地面に敷く防水布、さらには土砂降りのときなら鍋でだって必要な水を集めることができる。最良なのはフライシートやレインコートでもいいから、ボトルの上にじょうごのように配置して、雨水を集めるやり方だ。短い豪雨でも2.5mのタープで驚くほどの水を集められる。

■雪

　雪にも、氷河や雨とほぼ同じような不安がある。雪を溶かした水は飲んでも比較的安全だが、それでも雪を採取するときはよく注意をしたほうがいい。積もってから一日以上経っている雪の表面をよく見ると、かなりの量の泥やすすや何かの粉や虫や樹木のヤニのようなものがあるのがわかるだろう。少し掘ってみると、飲んだり、食べたりするのに適したきれいな部分が出てくることが多い。けれど忘れないでほしいのは、雪は徐々に降り積もるものなので、掘ってもかつて表面だった層が出てくるだけで、口に入れたくないような不純物がたくさん含まれていることも少なくない。疑わ

しいときは濾過か浄水をすること。

　雪を食べると体内でそれを溶かすためにエネルギーを使うので、実質的には体内の水分が減ってしまうという説をよく聞く。口の中で雪を溶かすにはたしかにカロリーを消費するが、体内の水分量に影響するほどではない。しかし、低体温症で体温が下がりはじめている場合は、さらに体温を下げてしまうので雪を食べるのはいい選択ではない。それに雪のほとんどは空気でできているので、ちゃんとした量の水分を摂るにはたくさん食べなければならない。これらのすべてを考えると、雪を水分補給に活用するには、溶かして水にしてから飲むのがいいだろう。しかし普段の状況なら、雪を食べるとすっきりする。

非常時の水戦略

　ここまで説明してきたやり方を活かして、死ぬほど喉が乾くような状況には陥らないでもらえることを願っている。けれど、後悔するくらいなら念入りに安全策を取っておいたほうがいいから、下記の緊急水対策も知っておくといいだろう。

水配給制

　入り組んだ峡谷地帯をハイキングしているときに道に迷ったとしよう。パックの中には水1Lがあるが、補充できそうな水源はどこにも見当たらない。発見してもらうか、自力で脱出する道を見つけるまでには2日はかかるかも。さあ、どうする？

減っていく手持ちの水をどうもたせ、最大限に利用するかを事前に考えておくのが賢明だ。まずは脱出や救助までどのくらいの時間がかかるかを現実的に見積もろう。それからいまある水を、必要な時間と1回に飲む水の量で分けてみよう。1時間に一度15ml口にするのだとしたら、今ある1Lは優に2日以上もつ。昼間は1時間に一度30ml飲むとしても同じだ。その計算ができたら、あとは計画を立て、それを絶対に守ることだ。

けれど飲むのを我慢しすぎてはいけない。ナチュラリストで著作家のエドワード・アビーは回想録『砂の楽園』で、アーチーズ国立公園とキャニオンランズ国立公園のレンジャーによると、行方不明になり脱水症で死亡したハイカーの中には、まだ水の入っているボトルを持ったまま死んでいる人がよくいると書いている。絶望的な状況では水を節約するべきだが、生命を落とすほど惜しんではいけない。

スキル:太陽光蒸留器を作ろう

　湿気を集めるシステム、つまり太陽光蒸留器というアイデアの起源は南米のインカ帝国よりも前の時代にさかのぼることができる。この時代の村人たちは、枝や葉を漏斗の上に配置して結露を集めていた。湿気や蒸発した水を冷やして集めるこうした手法は、現代でも日光はふんだんにあるがきれいな水は簡単に手に入らない地域で、コミュニティ規模でおこなわれている。

　現代のサバイバリスト用の基本的なソーラー蒸留装置は、地面に浅い穴を掘り、その底に空のカップかコンテナを置いて作る。何か草木が手に入るなら、穴の中の容器の周りに枝や葉を配置して、

それが乾燥する過程で出る水分も一緒に集める。蒸発していく水分を集められるように閉ざされた空間を作るため、ビニールシート、タープ、緊急用の毛布、ゴミ袋などで穴を覆う。小さな岩を穴の縁にならべ、ビニールシートなどが動かないようにする。最後に、穴の上にかぶせてあるビニールシートの真ん中に石を載せてへこませ、45度の下向きの斜面を作り、石が穴に置いた容器のちょうど真上にくるようにする。

ビニールシートが日光に照らされると、掘った土やその下の植物が熱されるので、植物や土に含まれる水分が蒸発して蒸気になる。蒸気はビ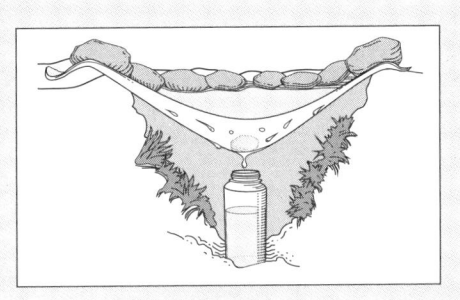ールシート下側の面に集まり、やがてぽたぽたとカップの中へしたたり落ちる。このカップがすぐにあふれることはないが、時間があるなら、丸一日とか一晩とか（気温が低いときのほうが結露が進む）時間をおくと、しばらく喉の渇きを癒すには十分なほどの水がとれるだろう。何かチューブ状のもの（たとえばキャメルバック社製ボトルの吸い口部分など）があったら、カップの中に入るように挿し入れておけば、いちいち蒸留器を開けることなく水を飲むことができる。

土や植物の水分を増やすために、穴に濾過していない水を入れることも有効だ。この方法には真水化していない塩水も使えるし、自分の尿を使って飲める水を作ることだってできる。ビニールシートで穴を覆う前に、処理していない水を穴に注ぐだけで（水を集めるのとは別の容器に入れるか、単に穴の底の土に注ぐだけでもいい）いいのだ。太陽光は

ビニールシートを通る際に強化され、蒸発してできた水分には有害物質やバクテリアや塩分やミネラルは含まれない。まじりけのない水が得られるのだ。

植物から水分を得る

生物はみなその身体のほとんどが水分でできていて、植物ももちろんそうだ。全体の質量の90%が水であるものもある。そのおかげで我々人間は果物や野菜を食べるだけで、身体に必要な水分のうちの約4分の1を意識しないうちに摂取できている。必須水分を植物の葉など食物から摂取して、ほとんど水を飲まない動物もいる。ゴリラが典型的な例だが、ほかにもたくさんいる。食用になる植物 (141ページ参照) を発見したら、カロリーと水分を同時に確保できることになるのだ。

それだけでなく、食べられない植物から水分を取ることもできる。蔓植物のなかには切ると水が出てくるものがあるし、サボテンのなかには体内に水分を貯蔵している種類がある。この貯蔵システムがない種類のサボテンでも、棘を抜き、厚い外皮を取りのぞけば、中の組織にはたくさんの水分が含まれているので、絞ってボトルに入れることができる。もっと大きな砂漠の植物、リュウゼツランなどのアガーベ属やアロエにも同じやり方が有効だ。

蒸散バッグを使う

植物から水を取る方法は、食べる、絞り出すのほかに、植物の蒸散を利用する方法がある。何でもよいのでビニール袋があったら、直射日光が当たっている葉のある植物を見つけ、生えている枝や葉にそのまま袋をか

ける。袋の口を枝の周りで縛り、でき
るだけ密封する。日光で袋の中が熱さ
れると、葉から水分が蒸発してくる（光
合成の副産物）。この蒸気が袋の内側に集
まって、下部にたまる。必要なら切っ
たばかりの植物や根にもこのやり方は
有効だ。根を使う方法は、デザートセ

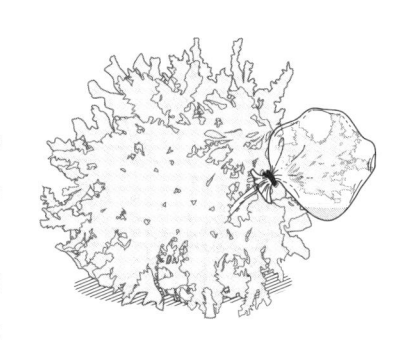

ージ（砂漠のセージ）が生えている乾燥した場所でとくに役に立つ。植物の組織
のほとんどが地中にあるからだ。

デマに注意：尿を飲むことについて

　よくあるサバイバルのストーリーでは、死を回避するために驚く
べき極端な手段を取ることが描かれるケースが多い。脱水死を逃
れるために尿を飲んだという描写もよく登場する。リアリティTV
のスターであるベア・グリルズは、尿を飲んでいるところを何度も
みずから撮っている。2003年、キャニオニング中に大岩の下敷き
になり自ら腕を切断したことで有名な登山家アーロン・ラルストン
も、食物も水を尽きたときに自分の尿を飲んでいる。地震の際が
れきの下や壊れた車に閉じ込められたり、船が流されたりしたとき
に尿を飲んで生き延びた人も少なくない。

　これは極端に喉が渇いた際の行動としては理解できるが、それ
以外のときにみずからの「蛇口」を使うのはあまりいいアイデアで
はない。尿の成分の95％は水分で、残りの5％はナトリウム、塩化

物、カリウム、尿素と老廃物だ。良さそうな割合に聞こえるかもしれないが、海水だって96.5%は水で、3.5%がナトリウムと塩化物なのだ。つまり尿を飲むのは海水を飲んでいるのと同じようなもので、さらに脱水するだけだ。それに尿を摂取するということは、腎臓が身体に有害だと判断して濾過し、排出したばかりの物質をふたたび体内に取り込むことになる。これを数回以上くり返すと、尿内の有害物質が非常に濃縮され、腎不全を起こす可能性がある。そうなったら死ぬ。

ホメオパシー界隈には尿には治療効果があるからお勧めだと言っている人々もいるが、自分の身体から出た老廃物が水分摂取や治療に役立つという科学的、医学的根拠はない。渇きを癒やしてはくれないし、がんを治してもくれないし、クラゲの毒を解毒してもくれないし、日焼けやアレルギーやタコやマメなど、どんな病気や症状にも効きめはない。現実は、人間は3日間は水なしで生きることができるということでしかなく、尿がその限界を延ばしてくれたわけではないのだ。

食料

持っていくもの、現地調達するもの

Food

　仲間たちとちょっとした笑い話をするとき、人里離れた土地を旅していて仕方なく食べた変わったものの話は盛り上がる。英雄的な話もばかばかしい話もあって内容はさまざまだ。私は今まででいちばんおいしかった食事の話をよくする。それはアラスカで狩猟をしているときに食料が尽きてしまい、アメリカグマの肉を、その熊の脂肪を溶かして作った油で揚げて食べたときのことだ。またカヌーで旅していたときに食料を入れた容器の中にコンロのガスが漏れ出ていたことがあり、その後の何度かの食事はまったくその正反対においしくなかった。ガスの味の食べ物を飲み下すのも最悪だったし、後からガスのにおいのゲップが出るのも同じくらい最悪だった。もうひとつの失敗談は、水分がまったくなかったので、ココアのパウダーを直接スプーンで口に入れたことだ。そのまま飲み込もうとして、むせた。それから南アメリカのジャングルでカメの卵をゆでて食べたときのこと。このときはじめて、カメの卵の白身は加熱しても固まらないことを知った。卵の殻から直接飲むように吸い出さねばならないのだ。

　こうした経験は後で振り返って語る分には楽しくて面白いが、自然のなかを旅し、サバイバルするときには食べ物に関わる際はまったくシャレにならない。食べる食事の量と質が根本からダイレクトに実際の活動の質にも精神状態にも影響する。状況が悪くなると、それが否応なく迫ってくるが、うまくいっているときでも忘れてはいけない。栄養とエネルギーが豊富なバラエティに富んだ食べ物を食べていると、より長くハイクし、より高く登り、より長く船を漕ぎ、よりクリアに考えることができる。この章ではアウトドアでの食料の準備について、考え方と実践的なスキルを紹介するので、ひとりで行く日帰りのハイキングから家族で行く数週間のカヌーの旅まで、出発前にコストパフォーマンスがよく、適切なものをさっと準備できるようになってもらう。適切に食料を準備できればアウトドアで

もっと多くをやり遂げ、もっと楽しめるとともに、サバイバル的な状況に陥るリスクを減らすことができる。

　もちろん何かひどいトラブルに見舞われる可能性はゼロにはできないし、そこまでいかなくても辺りを見回して、いろいろな草や虫を見て、あれを食べても大丈夫だろうかと考えなければならない羽目にはなるかもしれない。人がどれだけ簡単にこういう状態に陥るかを私は最近目撃した。エルク狩りで兄弟について山を登っていたときのこと。私はもともと数日で帰るつもりだったが、彼は2週間いる予定だった。しかし、狩猟解禁日にエルクを仕留めると突然計画を変えた兄は、私とふたりでエルクの肉を背負って山を下ることにした。そのとき2週間分の食料は木の上にかくしておいた。数日後、彼は仲間とともに戻ってきた。木の上の食料を取り戻して、それが尽きるまで狩りをするつもりだったのだ。しかしそれは単なる計画でしかなかった。現実はアメリカグマが木に登って食料をすっかり荒らしてしまっていたからだ。兄たちが到着したときには、食料はすっかりなくなっていた。彼らは非常に空腹な状態で活動することなり、それでもラズベリーやスイカズラやシンブルベリーを食べて、できるかぎりねばった。

　このような場合は、すぐに退却してもいい。しかしそれができないこともある。仲間と一緒にアラスカのブルックス山地へ、ラフトボートで160kmほど離れた河口まで5日間かけて川下りをする予定で出向いたとする。そして仲間が肩を脱臼してしまい、自分のほうはラフトボートの底が裂けてしまう。さらに食料を入れたデイパックが谷川に流されてしまった。こうなったとき、自然界のどんなものが食用になるのか、またそれをどうやって見つければいいのかを猛烈に考えるだろう。一般的に言って自然のものだけで食料をまかなうのは大半の人が考えているよりはるかに難しい。先住民の人々がかつて、みずから自然のなかで採集した食物を糧に繁栄

を築いたというのは本当だが、彼らは何世代も前からその地で日々使われてきた知識を受け継ぎ、それに基づいてやっていたのだし、それでもときどき飢えていた。現代では、実際にこの大地で生き延びられるのは、人生をこの道にかけている頑強なハンターや釣り師や罠猟師や採集者だけだ。まずは自然界での食物の獲得法について時間を費やして読んでみるのもいいが、知識を学んでも、機会を見つけて実践してみなければ役に立たない。本当に必要に迫られるまで待っていたら、手遅れになってしまう。

持っていく食料の種類と量

　ハイキングや狩猟や未開の地への旅用に作られている市販食品は数多く存在する。自分で同じようなものを作る方法も、いくらでもある。店で簡単に買う場合も自分で手作りする場合も、アウトドアに持っていく食料は現実的かつ実際的に考えて用意しなければならない。家や職場で過ごす通常の一日に消費する熱量は2000〜3000kcalほどで、長時間、起伏に富んだ地域をハイキングする場合は一日6000〜8000kcalを消費する。雨や低温などの気象条件が加わると、体温を維持するためにさらに多くの熱量を奪われる。スタミナを維持し、戸外で楽しい時間を過ごしたかったら、森での食事はその熱量を補うものでなければならない。好み（最終的には何でも喜んで食べるだろうが）の次に、体重、かさのふたつを考慮することが数日間のアウトドアの準備には重要だ。

一日の必要カロリー量を計算する

　大型で車高を上げたフォードF350は準小型車のヒュンダイよりもたくさんのガソリンを消費する。それと同じように大柄な人は小柄な人より多

くのカロリーを燃焼するのだ。これは肥満を批判しているわけではない。単なる生理学だ。もしあなたが隣にいる人よりも多くの細胞でできているなら、十分に栄養をあたえつづけないと、細胞が減る、つまり痩せていく。

　アメリカ政府は一日の平均必要なカロリーを2000kcalと示している。しかし平均は平均でしかなく、そこから大きく外れる人もたくさんいる。米国医学研究所によると2000kcalの食事は基本的な基準にすぎず、カロリーの必要量は年齢、性別、体重、活動レベルによって上下する。米国医学研究所の計算によると、4歳から8歳の活動的な子どもの場合、体重を維持するには、女児は一日1400～1800kcal、男児は1600～2000kcalを必要とし、14歳から18歳では活動的な女子は実は2400kcalほど必要で、男子は2800～3200kcalぐらいのカロリーが必要だ。20代の半ばから50代までのあいだは必要量が増えず、そこから減少しはじめる。非常に活動量の多い成人女性は2400kcalを必要とし、男性なら3000kcal近くだ。年配の成人はこれより少し必要量が少ない。

　ストレスがある、仕事をしている、気温が低いなど身体に負担がかかる外的要因が重なると、必要カロリーは倍増する。通常はこうした条件下では食事の量にかかわらず、すぐに備蓄されていた脂肪が消費されはじめる。それでも足りなければ次は筋肉が消費される。戸外の活動に出ているときに体重が少し減るのは自然なことだ（それに喜ばれることが多い）が、自分の身体を消費してしまったら、後々つらい思いをする。激しい腹痛、精神的余裕の欠如、気力の減退は十分な栄養を摂れなかった状態の後に起こる症状のはじまりにすぎない。餓死は恐ろしい死に方だと広く知られている。だから食料のことは、常に事前によく計画することが大切なのだ。

カロリーの密度の大切さ

　どんな食べ物を持っていくかについて決めるうえで、単純に足し算していくのは有益なやり方だ。食品パッケージに印刷された栄養情報のカロリー欄を見て、一度に食べる分のカロリーを一度に食べる分の量で割る。1oz（約30g）あたり120kcal以上ならよい。それよりもはるかに少ない場合は携帯するには効率の悪い食べ物ということだ。

　脂質はとくにカロリーが高く、ナッツやバター、オリーブオイル、チョコレート、チーズ、ベーコン、ソーセージなどの脂肪分の多いものは大自然の旅にぴったりだ。かさばらなくて持ち運びやすいし、おいしいし、身体を燃やすエネルギーをたくさんあたえてくれる。さらに、こうした食べ物は長く保存することができる。簡単につぶれたり、砕けたりするような食べ物を荷物に入れていきたくはない。クラッカーやパンはかさの割にカロリーが少ないし、コンプレッションベルトや荷物を投げること、ボートでの急流下りには耐えられない。

朝食

　一日のうちで朝食がいちばん大事な食事だという常套句があるが、この言葉は医学的に実証できるのかどうかはよくわからない。けれど車を走らせたかったら燃料タンクにガソリンを入れなければいけないことは誰もが知っているし、自分たちの経験から、栄養のある朝食を腹いっぱいに食べ

ると狩猟もハイキングも釣りもがんがんやれることもわかっている。たくさんのカロリーを消費する長いトレッキングをするときは、朝、カロリーをたっぷり摂取しておくべきだ。

フリーズドライの朝食メニューをいくつか試してみたこともあるが、だいたいは失望した。卵はどろどろしていて食欲をそそらないし、ハッシュポテトはふやけた感じだった。まるでメーカーが、朝食用の商品だけはよい保存方法を確立していないかのようだった。水を注げば食べられる乾燥食品を使っても、あるいは自分で調理しても、もっとおいしくできる。

インスタントのオートミールは調理が簡単で、軽くてかさばらず、消化もよく、多くの人が好む食べ物なので今ではキャンプの朝食の定番になっている。さらに、あまり知られていないのだが、オートミールは紙製のパッケージにお湯を直接注いでスプーンですくって食べても問題ない。ボウルはいらないし、パッケージはあとで燃やせばいい。けれど、いま売られている高機能なオーツ製品でも、山の中を一日じゅうハードに歩き回るのに必要なカロリーを得ようと思ったら、気持ち悪くなるまで食べなければならない。オートミールは、合う人にはすばらしい食品だが、一段階上の活動をしたかったらキャンプの朝食についてもう少し真剣に考えたほうがいい。

我々は卵を1ダースぐらい、ウォーターボトルやサーモスに割り入れて森に持っていくことがある。こうすればバックパックの中で卵が割れる心配をしなくても、手作りの朝食をたっぷりと楽しむことができる。ただし割った卵は暖かいところに長く置いておけないので、この技が使えるのは寒い場所に行くときだけだ。

荷物に入れるときのスペースや重さでつぶれないかなどの問題をうまく解決しながら、アウトドアで十分なカロリーと食事の楽しみを得る方法は

たくさんある。普通の柔らかいパンの代わりにフラットブレッドやトルティーヤやピタなどを持っていく。パンやビスケット類は筒状の容器に入れていければもっといい。ベーコンとつながったソーセージはパッキングしづらいが、あらびきソーセージパテなら押しつぶしても問題ない。チーズの塊もつぶれにくい。通常の食物を持っていくには、計画と努力と掃除が余計に必要だが、カロリーが十分に得られ、消化によいので労力を費やす価値はある。

ランチ

　狩りや釣りやハイキングの合間に木の下でくつろいで、休憩しながらおいしい昼食を食べるのはとても心地よい。タフな奴らのなかには休憩せずにバー状の食事を摂るだけの者や、「食後の昏睡状態」と呼ぶ眠気を避けるために昼食をまったく食べない者もいる。けれど我々は、昼食は燃料を補給し、取り組んでいるタスクから離れてちょっと一息入れるいいタイミングだと思っている。戸外で数日を過ごすときはうまく食事を摂って、自分の身体を消費してしまわないようにしなければならない。

　昼食はバータイプの食品をむさぼり食うだけでも別にかまわない。我々もエルクが発情期で鳴いていたり、マスが遡上してきていたりするときには、その場を離れたくないので、バーですませることはたくさんある。それに、太陽の降りそそぐ山腹でたっぷり食事を摂ると眠くなるというのはたしかに本当だ。我々は一日のスケジュールを立てるときに、サンドイッチ後にエネルギー回復のための昼寝を入れておくことさえある。

　それでも、昼食は外で摂ることが多いので、食べすぎてはいけない。大量の食物を消化する際にはやはり眠くなりやすいし、日中はとくにその傾向が強い。タンクを補給するのはいいのだが、入れすぎてはいけない。

我々のクルーは正午に軽めのサンドウィッチを食べるのが大好きだ。フラットブレッド、ピタ、ベーグルなどのパンがあるとすばらしいサンドウィッチができる。具材には、いつもハードチーズの小さな塊や加工肉などを持っていっている。サラミ、燻製ソーセージ、プロシュートなどの加工肉類をはさむとサンドウィッチがぐっと豪華になるが、安くてつぶれない加工肉バディグに十分なエネルギーをもらうこともよくある。バディグには保存料がたくさん入っているので、基本的に悪くなることはないから、暑い季節に1週間バックパックの底に入れっぱなしにしてあったのを食べても大丈夫だ。これは間違いなく長所だが、あまり食欲はそそらない。なので、氷点下にならない場所へ1日か2日以上行く場合は保存のきく肉類を持っていくことを検討したほうがいい。その場合は予算と好みによる。どちらにしてもサンドウィッチを作るなら、コンビニで売っているマヨネーズやマスタードの小分けしたパック、薄くスライスしたオニオンなどがあると、家で食べるものにぐっと近い感じになる。

うちのクルーや友達のなかには、最近ハンティングのときの便利なランチとして、ラーメンを持っていくようになった人たちがいる。食料品売り場のアジア系食品の棚にはフリーズドライのスープの間に無数のラーメンが並んでいる。携帯用コンロ、ジェットボイルも持っていく必要があるが、これはどちらにしても多くの人が朝のコーヒーを淹れるために必要だ。ラーメンは割れてしまってもできあがりに影響はない。少量の水か雪を煮立てて、麺とスープの粉末に注ぐだけで食べられる。氷穴釣りや双眼鏡でミュールジカを追っているときなどはすばらしくホッとする食べ物だ。熱い麺とスープは体の内側から体温を上げてくれるので、指に感覚が戻り、また追跡を続けようという前向きな気持ちを取り戻させてくれる。

夕食

　アウトドアの夕食の話題でフリーズドライ食品のことは避けて通れない。食べ物の重さとかさを減らすには水分を取りのぞくのがいちばんなので、乾燥や燻製の肉・魚・果物（果物はスナックとして）が長いあいだ野外に持っていく食品の定番だった。そこに川や湧き水や雪を溶かした水など、何がしかの水分を加えれば元の姿に戻る脱水食品が登場した。それがフリーズドライ食品だ。戻すときに水を含むので、水分補給にもなるし、消化もいいので、従来の食品より優れてさえいる。

　食品の脱水はわかりやすい。単に水が抜けただけだ。しかしフリーズドライのプロセスはもう少し複雑で、なんとなく作り物とか偽物のように感じるこの食品に関するもやもやした気持ちを解決するには、少し説明が必要だ。最高品質のフリーズドライ食品はピーク・リフュエル社やマウンテンハウス社などで作られていて、その製造工程はまず、すぐに食べられる状態のシンプルでボリュームのある料理を作る。ビーフシチューやラザニアやマカロニチーズとかそういうものだ。できあがった料理は大きなトレイに広げられて、適切な温度で冷凍される。冷凍が完了したら、昇華室に移し、気圧を海抜0mの通常気圧の1万分の1まで下げる。室温はマイナス46℃だ。それからゆっくりと、トレイを載せている棚が温かくなる。温まるあいだに個体だった食品は液体になるのではなく、内部の水分が気体に昇華して蒸発する。室内を減圧しているから起こる現象だ。すべての工程を終えた食品は栄養を損なわずに、凍らせる前の姿と同じように見える。ナイロン、アルミニウム、ポリエステルを含む袋で真空パックされれば、何十年も保存が利く食品のできあがりだ。ねばねばした質感や機能的なパッケージを笑うことは簡単だが、我々がこのサッと持っていける食品を2日以上の旅にはほぼ必ず持っていくという事実は変わらない。フリ

ーズドライ食品のおかげで一日の終わりに、素早く、衛生的で、信頼でき
て、効率的な食事が摂れるのだ。パッケージを手で開け、湯を沸かし、ま
ぜながら注ぎ入れ、食べるというこの食品よりも簡単で軽量なものを作る
のは難しいはずだ。皿も、皿洗いもいらず、わずかなゴミも簡単にくるり
と巻いて持ち帰れる。食べなかった分は次の旅に回すか、あるいは次の世
代にさえ受け継ぐことができる。

　予算が限られていたり、時間がたっぷりとある知り合いのハンターやハ
イカーたちのなかには（あるいはパッケージ化された食品や保存料が嫌いだという場合も）、自
分たちで戸外用の食事を調理してフリーズドライする者もいる。米や豆や
じゃがいもの角切りや薄切り肉などを自分でフリーズドライしてから一食
分ずつ真空パックすれば、自分の好みに合わせられると同時に、市販品
には必ず入っている添加物や保存料を避けることができる。これをやるに
はもちろん、アウトドアグッズの店に行って買ってくるより手はかかる。
けれど一日にまとめて作業をすれば、数ヶ月分の料理を作って、フリーズ
ドライすることも可能だ。

　たとえば車で旅するときなど、重さのことをあまり考えなくていいのな
ら、フリーズドライはせず、単にスパゲッティやミートソースなどのよう
な満足感のある料理を作って、真空パックし、冷凍すればいい。そして
食べるときには鍋に水と一緒に真空パックを入れて温め、袋から直接食べ
ればいい。

フリーズドライをマスターする10の方法

❶我々の友人に、キツツキのくちばしよりも頑丈な奴といわれてい

る男がいる。彼はフリーズドライの食品を戻すのに使う湯を沸かすための鍋を持っていったりはしない。真っ昼間に冷たい水を注いでおけば、夜になる頃にはだいたい食べられる状態になっていると言っていた。

❷フリーズドライ使いの上級者は、普通の長さのスプーンは全然使えないと知っている。フリーズドライ食品のパウチの隅っこのほうをすくおうとするときに手の甲に食べ物がつくのが嫌だったら、レキサンかチタン製の柄が長いスプーンを使うべきだ。

❸キャンプ用の柄の長いスプーンを持っていない場合は、ナイフやマルチツールのはさみを使って、袋の上の部分を数センチカットすると食べやすくなる。

❹パッケージに書いてある作り方よりも水を少し増やしたり、減らしたりして作ってみよう。水分が多いほうが食べやすくなることが多い。

❺寒いところに行く場合は、1回分の使い切りパックのココナッツオイルかオリーブオイル、棒状のバターを持っていきフリーズドライ食品の袋に加えてみよう。カロリーも風味もアップするから。

❻辛いソースはフリーズドライをおいしくしてくれる。タバスコの小瓶は持っていきやすいのでおすすめ。

❼数日間フリーズドライ食品で過ごすと、腸内活動が結実したものの粘度に大きな影響が出る。ねばねばしがちで、段ボールのような色になる。心配しなくていい。それが普通だし、それも一興だ。この状況をなんとかしたいなら、果物や食物繊維を持っていくと助けになる。

❽ありとあらゆるところで見かけるマウンテンハウスのおしゃれな

食品は、味も値段もバラエティに富んでいる。いくつか試してみて好きなものを見つけよう。同じ種類ばかり食べているとすぐに飽きてしまう。数日の旅にはいろいろな種類を持っていこう。

❾フリーズドライ食品は便利だが、頼りすぎてはいけない。夕食にはぴったりだが、朝食や昼食はちがうものにしておくと嫌にならないですむ。

❿水の必要量を計算するときには、フリーズドライ食品に使う分も考慮すること。1皿分のフリーズドライ食品を戻すには約450ml（ハイカーの言葉で言うとナルゲンボトル約0.5本分）の水が必要だ。水源の近くでキャンプするのでなければ、適正な量の水を昼のうちに用意しておくこと。湖や小川から汲んできた水を使う場合は、12分以上沸騰させ、確実に病原菌や寄生生物を死滅させること。

コーヒー問答

　水分摂取の大切さについてはCHAPTER 2で説明した。こんどはアウトドアの食について議論を呼ぶ話題を取り上げよう。そう、キャンプでのコーヒーについてだ。だいたいふたつの考え方に分けられる。家や街でコーヒーを飲むのとできるかぎり同じにしたい派と、アウトドアでのコーヒーはできるだけ手早くすませたい派だ。前者の人々のためには近年、たくさんの商品があり、森の中でもコーヒーにこだわることができる。新製品のなかには面倒で繊細な工程が必要なものも多い。2年ほど前、アウトドアで使えるドリップパックのコーヒーが登場し、我々は大興奮したものだ。そして冬の戸外でそれを試してみた。コーヒーはフィルターを通ってカップの中にたまるあいだに、谷川の水と同じぐらいすっかり冷え切っていた。

次に紹介するキャンプでのコーヒーの淹れ方3つは、半分野心的なものから超実際的なものとなっている。

カウボーイ・コーヒー　コーヒーポットに約1Lの水と大さじ山盛り5、6杯のコーヒー粉を入れる。火かキャンプ用のコンロにかけて軽く煮立てて、火から下ろして冷ます。沸騰がおさまったら、ポットの上から冷たい水を振りかける。こうすると湯の表面に浮いてきたコーヒー粉を落ち着かせることができる。コーヒーを静かにマグに注ぐ。このときに沈殿したコーヒーの粉を混ぜてしまわないように気をつけること。ポットの底のほうに近づいてきたら、残りのコーヒーは捨てるか、衣服や靴下などの布で濾してからマグに注ぐ。こうしてできたコーヒーはどこか少し砂っぽいがおいしい。

フレンチプレス　割れないレキサンやチタン製で断熱スリーブ付きのものなら、家にいるときと同じようにコーヒーを淹れられる。このおしゃれな器具は掃除にとても手間がかかるが（谷川に行って使用済みのコーヒー粉を洗い流さなければならない）、間違いなくおいしいコーヒーを淹れられる。

インスタントコーヒー　ここまで出てきた中ではいちばん簡単でいちばん効率的にコーヒーを作ることができる。ブラックライフルコーヒーは一杯分のパックを作っていて、これはキャンプにぴったりだし、いま市場に出ている他のインスタントコーヒーと比べて格段にうまい。ブラックライフルコーヒーはお湯につけるだけの「ティー」バッグも作っている。ミルクや砂糖入りが好きだったら、インスタントコーヒー、粉末のミルク、砂糖を広口のナルゲンのポット（2oz［約60ml］、4oz［約120ml］、6oz［約180ml］などのサイズがある）

に入れて混ぜるといい。すべての粉を入れて、ポットを少し振ってから湯を注げば、すぐに飲める。

おやつとトレイルフード

　カロリーを摂りたいときに毎回足を止めてピクニックブランケットを広げる必要はない。バックパックのウェストベルトのポケットなど取り出しやすいところにジャーキーやエナジーバーやトレイルミックスの小袋を入れておくと便利だ。何かひと口サッと口に入れるだけで空腹を忘れられることも多い。スナック売り場から我々のお気に入りをいくつか紹介しよう。

ジャーキーとスモーキー　　ジャーキーはおそらく文明がはじまる前から使われていたトレイルフードの元祖だ。狩猟採集者たちは遠い陸路の旅に持っていくため、保存が利くようにするため肉を日干しにしたり、火の上に置いて乾燥させたりしていた（火を使えるようになってからだが）。だからあの歯ごたえや、裂いたりしゃぶったりする感覚が我々の本能を満足させるのだろう。自分で仕留め、脱水機やオーブンや燻製機で乾燥させて真空パックにしても、ガソリンスタンドで6.99ドルでオベルトのビーフジャーキーを買っても、美しい景色を眺めながら堅く乾燥した肉を味わい、いい気分になれる。

　自分で獲得した肉でも店で買ってきた肉でも、家で簡単にジャーキーを作ることができる。軽く凍らせてスライスする。市販のジャーキーミックスを使えば、保蔵処理する成分もスパイスも含まれているし、自分なりのジャーキーブレンドを確立する道を選んでもよい。さらにいいのは、『ミートイーターの魚と鳥獣の料理読本』〔未邦訳〕でお気に入りのジャーキーのレシピを見つけることだ。乾燥させる工程は乾燥機かオーブンでおこなう

か、気候が適していれば戸外に干しておくのでもいい。真空パックかジップロックで旅行用のサイズに小分けして、出発まで冷凍庫に入れておけばいい。

棒状の肉「スモーキー」はタンパク質だけでなく多少の水分や脂肪分も含まれているので、ジャーキーよりもさらに満足感がある。つまりあごが疲れるまで噛まなくても、ジャーキーがあたえてくれる喜びはすべて味わえるのだ。旅から帰ったときにエナジーバーは謎の力を発揮してなぜか開けられずに生き残っているのに、スモーキーが残っていることはめったにないことからも、そのおいしさはわかる。よくある感じのガソリンスタンドには何十種類も置いてあるが、ノウハウを少し知っていて、専用の器具が少しあれば、家庭ではるかにおいしいスモーキーを作れる。肉挽き器の、目の細かいソーセージのフィリング用のアタッチメントと、コラーゲンで作られた薄い皮と、豚の脂肪、保蔵処理剤とスパイスのミックス（これは自分で作ることもオンラインで買うこともできる）が必要だ。

バー類　食物を圧縮したバーは、戸外での食事の同義語になってきた。その便利さはやはり否定できない。市販品の多くは長く保存が利き、携帯しやすく、健康的で、栄養があり、変質しにくく、しかもおいしい。パッケージのゴミが出るのは少し手間だが、それでも戸外に出るときにはだいたいいつもバックパックにバーを2本は入れていく。

現在、アウトドア向けのバー類は驚くほどたくさんの種類が市販されている。クリフバー、プロバー、カインド、チューウィー、ペミカン、ララバー、カシ、ネイチャーバレーなどをはじめとして何十種類もある。シンプルでナチュラルな成分で作られている、とパッケージの表面に誇らしげに印刷されているものもあるが、果糖のコーンシロップや砂糖そのものが

たっぷり入っているものもある。裏面の成分表示と栄養情報をよく見て、自分が求めているものかどうかをよく考えること。そして忘れてはならないのは、カロリー、脂質、塩分、タンパク質は森で過ごす際には人間の味方だ。バー類の主流は150kcalぐらいのものから高カロリーな4000 kcalぐらいのものまである。味のバラエティは、おがくずみたいなものからお菓子みたいにおいしいものまで。とにかくたくさんの種類があるので、いろいろ試してみると楽しいし、実際的だ。我々は経験から、お気に入りのバー1種類だけ持参して、ほかに何も食べ物を持たずに数日森に出かけると、家に帰るころにはそのバーを大嫌いになっていることを知っている。変化は生活のスパイスなので、いくつか選べるようにしておくといい。いちばん好きじゃないものが最後に残るかもしれないが、空腹のときには味なんかそんなに気にならないだろう？　どのブランドのどの味が好きかをよく考えながら食べていると、毎回選ぶときの役に立つ。

トレイルミックス　バー類がトレイルフードの王座につく前は、ピーナッツやM＆Mの小袋が君臨していた。トレイルミックスにはさまざまなトレイルフードの種類の中でいまも有利な点がある。ほんの何口かだけ食べたいときにもっとも便利なのだ。機能的なジップ式のシリコン製の袋に入れていけば、ゴミもほとんど出ない。アレルギーや食事制限に合わせて詰めていくことができる。トレイルミックスにも無数の市販品があるし、地元のおしゃれな食品店などに行けば、グラノーラ、ひまわりなどの種、ドライフルーツなどを大袋で売っているので、グラノーラ、オーツ麦、レーズン、乾燥クランベリー、ひまわりの種、カボチャの種、チョコチップ、乾燥リンゴ、乾燥バナナ、アーモンドなどの中から好きなものを450gか900gずつ買い、自分の好みに合う組み合わせで作ることができる。買っ

たらすべてを家に持って帰り、大きなボウルなどに入れて混ぜ、1Lや4L
の袋に小分けにすれば準備は完了だ。我々が気に入っている組み合わせ
を書いておく。

小さなプレッツェル／450g

グラノーラ（プレーンでもフレーバー付きでも）／450g

乾燥クランベリー／450g

チョコチップ／200g

半分に割ってローストしたアーモンド／200g

乾燥アップルチップ／300g

乾燥バナナチップ／300g

ひまわりの種／170g

カボチャの種／170g

人里離れた土地での食事についてもう少し

❶自宅で十分に食事が摂れる生活をしていると、栄養が足りなく
て飢えるのがどんな感じか想像するのは難しいかもしれない。買
い物を楽にするには、自分が数日キャンプに行ったとき何をすご
く食べたいと思ったり、必要としたりしたのかをリストにしてお
くといい。次回、食べ物を選んで詰めるときにもっとうまくいく
かもしれない。

❷チキンコンソメやビーフコンソメのキューブをいくつか持ってい
こう。軽くて、おいしくて、水分補給を促進してくれるうえに、

　　塩分も摂取できる。野生のキノコのスープを作るのにも役に立つ。

❸アウトドアではスパルタ式で行くべきだという人は多いが、とき
　どき少しは楽しみがあってもいい。ダブリナーのチーズとハーブ
　入りのハードサラミ、それに食べごたえのあるディルフレーバー
　のトリスクィット・クラッカーがあれば素敵なトレイルスナック
　を楽しめる。

❹パウチ入りのツナ（缶入りではなく）は乾燥やフリーズドライの携帯用
　食品に比べたら軽くはないが、こちらを持っていくのもいい。食
　事にタンパク質を加えられるし、高カロリーのおやつの役割も果
　たせる。多くの人が胃腸に優しいと感じてもいる。

❺野外で神の恵みのように思う食べ物は個包装のアーモンドバタ
　ー、チョコレートコーティングしたエスプレッソ豆、袋入りのイ
　ンスタント味噌汁だ。

❻食物は1日分ずつ3〜4Lサイズの袋に入れてまとめておこう。数
　日分の食料を管理するのにとても適したやり方だし、袋も便利
　に使えることが多い。

そのサプリ、全部買わなきゃいけないの？

　狩猟やスポーツの業界には、山で過ごすにはプロテインとビタミンが豊
富な専用のドリンクがなければ過ごせないと信じ込ませようとしている
人々がいる。えーと、なしでも大丈夫。

　たしかにアウトドアでの活動は激しく、消耗することもある。ビタミン
Cや電解質、カリウムやタンパク質にカロリーや鉄分、マグネシウムなど、
蓄えておくべき栄養分を補給させてくれる商品はたくさん市販されている。

同じミネラルを摂取できる昔ながらの普通の食品もたくさんある。ただし含有量は低いかもしれないけれど。

　そうは言っても、エアボーン、エマージェンC、ジップフィズなどの粉末ドリンクは重要なビタミンを摂取できると同時に水を少しおいしくしてくれるので、その効果と楽しみを享受するのもいいと思う。何度もくり返し書いているが、水分摂取の役に立つものは何でもいいものだし、フルーティで爽やかな粉末ドリンクはナルゲン一本を飲み干すのをぐっと魅力的にしてくれるだろう。脱水状態を回復させるパウダーを崇拝している人々もいるが、彼らはたいてい二日酔いのときの回復力の高さを賛美している。カリウムとマグネシウムを補給することは、深い雪にトンネルを掘ったときなどによく起こる足のつりなどを軽減することができる。非常に海抜の高いところでは、高山病を防ぐためのサプリがとくに重要だ。

　全体として言えるのは、自分にはどんな食事が必要かは医師に相談し、さらに興味がある食品は事前に試してみよう。すべての人に毎朝500gのプロテインが必要なわけではないし、すべての人が鉄分不足と診断されているわけでもない。アウトドアで元気に生き延びるためには何が必要か、自分で確認しよう。

予備の食料の準備の見本

　まず第一に、食料は自分が必要とする、あるいは食べたくなる量より多く持っていかねばならない。野外はダイエットにチャレンジすべき場ではない。現地で獲った魚や獲物で食料を補充しようと思っているとしても、不測の事態に必ず備えておくこと。釣りや狩猟は先のわからないものであり、その場の環境や獲物の生息数は毎年大きく変化する。前の年にバウンダリーウォーターで夕食数回分のキタアメリカザンダーが釣れたからと

いって、今年の秋に同じだけ獲れるとはかぎらない。湖は凍ることがあるし、魚は移動して行ってしまうかもしれないし、去年は暑い気候でも今年は気温が低いかもしれないし、あなたは装備をなくしてしまうかもしれない。保存の利く食品を自分が予想した必要量以上に持っていくべきだ。日帰りのハイキングでも、24時間十分に活動できるだけの食料を持っていこう (次ページの準備リストの例を参照)。トレイル上で分かれ道を間違えて、出発点のほうへ数キロ戻らなければならないことはよくあるし、もっと悪い場合もある。バックパックを背負って7日間の旅をする予定なら、8日分以上の食料を持っていくべきだ。1週間、高地で釣りとハイキングをするなら、危険な山道の度合いや自分の釣りの腕前などの条件を考慮に入れて、1日か2日分は多めに持っていこう。

　この念のための予備は、確保しやすくしておかなければならない。私はいつも予備のバー数本をその日食べる予定の食料とは分けて袋に入れ、デイパックのいちばん下に入れている。数日の旅でトレイルに出るときは必ず、少なくとも1食分のフリーズドライの夕食と1日か2日分のバー類またはトレイルミックスを持っていく。10日間、ユーコン川へカリブー猟に行ったときは、天候不良で帰りの飛行機が予定どおり迎えにこられないことも考えて、3日分以上の予備の食料を持っていこうと考えた。予備の食物はベースキャンプとか飛行機の滑走路になる場所など、戻ってくる予定の場所に隠しておくと、常に持ち歩かなくてすむ。同様に、調理用のコンロの燃料も使う予定よりも多めに持っていかねばならない。予備の食料はサバイバルのためばかりではない。自然の中では精力的に動かねばならず、日常生活の2倍のカロリーを消費することも多いからだ。山を登ったり、降りたりすると本当にカロリーを消費するから、動きつづけるためには余分に何かを食べることが必要になったりする。下記のサンプルリストを参

照し、我々のクルーがそれぞれの長さの外出にどんな食料を持っていっているかをつかんでほしい。

日帰りハイキング用リストの例

エナジーバーあるいはグラノーラバー／2本

トレイルミックス／200g

燻製ソーセージかサラミ／200g

ハードチーズ／170g

クラッカーの小袋

1泊用のリストの例

インスタントオートミールの小袋／2袋

インスタントコーヒー／個包装2袋

昼食／1食分

エナジーバーあるいはグラノーラバー／6本

夕食用のフリーズドライ食品／1食分

個包装のホットソース／1本

ティーバッグあるいはホットココアのパック／2杯分

5日間用のリストの例

1日目の食事

スティックサラミ、チーズの小さなキューブ、リンゴ、バゲット

朝食用

グラノーラの大袋1袋あるいはインスタントオートミール6パック

粉末ミルク（ジップロックに入れていく）

個包装のインスタントコーヒー／6杯分

粉末クリーム（ジップロックに入れていく）

昼食とおやつ用

エナジーバーあるいはグラノーラバー／10本

スニッカーズ／10本

ジャーキー／450g

ドライフルーツ入りトレイルミックス／450g

ヌーン・イオンドリンク・タブレットあるいは溶かして飲む粉末状のサプリメント

チキンコンソメのキューブ

夕食用

高カロリーなフリーズドライのメニュー／6食分

無塩でないバターのスティック／1本（狩りで手に入れた肉を調理するのに使ったり、フリーズドライのスープに加えたりする）

ホットソース

個包装のインスタント紅茶かホットココア／6杯分

子ども対策——おやつ作戦

子どもたちと行くアウトドア旅のための荷造りの際は、おやつと飲み物こそがいちばん気を配るべきだ。いいタイミングでジョリ

ー・ランチャーを取り出せば、効果的にイヤイヤモードを終わらせ
ることができる。

　子どもを釣ることができる食べ物や飲み物を用意するには、取
りかえ魔女作戦といううまいやり方がある。それはこんな風にやる。
ハロウィーンの熱気が去った後、子どもたちに向かって、集めたお
菓子を"取りかえ魔女"に渡すため玄関ドアの前に置いておくよう
に、と言う。取りかえ魔女というのはお菓子をパズルやお絵かきの
道具とか、ナーフ銃の弾のようなかっこいいおもちゃに換えてくれ
る魔法使いだ。それからあなた、つまり親はお菓子をすべて回収
したら、のちに使うためしまっておく。子どもたちは釣りの旅で親
が出してくれたお菓子が数ヶ月前に玄関ドアの前に置いたものと
なぜかものすごく似ていることにはなかなか気づかない。もちろん
アウトドアでの子どもの食事に添える栄養のあるスナックや飲み
物は、親が選んで持っていくべきだろう。しかしお菓子の選択に
ついては子どもたち自身の判断を頼ったほうがいい。十分に飲ん
だり食べたりしてほしいなら、彼らが好きなものを持っていくべき
だ。レバーやタマネギを食べなさいというようなことは、家に帰っ
てから言えばいい。

クマ対策とゴミ袋

　アメリカのキャンプ場や森林、山などにはクマの棲む地域がかなりある。
そういう場所で寝る場合は食料の保管に特別な注意が必要だ。食品は地
上から少なくとも3m上か、できればもっと上に丈夫なゴミ袋かナイロン
製の防水バッグに入れて吊るすこと（318ページの図参照）。国立公園の多くでは

持ってきた食料を吊るすか、ほかの適切な保管方法をしていないと後で裁判所に召喚されることがある。クマを惹きつける可能性のある歯磨き粉なども袋の中に入れることを忘れないように。それから車内にお菓子があったり、子どもの食べカスが落ちている場合には、ちゃんとロックをかけること。クマは車に侵入するのが驚くほどうまく、ジュースの空き缶を狙ってドアを開けてしまうこともある。

　清潔で健康な環境で楽しみたいなら、アウトドアでは倫理上（それから法律的にも）、立つ鳥後を濁さずのポリシーを守ろう。そのために出たゴミをバックパックに入れたまま1週間過ごすことになってもだ。我々はみな、トレイルのスタート地点から何キロかのところでも、母なる自然に敬意を払わないどこかの怠け者が捨てていったゴミに出くわしたことがあるはずだ。ゴミを持ち帰らずに現地で燃やすのは、とくにプラスティックゴミの場合はいい方法とは言えない。キャンプで火を起こした痕の穴を見れば、その理由がわかるだろう。ほとんどの穴には半分焼けて溶けたこういうゴミがかたまった層が何層にもなっている。ゴミを持ち帰るのは思ったより面倒ではない。まず第一に、なるべくゴミが出ないようにするのだ。数日間のバックパックを背負った旅で出るゴミは、一日あたり、食品を包装していたビニール2枚とウェットティッシュ1枚を超えないぐらいにすること。フリーズドライの食事を何度か利用するなら、食べ終わった後、また閉められるようになっている袋ならじょうぶなゴミ袋として使える。エナジーバーの包装紙をたくさん詰められるし、ある人の1週間分のゴミがおさまったものを見たこともある。フリーズドライ食品を食べないなら、ジップロックの3〜4Lサイズの袋を1枚持っていくといい。こちらも電子機器や紙の地図を濡らさずに保管するのに便利だし、腹わたを抜いたマス2尾とか摘みたてのブラックベリーなんかを入れるのにもいい。最後に、キャンプ

地を去るときには、「マイクロゴミ」と我々が呼んでいるものをきれいにするために、その場をよく掃除すること。時間をかけて、見過ごしてしまいやすい小さなゴミを拾うこと。菓子の包装紙のかけらとか、使用済みのバンドエイドのような、ポケットから転げ落ちたり、夜、暗いときに見失ってしまったようなものだ。

料理

バックパッカー用の食品の進化のおかげで、野外で料理をする必要はなくなっていくかのようだ。今でさえ、多くの人にとって、アウトドアでの食事の支度は包装紙を開け、湯を沸かせば完了だ。

もちろん、山頂をめざして登るとか、シカを追うとか、優先すべき重要なことがあるときには手早く効率的でゴミが出ないやり方をするのが賢い選択だし、貴重な時間を最大限に活用するために役立つ技もある。けれど時間（あるいは必要）があるときのために、火や小さなコンロを使って調理できるようになっておくのは、役に立つ貴重なスキルだ。

コンロと調理器具

シンプルにやりたい場合、温かいメニューはインスタントオートミール、コーヒー、フリーズドライの食事ぐらいに限定すれば、素早く湯を沸かせるキャンプ用のコンロがあれば事足りる。さまざまなモデルが市販されているが、必要なものがすべて一体になっている最近のジェットボイルの携帯コンロの加熱速度と使いやすさは他を圧倒している。プロパンとイソブタンの混合ガスの缶を用意しなくても、コンロに燃料缶がすでに付帯しており、鍋もついている。内蔵された調整板が熱伝導装置にエネルギーを

供給し、たいていの環境では非常によく働く。ただし標高が高く、気温が非常に低い場所では影響を受ける（パフォーマンスが下がる）。アウトドア界では広く使われていて、使用後にすべての部品を収納できるポットと組み合わせているものの人気が高く、スキレットなどの調理器具が使えるタイプもある。しかしこうしたタイプのコンロに付属している断熱のポットは直火にかけることができないものが多い（燃料が切れたり、もっと原始的な調理法をしたくなったときの話）。無理にやると部品が溶けてしまう。これが大きな欠点だと感じる人たちもいる。

　バックパック用コンロには他にもいくつかタイプがあり、最新の流行からは外れているかもしれないが、いまも有用なものはある。まずいちばんに挙げられるのはジェットボイルの先駆けだった「ポケットロケット」式と我々が呼んでいるものだ。このコンロもイソプロガスのキャニスター上部にねじ式で装着するものだが、加熱する部分の周りにぐるりと縁がついていて、小鍋やスキレットを載せることができる。とても小さく折りたためるものや、50gほどしかない軽量なものも多い。使い道はたくさんあるのだが、ジェットボイルより燃料のもちが悪く、風よけのガラスや調整板などがないことが多い。それからポットを転倒させてしまいやすい。けれどピンチのときには火の隣に置いて、一般的な規格のポットを使い湯を沸かすことができるからありがたい。山で1週間過ごした後、燃料がなくなったときに我々は必ずこうしている。

　もうひとつ、我々が子どもの頃に使っていたもので、ある種の状況では今も使われているのは液体燃料を使うタイプだ。無鉛ガソリンコンロとも呼ばれているが、発熱体を地面に置いて使い、燃料タンクを補充するためのホースが付属している。無鉛ガソリンだけでなく、ガソリンや灯油、ディーゼルやジェット燃料を使えるものもある。このタイプのコンロを使

うには燃料をポンプで注入しなければならないので、キャニスター式のものより少し面倒だが、それでも一定の人気がある。辺境を飛ぶ小型機に乗る場合、イソプロガスのキャニスターを持って乗ることを許可してもらえないことがあるので、その場合は液体燃料式にするしかない。無鉛ガソリンは非常な低温や高地にあっても他の燃料より影響が少ない。

　私の兄弟マットのお気に入りはアルコール燃料のコンロだ。静かに燃えるのでエルクのさかり鳴きを聞くさまたげにならないと本人は言っているが、私は、彼はただその懐かしくて素朴な感じが好きなのだろうと思っている。こういうものがキャンプ用コンロの元祖なのだろうし、ビールの空き缶を半分に切って変性アルコールを底に注ぎ入れ、火をつければいいという簡単さだ。とても軽量でなによりもむちゃくちゃクールだが、ただ、湯を沸かすには死ぬほど時間がかかる。アルコールはそれほど可燃性が高くなく、炎が高温にならない。だから即席で用意しても割と安全だが、非常に非効率的なのだ。

　どのタイプにもそれぞれ信者がいて、そのタイプだけの長所もある。しかしすべてのタイプに共通しているのは、ガスや液体は漏れたり、爆発したり、なくしたり、あるいは単に尽きたりするということだ。それから言うまでもないが、発熱部分が壊れることも、濡れることも、それ以外の故障をすることもある。アウトドアの装備はどんなものでも、予備の手段として、直火にかけられる金属製の鍋のような、どんな状況でも使えるものを用意しておくべきだ。携帯用の小型のスキレットもあるととてもいい。魚や鳥など、仕留めた何かの肉を焼くのに使える。

　さらに新世代のキャンプ用コンロで、燃料の元祖ともいうべきものを使うものがある。木だ。そう、大きくて、重い、鋳鉄製の薪ストーブをテントの中に置くのは時代遅れだが、20kgほどのだるまストーブなら背負っ

ていけるし、いかだや小型飛行機にも乗せられる。最先端のチタン製薪ストーブは（シークアウトサイドの「ホッとスタイル」シリーズのような）500g弱から1kg弱の重さしかない。軽量化したが頑丈な金属板と組み立て式のおもちゃのような器具の中には、横にするとノートパソコンのケースと同じぐらい平らで小型なものもある。10cmちょっとの長さで、キャンプでお湯を沸かすための薪ストーブもある。数メートルの場所は取るが、巻き上げ式の煙突を取り付けられる床のないティピ式のものもある。自然のなかの旅で料理をするときも、シェルターの暖房にするときも、すてきな仕掛けだ。

　ただ、木にはさまざまな種類があるので、燃料としては当たり外れがあり、ある種の場所や条件下では火をつけることが難しい。乾燥した木が十分に手に入るときであっても、小さなストーブの温度を高く保つには小枝を加えつづけていなければならない。大量に薪が積んである状態なら、雪に降り込められてティピの中で一日過ごすのも楽しいだろうが、湯を沸かすためだけにそれをやるのは面倒だ。

　さらにもっと原始的になるなら、火を使った調理の際に焼き網を使うといい。我々はよく小型で軽い4×25cmぐらいのワイヤーラックを持っていく。新鮮なライチョウやマスをメニューに加えられるような場所に行くときは、この網がとても役に立つ。火を使って鍋の湯を沸かすだけの場合でも、石炭の上に平らな面を作ることができるのは助かる。

　役に立ちそうなものは他にもいくつかある。革の手袋はとても便利だ。鍋を置いたり、薪を積んだり、石炭から何かを引き抜くときに手の産毛がぜんぶ燃えてしまったり、火傷をしたりしないですむ。我々はときどき大きなアルミニウム板を小さく四角に折ったものを石炭に載せて肉や魚を焼くこともあるし、人や火やストーブのための風よけに使ったりする。卵などスキレットで調理する食材を持っていっているときは携帯用の小さなス

パチュラが〔ヘラ〕あると便利だ。60mlのナルゲンの容器にオリーブオイルを入れていき、小さなスパイス入れに好きな万能スパイスミックスを詰めていくと、魚もキノコも、幸運にも仕留められた獲物も、みな簡単に調理することができる。群生するアミガサタケを見つけたのにオイルも塩も全然持っていなかったら残念すぎる。塩こしょう用のシェーカーがあると好みの味に調整しやすい。

　本当のところ、バックパック旅の食事は先割れスプーンさえあればなんとかなるという熱心な派閥もある。フリーズドライの食事のほとんどは、すくえるぐらいの粘度があるし、先割れスプーンは肉を突き刺すことだってできる。チタンやレキサン製の、非常に柄が長い先割れスプーンが我々のお気に入りだ。柄が長ければ、マウンテンハウスのパッケージの中の汁気が指につくこともない。けれど自宅のカトラリー入れの奥から発掘してきたごく普通のフォークやスプーンでも、十分に事足りる。

原始人式クッキング

　もう一度はっきり言うと、森の中に1日以上出かけるときは、何らかの形のコンロと鍋を持っていくといいと我々は考えている。コンロはフリーズドライの食事を食べるときにはほぼ絶対必要だし、キャンプファイヤーで料理をする予定でも、予備の手段としてあったほうがいい。また、海の近くや風雨の後などに火を熾すのは非常に難しいから重宝する。一方で状況が非常に悪くなって、装備などを失ってしまったときには、直火で調理するしかないかもしれない。そう、原始人の調理法だ。このやり方に関してよいニュースがあるとしたら、我々はいつも、ただ楽しいからという理由で原始人スタイルの調理をしている。

　肉や魚を直火で調理する方法は主に3つある。串焼き、石焼き、炭火焼

きだ。肉を串に刺して火の上に置いて焼くのは、原始人スタイルの中でもいちばんよく知られていてわかりやすいやり方だ。肉の塊か、小動物なら丸ごととがった木に刺して焼くのだ。いちばんの心配は、貴重な肉に火が通って柔らかくなり串から落ちてしまうことだ。これは魚に関してはとくに重大なことなので、詳しくは196ページを見てほしい。

石焼きスタイルはその言葉どおりのやり方だ。大きくて平らな石の上に肉を置いて焼く。調理をはじめる前に、ちょうどいい石を火の先端が届くくらいの高さに設置する。それからその石の上に肉片を載せ、石から伝わる熱と、火から間接的に伝わる熱で焼くのだ。

もうひとつのやり方は、我々がネイティブアメリカンスタイルと呼んでいる小動物の調理法だ。彼らが何千年も前からやっている素早くて簡単な方法だ。まずウサギやライチョウやマスなどから内臓を抜き、そのまま火の燃えさしの中に置く。熱によって毛や羽やうろこが焼け落ち、肉の中まで火が通る。外側は焼け焦げた毛や灰だらけになっていて、あまり食欲をそそる見かけではないが、中の肉と脂肪は間違いなく美味だ。

ネイティブアメリカンスタイルのバリエーションに、「ホーボーディナー」とアウトドア界隈の人々が呼ぶ技もある。アルミホイルや金属製のシート（サバイバルブランケットのようなもの）を持っていたり、見つけたりしたら、小動物や鳥や魚をそれで包み、石炭の上に置く。こうすることで、いろいろなものを焼いて食べられる。

更新世にもさかのぼれるぐらい昔から独創的なハンターたちがおこなってきた伝統的な野外調理法は、大型動物の胃袋の中や、皮の中で肉をゆでる方法だ。これは衝撃的なほどうまくいく。まずは穴を掘り、動物の胃袋や皮を敷いて鍋のようにし、そこに水を注ぐ。火をつけて、石を小さな山にして熱してから、シャベルか即席のトングを使って火傷しないように

しながら、水の中に入れる。こ
れを続けて、水が沸騰したら、
肉や野菜を入れて調理する。こ
の方法の短所は水の中に石と一
緒に砂や灰が入ってしまうこと
だ。これを避けるためには、熱
した石を別の容器に入れた水に
浸して汚れを落としてから調理
用の"鍋"に入れるといい。

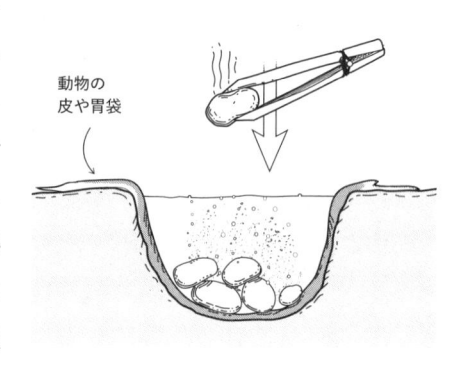

動物の
皮や胃袋

　小動物は調理する前に頭部や内臓、皮を取りのぞいておきたいところだ
（鳥は羽をむしったら、皮はそのままでいい）。消化器系の内臓は取りのぞいたほうがい
いが、心臓や肝臓や腎臓、それに鳥の砂嚢は残しておいたほうがいい。理
由はおいしいし、カロリーを摂ることができるからだ。魚に関しても同じ
だが、我々は風味や食感を楽しんだり、単に食べられる部分を増やすため
に、頭や皮もそのまま調理している。

　それぞれの動物や植物の調理法は次のセクションで種類別に詳しく説
明するが、経験から言うと、もっとも大切なのは、調理には時間をかける
ことだ。肉を直接火に突っ込むとあっという間に焦げるし、堅くて噛めな
くなるし、貴重な栄養が火で消失してしまうからやめたほうがいい。同様
に調理に使う石を熱するときは、熱を効率的に受けるために火のそばに置
くが、肉は火に触れるほど近くに置いてはいけない。熱をコントロールす
るには、まず木を大きな山にして燃やし、炭にするといい。メインの炎は
そのまま燃やしつづけながら、炭を隣で調理している部分に棒で広げるこ
とで、ちょうどよい温度で加熱をすることができる。

野外での食料調達

　自然から調達した食べ物でサバイバルする正しい方法を学びたいなら、アメリカグマが秋に体重を増やす際の食物調達法を見習うといい。アメリカグマは手に入るものは何でも食べる主義で、常にカロリーの塊を探していて、小さなものでも見逃さない。ある地点から別の地点に移動するあいだでさえも、食べ物を探しながらいくので、ジグザグに進む。彼らのやり方はサバイバルのお手本だ。アメリカグマは石をひっくり返して虫や小型の哺乳類を探す。腐った木を叩き割って広げ、甲虫などの幼虫を探す。キャンプの跡や使われていない山小屋、飛行機の着陸場や昔の鉱山など、人間がいた場所を調べる。キイチゴや野生のリンゴがないかと藪をのぞく。腐敗していないかどうかはにおいを嗅いで判断する。獲物が棲んでいそうな場所を歩き回って、子どもや怪我をしたもの、油断している動物を見つけたらすぐに襲いかかる。水場から離れない。水はすべての生き物が生きていくのに欠かせないものなので、植物も動物も水の近くに密集しているから、獲物を見つけやすい。クマは池や水たまりや高地の湖や海岸、また一時的な水の流れや沼を訪れる。河岸の石をひっくり返して、ザリガニや水生昆虫の幼体を探す。入り江の波打ち際で貝をこそげ取る。河口や滝で遡上してくる魚を捕る。要するにアメリカグマは熱心で、先入観にしばられず、カロリーを摂取するためならどんなものにも鼻を突っ込むのだ。人間だって、正確な知識を武器にして同じやり方をすれば、きっとどんなところでも食料を見つけられるだろう。

　忘れないでほしいのは、ほぼすべての魚と（害虫や外来種を除く）野生動物を殺すなどの行為は、連邦政府やその土地の野生動物管理局によって厳しく規制されている可能性が高いということだ。違法に魚や動物を捕

まえたとしても、本当に生死を争うサバイバルな状況下であったなら、当局から許してもらえるかもしれないが、しかしその線を押しすぎてはいけない。みずから出かけていった場合は本当の意味でのサバイバルではないからだ。こうした自然環境に関する法規制は、落とし穴を使った罠を設置したり、大型の動物に対する落とし罠を仕掛けたりすることを広く禁止しているが、原始的な方法で食料を取る分にはだいたい関係ない。こうした方法に熟達するには熱心に練習するしかない。そしてたいていの人はこういう方法を何度も練習することはなかなかできないから、本当に必要なときにあたふたと時間を無駄にしてはいけない。この章に含まれている方法に挑戦する前に、その地域の釣りや狩りに関する規制を調べること。

　サバイバル時のカロリーの法則についても考えねばならない。カロリーは何かを食べれば摂れるが、運動をすれば失われていく。ほとんどの人は原始的な道具で大きな獲物を殺そうとしたとき、得られるカロリーより失うカロリーのほうが確実に多い。シカのあとを追って爆走しても成功する確率は低く、エネルギーのタンクも確実に減る。ヒトは何も食べなくても一週間は生きられることを知っておくと、本当にサバイバルな状況に陥ったときに賢く生き抜けるかもしれない。

食料の安全性と食中毒

　森の中で食料を見つける能力があれば、それでいつか命を救われることがあるかもしれない。一方で目の前のものが食べられるかどうかという判断を誤れば、簡単に生命の危険にさらされるだろう。間違ったキノコを採ったり、麻痺性の貝毒に汚染された肉を食べたり。食料を調達するときに知っておかねばならない危険はたくさんある。それぞれの種類の植物、菌類、貝類、動物、魚が持つ危険については後ほど詳しく述べるが、全体

に共通するガイドラインと、取るべき最良の方法があるので、ここに書いておく。

　森の中にいるからといって、家でやっているような清潔を保つ衛生的な行動をしなくてよいわけではない。もちろん、山の中ではいつもちょうどよく手洗い場があるわけではないけれど、トイレの後に手をきれいにするのをやめていいわけではない。拭いたときに手についた腸内細菌がほんのひとかけらでもトレイルミックスに付着し、そのまま口に入ったら、その週そこにやってきたこと自体を悔やむような事態になるかもしれない。洗い流すか、植物もキノコ類も魚も鳥も貝類も哺乳類の肉もすべて完全に火を通す、あるいはその両方をおこない、食べる前に水洗いすること。「ワイルドに振る舞っている」と感じているとき、人は清潔を保つことを怠りがちだが、こうした行動は実は自然のなかにいるときのほうが大事なのだ。

　食中毒は自宅にいるときでも恐ろしいが、テントで寝泊まりしているときにはもっとずっと大変なことになる。それはなってみればわかる。激しい腹痛、発熱、下痢、嘔吐。血が混じる下痢や刺すような腹痛があったら即座に腸を空にしなければならない。まずなによりもハイキングを続行しようとしてはならない。もしも可能なら、落ち着いて休める場所を作れるか試してみよう。次に、失った水分を補おう。下痢でも嘔吐でも体内の水分が大量に失われるので、回復のためにはその分を補わねばならない。暑い場所や高地ではさらに悪化するだろう。基本的に水を飲みつづけなければならない。

　緊急処置ができる場所や救命救急室では、医師は炭水化物、ナトリウム、カリウム、グルコースなどの化学物質が入った経口保水液をあたえる。野外ではこれらすべての成分をすぐに用意することはできないだろうが、だいたいのミネラルは補うことができる。ゲータレードなどのスポーツド

リンク、イマージェンCのような粉末ドリンク、あるいは水分補給用の粉末ドリンクのパックがあると理想的だ。しかし医師たちはこうしたものを飲むときには糖分の取りすぎを防ぐために、薄めに作るよう推奨している。水で薄めたフルーツジュースも代替品としてよい。こういう飲料がないときには、水に塩をひとつまみ加えたもので水分を補給できる。クラッカーやチップスを少し食べることでも、炭水化物とナトリウムを摂取できる。飲むときはゆっくりと、170〜220mlずつに分けて飲むこと。一度に多量に液体を飲むと腹がふくれ、ふたたび嘔吐を誘発する可能性がある。それでは何にもならない。このやり方のとおりに水分を補給し、軽くて塩気のある、穀物でできたスナックを食べていれば、食中毒は1日か2日でよくなる。自分の体内水分レベルをはかるには、尿の色を観察するのがいちばんだ。尿がとても濃い色になっていたら、脱水状態の兆候がある。それが透明か、明るい黄色に変わってきたら、水分が戻ってきた証拠。

　毒のあるキノコを食べて中毒を起こすのは、衛生状態の悪さや腐敗した肉を食べたせいでバクテリアに感染するよりも重症になることが多い。これからこの章で、いくつかの見分けやすい食用キノコを紹介する。何度でも言うが、正体がわからないキノコは決して食べてはならない。おいしいおやつになるキノコと同じぐらい、致命的な病気になるキノコもあるのだ。キノコの毒は簡単に言うとふたつに分けられる。症状が6時間以内に現れるものと、6時間から12時間経ってから現れるものだ。前者は通常、命には関わらない。嘔吐や下痢が多く、呼吸困難を伴うこともある。しかし後者はより深刻な状態を招くおそれがある。キノコの毒による死因の90%ほどを占めているアマニタ・ファロイデス、つまりタマゴテングダケのへの反応が特徴的だ。食べてから6時間以上経ってから下痢や嘔吐の症状が現れるが、その後いったん症状が消え、危機を脱したように感じる。

しかしさらにその後、本当の苦しみがやってくる。毒によって肝臓と腎臓の機能が停止し、最終的には発作が起こり、昏睡状態に陥って、死に至ることもある。もしもキノコを食べて、6時間以上経ってから何らかの症状が出た人がいたら、全力を尽くして、その人を急いで医療のプロに診せなければならない。

植物

　食べられる植物とキノコは北米だけでも何千種類もあるが、この先のページでそのすべてを延々と網羅するつもりはない。こうした自然を旅する人や、採集する人が植物やキノコを調べるときの入り口となる参考資料だと思ってほしい。見分けやすい植物とキノコを挙げたので、間違った種類を食べてしまうリスクを少しは減らせると思う。これらはそれぞれの環境にたくさん生えているので、見かけを知っていれば、ちょうどその季節に行けばかなりの確率で見つけられるだろう。

　行く場所によっては、食べられる植物がその辺にたくさんあるかもしれないが、処理をし、調理し、食べるために時間を費やす価値のある種類かどうか、冷静に判断しなければならない。そのときの状況によって判断しよう。移動せず、ある地点に留まるなら（遭難して救助を待っているとか、何かトラブルがあってそこから立ち直ろうとしているとか、あるいはただ単に食生活を補うために自然のものを食べようとしているとか）ガマとかドングリのような、手はかかるけれどカロリーの豊富なものを扱う時間もとれるだろう。目的地に向かって長いハイキングをしている途中ならば、移動しながら採集したり食べたりするのが簡単で、短い休憩時間に処理しやすい、持ち運びやすいものを探すべきだ。

142

COLUMN

サミュエル・セアーの自然食ルール

　人類は歴史上のほとんどのあいだ、狩猟や採集によって食料を
かき集めてきた。私の意見ではこのふたつはいまも野外でするべ
き楽しい（そして健康的な）活動ベスト2だ。それだけでなく命を救って
もくれる。私はもう数十年にもわたって、食料のほとんどを自然の
なかで調達していて、それについて3冊の本を書き、全米のあちこ
ちで採集教室をおこなってきた。私はよく遊びで「サバイバルキャ
ンプ」をしにいくし、アウトドアを愛好する人たちはみな、植物に
触れて馴染むために、こうしたキャンプをするといいと思っている。

　長いあいだ藪の中にいて、自分の食べるものを自分で集めてい
ると、それに見合うバランスの取れた食事が大切になってくる。そ
れは肉だけでは実現できないのだ。自然の中を旅しているとき、風
で落ちたナッツや果物や根菜やキノコ、葉物の野菜などのすばら
しい食べ物に行き当たるのはよいニュースだ。しかしここに落とし
穴がある。そういう食料に出会ったときは食べるべきものかすぐに
判断しなければいけないのだ。緊急のときにはゆっくり調べている
時間はないから、あらかじめ勉強しておき、私が提唱する安全の
ための4つの採取基本ルールを守るといい。

❶正体がわからない植物やキノコは食べないこと。食べようかど
　うか考えてもいけない。わからなければ食べない。それ以外に
　道はない。なんという植物かわからなかったら、それは食べない。
　別の植物と間違えて食べて毒にあたることはめったにない。だ

いたいはその辺にあった植物を名前も調べようともせず食べた
結果、起こっているのだ。

❷何か食べられるものを見つけても、それを食べすぎてはならな
い。遭難したときや、おびえているとき、飢えているときはそう
したくなるけれど、落ち着こう。ワイルドオニオン（アリウム属）は
食用になるけれど、生のタマネギを500g近く食べたら具合が悪
くなるのは当たり前だ。それから果物は甘い物より酸っぱいもの
を食べすぎることを警戒しよう。どれぐらい食べても大丈夫か、
お腹と相談しよう。

❸食べられる植物やキノコだからといって、丸ごと全部食べられ
るわけではない。食べられる部分だけを食べよう。アップルパ
イはりんごの木の枝や種から作られているわけではない。堅い
葉や茎、腐ったキノコや熟していない果実を食べても栄養の足
しにはならない。

❹できれば加熱しよう。そのほうが消化がいい。キノコは絶対に
生で食べないこと。

サミュエル・セアー
（作家、インストラクター、採集家、自然食のエキスパート。ウィスコンシン州北西部在住）

果物とベリー類

　野生の果実やベリー類は果糖とビタミンCのよい供給源になり、肉ばか
りの食生活で栄養のバランスを取るのに非常にいい。果物の多くは見分
けやすい。クラブアップルはりんごと見ためが似ている。チョークチェリ
ーはさくらんぼに似ている。ワイルドアスパラガスはアスパラガスに似て

いる。野いちごはいちごに似ている。ワイルドブルーベリーは……もうお
わかりだろう。よく見かける果物の野生種は広く見られる。ただし期間は
一年のうちに1ヶ月か、短ければ1週間ぐらいだけだが。経験から言って、
黒色や紫色のベリーは食べられる。赤いベリー類の半分は食べられるが、
黄色や白色のベリー類はだいたい10%ぐらいしか食べて大丈夫なものは
ない。それをわかったうえでも、知らないベリーを見つけたら、ちょっと
かじってみるといい。舌が拒否したら、きっとお腹も拒絶する。ベリーの
中には食べると深刻に具合が悪くなるものもあるので、慎重に判断し、食
べる量にも気をつけよう。何口か食べるのならおいしいブラックベリーも、
空腹のときにいっぱい食べたら、身体の中がむちゃくちゃになることがあ
る。腹が減っているときは食欲を我慢するのは難しいけれど、ベリーの食
べすぎの結果は頭に入れておこう。

エノキ（ハックベリー）　高カロリーでタン
パク質、脂質、炭水化物が含まれた実
がなるので、自然界のハンバーガーの
木のような存在だ。

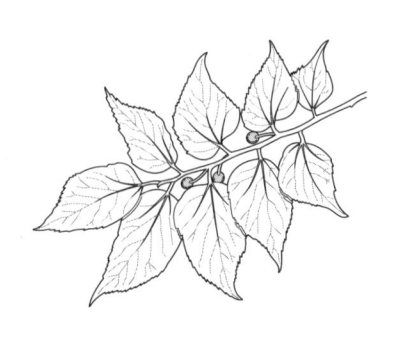

見分け方：樹木はかなり大きく育って、
高さ30mを超えることもあるが、幹は
それほど太くはならない。葉の形は左
右非対称で、ぎざぎざしていて、下部が丸く、先端はとがっている。葉の
裏にかくれるように小さな紫色のベリーがなる。

地域：アメリカとカナダ南部の森林地帯の大部分。

時期：秋から実がなくなるまでの間（冬まで残っていることもある）。

長所：生で食べられる。実は木になったまま乾燥し、腐ることはない。薄

い殻と甘く水分の少ない繊維に包まれ、小さな種がある。

短所：殻が堅すぎて噛めない人もいる。実は手の届かないところになっていることもあり、採集するのに時間がかかる。

キイチゴ類（ブラックベリー／ラズベリー／サーモンベリー／クロミキイチゴなど）　もっとも見分けやすいベリーだからか多くの人に愛されている。集合果で甘いものも酸っぱいものもある。ブラックベリー、サーモンベリー、ラズベリー、クロミキイチゴ（シンブルベリー）、ローガンベリーなどがあり、ほかにも数多くの亜種やハイブリット種がある。

見分け方：木イチゴ（＝ブランブルベリー。ブランブルは藪の意）という名が示すとおり、低く生い茂り、棘の生えた蔓がからみ合っていることが多い。葉は幅広であることが多く、下部が丸く、先端に向けて細くなっていく。葉の端はギザギザしている。ベリーは集合果で、一粒一粒は果汁の小球でできている（ブラックベリーやラズベリーを想像してみてほしい）。熟した実は黒色か紫色か赤色。熟す前の実も食べられるが、だいたいは酸っぱい。

地域：砂漠以外の北米全域でよく見られる。

長所：おいしいし、すぐに見分けられる。

短所：カロリーが少ない。実は夏にしかない。棘があるせいで、採集しにくい。

スグリ（グズベリー／カラント）　スグリ属はぶどうに似たおいしい実がなる植物で、北米のほぼどこでも見つけられる。

見分け方：小型から中型の木で、数多くの枝が上向きの藪状に生えていることが多い。葉は小さく、手の平のような形で、浅い切れ込みがありカエデに似ている。実は丸く、半透明で、どことなくぶどうに似ている。熟し具合によって（それに種によって）緑色から赤色や紫色、黒色のものがあり、実の下には房が生えている。

地域：南西の端以外の北米全域。

長所：非常においしく、簡単に大量に集められる。

短所：カロリーが豊富でなく、夏にしか採れない。

ザイフリボク（サービスベリー／ジューンベリー）　ほかにもワイルドプラムなどさまざまな名前があり、クリー族の言葉でサスカトゥーンと呼ばれている紫がかった赤色のベリー。よくある木で入植者も先住民もお気に入りだった。

見分け方：一般にバラ科サイフリボク属の数種をまとめてサービスベリーと呼ぶ。低木の藪状のものから細く高く育つ木まであり、幹は通常なめらかで灰色、葉はつやつやとして楕円形、長く薄い白色の花弁5枚をつける花が咲く。実は大粒のブルーベリーによく似ているが、色は赤みがかっている。

地域：北米全域で見られるが、北部や山地にとくに多い。

長所：果物の中でトップクラスにカロリーが高い。たくさんの量を簡単に集められる。

短所：夏の短い間しか採れない。

ブルーベリー　このリストの中でおそらくもっともよく知られていて、もっとも見分けやすい。こちらもおいしいハックルベリーやクランベリーと近い種だ。

見分け方：ブルーベリーは低く生える藪から背の高い灌木に育ち、葉は小さく楕円形で、先端がとがっている。実は見たところ、このあいだ食べたマフィンやパンケーキに入っていたものと同じだが、野生のものは小さい場合が多い。

地域：ブルーベリーとハックルベリーはアラスカ州のノーススロープ（ブルックス山地と北極海の間）からニューメキシコ州の松林まで西部のあらゆるところに生えているが、北部と高地にはとくに多い。貧しい土壌で湿度が高く、日当たりがいい場所を好む。

長所：見分けやすく、たくさんの量の実がなっていることが多い。

短所：夏の短い期間しか採れない。

ブラックホー（シープベリー）　北米大陸の東側の住民にはそれほど馴染みのない植物だ。シープベリー、ワイルドレーズンなどとも呼ばれ、実は野生のベリー類のほとんどよりも実がつく時期が遅く、ほかの実がもう手に入らない9月から10月の間に熟した実がついていることが多い。

見分け方:低木や灌木で樹皮は黒に近い色で、小さな白い花が咲き、実はやや細長く表面にしわがある。熟すにつれ、緑色から赤色になり、さらに紫色や青色や黒色に変わる。葉はつややかで楕円形、下部が丸く、先端はとがり、縁には細かい突起がある。

地域:北米東部

長所:高カロリーで、ベリー類にしては遅い時期に長いあいだ実っている。採集しやすい。

短所:生えている地域が限られている。

ガンコウラン（クローベリー）　ヒースの仲間の一種であり、見た目がブルーベリーにそっくりな実をつける。亜寒帯やツンドラでは貴重な食料になる。

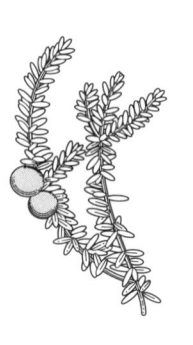

見分け方:ガンコウランは常緑の矮小な低木で、地を這うように低く茂っている。葉は小さく、針のようで、マツやモミと似ている。実はブルーベリーによく似ているが、少し色が濃いかもしれない。

地域:北米やヨーロッパ、アジアの最北部の森林地帯に生えている。カナダやアラスカでは周北の森林から広がって、亜北極（北極圏に接するエリア）のツンドラ地帯にも深く進出している。

長所:おいしく、簡単に大量に集められ、季節をまたいで採ることができる。摘まれなかった実は秋、冬を過ごし、春になってもまだ食べることができる。野生のベリー類の中では酸っぱくないほうだ。

短所:野生のベリー類の中では果汁が少なく、甘くなく、栄養も少ない。

ナッツ

北米全域のとくに東半分の落葉性の堅木の林には、ナッツのなる木がいろいろある。主な数種が広く栽培され、食べられているので、みなさんもよく知っているだろう。ナッツは栄養があり、カロリー、タンパク質、脂質、食物繊維、ビタミンをたくさん含んでいることが多い。そして木になるナッツは硬い殻に覆われているおかげで、冬になり他の食用になる植物が腐ってなくなってしまっても、採集し、食べることができる。

クルミ　クリスマスにくるみ割り人形の弾丸にされたり、おしゃれなサラダのトッピングになっていたりするから、ほとんどの人が処理されたクルミの見ためやそのおいしさは知っているだろう。しかし自然のなかでクルミを見分けるのは、あの外側の堅い鞘に入っているところを見たことがない人には難しいだろう。

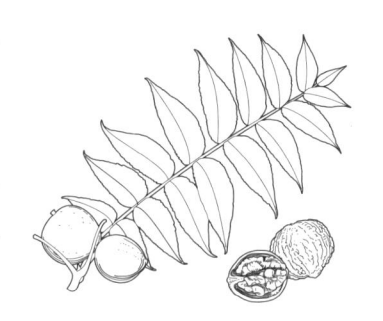

見分け方：横に広がって生える大木で、葉は長く楕円形。実は夏のあいだにりんごのように見える緑色の鞘の中で育つ。殻は最終的には破裂して開き、硬いしわだらけの殻に包まれた実が森の地面に落ちる。殻の中のゴツゴツした実は熟していれば食べられる。

地域：アメリカ南西部、カリフォルニア州。

長所：見分けやすく、高カロリー。

短所：殻を割り、中身を取り出すのに時間がかかるが、道具があれば簡単だ。中身を取り出すのは実が乾燥していると難しい。殻を岩で砕くしかないときもある。

ヒッコリーの実（ペカンナッツを含む）

北米には十種類以上のヒッコリ
ーの木がある。そのほとんどが食
べられる実をつけるが、その中で
もペカンナッツが有名だ。

見分け方：ヒッコリーの木は東
部の落葉樹の森にはよく生えて
いて、樹皮に筋があったり、うろこ状だったりする。実はクルミのものと
似た丸い緑色の鞘の中に入っている。この鞘は秋に種が熟すると剝けてき
て、中のなめらかな殻が見えるようになる。この殻を割り、小部屋の中か
ら果肉を取り出す。

地域：北米東部

長所：採集できる季節は秋。冬じゅう採れる場合もある。カロリーと脂質
が多く含まれる。

短所：硬くて、割ったり中身を取り出すのが難しいものもある。

ドングリ　オークの木はアメリカ大陸でも
っとも見分けやすい木のひとつだろう。世
界じゅうに600種以上のオークがあり、その
すべてがドングリの実をつける。熟した茶
色のドングリは木になっているものも、地面
に落ちているものも食べて大丈夫だが、耐
えられないほど苦いことがある。場合によっ
ては数日間水につけ、その水をくり返し替
えながらおいてタンニンを十分に除去して

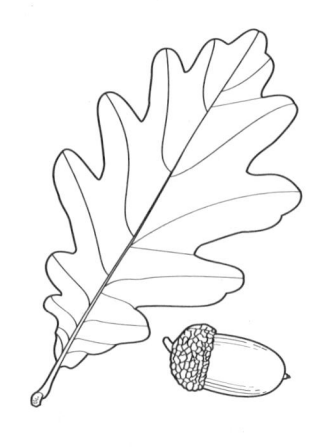

からでないと、まずくて食べられない種類もある。

見分け方：オークの木は突起のある葉としっかりとした幹のおかげで見分けやすい。ドングリはお馴染みの帽子をかぶった実が特徴的で見つけやすく、半分に割って実を取り出す。

地域：アメリカとカナダ南部の硬材の森のほとんどにあり、とくに東部に多い。

長所：高カロリーで大量に手に入れやすい。採集しやすく、見分けやすい。

短所：たくさん食べるには、事前に苦みを除去する必要がある（いちばん一般的なやり方は数回湯を替えながらゆでること）。

根菜

　根菜とは地下に栄養を貯蔵し、成長する組織を備えている植物のことなので、直根、塊茎、球茎、球根、根茎などのすべてがあてはまり、とても広い分類になってしまう。食べられる部分である根は土の上からは見えないので、謎解きのように探す必要がある。土の上の部分の見かけを知っていなければ見つけられない。それが簡単なこともあるが、難しいものもある。根菜の多くはシャベルで簡単に掘り出せるが、シャベルがなくても大丈夫だ。先をとがらせた棒で掘れば、時間はかかるがちゃんと掘れる。例外はあるが、根菜の多くは生で食べると消化が悪い。

ガマ　非常に用途の広い食用植物で、各部はそれぞれ、成熟のどんな段階でも食べることができる。とくに注目したいのが根茎だ。土の中（そしてたいていは水の中）にある根は糸のまわりに小麦粉を詰めたチューブを引き延ばしたようになっている。パンのように腹を満たしてくれるし、身体によさそうだ。焼いて食べる場合は、火か炭の上で焼く。サツマイモを思わせる

味がする。

見分け方：ガマ、イグサ、アシなどいろ
いろな名前で呼ばれているこの植物のこ
とは、戸外で長時間過ごしている人なら
みな知っているだろう。背が高く、てっ
ぺんに葉巻のような穂がついている。ア
メリカ大陸のどこでも水辺や沼地に生え
ていて、かなり遠くからもよく見えるし、
一面に広がっていることも多い。

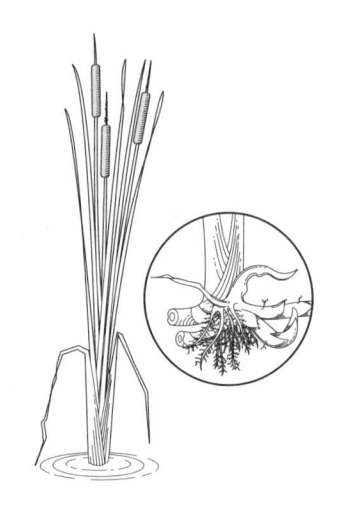

食べられる部分：地下にある根茎はもっ

ともおいしく、栄養価も高い部分であり、一年を通じて食べられる。太い
根は夏のあいだに硬くなり水分が少なくなることが多いが、同じ時期でも
新たに生えてきた根はかなりおいしい。根茎は中に糸が入っているパンの
ような感じだ。よく噛んでデンプンを吸い出してから、繊維を吐きだそう。
炭焼きしてゆでるか焼くかして食べることもできる。根茎は茎の根元を引
っ張って、上にそっと振るようにすると抜ける。生えたばかりの細い根は
そのまま食べられるので除けておき、太い根はナイフで皮を剝こう。

長い茎の中心部と下部そのものも、春から秋にかけてはおいしく食べられ
る。外側の乾いた葉を剝いて、白い下部と中心部は生でも加熱しても食べ
られる。同じように、てっぺんの穂の部分は初夏に緑色のときはおいしく
食べられる。

上部の特徴的な葉巻型の房にも使い道がある。真夏には食べられる花粉
がついているので、水や他の食物に混ぜたりしてとろみをつけることがで
きる。乾かしておけば火を熾すときの火口（ほくち）として使える。

長所：非常によくある。ほかの食用植物が手に入らない冬にも食べられる

部分がある。根茎は高カロリーで、採集しやすく、道具も調理もいらない。

短所：水の中にしか生えないので、冬には氷の下に閉じ込められる。アイリスと間違いやすいが、アイリスの葉はかたまって平らに生えている。

アザミ　棘さえなんとかすれば、アザミは飢えている人にとっては歓迎すべき野菜だ。

見分け方：毛の生えた球のような形で端にはぐるりと鋭い棘が生えている大きな花で有名なので、よく知っている人が多いだろう。

地域：北米全域

食べられる部分：根は秋から春にかけてお

いしく食べられる。根はいくつかの種類では硬いが、そのほかのものでは大きく柔らかい。新しい根は皮を剝いて食べると柔らかく、とくに加熱して食べるとおいしい。茎も成長期である春から秋にかけては食べられる。葉や棘はすべて取りのぞかねばならないが、その後にはセロリの細い茎のようなものが残る。

長所：調理がいらない。採集しやすく、見分けやすい。

短所：棘がある。注意して取り除かねばならない。

プレイリー・ターニップの根　根菜の多くは加熱しないと消化できないが、プレイリー・ターニップの根（ブレッドルートとも呼ばれる）は生でも食べられる。

見分け方：プレイリー・ターニップは背の低いハーブなので、見かけを知らないと見落としてしまいやすい。けれど注意深く探せば、地上部分の生えている毛が立っていることや、青色か紫色の小さな花が特徴的だ。根は球根状で、掘り出してみるとターニップとカブの根に似ている。

地域：マニトバからテキサス、ロッキー山脈の山麓の丘陵地帯まで、北米中央部のグレートプレーンズ全域にある。

食べられる部分：根。土から5〜10cm下の部分。皮を剝けば、生でも、乾燥させても、加熱しても食べられる。

時期：春から初夏にかけて。花が咲いているあいだと花が落ちたすぐ後まで。

長所：カロリーが割と高く、生でも消化がよい。

短所：時期が短く、見つけにくく、土壌によっては掘り出しにくい。

ワイルドオニオン　アメリカのどんな生態系にもだいたい独自の野生種のアリウム属（ネギ）の野菜が生えている。タマネギ、ニンニク、ランプねぎ、リーキ、チャイブなどで、かたまってたくさん生えていることも多い。こうしたネギ類を見ても、ただの草だと思って素通りしていた人も多いだろう。このすべての種は食べられる。

見分け方：野生のネギ類を見分けるに

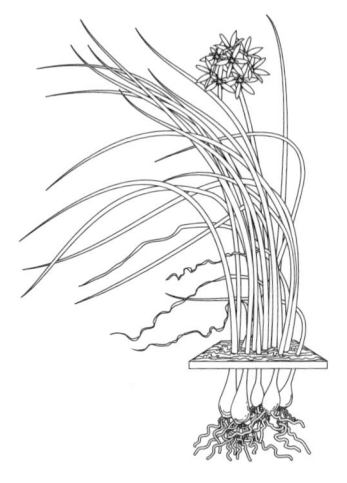

はにおいを嗅ぐのがいちばんだ。森の中を歩いていて、ふとタマネギやニンニクのようなにおいが漂ってくるのを感じることがあるだろう。とくに

何かの植物を踏んだときにそんなにおいがしたら、それはネギ類だ。ネギのようなにおいがしたら、それはネギなのだ。どの種もみな長く丸い草のような葉が球根から伸びている。

食べられる部分：新鮮な茎は春じゅう食べられる。球根は夏に葉が枯れた後も、秋まで残っている。

地域：高山、砂漠、海岸沿いまで、ネギはどんなところにでも生えている。

長所：ほぼどんなところにもある。見分けやすい（細い線のような葉とタマネギかニンニクのようなにおいで見分ける）。一年のほとんどのあいだ採れる。

短所：カロリーがそれほど高くない。消化をよくするには調理が必要。

葉

「若枝」という言葉は成長途中の若い茎のことを指す。「若葉」というのは食べられる植物の柔らかくて生えたばかりの葉の部分を指す。ヒトの内臓はまだ若くて柔らかい枝葉しか消化できない。硬くなった葉を食べようとするのはあごの力と消化器の場所の無駄遣いになる。蹄のある草食動物ですら植物の若くて柔らかい部分があれば、それしか食べない。

　若枝や葉はカロリーが低いが、サバイバル的状況にあるときは無視してはいけない。ビタミンやミネラルに関しては、すべての食物の中でもトップクラスに栄養価が高く、加熱すればとても消化がいいからだ。こうした野菜を何種類か、肉や炭水化物食品と組み合わせると、食事の栄養バランスが取れ、健康にもエネルギー確保のためにもよく、電解質を補給できるのでこむら返りや便秘も減る。サバイバル状態が長くなるにつれ、こうしたことが重要になってくる。

イラクサ　こんなにもトゲトゲした植物を口に入れるなんて、本能に反し

ていると思うかもしれないが、イラクサはじ
つはおいしくて栄養があるので、多くの採
集者が定番にしている。悪名高い棘は葉の
付け根の毛から出ているので、葉の表面を
つまみ、毛を折り込むようにして採集しなけ
ればならない。

見分け方：背の高い草で、たくさん群生し
ている。幅の広いギザギザした形の葉の付
け根の裏側には棘のある毛が生えている。

時期：イラクサは春に新しい葉が育つ。葉は真冬まで食べられる。

地域：特定の高地と乾燥した土地を除く北米全域。

食べられる部分：若い茎と若い葉。生でも食べられるが、加熱するとチク
チクしなくなるし、味も質感もアスパラガスとほうれん草の間のような感
じになる。

長所：採集しやすい。タンパク質とビタミンCとビタミンAが豊富に含ま
れている。

短所：カロリーが低い。加熱が必要。棘がある。

シロザ　シロアカザとも呼ばれる。さまざまな用
途がある植物で、北米でヨーロッパ人が到達す
る何千年も前に、植物の栽培の草創期から育て
られていると考えられている。

見分け方：背が高く、葉が多いハーブで、夏の
終わり頃には茎に種の入った小さな鞘が密集し
て並んでついている。シロザの仲間の中でもよく

知られている種の葉はカエデに似ているが、ほかの種の葉はもっと丸い。

地域：非常に寒い地域以外の全域。

食べられる部分：若枝、柔らかい葉、種

時期：葉は春と夏、種は秋から初冬。

長所：採集しやすい。タンパク質が豊富。

短所：低カロリー。種は殻を取るのに手間がかかる。

アマランサス　サバイバリストや採集者のお気に入りであるアマランサスは背が高い草で、ほぼどこにでも生えていて、数種類の用途がある。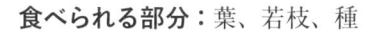

見分け方：背が高く細い草で、茎は太く、葉は薄い。枯れる前に、密集した種の塊ができる。シロザと見かけが似ている。

食べられる部分：葉、若枝、種

時期：夏は葉と若枝、秋と初冬は穀物のような種を食べることができる。

地域：非常に寒いところを除いた全域。

長所：タンパク質が豊富。たくさん集めやすい。

短所：見分けづらいことがある。葉は加熱をしないと消化が悪い。実は食べられるようにするのに手間がかかる。

マスタード（カラシナ）　マスタードの草は北米のほぼどこにでも生えていて、見分けやすい。とくにクロガラシの仲間はわかりやすい。種は秋には藪をたたき、容器に粒を落とすことで簡単に多量に集められる。

見分け方：大きく、枝分かれしている状態でよく生えている。茎は長く細

く、先端に小さな黄色い花が集まって咲いている。

食べられる部分：若葉と種

地域：北米全域

時期：春から秋、温かい地域では冬まで。

長所：長い期間採れる。ほぼどこにでも生えている。

短所：カロリーが低い。まとまった量を食べるには加熱が必要。

キノコ類

　空軍の上級サバイバルスクールの特任インストラクターが話してくれたことがあるのだが、彼がおこなっているカリキュラムではキノコのことはまったく扱わないそうだ。あまりに間違えやすく、カロリーがあまり含まれていないので、リスクを冒す価値がないというのだ。ある部分では、それはそのとおりだ。キノコに非常に詳しいか、ガイドブックがあるか、あるいはその両方でなければ、野生のキノコはよい食材になるどころか、食べればお腹を壊す可能性がとても高い（もっと酷いめに遭うこともある）。とはいえ、我々は長年アメリカの森の中や川や海の周りをうろついているうちに、ひときわおいしくて、見分けやすくて、どこでも手に入れやすい、お気に入りのキノコを見つけた。その10種類ぐらいのキノコを知っておくと、何か特別なときのごちそうにできるし、士気を上げるのにも、状況が最悪なときに簡単に作れる食事にも使える。このリストをよく知っておけば、菌学の初歩のよい勉強になるし、そこからさらなる研究や実験に広げていくこともできる。

　キノコのほとんどは加熱して食べるべきで、生で食べられるものは少ない。しかし、いい知らせがある。どんな形で加熱しても大丈夫なのだ。使

える道具や調理器具によって、フライパンでソテーしても、鍋でゆでても、とがらせた木の棒に刺して火で直接焼いてもいい。それまで食べていたものに添えるとすごくいいし、ほかのものと一緒に調理してもだいたい大丈夫だ。

　ベテランのキノコ採りと大胆なキノコ採りはいるが、ベテランで大胆なキノコ採りはいないという古い格言がある。142ページでセアーが言っている見分け方のルールを忘れずに、正体がわからないものは決して、絶対に食べてはいけない。

アミガサタケ　自然界にこれほど奇妙な見か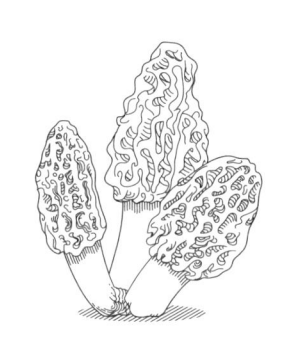けのキノコは他にないだろう。しかしアミガサタケは我々のお気に入りだ。そしてアミガサダケファンは私たちだけではない。アミガサダケはとてもおいしいが、栽培が非常に難しいので、野生のキノコの中でもっとも市場価格が高い種だ。キノコ学の手始めとしては最適であり、アミガサタケのせいでこれまでにたくさんの七面鳥ハンターがキノコハンターに転向した。

見分け方：よく脳みそのようにしわや溝があると表現される、洋なし型のキノコで、ジュースの缶ぐらいの大きさに育つものもあるが、多くはゴルフボールぐらいの大きさだ。種や環境によって色は黄色、金色、茶色、黒色とさまざまに異なる。周囲に似た色になっていることが多く、そのせいで最初は見つけにくい。

地域：極端に乾燥した土地を除く北米全域。とくに低地のハコヤナギが生えている場所や山火事で焼けた後などによく生えている。

時期：低地では春、高地では夏。地域によって異なる。

長所：非常においしく、よく多量に群生していて、見つけやすい。

短所：時期が短い。表面に周囲の培養基が集まるようになっているので、洗わないと砂やすすのようなものが付着している。本物のアミガサタケと似た偽物があり、そちらのほうは押しつぶされたようなずんぐりした形をしている。偽物を食べても死ぬことはないが、具合が悪くなる。

ヒラタケ よく市販されているので、なじみがある人が多いだろう。キノコの中でももっとも肉がきれいだ。

見分け方：色は白色から薄い黄褐色あるいは灰色。段状にかたまって生えている。通常は木や枯れた木の横に生えている。場所は水の近くであることが多い。てっぺんが平らで、端は丸く、背は低く、茎はややじょうご型で襞（ひだ）がある。

地域：アメリカ中西部と東部とカナダの大半の場所にある。

時期：春と秋。雨のすぐ後に生えてくることが多い。

長所：非常に見分けやすい。わかりやすい場所に生えていて、時期が長い。すべての部分が食べられる。

短所：突然生えるので、いつ生えるか予測しにくい点しか短所はない。

ヤマドリタケ 大きくて肉厚のキノコ。栽培種ポルチーニとしても有名。食べごたえがあるので、サバイバル的状況では、天から授かったようにありがたい。

見分け方：自然のなかで見つけられる木のこの中でも最大のものかもしれない。幅広で肉厚。茶色か赤みがかったかさは直径30cm以上にも達することがある。軸も太く、下部がふくれていることもあり、色は白色か灰色だ。触るとしっとりしていることが多い。

地域：北米に広く分布している。高地により多く、ヘムロックやオークの木の下に生えていることがもっとも多い。

時期：夏と秋。

長所：密生して生えている場合もある。一本だけで生えているものは食事のメインになるほど大きいことが多い。見分けやすい。

短所：ヤマドリタケは虫の巣になっていることが多い。虫が内側に潜り込んでいて、食べられなくすることでキノコにお返しをしている。

ホウキタケ（コーラル・マッシュルーム）　名前が示すとおり、熱帯の海の中に育つ珊瑚（コーラル）に見かけが似たキノコで、多数の塊茎が垂直に生え、枝分かれしているがひとつの基部から伸びている。

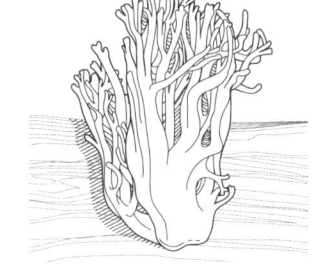

見分け方：見ためがカリフラワーに似ていると言う人もいる。鮮やかな色のものは避けよう。白色、ベージュ、黄色のフサヒメホウキタケだけが食用にできる。

地域：北米のほぼ全域。

時期：初夏から秋。

長所：調理しやすい。森の中で目立つ。

短所：注意して採集すること。似たような見かけだが有毒な種が多数ある。

ホコリタケ　大型で丸い、白色のキノコ。
森で出会うなかでもっとも見分けやすい種
だろう。野球のボールサイズからバレーボー
ルサイズまでさまざまな大きさのものが
ある。

見分け方：大きくて丸い。色は通常白色
だが、淡い褐色のものもある。表面は通常すべすべしているか、薄いうろ
こ状になっている。切ってみると内側はすべて真っ白な肉だけでできてい
る。肉の色が黄色がかった茶色あるいは紫色になっている場合は熟しすぎ
ていて、食用に適さない。似たような見かけの、食べられないキノコがあ
り、軸が傘の真ん中に向かって伸びているから、軸が傘の縁につながって
いるホコリタケとはちがう。

地域：北米全域

時期：春と夏。

長所：見つけやすい。タンパク質を多く含む。開けた土地に育つことが多
いので、遠くからも見つけやすい。

短所：なし

ササクレヒトヨタケ　もっとも見分けやすく、簡単に見つけられるキノコ
のひとつ。街の中にも生えているので見たことのある人が多い。

見分け方：背が高く、縦長で、ベルのような形をしていることも多い。側
面に花がついていたりや上向きにカールしたうろこが生えていたりする。
全体が白色か、やや褐色がかっている。真っ黒なものは採らないこと。無臭。

地域：どこにでも

時期：ササクレヒトヨタケは大雨の後に生えてくる。気温が10℃以上なら一年じゅう生えている。

長所：目立つ場所に生える。とくに獣道のような踏み荒らされた土壌に生える。生育期間が長く、食用になる野生のキノコの中ではもっとも長いかもしれない。雨の後に生えるので、いつ生えるか予想しやすい。

短所：生育期間は長いが、保存できる期間は短い。成熟するとすぐにみずから分解しはじめ、まるで溶けているように見える。そうなったら食べてはいけない。

アンズタケ　この色鮮やかでおいしいキノコは各大陸のキノコオタクたちのお気に入りだ。

見分け方：オレンジ色のものが多いが、黄色や褐色や赤色のものもある。トランペット型をしていて、傘の縁はギザギザしている。あんずのような、フルーティな香りがする。

地域：どこでも

時期：夏から秋。

長所：生育期間が比較的長い。見つけやすく、肉はどの部分のものも食べられる。

短所：ヒダハタケ科の有毒なキノコと間違えられることがある。アンズタケには傘の裏側に見せかけだけの浅い襞があり、溶けているかしわしわになっているように見える。ヒダハタケ科やにせアンズタケは本物の襞があり、傘が丸く、波打っていない。

マイタケ よく狩猟シーズンに生えていて
くれるとてもありがたいキノコであり、キノ
コハンターにも普通のハンターにもとても好
まれている。

見分け方：茶色、褐色、灰色の扇形の柔ら
かい傘が重なり合うように塊になっている。
通常は木や木の切り株の周りに生えている。
堅木の森でもっともよく見られるキノコだ。

地域：北米の温帯の地域。

時期：夏の終わりから秋にかけて。

長所：大きな塊になって生えているので、食べごたえがある。ほかのキノ
コよりも秋の遅い時期まである。

短所：成熟後は食べられる期間が短い。マイタケは日が経つと硬くなり、
食べられなくなる。

ナラタケ 野生のキノコの中でも
もっとも味がよいと多くの人が言
うキノコだが、その香りと消化の
良さについてはみなの意見が分
かれるところだ。食べた後に消化
器系に苦痛を感じる人もいる。

見分け方：長い茎が集まって生えていて、傘は丸く、灰色がかったピンク
色、黄色、茶色のものがある。木や枯れ木のまわりに密集している。

地域：どこでも

時期：真夏から晩秋。

長所：成育期が長い。食べ物として良質。

短所：軽く中毒症状が出る場合もある。生では絶対に食べないほうがいい。「アンズタケ」の項で述べた毒のあるジャック・オー・ランタンに似た見かけのものもある。

シバフタケ　英名を「妖精の輪のキノコ」(fairy ring mushrooms) というが、名前の由来は見ればわかる (fairy ring mushrooms)。通常、少し変わった形の平たい直径6mぐ

らいの円を描いてたくさん生えているので、まるでおとぎの世界のものが現れたように見えるのだ。

見分け方　それぞれのキノコは小さな塊を作り、それがさらに大きな円を形作っている。傘は平らなベル型で、茶色、褐色、黄色、あるいは白色で、下側にはっきりとした襞がある。茎は長く、細い。

地域　どこでも

時期　春から夏。

長所　平地の草に覆われた土壌や低木地帯など、開けた場所に生えていることが多いので、見つけやすい。

短所　あまり特徴がなく、見分けにくいキノコ数種類と見かけが非常によく似ている。都市部では群生していることが多い。

アイカワタケ　特徴がはっきりとしていて、見分けやすい。名前の由来は雄鶏の鮮やかな色と似ているからだ。しかし、じつは味も鶏肉に似ている。

見分け方：派手な色のキノコは食べてはいけないというルールの例外。こ

のキノコはオレンジ色か黄色と派手だが、見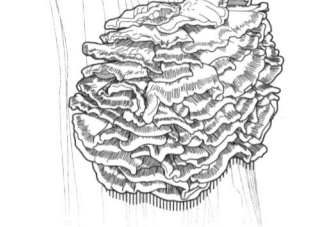
た目のとおりにおいしい。木の幹の側面にし
わのある扇を重ねたような形で生えている。
傘は切れ込みが入っていたり、波打っていた
りすることが多い。

地域：木が生えているところならどこでも。

時期：晩春から初秋まで。

長所：見つけやすく、非常においしい。大きな塊になって生えている。見
分けやすい。似ているキノコがない。

短所：齧歯類の巣になっていることがよくある。その場合、塊すべてが食
べられなくなっていることが多い。

アミヒラタケ　（ドリュアス〔ギリシア・ローマ神話の木
の精〕の鞍・キジの背中・タカの翼などとも呼ばれる）たくさ
んの名前があるのは、広く分布しているから
だ。熱心な採集者にも無視されることが多
く、もったいない。

見分け方：名前が示すとおりに、上から見
ると褐色で、羽のような形をしていて、雌の
キジのように見える。傘は大型で厚みがあり、色は茶色。扇形か平たい形
であることが多く、下側の表面は白色から黄色がかった色をしている。木
の上のみに生える。枯れたエルムの木にもっともよく生えている。アミガ
サタケと同じ環境に生える。

地域：中西部からアパラチア地方、カナダ南部、ロッキー山脈の山麓の
丘陵地帯まで。

時期：春と夏。

長所：大きな塊になって生えている。味がよく見分けやすい。

短所：生えている期間が短い。しっとりした感触のものは熟している。乾燥していたら、食べないこと。茎は食べられないことが多い。

昆虫と無脊椎動物

　気味の悪い這い回る虫を食べることは現代の北米ではあまりおこなわれていないが、世界に目を向ければ、我々のほうが例外かもしれない。アジア、アフリカ、南米、それにヨーロッパでも、昆虫食は何千年も前から普通の食事だった。そして現実のサバイバル的状況において、昆虫は手に入るなかでもっともいい食料かもしれない。わりと楽にたくさん入手できるし、炭水化物、脂肪、タンパク質がちょうどよく含まれているからだ。

　経験から言って、毛虫やハチのような毛むくじゃらな見かけの虫は食べないほうがいい。鮮やかな色の虫や強いにおいを出す虫や、開けた場所でまったく警戒心を見せていない虫にも注意するべきだ。毒がなかったとしても有害である可能性が高いからだ。バッタ、セミ、トンボはみな食べて大丈夫だし、朝、気温が低い時間なら簡単に捕まえられる。日の光に当たって身体が温まるとなかなか捕まえられなくなる。アリはほとんどの種類が食べられる。ただし味は酸っぱい。アリやシロアリ、ほかにもたくさんの虫とその幼虫などは食べられるし、石や丸太をひっくり返してみると見つかる。そのときにゴキブリや蛾、それに地虫などの食べられる生き物も見逃してはならない。水中の石をひっくり返してみるのもいい。カワゲラやイトトンボのヤゴやトビゲラの幼虫イサゴムシ、ヒルのようなちょっとした食料が見つかるかもしれない。ヨコエビやワラジムシだっていい。水

生の飛べる虫の成体も食べられる。水の近くで飛んでいたり、植物や石に
とまっているところを見つけるといい。長さ5cmのサーモンフライ〔オオヤマ
カワゲラ〕の成体はカロリーの塊みたいなものだ。小さな虫や捕まえるのが難
しい虫は、2本の棒の間にシャツやバンダナを張って急ごしらえの網のよ
うにして捕まえるといい。

　生のまま、あるいは生きたまま食べられる虫はたくさんいるが、繊細な
人には向かない。焼いたり、ゆでたりしてから食べたほうがつらくないだ
ろう。加熱することで悪いバクテリアや寄生生物を殺すこともできる。ひ
とつかみの虫を口に入れる前に突起や針や刺さりやすい脚を取りのぞいて
おこう。バッタやセミなどの虫を食べるときには頭をねじり取る人も多い。
こうすると内臓も取れるのだ。

魚介類

　シーフードレストランで小皿が40ドルもするカキやカニの特別料理を
見たことがある人は、何も言わなくても、魚介類がとてもおいしいものだ
ということはわかっているだろう。こうした魚介類は、タイミングによっ
ては捕まえるのはそれほど困難ではない。海水や汽水性の水場には、非
常に多様な魚介類が生息している。淡水ではそこまで魅力的な選択肢は
多くないものの、それでも捕まえるチャンスはたくさんある。

ザリガニ

　ザリガニ (crayfish) はクローダッドやマッドバグとも呼ばれ、アメリカのア
ラスカ以外の州からカナダの奥深くまで広く分布している。さまざまな種
類がいるがみな食べられるし、味も見かけも小さなロブスターのようだ。

30gの肉を得るにはかなり大きな個体を捕まえねばならないが、ザリガニが1匹いたら、そこにはさらに何匹もいる可能性が高い。しゃがみ込み、水の流れに沿って水際をゆっくりと移動しながら、あのハサミのある間違えようのない姿を探して目をこらす。ザリガニがかくれていそうな水際の石や丸太をひっくり返す。ザリガニは尾をさっと動かして後ろ向きに驚くほどのスピードで逃げる。けれど、だいたいはそれほど遠くに逃げるわけではないので、カエルのような動きでぴょんと跳んで捕まえると失敗しないことが多い。とくに夜はライトを使うと、ザリガニが隠れ場所から出てくることも多く、手づかみで捕まえてもうまくいく。

　手づかみ以外にもいい方法はいくつかある。細い枝つきの竹などの棒に糸か釣り糸を結びつけ、その先に何か餌をつける。魚やカエルの内臓だとか、どんな肉でもいい。この餌を目の前に垂らしてやると、ザリガニはがっしりとつかんで放さない。そこを引き上げて、バケツや手の中に捕らえることができる（ハサミで攻撃されて怪我をするかもしれないが、それほど深い傷にはならない。ザリガニのハサミのすぐ後ろを強くつかむと、はさまれる危険が減る）。もうひとつ、簡単なやり方がある。魚の頭か内臓を浅瀬の石の下に置いて、その場を離れ、ときどき様子を見にもどってきて、餌に引き寄せられたザリガニを捕まえるのだ。

　餌さえあれば、大きなバケツや樽やゴミ箱など、なんでもザリガニの罠に使える。バケツの底から15〜20cmほどの高さのところにドリルか錐で直径4cmほどの穴を開ける。谷や湖や池や川など、ザリガニが棲んでいる場所の泥や砂利の中にバケツを沈め、先ほど開けた穴が水底の高さに来るようにする。バケツの中に餌を入れ、石などの重しをして、流れていかないようにする。ザリガニは穴から入ってきてバケツの底に沈むと、もう出られない。

　ザリガニの調理法は、昔ながらに丸ごとゆでて、尾から肉身を抜き出し、

頭から内臓を吸うやり方が人気だ。大型のザリガニはハサミの肉身も食べられる。火の隣に置いて熱した石に載せて蒸し焼きにし、殻の内側まで火を通してもいい。あるいは焚き火から燃えた丸太を取ってきて寝かし、煙が出ている表面にザリガニを載せて焼いてもいい。火を熾せないときは生で食べてもいいが、特定の地域ではまれに寄生生物である吸虫を一緒に食べてしまうリスクがある。

カニ

　南の熱帯地域をのぞけば、アメリカには淡水に棲むカニはいない。しかし河口や沿岸の水場にはたくさんいる。北西部のアメリカイチョウガニからカリフォルニア州のイチョウガニ、フロリダのストーンクラブから北東部のワタリガニまで、沿岸部ならどこにでもおいしい甲殻類がいる。甲殻類は捕まえやすいし、燃やした流木に載せれば殻の中でおいしく蒸し焼きにできる。

　カニの種類の多くは潮間帯という、潮の満ち引きの影響を受ける場所に棲んでいるから、干潮のときには捕まえやすい。海岸の高い位置にある石や潮だまりにも小さなカニが集まっていることが多いが、食べるところはあまりないか、全然ない。食べるのに向いている大きさのカニは、少なくとも北米では、引き潮のあいだも水の中に留まっていることが多いが、非常に浅い水域にいることもある。こうしたカニを捕まえるには、アマモやコンブが生えた水底をとてもゆっくり歩きながら、何か赤色かオレンジ色か青色のもの、あるいは光沢のある黒色のものがちらりとでも見えないか、目を見開いて探す。カニは水の中では非常に素早く動くので、なるべく静かに、一瞬で捕まえたい。見つけたら甲らの上から水底に押さえつけて捕まえること。後ろの脚2本をつかみ、指をハサミから遠ざけておくこと（指を

失いたくなかったらね）。

　北米のカニは、赤潮など毒のある藻が生えている場所でなければ生で食べても大丈夫なことが多い。しかし、おそらくもっとも調理が簡単な生き物の一種なので、火を使えるなら火を通そう。一食分になるほどのカニを手に入れたら、甲らの前部中央を素早く一打ちして息の根を止めよう。火を熾し、薪を一本、炎のすぐ外側に置く。丸のままのカニを薪の上に載せて、火が直接当たらない状態で加熱し、身が外殻の中で蒸し焼きになるようにする。甲羅の色が変わり、触ると熱くなっていたら丸太から下ろす。しばらく置いて冷ましてから、上部の甲らを取りのぞき、両側の脚を持って（片手に4本ずつ脚を持つ）、ねじって縦ふたつに分解する。鰓と甲羅を捨てたら、いよいよ肉身を取り出そう。脚やハサミに詰まっている。手で脚を割って中身を指でほじくり出そうとする人が多いが、アメリカイチョウガニのように大きな個体は石で叩かないとなかなか開けられない。

二枚貝による麻痺性の中毒

　残念ながら、二枚貝、ムール貝、カキ、ホタテガイ、ナマコ、カニなどほぼすべての魚介類には神経毒性のバクテリアが棲んでいる。だからどれだけ加熱調理したとしても食中毒になったり、そこから死に至ったりする可能性をゼロにはできない。麻痺性の貝毒、つまりPSPは海藻の花が咲くとき自然に作られる。貝類はその海藻を食べて、その肉身に危険な生体毒素を生成するようになるのだ。

　PSPは赤潮——ねばねばした海藻の花で海岸沿いに分厚く発生

することがある——と関連していることが多いが、このふたつは別の現象だ。本物の赤潮ではPSPが発生するが、似たような海藻の花では発生しないというのは本当だ。そして目に見える形で海藻の花がなくても、PSPは存在しているかもしれない。古くからの知恵では、二枚貝は名前にRがつく月にしか食べてはならないといわれている。これはPSPが5月(May)、6月(June)、7月(July)、8月(August)という気温が高い時期に多く発生するからだ。しかし実際のところ、一年じゅうどんな時期でも発生する可能性はある。多くの地域では二枚貝の潮干狩りをする際に、その場所の貝が安全かどうかを確認できるサイトやホットラインがある。そういう情報がない場合には、二枚貝の毒による危険の可能性があることを忘れてはならない。PSPの症状は食後すぐに舌や唇がちくちくし、それが顔、首、手足の指に広がる。曝露の程度によって症状の重さは異なり、とくに重症の場合は呼吸不全に陥ることもある。検査なしにその貝が安全であるかを調べる方法について、我々もいろいろ見聞きしたことはある。二枚貝を食べる前に貝の肉身を唇にこすりつけて、症状が出ないかどうかを調べている人たちを見たこともある。または、まずはひとつの貝のごく少量を食べてみて、1時間ほど待って、症状が出なかったら残りを食べるというやり方もある。事の深刻さを考えると、どちらも不完全な対処法だし、絶対確実な方法ではない。近い将来に安価で信頼できて、簡単に携帯できるPSP検査キットが開発されることを願うしかない。それまでは慎重さと自制心を持ちつづけるほかないだろう。

小エビ

　レストランで出てくるような大きなエビは養殖物か、深い海で獲れたものだ。近海のエビはだいたい小型だが、スナモグリやヨコエビなどは捕える労力に見合うだけの大きさがある。エビの目は光を反射するので、夜、浅い水中をフラッシュライトで照らすと見つけられる。玉網ですくうか、Tシャツの布などに水が通りやすいように小さな穴をいくつも空けたものを枠に張って自作の網を作り捕まえる。小エビは生で食べられる。肉身の大部分は尾にある。小型のエビは火の上か、くすぶっている薪の上で焼き、殻ごと食べても大丈夫だ。

魚介類

　世界には8万5000種以上の魚介類、つまり腹足類（アワビやサザエ、ウミウシなど）、頭足類（タコ、イカなど）、二枚貝（ホタテガイ、カキ、ムール貝など）などがいる。魚介類はサバイバル時の食料として、最初には思い浮かばないかもしれないが、それではいけない。自然のなかで採れる食物としての二枚貝の重要性を理解するには、沿岸で発見されたネイティブアメリカンの貝塚の大きさを見るといい。考古学の専門家によると、この古代のゴミ捨て場に何世紀分もの二枚貝が捨てられているおかげで、古代の料理法から季節に応じた利用法、村の規模までがわかったという。メイン州の沿岸には後世まで残るほどの大きさの貝塚が二千ほどあると推測されている。非常に大規模なものはヨーロッパ人によって発掘され、貝殻は石灰の原料に使われた。非常に大量のクラムだ。

　二枚貝が世界じゅうの人たちに人気であることがその有益さの証明だ。まず見つけやすいし、調理しやすくて、なによりも貝は逃げない。さらに貝は魚を獲るときのいい餌になる。北米の沿岸の大半にはクラム、カキ、

ムール貝の仲間が棲んでいる。水面より上の石から深さ1〜2mの水中まで、いたるところにいる。ぱっと見えるところにいる場合もあるし、姿は見えなくても、そこにいることがわかる手掛かりがある。第一に空の殻だ。これは他の生物が貝をありがたくいただいたという明白な証拠だ。水面に水が吹き上がるのが見えたら、それは水の中にクラムの棲処があることを示している。クラムは砂を排出したり、捕食者から身を守ったりするために水中から小さなジェットを噴射することがよくあるのだ。水が噴き出す瞬間を見ていなかったとしても、平らな砂浜の海岸なら水面に広がる波紋で場所を見つけることができるだろう。もし、ここまでのすべてが見つからなかったとしても、高潮のときには海水下となる場所で、きれいに見える砂か小さな岩、小石の下を掘ってみるか、あるいは地面を蹴ってみるといい。結果にはきっと驚くだろう。

カキはもっとずっと見つけやすい。一カ所に密集していることが多く、岩の上やマングローブの根元や他のカキの殻の上などにびっしりと付いている。あちこちにカキがひとつずつ散らばっているのを見つけたら、近くにごちそうの山がある可能性が高い。

ムール貝は通常カキより小型だが、こちらも十分に価値がある。黒色と青色、あるいは紫色の細長い二枚貝で、石でも木でもロープでも海藻でも、手近なものに何にでもくっついている。大型のものは肉身がたくさんあるが、小型のものでも大量に採れれば十分に食事となる。ムール貝をはじめて採集した人は、その砂っぽさに驚くことが多い。砂を取りのぞくにはメッシュの袋か穴を開けた容器に入れ、きれいな海水に浸る状態で置いておき、砂抜きをする。

クラム、カキ、ムール貝は海産物を食べる地域ではどこでも食用にされていて、生で食べることも加熱して食べることもあるが、一般的には加熱

したほうがいい。これらのおいしい貝は、ナイフの刃かとがった石などを、殻をつなぐ蝶番の部分に差し込んで開けることができる。そうしても開かなかったら、貝殻の反対側の縁に差し込めるところはないかを探し、テコの原理でこじ開ける。火を熾せるなら、ぜひ加熱してほしい。二枚貝を火の近くに置いて、殻が開くまで蒸し焼きにしても、鍋でゆでてもいい。こうして調理することでさらに食欲をそそるようになるだろうし、消化もよくなり、バクテリアや寄生生物がいても殺すことができる。

　淡水のクラムとムール貝は数種いるが、どちらもあまり肉身がないし、栄養価も低い。もしも格別に大きなクラムの群れを見つけたら、数個採って調理してみるのはいいが、そのことにあまりエネルギーを費やしすぎないほうがいい。

　貝類とは関係ないが、ナマコやウニなどの棘皮動物も二枚貝と同じ環境にいることが多い。どちらも外側がトゲトゲしてるが、その棘は中にあるおいしい肉を守っているのだ。ナイフなど、殻を開けられる道具を持っていたら、この宇宙生物みたいな見かけの生物たちを見逃さないように。

魚

　典型的な山男の映画『大いなる勇者』を観たことがある人は、ロバート・レッドフォード演じる主人公ジェレマイア・ジョンソンが凍りかけた峡谷で激しく水を跳ねさせながら必死にマスを追い回すシーンを覚えているかもしれない。彼は不意に、馬に乗ったネイティブアメリカンの姿に気づき驚く。そのネイティブアメリカンはまったく濡れておらず、温かそうな格好で、何匹ものマスを数珠つなぎにしたロープを投げてくる。魚を捕らえるのは想像以上に大変だ、ということだ。NASAが開発した新素材の釣

り具を使っても容易くはないし、それがなければもっと大仕事だ。こう書くとやる気をなくしてしまうかもしれないが、あきらめないでほしい。我々は幸運にもネイティブアメリカンの人たちと南米を旅した経験がある。彼らは必要なタンパク質のほとんどを淡水魚から摂取しているのだが、その魚を獲るのに近代的な手段などまったく使っていないのだ。彼らは魚をお手製の弓矢や手編みの網を使って獲り、延縄を仕掛け、ジャングルの植物から採った毒を使って捕まえる。こうしたやり方は何千年ものあいだに研ぎ澄まされながら受け継がれてきたものだ。魚を獲るためにどれだけ創意工夫と適応力が活かせるかを彼らは身をもっていまも示している。

COLUMN

基本釣りキットを作ろう

　あなたが第二次大戦中の海軍パイロットだったら、白いバックテールジグのルアーと釣り糸をサバイバルキットに入れて身につけていただろう。このことはいつも私を悩ませている。水中でゆらゆら、ひらひらとなびくゴム製のバックテールがついたジグの使い道の多さに異論はない。結局、これさえあれば泳ぐタイプの魚ならほぼどんな種類でも釣れる。けれど私は、このジグがバラクーダから一撃を喰らったらどうなるのかも目撃したことがある。撃墜された飛行機から脱出後、幸運にも環礁までたどり着くことができたパイロットのことを想像してみよう。飢えと闘う唯一の手段であるルアーについた房のようなバックテールは、たった1回獰猛な魚にバイトされただけであっという間になくなってしまうだろう。私だったら、バックテールジグではなく、金属片にフックを取りつけ

たシンプルなルアー「スプーン」を脱出時用の携行バッグに入れて
おく。

　世界のどこでも、海水でも、淡水でも、自分より小さい魚を食
べるタイプの魚が棲んでいるところなら、彼らはこのスプーンに食
いついてくる。使いつづけているとスプーンは傷だらけになり、欠
けたり、穴が開いたりしてしまうかもしれないが、まったく使えな
い状態にはなかなかならない。プラスティックのように壊れたり、
外れたりする部分がないし、柔らかいゴム製のテールもない。私
の防水バッグには、大学生のときから歴戦の傷を負いつづけた金
属製スプーンがいまでも入っている。

　スプーンにはさまざまなサイズと形があるが、主なふたつのタイ
プを知っておけばいい。ダーデブルのような軽量のウォブリングス
プーンを常に持っていこう。色が塗ってあるものは避けよう。プレー
ンなシルバーやゴールドのものがいい。暖かい時期には、ライン
を同じペースで巻きつづけると魚がかかる。水温が低くなるにつれ
て、リトリーブするスピードを遅くして、水中でルアーを上下に浮
き沈みさせる。さらに水温が下がったら、スプーンを川の水面や
湖の底に横たわっているように見せかけ、ときどきわずかにアクシ
ョンをつけて、跳び上がらせたりしよう。凍っている場所では、氷
を砕いて穴を開け、スプーンを垂直に動かそう。ホプキンスのノー
イコールのような重いスラブスプーン（鉄や鉛製のジギングタイプ）はとて
も汎用性があるので、キットに入れておくべきだ。遠くへキャスト
しなければならないときには非常に便利だし、水深が6mを超える
ような場所では必携だ。切羽詰まったピンチの際は、釣り餌を沈
めるためのおもりとして使うこともできる。

20kg級の大型サケしかいない海や川の近くでサバイバルすることになった場合以外は、3500番サイズのリールでドラッグさえちゃんと調整すれば、ほとんどの魚が釣れる。食べるために釣っているのであって、釣り糸の太さ別釣果競争ではないことを忘れずに、小さいマスや小型魚を主に狙う場合でも10lbから12lbの太めのフロロカーボンラインを使おう。フロロカーボンは傷がつきにくくて感度もよく、また魚からは見えづらい。ブレイデッドライン〔強度の強いPEラインをさらに複数本編み上げた糸〕はそれよりもずっと丈夫だが、摩耗性があるためリトリーブするとき障害物などに接触すると切れやすいなどのデメリットがある。フロロカーボンラインを使ったほうが安全だ。編み糸だと指を切ってしまう危険もあり、そうなれば食料調達以前の大きな問題になってしまう。

4本に分解できて携帯しやすいスピニングロッドはさまざまな価格帯でたくさんの市販品がある。なかには先端部分が2種類ついているものもある。たいていはヘビーアクション用とミディアムアクション用だ。操作性を変えられるのもすばらしいが、いま考えているサバイバルという状況では、先端部分が2本あるということは、1本は貴重な予備にできるということでありがたい。

スプーンで釣れなかったときや、いい生き餌が手に入るときなどのために、エサ針を持っていくのも賢いやり方だ。その場所や狙う魚の種類によって、適切な針サイズは異なるが、店にあるもっとも安い針セットを買うのはやめよう。バーゲン品の釣り針はたいてい低品質のステンレスで作られていて、錆びやすく、曲がりやすく、ケアをちゃんとしないと先端の鋭さがすぐ落ちてしまう。がまかつやオーナーばりなどのメーカーの針は高炭素ステンレスでできて

いて、曲がらず、その鋭い針先はかなり酷使してもなまらない。最後に、たくさんおもりを持っていくことはできるが、おもりを使うにはそのための小物類収納ケースも持っていかねばならない。いろいろなサイズのスプリットショットシンカー（ガン玉）が入ったパックを持っていくほうが簡単だ。釣り針より上のラインに直接、必要なぶんだけ挟みつけるだけでいいし、あとで取り外せるタイプを買えば（そうすべきだ）、外すためにマルチツールを探し出す手間もいらない。神が人間に歯をあたえたのは、スプリットショットシンカーを足したり、減らしたりするためでもある。市販のガン玉がなかったら、木の実でもボルトでもワッシャーでも何でもいいから、何かあり合わせのもので代用して、餌を沈ませよう。

ジョー・セルメーレ（『ミートイーター』の釣り関連の主任編集者であり、「フィールド＆ストリーム」「アウトドアライフ」誌の釣り部門編集者）

生き餌での釣り仕掛け3種

ドロップショットリグ
（中通しオモリ仕掛け）

スティックボパーリグ
（棒ウキ仕掛け）

ドロッパーリグ
（胴付き仕掛け）

ドロップショットリグ（左上）は川や湖の底にじかに餌を置くことができる。ドロッパーリグ（右）に複数の針をつけると、いくつか異なる深さに餌を仕掛けることができて、夕食が釣れる可能性が上がる。浅いところで釣るときや水面近くで餌を食べる魚を狙うときは、棒ウキ（左下）を使うと餌が水中に浮かぶので当たりを取りやすくなる。

魚を探す

　水の中に魚がいるのが岸からよく見えることもある。そうでないことのほうが多いが。けれど姿が見えないからといって、いないとはかぎらない。何に気をつけて探せばいいかを知り、よく注意を払えば、さまざまな目や耳から入るヒントによって釣りのチャンスを大きく広げることができる。

　水面が乱れていたら、そこには魚あるいはカエルやカメなどの食用にな

る生き物がいる可能性がある。多く種類の魚、とくにマスや小型の魚は水面に頻繁に上がってきて虫などを捕食する。その勢いが激しくて、離れているところからでも音が聞こえることもあるし、水面の少し下に、見える見えないかぐらいのさざなみや渦が起こるだけのこともある。

　水面をにらみながらクマのように腹這いになってみると、突然波や波紋が起こったり、泥が吹き上がったりしているのが見えるだろう。これはこちらが見つける前に危険を察知した魚が逃げていくとき起こった動きだ。これを見てもがっかりしてはいけない。目撃した場所と特徴を記録しておき、同じような現象を後で探してみるといい。その環境に魚がいたとしたら、近くの同じような場所にもいるはずだからだ。

　川床の砂利や湖底の泥が丸くきれいにぬぐわれたようになっているところを探そう。この場所で魚が産卵していることを示しているものだから、近くに魚がいる可能性は高い。岸に散らばった魚の骨や内臓は獣や鳥などの捕食者が残していったものであり、やはりこの場所に魚がいるという明らかなサインだ。

　魚がいるという手掛かりが見当たらなくても、そこが一年じゅう水量が安定している水源である場合は、常に生物が棲んでいると考えていいだろう。ほかのどこよりも魚が集まる場所や水場というのがある。こうした場所を岸や水が引いたときに水深が浅くなる場所に見つけられるといちばんいい。ボートがあると話は変わるかもしれないが、ボートを使う釣り師たちもけっきょく岸に近いところで釣っていることが多い。

　魚がいることを示す3つの条件を挙げておこう。

● **水深**：比較的直線的な岸に沿ったいちばん深いところには、魚がたくさんいることが多い。水深がわからないときは、隣接する陸地を見よう。湖

畔の斜面の傾斜がそのまま水中まで続いている可能性が高い。

- **構造**：川に木が倒れ込んでいたり、湖の縁にある捨て石（岩や巨石）があるところは、いい狙い目だ。藻の生えた川底や水に浮かぶ大きな睡蓮の葉、岸壁、木や植物が垂れ下がっているところも、魚がかくれたり、獲物を待ち伏せしたりするのに適した場所だ。

- **合流点**：ふたつの流れが合流する周辺は、地道に魚を釣るのに向いている。川の支流が湖に流れ込むところでも、ふたつの小川が合流するところでも、さらには湖にむかって開いている入り江でも、合流点はだいたい周囲の他の場所よりも良い釣り場。魚はより冷たく、よりきれいな水を探すため、また産卵のために遡上したり、待ち伏せして獲物を捕まえる機会を得るために、自然の隘路（あいろ）を探しているのだ。

氷穴釣り

　冬、水面が凍りついた池や湖を見ても、魚を釣って食べるのは無理とはじめからあきらめないでほしい。氷の上からでは水深を見積もるのも魚影を見つけるのも難しいから、まずは入り江や半島状のところに狙いを定めよう。ポイントを決めたら、手斧で氷に穴を開け、ベーシック・サバイバルキットに入っている道具を使って夕食を獲るのだ。スプーンをゆっくりと上下しながらアクションをつけたり、タナ（深さ）を少しずつ変えながら餌を入れる。最初はいちばん深いところに沈め、魚が食いついてくるまでゆっくり巻き上げていく。忘れないでほしいのは、氷の上にいる以上、リスクがあるということだ。436ページの手順に従って、まずは乗っても危険がないか、氷の厚さを確認すること。

法や規則の遵守

　法律上、行き当たりばったりに動物を殺したり、魚を獲ったりすることは許されない。野生の魚や動物で食料を調達するつもりでいるならば、州や連邦の保護動物に関する狩猟規制や必要な免許や猟期や捕獲量の規制や武器の規制や釣りの方法を定めた規則に従わねばならない。こうした細目は魚類鳥獣保護局のWebサイトや規制についてのパンフレットに載っている。魚や動物を違法に捕獲することは密漁を禁止する法律に触れ、罰金や収監などの罰を科せられる。だから故意にこうした法律や規則を犯すのは絶対によくない。もちろん、深刻なサバイバル状態のときには猟区監督官にチケットを切られることを心配してはいられないかもしれない。実際、遭難して飢えているときに猟区監督官にばったり出くわしたら、これ以上ないほどうれしいことだろう。

装備なしで釣りをする

　魚が大きければ、それだけ捕まえるハードルも上がる。だからこそ釣りにまつわる多くの隠喩が生まれたのだ。サバイバル中の状況では、釣った魚の大きさばかりを気にするのではなく、実際に食べられる量が問題になってくる。ミノー〔ハヤやニゴイといった小魚の総称〕、シャッド、ニシン、メンハーデン、エールワイフ、ユーラカン、キュウリウオなどは小さな魚だが、いっぺんにたくさん獲れて、一食分以上おいしい魚を堪能させてもらえやすい。浅い流れや池が主な釣り場だ。水が澄んでいると釣りやすい。ここ

でもまた、どんな可能性も試してみるクマのような考え方をすることだ。水の流れに沿ってゆっくり上流へと進み、目を見開いて観察しつづけ、魚や甲殻類をむこうに気づかれる前に見つけるのだ。襲いかかるべき獲物を見つけたら、実際の捕獲方法はふた通りある。

素手でつかみ取り　「ミノー」と呼ばれる数種の小型魚は手の平をくぼませてすくい上げることができる。指の間から水が流れ落ちるように少しだけ指を開くと、魚だけを捕まえやすい。もっと大きな魚を捕らえるときはそれなりに作戦が必要だ。最初の難関は彼らに気づかれずに近づくこと。それには動きを非常に静かにする必要がある。魚は流れの急なところで上流を向いて泳いでいることが多く、岸や浅瀬などからは離れていることが多い。これを利用し、魚の背後から、水面に影を落とすことなく近づこう。獲物を見つけたら、息を殺して水の中の魚に向かい両腕を伸ばす。ほんの数センチのところまで止まらずに手を伸ばしつづけ、正確に攻撃を備えよう。腕を動かすのが早すぎると、魚は水の動きを察知して逃げてしまう。いざ攻撃という瞬間には魚の後頭部を狙い、最大限の力でつかみ、5本の指で鰓板を押さえよう。そこでつかめなかったら、次善の策は"手首"とよく呼ばれている尾の付け根をつかむといい。つかんでいるときに尾が手からすり抜けてしまわないように注意しよう。どちらのやり方でも、手袋をしているといい。ぬるぬるした魚の表面をしっかりつかむことができる。素手ではとてもつかめないような、のたうちまわる大きな魚でも、簡単な布の手袋をしただけで滑らずに捕まえられるから驚きだ。綿のTシャツの切れ端やバスタオルを手の平に巻くだけでもいい。魚をつかんだら、即座に岸辺か用意しておいた容器などに投げ入れよう。いつ魚が手からすり落ちるかわからないからだ。そして魚を扱うときは常に自分の手に傷を負わ

ないよう気をつけること (次ページの補足を参照)。ヒレに鋭い棘が生えている魚は多いし、なかには非常に鋭い歯を持つものもいる。

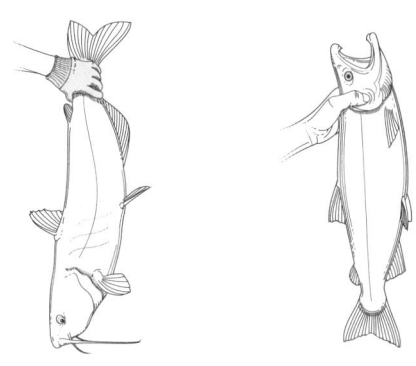

魚のつかみ方2種類
尾の近くのくびれを握るか鰓板を押さえる

追い込み漁　捕まえやすい場所に魚を追い込む。浅瀬からはじめるとしたら、産卵に来ている鯉や潮だまりにいるボラなどが見つけられるだろう。深いほうや広い水源へ続く逃げ道をふさごう。できればふたりがかりで、浅瀬の水を抜いて魚がまともに泳げないくらい浅くするか、入り江の行き止まりのところまで魚を追い詰めよう。手足や棒などを振り動かして、実際よりも身体が大きいように見せかけよう。魚の中には猛スピードで必死に逃げるあまり、みずから岸に乗り上げてしまうものもいる。魚たちが手でつかめるほど浅いところまで泳いでいったら、足で蹴り上げるか、手で岸に押し上げてから、水に跳ね戻らないうちに捕らえる。大きな岩を投げ込むと、浅瀬にいる魚を驚かせることもできる。ばかげているように聞こえるかもしれないが、これは本当で、我々は何度もこれが成功するのを見た。また、ほとんどの魚は頭のてっぺんに一撃を加えると動きを止める。

鰓板、鋭い棘などに関する危険

　獲物になる魚のなかにも、その鋭い棘に刺されると大変なことになる種類はたくさんいる。ミノカサゴのように毒のある魚ばかりではない。イエローパーチ、キタアメリ  カザンダー、バス、ナマズ、ブルーギル、その他多くのスズキ目の淡水魚にはヒレに棘が生えている。海水に棲む種でもアラスカメヌケやハードヘッドキャットフィッシュ〔ナマズ目ハマギギ科の魚〕、スギなどには鋭い棘がある。スヌークやカワカマスのように非常に鋭い鰓板を持つものもいる。こうした魚の鰓板はフィレナイフ〔魚を捌くときに使うナイフ〕よりも素早く人間の手の平を切り裂く。最後に、魚を釣り針から外すときには鋭い歯に気をつけよう。アミキリはその歯の鋭さで釣り人たちの間で悪名が高いが、おいしいキタアメリカザンダーや斑点のあるカワマスでさえ、注意していないと指をズタズタにされる。釣った魚をリリースするにしても捌くにしても魚を針から外すときにはプライヤーなどを使い、注意深く扱うこと。鋭い棘や鰓板、歯の鋭い魚を扱ったり、捌いたりするときには頑丈な布地でできた手袋かゴム引きの手袋をするといい。そういう手袋がないときは、必ず鋭い棘のある背ビレや胸ビレを注意深くたたんでから、魚をつかむこと。魚の棘による刺し傷はそこから感染しやすいので、もし刺されたら適切な応急処置をすること。

釣り竿とリールの次に——魚を獲る6つの方法

　釣りをするつもりではなかった場所でも、救急キットかサバイバルキットに入っているナイロンラインを数メートルと釣り針数本、スプリットショットシンカー〔ガン玉〕を取り出せば、森の中でサバイバルする際の食料調達に大いに役立つ。そのへんで捕まえたバッタやカワゲラ、小魚や肉の切れ端を餌にして、簡単な仕掛けで（180ページ参照）さまざまな釣りが可能だ。魚を獲るときには溺れたり低体温症になる危険を冒さないよう気をつけること。それからポケットナイフを釣り針代わりにしようなんていう昔ながらのサバイバルテクニックに時間を浪費しないこと。魚を捕らえるには果てしなく効果のない方法だし、貴重な道具を失う可能性がものすごく高い。

釣竿を作る　もっとも単純なやり方は、植物の茎を釣り竿にすることだ。長くまっすぐで、しなりやすい木や竹の枝、苗木や茎を見つけてくる。長さは1.5〜3.5mぐらいまで。小枝を取りのぞく。胴の部分が十分にしなることを確認する。竿が魚の引く力を吸収してくれないと、釣り糸が切れやすくなるからだ（これが釣り竿がよく曲がるようになっているいちばんの理由だ）。細いほうの端に糸をしっかりと結びつける。釣り糸の長さも竿の長さに合っていなければならない。そして糸の先の針に、何かしら手に入った餌をつける。扱いが楽なガン玉があると餌がさっと水に沈んで便利だ。

流れを見つける　小川や池のほとりにある小高い岸を見つけ、慎重にそこに近づく。魚は岸に隣接する深い部分にかくれていることが多く、とくに少し流れがゆるかったり、植物や切れ込んだ崖や倒木などで陰ができているようなところに潜んでいることが多い。竿を水面の上に振り、餌をつけ

た針を着水させたら、あとは水の流れにのせてやる。釣り糸が引っ張られたり、何か反応があるように感じたら、さっとアワセてやる。糸はたるまないよう、常に張っておく。どんな魚がかかっても素早く引き上げ、岸にあげる。魚はすぐに絶命させ、できれば臓物を抜いておこう。魚の内臓は、釣り針につける餌にするのにも撒き餌にするのにも非常に適していて、一匹魚が獲れたら、そこからはもっと楽に次の一匹を捕まえられる。心臓や肝臓は、人間が食べてもおいしいから餌にしないで取っておこう。

受け身なやり方　一方で、受け身なタイプの釣りも可能だ。釣りの技術に自信はないけれど、この場所は釣れそうだと思ったら、竿の太いほうを水面に向かって45度の角度に泥に突き刺しておき、アタリがくるまでは別のことをしていられる。あるいは竿でなくても、天然の木をそのまま使ってもいい。このやり方はある地域では現在も人気の娯楽となっている。少し辺りを探索して、また数時間後に戻ってこようというときにはちょうどいい方法だ。まず、魚がいそうな水の上に木の枝が垂れかかっている場所を探そう。丈夫でよくしなる枝の先に釣り糸を結びつける。このとき、釣り糸の長さは餌が底からすぐ上ぐらいのところで保たれるように調節する。餌が釣り針にしっかりついているかどうかを確認すること。魚がかかると、枝は魚が抵抗する際の衝撃を吸収してくれる。小魚のような生き餌は、とくにこのやり方に向いている。餌自身が泳ぎ回ることで「動き」をつけてくれるので、釣り人が竿を小刻みに動かして餌が生きているように見せかける必要がないからだ。

トロットライン　少し長めの釣り糸といくつかの釣り針さえあれば、トロットライン〔延縄の一種〕を仕掛けることもできる。釣りの楽しさには欠けるが、

魚はたくさん獲れるかもしれない。太めな釣り糸の一方の端を川や湖のほとりの動かない木や岩に結びつける。釣り糸には等間隔に釣り針をつけて、餌をつけておく。釣り糸の先端には石などを結びつけて、流されないようにする。ラインがピンと張るように保つこと。そうしないと魚が掛かったとき暴れた拍子に糸がからまってしまう。仕掛けておいてひと晩置き、翌朝見にいくといい。適切に設置してあれば、一度に何匹も魚が掛かっていることも珍しくない。

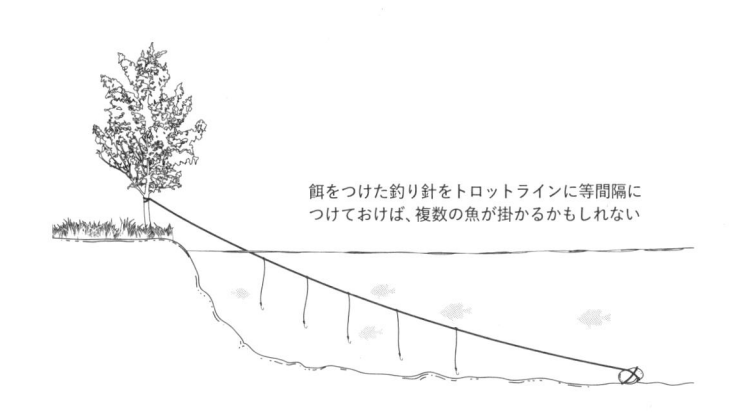

餌をつけた釣り針をトロットラインに等間隔につけておけば、複数の魚が掛かるかもしれない

罠を仕掛ける　たくさんの地元の人たちが罠を使って非常に効率的に魚を獲っている。これもずっとその場にいる必要はない。遭難しているときは、長い時間をかけて魚を獲るための柵を作ることよりも、救助隊に発見してもらうことに集中したいはずだ。しかし助けが来るのが一日でも先だったとしたら、ちょっとした労力で魚を少し捕まえ食料にすることができる。手作りの網と罠は複雑にしようと思えばいくらでも複雑にできるし、時間もかけようと思えばキリがない。しかしシンプルなものにしておいたほうが、消費カロリーが摂取カロリーを上回らないですむ。

その点、もっともシンプルで、おそらく確実に魚を仕留められるのはじょうご型と囲い込み型の罠だ。こうした罠は、漁業を営む人や釣りで生計を立てている人たちによく使われ、高い効果をあげている。岩や泥、それに木の枝などそのへんにあるものを使って、泥に棒を突き刺し、川岸に面

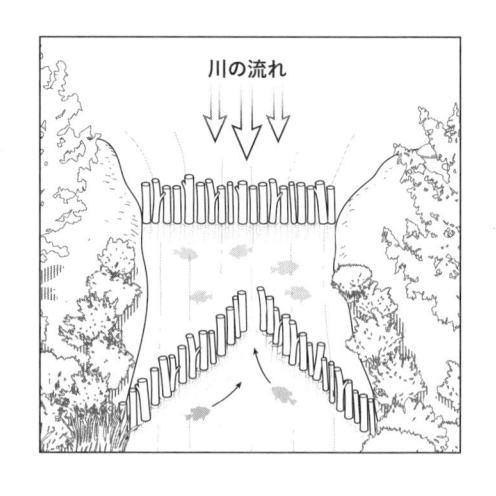

した水を囲い込む。魚がやってきそうな方向の岸から囲いの中に導くようにじょうご型の入り口を作る。開口部は広くして、だんだん道を狭くしていくこと。魚は自然に壁に沿って中へと泳いでいくが、いったん中に入ってしまったら、外に出るには細い出口を見つけなければならず、まず出られない。うまく魚が掛かったら、185ページを参考に捕まえよう。

　池や湖など流れのない場所に設置する場合は、餌は魚や動物の肉の切れ端でも何でもいい。囲い込む場所の上に葉や木の枝を置いて、日陰や隠れ場所を作って魚を誘い込む漁師もいる。みずからの手で魚たちをじょうご型の道から罠へと追い込むことができる場合もあるが、その手間が功を奏する保証もないので、罠は置いたままにしておき、自身はほかの場所へ探求を続けたほうがいいだろう。

銛で捕らえる　魚用の銛で最高のものは、金属製で鋭く、逆棘の付いたタイプのものだ。野外であり合わせの材料で手作りした銛で魚を獲るのは簡単ではないが、完全に不可能というわけでもない。必要とあらば、魚や

カエルや虫類や、齧歯類までも捕らえることができる立派な銛を、紐か糸と2本の棒で作ることができる。ポケットナイフや折りたたみナイフを改造して作った魚用の銛は、魚を突き刺すことは十分できるが、そのまま引き揚げることができないので、その魚を谷や湖の底に突き刺して、手で回収しなければならない。このとき銛にかけた力を緩めた瞬間、魚はどこかに消えている。そうならないように、次の方法を試してみるといい。

❶まっすぐで丈夫な棒を用意する。色は緑色で長さは1.2〜1.8mぐらいだと望ましい。ナイフか手斧で細いほうの端に15cmぐらい切れ目を入れる。そこに木を削ったものを滑り込ませる。これによってふた股の突起が完成する。

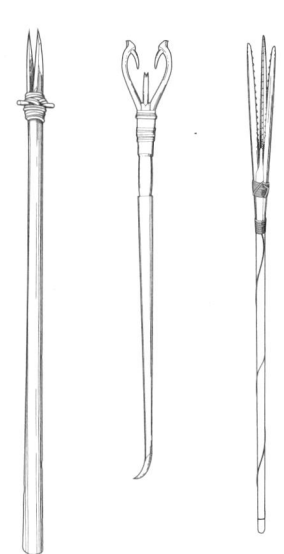

❷切れ目のはじまりの部分に挟み木を差し込み、紐や糸など手に入る材料で固定する。紐を締め上げるときに、木が折れない程度に突起の角度を少し内側か外側に反らせよう。これによって銛の先端から獲物が滑り落ちてしまうのを防ぐことができる。突起を外向きにすると、小さな魚や動物を突起の間に挟めるようになる。

❸突起を削って先端をとがらせる。

❹魚やカエルなど水中生物を突き刺すときは、水面で光が屈折することを考慮に入れて、低めに狙うこと。水に沈んでいるものを斜め上などから見るときは（真上からではなく）屈折のせいで実際よりも遠く離れているように見える。弓矢で狩りをする人やカエルを捕る人はこうした真理をよく知

っているが、正確に狙えるようになるには少し練習して感覚的に慣れることが必要だ。

スキル：基本的な釣り用の結び方3種

　ほかの釣り人の結び方やできばえに文句をつけるのは、教会に通っている人の宗教や信心深さに疑問を呈するのと同じようなものだ。伝統やその人の好みが色濃く反映されている分野であり、この争いに首を突っ込むのはまったくのタブーだ。それをすべてわかった上で、我々は恐ろしくたくさんある結び目のリストの中から、これさえ覚えておけば、釣りをしているときに出くわす99％の状況、とくにサバイバルな状況に対処できるという基本的な結び方3種を絞ってみた。もちろん、ビミニツイスト〔カジキ釣りなどで使うダブルラインの作り方〕は悪魔のように固く結べるし、コツを覚えてしまえばすごく面白いのはわかっている。しかし森で苦労しているときに、カジキマグロを捕まえるときの話をしないでほしい。好きなだけ自説を主張すればいいが、改良クリンチノット、ユニノット、外科結びこそ岸からあなたのお腹の中に魚を運ぶためのいちばんの近道だ。

改良クリンチノット

　釣り糸を釣り針に結ぶのに用いられる一般的かつもっとも適したやり方で、単に「フィッシャーマンズノット（テグス結び）」と呼ばれることが多い。正確に結べば、最強の結び方のひとつなのだが、単繊維あるいはフロロカーボン製の糸でしかうまくいかない。PEライン

などの編組糸には使えないのだ。この結び方をマスターしたら、2回結ぶことで2本の糸を端同士でつなぐこともできる〔ダブルフィッシャーマンズノット〕。通常、釣り糸を釣り針やスイベルに結びつける際にもっともよく使われる。

❶結びはじめる前に、10〜15cm分の糸を針の穴に通し、それから穴の上で糸をつまんでループを作る。

❷もう片方の手で糸の端を持ち、引っ張っているほうの糸に巻きつける。太い糸の場合は3回で十分だが、細く軽い糸の場合は6回は巻くこと。

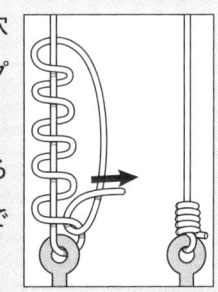

❸次に、糸の端を針の穴の上に最初に作ったループに反対向きに通す。

❹最後に、糸の先端を穴の上に作ったループに通す。結び目が落ち着くように糸を全体に通し、同時に糸の両端を引いて結び目を締める。ループが針の穴の上へきれいに積み重なるようにすること。

ユニノット

　ユニノット（ユニバーサルノットの略）は比較的新しいがよく使われる結び方で、幅広い種類の糸に使え、頑丈で用途が広いことで知られている。とくに、細くて滑りやすい編組糸によく使われるが、単繊維やフロロカーボンの糸にも使える。ターミナルタックルを結びつけるのにもっともよく使われるが、ダブル・ユニと2本の糸の端をつなぐのに使える。

❶まず先端を釣り針のアイやスイベルの穴に通し、15cmほど引っ張っておく。

❷両側に平行して数センチほど並ぶよう糸を配置し、指で両方を押さえながら糸の先端を穴のほうに向かっていったん下ろす。

❸糸の両側を巻き込むように5回ほど上に向かって巻きつける。糸にちょっとつばをつけて滑りをよくするといい。先端を強く引き絞ったら、道糸のほうをゆっくりと引く。ループが穴の上に積み上がり、糸の先端が結びの上に少し出るようにする。

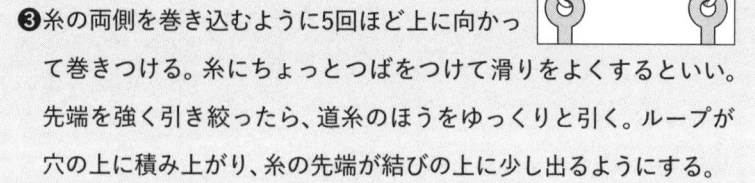

サージェンスノット

　ダブル・サージェンズという別名もあるサージェンスノットは2本の糸をつなぐことのできるもっとも簡便なやり方で、太さが同じ糸にもちがう糸にも使うことができる。フライフィッシングをする人はティペットをリーダーにつなげるときよく使うし、釣り全般で道糸にハリスをつけるときに使う。実質的には2本の糸を並べて、ひとつ結びを2回するだけだ。軽い糸の場合は強度や滑り止めとなる強さを増すために、ひとつ結びを3回(図を参照)にする人も多い。この場合はトリプル・サージェンスと呼ばれる。

❶2本の糸をぴったりとつけて並べる。それから10〜15cmほど重なり合うようにする。

❷両方の端が通るぐらいの大きさの輪っかを作る。片方の端を輪っかの上をくぐらせ、元に戻すのをくり返してひとつ結びをする。こ

のとき両方の端を2本とも通すこと。とても細い糸を使うときには
これをさらに一、二度くり返す。

❸結び目を滑りやすく濡らし、両端を同時につかんで引っ張り固く締
める。

魚調理法と食べ方

　魚を捕まえ、臓物を抜き、体腔をきれいにすることができたら、あとは
もう問題なく食べられるだろう。捕まえ、捌き、魚が新鮮なうちに食べる
ぶんには、多くの哺乳類や鳥よりも安全だ。

　肛門から胸ビレの下まで腹に浅
い切れ込みを入れて内臓を抜く。し
かし本当にサバイバルな状況に陥
っているなら、内臓も捨てるべきで
はない。時間をかけて丁寧に捌き、
料理すれば魚はほとんどの部分が

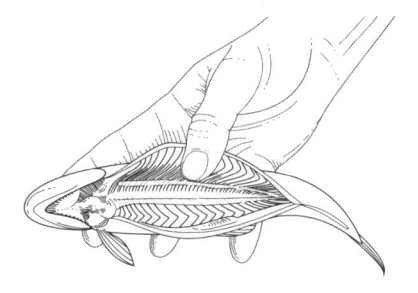

食べられる。たとえば、魚の心臓や肝臓を串焼きにすれば、栄養価の高
いごちそうとなる。頭は鼻も頬も目も舌もすべて、少し加熱すればおいし
く食べられる。既述したとおり、内臓や器官などを食べる気になれなかっ
たら、それは釣りや罠に使ういい餌になる。

　魚はおいしいし、入手しやすい貴重なタンパク源だ。そして、魚を含め
どんな食材でも、効率的に栄養やエネルギーを摂取するにはゆでるのがい
ちばんだ。ゆでているあいだに魚から流れ出した良質脂肪やタンパク質
は、鍋に残った汁を飲むことで体内に取り込める。加熱することで失うも
のは何もない。ゆでるには鍋が必要だが、それがなくても他によい調理法

はたくさんある。原始人式料理法と我々が呼んでいるやり方を試してみて
ほしい。まず、串に使うじょうぶな木の枝、できれば緑色の若木を見つけ
る。とがっているほうの端をさらにナイフで削り、小枝なども取り除いて
おく。うろこを取った魚の内臓を抜いたら、口から体腔に棒を突き刺し、
先端が尾の近くから突き出るようにする。それと直角に交わるように短い
棒を横から数本刺して魚がしっかり固定されるようにする。こうしておく
と魚が棒の周りで回ってしまったり、丸ごと滑り落ちてしまったりせずに
すむ。魚を刺した棒の根元を石炭か炎の近くに突き刺すか立てかけるなり
する。直接火の中に入れてはいけない。ゆっくりと加熱できたほうが、う
っかり焦がして大切なカロリー源を失うリスクも低いのでいい。熱源に魚
の全面がさらされるようにし、10分ほど火入れする。食べるときには肉身
はもちろん、カリッと焼けたおいしい皮を食べるのも大きな喜びだ。ヒレ
や目玉(水晶体以外)、それに頭部や骨のまわりについた肉もおいしい。

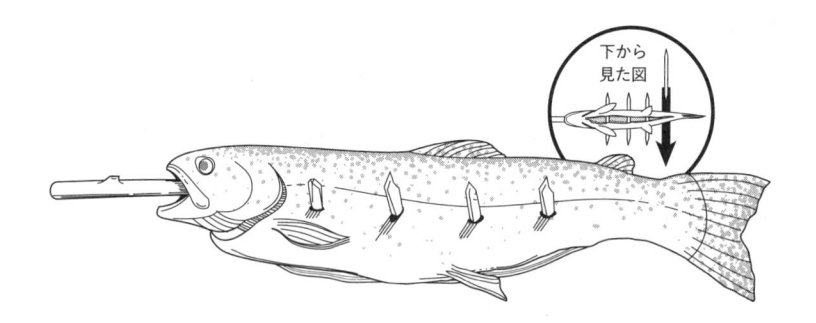

ただし骨には気をつけよう。家にいるときでも喉に骨が刺さったらやっ
かいなのに、野外では心配した家族が長い毛抜きで抜いてくれることもな
い。

生と調理済み

　保健局や大手メディアが何と言おうが、魚や鳥を生で食べるのはものすごく危険というわけではない。生食をしている文化も世界には数多くあり、我々も美食の名のもとに折に触れて食べている。

　北米の淡水魚に関しては、生食の危険について誤解をあたえる情報がごまんとある。こうした情報のよくある理由づけは、寄生虫がいるからというものだ。条虫などの魚の寄生虫は非常によくいるので、魚を生で食べることで体内に取り込んでしまう危険はたしかにある。しかしこのような寄生虫の多くは人間の体内では生きることも繁殖することもできない。寄生虫を食べてしまったとしても、深刻な影響が起こる可能性は非常に低い。

　肉の場合は、人間には生まれつき腐敗しかけた肉の臭いを判別できる能力があるので、身を守る最良の方法は嗅いでみることだ。そのにおいに本能的な拒否感を感じたらやめておいたほうがいい。また、緑、青、紫などの色に光っている肉には気をつけること。

　肉の外側が汚れて見えたり、変なにおいがするからと言ってすぐにあきらめてはいけない。肉は空気に触れると酸化する。肉の表面の膜から変色して黒い外皮のようになり、それが内側へと進んでいく。世界でも指折りのシェフや肉屋の中にはわざとこの酸化をさせる者もいる。肉を数週間かあるいは数ヶ月、乾燥熟成させてから、黒ずんだ外皮（カビが生えていることも多い）を取りのぞいて、その内側にある熟成されたおいしい肉だけを使うのだ。殺されたばかりの獲物に行き当たったときや、数日にわたって肉を食べつづけよう

とするときには、このことを忘れてはならない。もし外側が悪くなっているように見えても、中心のほうまで切って、まだ食べることができる部分がないかどうか見てほしい。骨に達するまで切ってみて、それでも肉が酸っぱいにおいがするようなら、骨を開いて、中を確認してほしい。ほかの部分の肉がすべて腐っていても、ここにだけは食べられる髄が残っていることが多いからだ。

　しかし、すべての肉が生で食べられるわけではない。雑食動物と肉食動物であるアライグマやイノシシ、クマやコヨーテ、ピューマ、それにカワウソやアナグマなどのイタチ類はみな、旋毛虫などさまざまな寄生虫を媒介する可能性がある。こうした寄生虫の幼虫は宿主の筋細胞に棲むので、その肉を食べた動物は寄生虫に感染する。あらたな宿主の消化酵素によって、幼虫を包んでいた胞子の壁が溶け、解放された寄生虫は消化器官の中で成長し、繁殖する。そして生まれた幼虫の大群が宿主の循環器系を通って体内を移動し、筋繊維に潜り込む。そこで彼らは防護膜の中に身をかくし、何も疑っていない次の宿主に食べられ、また新たなライフサイクルがはじまるチャンスを待つ。旋毛虫で危険なのは、潜伏期間が1ヶ月ほどあるので、感染に気づいたときにはいつ、どこで感染したのかを特定しづらいことだ。症状は下痢や下腹部痛、筋肉の痛みや発熱など。幸いなことに旋毛虫への感染は毎年10件ほどしか報告されていない。たとえば、2014年にアメリカ疾病予防管理センター（CDC）に報告があったのは13件だ。このうち6件はアメリカクロクマの肉を食べたことが原因だった。その中の4人がこの本に寄稿している人たちだ。だから実体験もないのに語るな、とは言わないでほしい！

　　肉食と雑食の哺乳類に加え、ウサギやリスの肉も完全に火を通してから食べること。こちらは野兎病という人間にも感染する病気を持っている可能性があるからだ(303ページ参照)。排泄物や消化管の内容物に触れた可能性がある肉、とくに鳥のものは、必ず加熱調理し、大腸菌やサルモネラ菌など危険なバクテリアを殺すこと。また、貝にまつわる危険については171ページを参照してほしい。

両生類

　　カエル、ヒキガエル、サンショウウオは北米のほとんどの地域に一定の数が生息している。カエルは概して食用に適しているが、ヒキガエルとサンショウウオは皮膚に強い毒があるので食べるべきではない。

カエル

　　何かいたら捕まえようと注意を向けながら水の流れに沿って下流へと下っていくのはよいサバイバル方法だ。両生類はほぼ必ず水の近くに棲んでいるので、この方法がとくに有効だ。カエルを見つけるには、ゆっくりと動きながら、地面と岸辺をよく調べることだ。岩を裏返し、切り立った岸の下をのぞき込み、その間いつでもさっと捕まえられる準備をしておく。こうした生物たちは猛スピードで飛び出すと逃げていき、近くの物陰にかくれることが多い。その逃げ道を追っていけば手づかみしたり、上から押さえつけたり、銛や罠を使ったりして、捕まえることができる (ここでは、クマのように考えるというよりアライグマのように考えよう)。

　　カエルはその大きさで3つに分けられ、3つの主な種がある。小型で緑

色の樹上生のアマガエル、中型のヒョウガエル、大型のウシガエルだ。もちろん他にもたくさんの種類がいるが、この主な3種のカエルがカエル一般の大きさによるタイプを象徴している。

　最初のタイプについてはあまり考えなくていい。黄緑の蛍光色をした**アマガエル**が枝の上にいるのを見かけることがあるかもしれないが、近くで見つけることはまれだし、すぐにどこかへ姿を消してしまうだろう。腹の足しにしようとしたらかなりの数を捕まえねばならないし、とにかく見つけるのが非常に難しい。だからあまり考えないのがいちばんなのだ。中央アメリカや南アメリカの奥地では、鮮やかな色の小型ガエルには触るのも危険なほどの毒がある。

　ヒョウガエル、ブロンズガエルやその同類はまた話がちがう。鼻先から後ろ足の先までが15cm以上あることが多く、たくさんの肉が取れる。そして一匹見つけると、その周りにたくさんいる可能性が高い。**ブロンズガエル**は交尾の際のバンジョーの音色のような鳴き声で見つけられる。ヒョウガエルは川や湖沼の近くだけに棲んでいて、春に水が温かくなってから、秋に水温が下がるまでのあいだしか生息していない。沿岸の塩性の湿地にもいて、コロラド州の海抜3000mの高山湖までどこにでもいる。ヒョウガエルのオタマジャクシも捕まえやすく、食用になる。

　ヒョウガエルとブロンズガエルが岸から川や湖に飛び込み、浅い水の中をさっと泳いで消えていくのをよく見かけるだろう。しかし、だいたいは遠くへは行かずに、そのあたりの木の枝や草などの陰にかくれていることが多い。彼らは実際よりもうまくかくれていると過信しているようで、彼らが飛び込んだ場所がわかったら、そこからつかみ出すのは難しくない。

　ウシガエルはさらにしっかりした食事にできる。それに、このずっしりした両生類の居場所は鳴き声でわかる。晩春から初夏にかけての長い繁

殖期、オスはメスに鳴き声でアピールしながら、縄張りを作り、それを守っている。ウシガエルは牛のような大きな鳴き声がよく知られていて、そこからウシガエルという名前がついた。少しの時間と忍耐、それに音を立てずに動くことができれば、鳴き声が聞こえてくる場所を特定することができる。そしてこの騒々しい両生類を捕られられるかもしれない。

カエルの捕まえ方　カエルは釣りの道具で捕まえられる。小さな生き餌やルアーなどを目の前にぶら下げるのだ。この釣り方よりも実際は、191ページに図がある銛のほうがカエルを獲るのには適しているかもしれない。実際、遊びでカエルを捕るときには突き刺して捕まえるほうが一般的だ。銛を使って、堅い体表を狙うこと。突き刺したカエルをそのまま持ち上げることができそうでも、まだ生きていれば、もがいたりして銛の先から逃げてしまう可能性が高い。大きな脚をしっかりつかんで確保するまで、銛にかけた力を抜かないほうがいい。それから頭部を素早く一撃して絶命させよう。

カエルを捌き、調理する　人間でいえばちょうどベルトを巻くあたり、腰の少し上の皮膚を切り開く。指やマルチツールのペンチを使って、パンツを下ろすように皮膚を下に向かってはぐ。脚の皮膚も切り離し、腰より上の背骨を断って、両脚を胴体から切り落とす（アメリカの一部地域や外国でもごちそうとされる部分）。ほかの生物の肉と同じように、鍋でゆでたり、火の上であぶり焼きにしたりする。ウシガエルの長くて筋肉の多い後ろ脚だけしか食用にしないことが多いが、前脚も食べる価値がある。皮膚や内臓や頭部は食べないこと。

ヒキガエル

　ヒキガエルはもう少し問題が多い。ヒキガエルの肉は食べてもほとんどの場合大丈夫なのだが、多くの種で身体の外側に毒を排出する腺がある。ほかのカエルとヒキガエルのちがいは皮膚で見分けられる。前者の皮膚は表面がなめらかで、ヒキガエルはでこぼこしている。ヒキガエルのほうが全体的にずんぐりと丸々した体型で、それ以外のカエルは細長く、引き締まった姿をしている。ほかのカエルは跳びはねることと歩くことしかできないが、ヒキガエルは跳びはね、走ることができる。

　ヒキガエルをごちそうとして扱う文化もあるが、そうしたところではとても注意深く皮膚を取りのぞいたうえで調理される。サバイバルな状況では、ヒキガエルがいてもスルーして他の食料を探したほうがいい。捕まえるときに手から毒が入ってしまう可能性が高いし、この毒は皮を取りのぞくとき肉に付着してしまうことが多い。このずんぐりした生き物を食べるのは最後の手段にしておくといい。

サンショウウオ

　トカゲに似た見かけの両生類、サンショウウオとイモリにはヒキガエルと同じ危険性がある。よくいる種の多くが、皮膚から強力な毒を分泌するのだ。サンショウウオに触れると痛みなどの不快な症状が出るし、毒がある部分を食べれば死ぬ。サンショウウオは捕まえたり、触ったり、食べたりしようと思わないことだ。

　サンショウウオとトカゲを見分けるには皮膚を見るとよい。サンショウウオのぬるっとした皮膚には細かいしわがあってでこぼこしているが、トカゲの表皮はうろこで覆われている。

爬虫類

　蛇、トカゲ、カメは北米じゅうの沼でも湿地でも砂漠でも山でも、どこにでもいる。ほとんどの種は捕まえることも食べることもできるが、いくつか禁止されている種と例外がある。爬虫類の卵は食用に向いていて、鳥の卵とほぼ同じように扱うことができる。

ヘビ

　ヘビは北米では爬虫綱の中でもっとも広く分布している亜綱だ。何百もの種があり、北部の森から南部の沼地までどこにでも生息している。ヘビを見ると逃げたくなるという人類の生来の傾向は、危険を感知したときの反応として進化の途中で獲得したものだと言われている。我々の祖先はヘビに咬まれれば苦しんで死ぬことがあると知っていたのだ。しかし、ヘビのなかには貴重な栄養源になるものもいる。

　ガラガラヘビ、アメリカマムシ、ヌママムシ、サンゴヘビはみな、できれば避けるべきで、最低でも非常に注意して扱わねばならない。毒を持った種を別にすれば（毒のある種については289ページを参照のこと）、北米のヘビのほとんどは比較的無害で、捕まえやすく、食材としても悪くない。食べられない種は今まで見たことがない。しかしだからと言って、毒のないヘビは怪我の心配もなく簡単に捕まえられるというわけではない。毒のないヘビでも多くは鋭い歯を持っているから、咬まれたら怪我をするし、バクテリアに感染するかもしれない。どこにでもいるガーターヘビは肛門から悪臭がする物質を分泌し、これが手にかかるととても不快だ。

ヘビの捕まえ方　ヘビを殺すときは、どんなときでも素早く、安全な距離

をとっておこなわなければならない。無毒のレーサーヘビでもニシダイヤ
ガラガラヘビでもそれは同じだ。岩などで頭部に強力な打撃を加えるか、
ナイフで頭部を完全に切り落とすかのどちらかが最良の方法だ。しかしヘ
ビが巣穴や隠れ場所に逃げ込もうとしているときなど、どうしても尾をつ
かんで捕らえなければならない場合もある。そういうときは、素早く頭部
を足で踏みつけたり、岩に叩きつけよう。尾をつかまれたヘビがムチのよ
うに身体をしならせて、頭から飛びかかってくるところを見たことがある。
ヘビの場合はたとえ死んでも、気を抜いてはならない。多くのヘビは死後
しばらくは反射作用で咬みつくことがあるし、切断後の頭部でさえ危険な
場合もある。

ヘビを捌き、調理する　ヘビを殺し、危険がなくなったら、後頭部から輪
状に皮に切れ目を入れる。頭部に足をかけて（首を切断している場合は背中に）皮を
尾のほうに向かってはぐ。少し手間はかかるが、皮は靴下を脱ぐようにき
れいに剝けるだろう。内臓も取りのぞいてから肉をゆでるか、串に刺して
火の上に置いて加熱しよう。ヘビの肉は完全に火を通すこと。多くの爬虫
類にはサルモネラ菌がいる。肉は骨からかじり取ろう。肉のほとんどは背
中と腰の部分にあるが、肋骨の上にも少し肉がついているかもしれない。
その食感は、ローストチキンのような感じからタイヤのチューブを食べて
いるような感じまで幅広い。

トカゲ

　トカゲもヘビと同様に、北米全域にさまざまな種類が生息しているが、
南に行けば行くほどたくさん見つけることができる。多くの種は食べられ
るが、多大なエネルギーを費やしてもそれに見合うほどしっかりとしたボ

リュームの食事になりづらい。敏捷ですばしこいのだが、ただいくつか賢いテクニックを知っていれば捕まえることはできる。しかし南西部の砂漠やグレートプレーンズやメキシコに生息する数種のトカゲはやめておいたほうがいい。とくに大型で毒のあるアメリカドクトカゲは。

トカゲの捕まえ方 トカゲを闇雲に追いかけるのは良いやり方ではない。走る速さでは絶対に勝てないからだ。しかしトカゲは好奇心が強いので、彼らが棲む場所の近くに静かに座っていると、それを確かめようと戻ってくることが多い。とくに何かおびき寄せるような仕掛けがあれば。小さなものでもいいので何か光るもの、たとえばお菓子の包装などを棒の先に糸で吊したものを見せると、トカゲは攻撃しはじめる。そばにいる人間の存在も忘れて偽の獲物を猛攻撃するので、その間に棒か石で一撃すればいい。ちょっとした釣り道具を使うのもいい。研究者は長い房の先に釣り糸で作った輪をつけたものを使って、輪投げのようにしてトカゲを捕まえることもある。ゆっくりと棒を差し出し、トカゲの頭部の周りに輪がくるようにし、輪を締めるのだ。このやり方に慣れておくと手返しよく捕まえられるかもしれない。小さなトカゲやヤモリで腹を満たすには、死ぬほどたくさん捕まえなければならないから。とはいえ、トカゲやヤモリを食べて何週間も生き延びたという例もたくさんある。

　しかし、フロリダなどの南東部に進出してきている野生化したグリーンイグアナは話が別だ。この小型のドラゴンは1匹でじゅうぶん夕食になる。しかし小型のトカゲ類とはちがって、簡単にはだまされない。銃や弓矢を使えば比較的楽にイグアナは仕留められるかもしれない。しかしもっと原始的な方法でやる場合には、相手に気づかれないことが必要だ。イグアナは待ち伏せして狩りをするので、よく木の枝にぶら下がったり、じっと

日光浴をしながら、獲物がやってくるのを待っている。イグアナの姿を見つけたらゆっくりと近づき、素早く捕まえることが必要だ。殴りつけて気絶させるのだが、ただし手ではつかまないこと。イグアナはうろこも歯も非常に鋭いし、非常事態のときには尻尾を切って逃げることも辞さないからだ。

トカゲを捌き、調理する　トカゲは非常に食用に向いている。しかし蛇と同様に皮膚や内臓にサルモネラ菌など有害なバクテリアがいるものが多い。何匹か捕まえたら、肛門から胸郭にかけて切り開き、内臓を抜こう。トカゲをつかんだり捌いたりした後は、よく手を洗うこと。それから串刺しにし、火の上であぶり焼きにしよう。嫌なバクテリアを摂取してしまわないように、表皮がカリカリになるまでよく火を通すこと。

カメ

　カメ、イリエガメ、リクガメはおいしく、世界じゅうでよく食べられている。しかし進化の過程で特殊な構造デザインとなったおかげで、肉を取り出すのが非常に難しい。それでもこの甲羅のある生き物は、冒険心に富むアウトドアマンに素敵な食料を提供してくれる。リクガメ目の数十種類の種は北米じゅう、北部ツンドラ〔永久凍土帯〕のすぐ南側にまで生息している。乾燥した南西部のサバクゴファーガメ、北西部ノースウッドのミシシッピアカミミガメ〔ミドリガメ〕、アメリカじゅうにいるカミツキガメなどのほとんどが食用に向いている。避けたほうがいいのは、どこにでもいるおとなしいアメリカハコガメの仲間だ。アメリカハコガメは主にキノコを餌にしているのだが、アメリカに生えているキノコ類のほとんどは人間にとって有毒であり、アメリカハコガメの血中に残っている化学物質は数々の中

毒症状の原因となりうる。大型のワニガメは食用になるが、とても獰猛だ。このけんかっぱやい生き物のせいで手足の指を失ったアウトドア好きは少なくない。それにワニガメの甲羅は鋳鉄のように堅い。ワニガメと戦うときは事前に、自分は戦う準備ができているかと自問しよう。そして緊急時でないかぎり、ワニガメと戦うべきではない。それにワニガメはどの生息地でも保護されている。

カメを捕まえる　カメは解体して肉を取るのが難しいが、それを補ってあまりあるほど捕まえるのが簡単だ。餌にする魚の内臓や肉片があれば、釣り針と一塊のロープとワイヤーリーダーで罠を仕掛け、仕留められる。ご存じのようにカメは陸上では動きがのろいから、水へ向かう道をふさげば、楽に捕まえられる。背後からカメに駆け寄ろう。甲羅の中心に足を載せ、カメの脚が折れるまで強く踏みつける。ワニガメのように大きな尻尾を持つ種はその尻尾をつかむと安全だ。しかしカメを持っているときは、自分の身体から離しておくこと。カミツキガメを十分に身体から離さずに持っていると、尻尾を持ってぶら下げていても、長い首をぐるりと回して脚に咬みつかれるかもしれない。ニシキガメやチズガメなどの尻尾が短いカメは甲羅をつかむといい。甲羅の両側の、前足と後ろ足の間を持てば咬まれない。カメを仰向けにひっくり返すとしばらく動きがにぶくなるが、ほとんどのカメは自分で起き上がれる。夏に砂地でカメを見つけたら、その周りに地面が乱れているところがないか探してみよう。カメが穴を掘って卵を産んでいるかもしれない。カメの卵は食べられる。

　水の中にいるカメを手づかみで捕まえるのは、陸地にいるカメを捕まえるよりずっと難しいが、不可能ではない。カメを水が浅いところに追い立て、深い水に逃げ戻っていかないうちに素早く捕まえよう。湖や川の底に

脚でカメを押さえつけ、尻尾をつかむ。カメが水から上がって木の枝や岩の上で日光浴をしているのを見つけたら、水に潜り、水面から鼻だけを出して近づこう。ゆっくりと注意深く近づけば、だいたい1～1.5mぐらいの距離まで気づかれずに近づける。それから水に潜ってカメの真下まで泳ぎ、できるかぎり素早く浮上して捕まえる。つかむ前に水に飛び込んでしまうカメもいるだろう。その場合は後を追って水に潜ろう。距離が近ければ、わりと簡単に捕まえられる。この方法は水が澄んでいて、カメが日光浴している場所が水中から見える場合は非常にうまくいく。水が濁っているとかなり難しい。ワニガメはそもそもほとんど日光浴をしないが、このやり方でワニガメを捕まえようとするのはいいアイデアではないと言っておこう。ワニガメの場合、こちらがつかむ前に相手からやられる。

カメを解体し、調理する　カメをちゃんと解体するのは楽ではない。頑丈なナイフやナタがあってもだ。まず上下の甲羅がつながっている部分を断つことからはじめる。それから上の甲羅に取りかかる。背中の肉を切り離し、甲羅を取り去る。肉のほとんどは脚と首から取れるが、甲羅に守られていた背中の中央にも帯状の肉がある。ナイフなどがなかったら、甲羅を叩き割ることになるが、大型のカメの場合は難しいだろう。我々は南米で、解体したあと甲羅の中でゆでたカメを食べさせてもらったことがある。石炭を敷いた上に甲羅を載せ、水を少し入れて、肉が柔らかくなるまでゆでるといい。

ワニ類

　ワニ類にはアリゲーター、クロコダイル、カイマンがいる。3種ともメキシコ湾沿岸、メキシコ、中央アメリカ、南アメリカ全域に生息している。

どのワニもすばらしい肉になる。しかしサバイバルな状況では、もともと
ワニを扱うのに慣れていて、銃や弓矢や釣り道具などの道具を持っていな
ければ、なかなかその肉にはありつけない。理論的には小さなワニを捕ま
えてトドメを刺すことはできるはずだが、捕まえるのにあまり長い時間は
かけないほうがいい。ワニは信じられないほど動きが速く、逃がしてしま
うのも一瞬のことだし、驚くほど強くこのうえなく獰猛だから、殺すのも
至難の技なのだ。ワニとの初対戦では負傷する可能性が高い。

アリゲーターを捕まえる　アリゲーターは致命傷をあたえられる部位が狭
いことで有名だ。25セント硬貨ほどの大きさしかないとよく喩えられてい
る。アリゲーターの脳は分厚い頭蓋骨で守られているので、どんな武器を
用いるとしても、頭蓋骨に脊柱がくっついている境目を狙わなくてはなら
ない。頭蓋骨部分と背中のうろこのような皮膚の境界は、見ればすぐわか
る。アリゲーターを運よく捕まえたり、追い詰めたりできたら、一発なぐ
るか撃つかして頭蓋骨と脊柱を切り離し、確実に締めること。

アリゲーターを捌く　アリゲーターの解体に取りかかるときには、ナイフ
を研いでおきたいと思うだろう。しかし彼らの丈夫な皮膚は思ったよりも
簡単に切れる。まずはうつぶせにさせて、後頭部から脇腹に続く鱗甲とよ
ばれる背骨の2本の盛り上がりの部分に切り込みを入れる。それから背中
の皮をはぎ、続いて横腹、尾、脚の皮をはぐ。アリゲーターにはたくさん
肉があり、いちばんおいしくて大きな肉片を取れるのは、尾の両側の肉、
肩と両ももの裏側、下腹部の生殖器、あごの筋肉などだ。どんな調理の
仕方をしてもだいたいおいしい。

狩猟の基本

　これまで、食料を見つけるためには「クマのように考えよ」と何度も書い
てきた。さあ、今こそ本物の狩りについて語ろう。雑食動物であるクマ科
は、我々が想像する野生の王にもっとも近い象徴的存在だ。ピューマや
キツネに比べたら熟練したハンターというわけではないかもしれないが、
間違いなくどんな動物でも狩れる "何でも屋" だ。イエローストーン周辺
のハイイログマは草、キノコ、蛾、マス、ヘラジカなど266種もの食物を
摂っていることが研究者の記録によりわかっている。

　クマは、さまざまな種類の獲物に有効な狩猟技術をバラエティ豊富に
披露してくれている。彼らは風下から風上にゆっくりと静かに移動する。
そして、一日のうちに探索の足を伸ばす範囲はかなり広い。クマはよく観
察し、好奇心旺盛だ。いつも少し歩くとすぐに岩や丸太をひっくり返して、
その下に何かいないか調べている。物陰や日陰を選んでうろついている。
夕暮れや夜明けの薄暗がりの頃合いを選んで活動し、ときには夜になって
もそれを続ける。彼らは見つけたパターンを応用して考える。根気もある。
そしてなにより、どんな餌でも獲る。

　人間にはピューマやキツネのようなスピードも、強さも、敏捷さも、鋭
い歯もないが、クマのように柔軟に対応できる精神力と物理的な器用さに
は恵まれている。必要ないように思えるときでも、狩猟ではぜったい静か
に動くこと。大声で話したり、小枝を踏んで音を立てたりしてはいけない。
そうすれば、餌を食べているシカやヘラジカ、七面鳥のものすごく近くま
で行ける。そこに動物がいるのを知らずに進んでいった場合でもだ。とに
かくよく観察をし、考える。いまは春だから子ジカが生まれたばかりで、
シカたちにつけ入る隙があるかもしれない。いまは秋だから多くのカモが

渡ってきているだろう。人間が忍び寄れるような場所に落ち着いているかもしれない、といった具合に。サバイバル時の狩りでは、事前に細かく計画せずにおこなうのがもっともよい。自然があたえてくれるどんなチャンスにも心を開き、いつでも襲いかかれるようにしておこう。

動物たちの多くは水場か日陰にいて、その両方がある場所ではとくに遭遇しやすい。森の奥まで入ればどこでも日陰なのは言うまでもないことだが、それでもとりわけ小動物がよくいる場所がある。開けた土地ではイバラの藪や低木の茂み。木立には、動物の棲処や危険なとき逃げ込む洞があったりする。こうした場所を時間をかけて観察し、探索しよう。あてもなく歩き回って狩りをするのと、生物がたくさんいそうな場所だけを集中して狙うのとでは大きな差がつく。

こうしたクマのような感覚を意識したうえで、我々がお気に入りの2種類の狩りの話をいよいよはじめるとしよう。獲物となるのは鳥類と哺乳類だ。

鳥類

鳥はすべて食べられるし、多くはとてもおいしい。ただ、ずっと空を飛んでいたり、高い木の枝に長くとまっている種類は、狩猟の装備を持っていないければ、サバイバル時の食料にはできない。しかしカラス、カモメ、カササギ、カケス、コマドリなどが地上にいるとき、あるいは木にとまっているときには捕まえられるチャンスがある。もし捕まえられたら、調理して食べるべきだ。もう一度言うが、すべての鳥とその卵は食べられる。

鳥の卵を見つけ、調理する　自然のなかにいれば、鳥の卵くらい簡単に手に入ると思うかもしれないが、季節にもよるし、鳥たちによるカムフラ

ージュのせいで、なかなか安定的には見つからない。北極圏のツンドラ地帯では、地上に巣を作る水鳥の卵や雛（ひな）が食用とされている。しかし一般的に、鳥たちは非常にうまく卵をかくすし、多くの種類の鳥の卵は一年のうち数週間か1ヶ月ほどしか存在しないので、遭遇できるチャンスは限られている。

　しかし、長いあいだアウトドアで過ごしていると、七面鳥、ウズラ、カモの巣などを偶然見つけることはある。地上に巣を作る鳥たちは自身の姿や卵をかくす名人で、歩いていて知らずに踏んでしまうことさえあるくらいだ。木の上や崖に巣を作る鳥たちの卵は、そこまで完璧にはかくされていないが、見つけるのも採るのも大変なので、労力を費やす価値はない。しかし、もし幸運にも鳥の卵を見つけたら、ぜひ食べよう。生でも食べられるが、サルモネラ菌に感染する可能性がある。火を熾（おこ）す手段があるなら、石炭から離して置いてじっくり加熱するか、ゆでるといい。もうひとついい方法は、砂か土を5cmほど掘って卵を埋め、その上で火を燃やし蒸し焼きにするやり方だ。我々はハトの卵でやってみたが、うまくいった。加熱時間にもよるが、そのときは固ゆで卵と同じような質感になった。

雛を見つける　雛は成鳥と同じく食べられるが、ほとんど肉はついていない。しかし捕まえるのはものすごく簡単だ。

鳥を捌き、調理する　現代の鳥ハンターは胸肉だけを取って、脚の肉は捨てるのが一般的だ。しかし、それではもったいないし、サバイバル時にカロリーを求めて狩りをしている際、そんなことをしたら愚か者だ。鳥の全身の羽をむしり、胸骨の端から体腔に切り込みを入れて、内臓を抜く。胸の中全体に届くまで2本の指で穴を広げ、はらわたを引き抜く。心臓と肝

臓と砂嚢は捨てないこと。カロリーをできるだけ無駄にせず調理するには、鳥を丸ごとゆでるのがいちばんだが、鍋が手近にないときは串刺しにした肉を炭のそばに置き、ローストするのもいい。皮を取らずに焼くと、栄養分がすべて流れ落ちることもない。皮からしたたる脂もおいしいので、カロリーが豊富であることを忘れず、できるだけ何かで受け止めて集めておくこと。

ライチョウ

　アウトドア系の人がライチョウのことを「フールズ・ヘン（愚か者の雄鶏）」と呼ぶのを聞いたことがあるかもしれない。これはもちろん通称で、アメリカ大陸のあちこちにいる数種のライチョウに使われている呼び名だ。ライチョウの仲間は、北米の北回帰線以北と砂漠の地域ほぼ全体にわたり棲んでいる。エリマキライチョウはアメリカの北部の州のほとんどにいて、南はアパラチア山脈やロッキー山脈、北はカナダやアラスカの樹木限界線にまで生息している。この地域のほとんどにはハリモミライチョウもいる。ススイロライチョウは西海岸沿いにいて、西部山間部に生息するアオライチョウと見かけがそっくりだ（かつては両方の種をひとまとめにしてアオライチョウと呼んでいた）。グレートプレーンズ全体にホソオライチョウとキジオライチョウがいて、ソウゲンライチョウがいる場所もある。カナダ北部とアラスカでは実質的に、どこにでも3種のライチョウ（カラフトライチョウ、ライチョウ、オジロライチョウ）がいる。ときには用心深く慎重なこともあるが、だいたいは人間が簡単に近づくことができ、棒で一撃して締めることができる。通称のとおりだ。

ライチョウを狩る ライチョウが捕食者から逃れる方法は主にふたつ。保

護色を利用して、地面で見つかりにくくして潜んでいるか、危機が迫ったらさっと短く飛んで逃げるかだ。ただ、ライチョウはしばしば自身の能力を過信している節がある。山道のそばで全身丸見えなのにじっとしゃがみ込んでいて、人間は自分を岩か藪だと思って通りすぎるだろうと考えているのだ。あるいは羽根を激しく震わせて、大きな音を立てながら急に飛び立つ。ふつうはこれで逃げられてしまうが、たまに手近な木の枝まで飛ぶだけだったりすることもある。コヨーテならそこまでは襲えないだろうが、人間なら何かを投げつければ届く距離かもしれない。

　そんなときは棒や岩やカヌーのパドル、トレッキング用のポールや自転車のタイヤ、ヘラジカのチューブ状の角笛などを使ってライチョウを仕留めよう。投げるときにコントロールが利いて、それなりの打撃をあたえられる重さがあるものなら何でもいい。クルミ程度の小さな石やドラムスティックぐらいの木の棒ではダメだ。野球のバットサイズの何かか、こぶしふたつ分ぐらいの石ならいけるだろう。基本的には、仕留めようとしている獲物と同じくらいの重さのものを投げねばならない。体重の2倍あればなおよい。ライチョウなど高地の鳥の生息域にいるときは、あたりを見回して投げるのにちょうどいい棒を見つけて手にしておくのも悪くない考えだ。

　鳥や小動物を仕留める万能武器の作り方を教えよう。人間の手首ほどの太さがある長さ50cmくらいの2本の棒を見つけ、それぞれ先端をナイフでとがらせる。中央部にV字型の刻み目を入れて組み立て式のおもちゃのように2本の棒を十字に組み合わせたら紐で縛る。このお手製の武器を思い切り投げるのだ。サイドスローで投げれば水平に飛んでいくので、狙いがつけやすい。

　ただし、投げるものが何であっても、一発で完全に仕留めるのはなかな

か難しい。せいぜいライチョウが怪我をして、飛べなくなる程度だろう。ライチョウが逃げる前にすかさず近づいて、捕まえられるように身がまえておこう。首をひねるか頭部を引き抜くかして締める。

七面鳥

　アメリカ国内の野生の七面鳥は、法の規制がなかった時代に商売目的で乱獲され、20世紀になるころ絶滅した。さいわいハンターたちや自然保護主義者の尽力によって、今では絶滅前よりもたくさんいるようになった。アラスカ州を除くすべての州とカナダの5つの州には、猟期をまかなうのに十分な野生の七面鳥が生息している。かつての乱獲と現在の繁殖ぶりを見て、多くの人が七面鳥はさぞかし簡単に仕留められるのだろうと誤解しているが、それはまったくちがう。七面鳥は常に捕食される危険に直面しているのできわめて慎重だ。銃や、少なくともちゃんとした弓矢がないと捕えるのはほぼ不可能だろう。七面鳥は大きくて強くて素早い鳥だ。森に棲むあらゆる捕食者たちから狙われているので、周囲のようすをいつも警戒しているし、360度近い広い視野も持っている。だから忍び寄るのは簡単ではない。

七面鳥を狩る　雛は別として、どんなに石を投げつけても七面鳥は走って逃げるか、飛んで逃げるかしてしまう。棒で殴れるほどの距離に近づくことはできないだろう。そして、かけっこをしても絶対に追いつけない。なにせ相手は時速40kmで走れるのだから。これは人間の約2倍のスピードだ。まだ幼い雛か怪我をした成鳥相手でなければ、素手で捕まえようとするのは時間の無駄だ。うまく七面鳥を捕まえられたら、まずは自分を守ることを考えよう。七面鳥の翼で叩かれて目に傷がついたり、オスの鋭い蹴

爪で手首や指を怪我するかもしれない。くちばしも恐ろしい。野生の七面鳥を生けどりにしたら、首をつかんだまま身体にまたがり、翼と脚を押さえつけること。大きな石で頭部を強く殴りつければ絶命する。ショットガンで狩るときは、頭部と首の上部を狙う。22口径などのライフルで撃つ場合は、胸のすぐ上の首の付け根を狙う。矢で射る場合は側面に回り、翼の骨が身体につながっている部分を狙う。

水鳥

　水鳥に分類される鳥には多種類のカモやガンとともに、アオサギやハクチョウなどが含まれる。七面鳥と同様に、水鳥たちもほぼみな、銃や弓矢などの道具を使わないかぎり、捕えるのが非常に難しい。パッと飛び立ったり、瞬時に水に潜ったりして捕食者から逃れる。水鳥の狙いめは春の巣篭もりシーズンのあとの換羽期だ。鳥類の多くの種では、翼の先端にある初列風切羽が1枚か2枚ずつ徐々に生え変わるが、カモやガンなどはすべての羽根が一時期に抜ける。そのせいで20〜40日ぐらいのあいだ飛べなくなる。それでも水に飛び込んで泳いで逃げるが、ほかの時期に比べればはるかに捕まえやすい。

水鳥を狩る　水への逃げ道をさえぎる。弓矢を使う場合は、外すリスクが少ない身体の中心を狙うこと。翼の付け根を狙うのがいちばんいい。銃で近い距離から撃つ場合は頭か胸でもいい。ショットガンで近い距離の場合は、水上の鳥も地上の鳥も頭を狙えばいい。しかし30〜45メートル離れている場合は、鳥を飛び立たせ、舞い上がった瞬間に撃ったほうがいい。こうすると羽に命中して鳥の動きが止まる可能性が上がる。距離がある場所にいる地上の水鳥に向かってショットガンを連発したが、水鳥は跳ね上

がり、そのまま飛び去ったという例を何度も見てきた。

　カロリーが必要なら、カモの皮は捨ててはいけない。脂肪の塊のような
ものだからだ。ここでもくり返して言うが、水鳥をはじめ州や連邦当局の
法規制で守られている野生動物に、気軽にサバイバルの技を試してはい
けない。必ず適切な免許や許可を取り、法で定められた猟期や捕獲量、
また猟の方法の制限を守ること。

ウズラ

　ウズラは地上で眠るので、フラッシュライトがあれば、夜間が捕まえや
すい。我々は一度、ヘッドランプの灯りを頼りにトレッキングポールでウ
ズラを仕留める人を見たことがある。メキシコのある地域では手作りの罠
でのウズラ獲りがよくおこなわれているが、このやり方は時間がかかるし、
ウズラが罠の存在に慣れて警戒しないように、事前に何度か餌をつけてお
かねばならない。こうした方法を取れないとウズラを捕まえるのは難しい。

ハト

　ヨーロッパとアジアでカワラバトと呼ばれているハトは、巣にいるとこ
ろを手で捕まえられる場合もある。どちらかというと、ハトはサバイバル
時ではなく、都市や農業地帯にいるときに見かけることが多いが、ハトの
ねぐらや巣の場所がわかったら、夜そこに登っていって捕まえることがで
きる。鳥目というくらいで、ハトは暗い中を飛ぶことは避けるし、ライト
を当てられると方角がわからなくなる。ハトはサバイバルトレーニングの
格好の相手ともいえる。なぜならハトは外来種であり、害鳥とされている
ので、ほとんどの場所で狩猟を禁止されていないからだ。

哺乳類

　子どものころ読んだ児童向けのサバイバルガイドの本には、クマを捕まえるための落とし罠を設置したり、シカやヘラジカをポケットナイフを棒にくくりつけて作った銛で倒すシーンを描写したイラストがたくさん載っていた。だが、これらはまったくのたわごとだ。原始的な罠や狩りをマスターすることに人生を捧げてきたエキスパート以外、銃や弓矢や近代的な罠なしでシカやヘラジカ、カリブーやクマ、イノシシやイヌ科の野生動物といった大きな動物を捕まえられる人はいない。こういう動物はみな楽々と人間の3倍の速さで走る。大きな動物を追い詰めたとしても、素手 vs 蹄とか素手 vs 鉤爪で一対一の戦いをしなければならない。相手は恐ろしく強くて獰猛だ。角がない雌鹿だって、蹄のキック一発で人間をノックアウトできる。おとぎ話以外の世界では、大型獣の狩りは必要な装備とノウハウを持った専門のベテランハンター以外は手を出すべきではない。だから、この章では小動物の狩りのほうを詳しく書いておく。

大型獣

　サバイバルを余儀なくされた状態で、適切な道具も大型獣狩りの経験もなく大きな動物を仕留められる可能性は限りなく低い。しかし、ありえないように感じるかもしれないが、泥にはまっているシカを見つけたり、捕食者が慌てて立ち去るときに置いていった肉に出くわしたり、崖っぷちにいる羊をたまたま追い詰めるようなことだってなくはない。じっさい我々もこの目で見たことがある。さて、そんなとき。肉を見つけて、変色していたり臭くなっていたりしなかったら、おそらく食べても大丈夫だ。では、どうやればいい？

大型獣を解体する　まず考えるべきことは、肉を低温で保存することだ。それには日差しをさえぎると同時に、その動物自体が保持している体温から物理的に肉を切り離すべきだ。ヘラジカなどの大型動物は極寒の冬を生き抜くためにうまく体温を逃がさないつくりになっている。体腔内の器官や全身の筋肉は、気温の低い場所に置かれていても死後数時間は体温が下がらない。この体温と消化器官内の残留物という条件が揃うと、バクテリアの繁殖と肉の腐敗が進む。だから肉を切り取るか、内臓を抜き取るしかない。できれば、死後すぐに内臓を抜くか、皮をはぐか、身体を4つに切る、あるいはそのすべてをおこなえるといい。まずは内臓を抜くやり方から説明しよう。

❶肛門の周囲の皮膚に切れ込みを入れたらナイフを上に向け、肛門から首までの腹部の皮を一直線に切り開く。下腹部の腹壁に穴を開けてしまわないように気をつける。

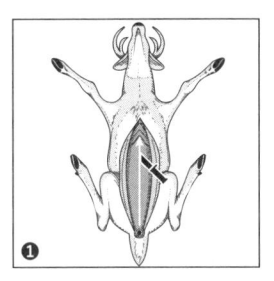

❷ふたたび❶と同じ線上を切るが、こんどは下腹部の腹壁を骨盤から胸骨の下部まで切る。ナイフは上に向けつづけ、胃や腸を避けること。のこぎりか鉈を持っていたら、骨盤を断ち切ると大腸など下部消化管と直腸を切り離すのが楽になる。しかし、骨盤はそのままにして、下部消化管と直腸を腹腔のほうに引っ張り上げて切り離してもいい。どちらにしても、消化管の下半分を体外に出してから内臓を切り離すこと。

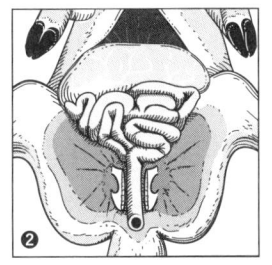

❸のこぎりか鉈がある場合は、胸郭(あばら骨)を喉まで切り開く。

❹ナイフを使っている場合、横隔膜を図の破線のように切り取り、胸腔に手を入れて気管を切る。

❺気管をつかみ、胸腔と腹腔の内容物を外に引き出す。心臓、肝臓、腎臓は切り取り、後で食べるために取っておくこと。それ以外の内容物は捨てる。消化管の内容物が肉に触れないように気をつける。

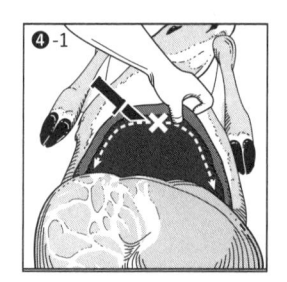 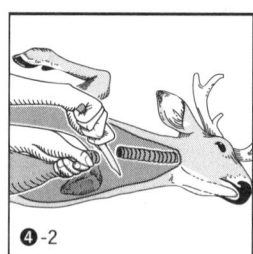 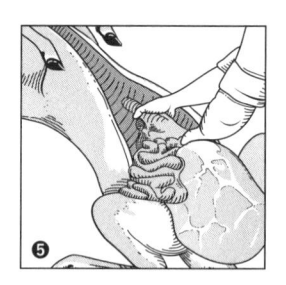

肉の温度を下げるために内臓を抜くのは遠回りなやり方かもしれないが、外気温が4℃以上あるときは手早く、さらに別のこともしなければならない。まずやるべきなのは、日陰を探すことだ。日なたと日陰では気温が20℃もちがう場合がある。体幹部と脚の皮をはぎ（どちらかだけでもいい）、肉を骨から切り離すのも非常に効果的だ。皮にもかなり保温作用があるからだ。ヘラジカやクマは成人男性よりもはるかに体重が重い場合が多いので、持ち運びのために脚を切り離し、肉を切り取ることが必要だ。

大型獣の皮をはぎ、四分割する　大型獣の皮をはぎ、四分割する方法は何通りかある。ここでは内臓を抜く際の切り口を使った一般的なやり方を説明する。

❶図の破線に沿って動物の皮を切り、膝下
　部分は切除する。内臓を抜いたときの縦
　中央の切り口から身体の片側の皮をはぐ。
　皮を引っ張ってその下の筋肉から切り
　離す。これを背中まで続けはいでいく。
　反対側の皮も背中まではぐと体幹部の
　皮は完全に切り離され、切り開かれた皮
　の上に身体が載っている状態になる。

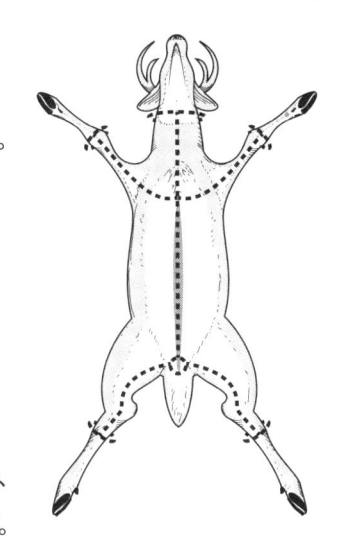

❷身体から脚の上部を切り取る。後ろ脚は
　臀部に球状の関節でつながっているので、
　ねじったり、切ったりすることが必要だ。
前足は関節を切る必要がないので、ずっと簡単に切り取れる（状況によっては、
脚は泥や砂利、虫が肉につかないように皮を残したままにしておく必要がある。しかしその場合はその
ぶん重くなるし、肉の温度をちゃんと下げることができない）。この分割方法はひとつひと
つが運びやすい。骨以外はすべて食べられる（骨の中の骨髄もだ）。

❸いい肉は脚以外にもある。頭部には舌や頬など肉がたくさんあるので、
　肉を多く取ろうと思ったら、できるかぎり皮をはいでおこう。バックスト
　ラップやロインは背骨の両側にある。テンダーロインは背骨と腰の部分
　の体腔内にある。肋骨の間や外側、首、胸部にもいい肉がある。我々はこ
　れらの肉は切り離したあと、手近な日陰になる木の枝や岩に置いて乾燥
　させ、生肉が空気に触れて"外皮"ができるようにすることが多い。この
　工程を加えることで、泥や虫がつきにくくなる。しかし4℃以上の気温の
　中に長く置いておけば、そんなに長くはもたないという事実は変わらない。

小型獣

　小動物を狩るにはいくらかのスキルが必要だ。運まかせで簡単にできる
ものではない。たとえばヤマアラシ、オポッサム、アルマジロは棒があれ
ば殺せるので、これまで多くの遭難者、飢えている旅人の格好の食料源
となってきた。獲物がいる痕跡を見つけるためのちょっとした知識と針金
がひと巻きあれば、小獣用の罠を仕掛けておくことができる。後で戻って
きてうれしい驚きがあるかもしれない。それらよりもう少し地味な獲物も
見すごしてはならない。多くの地域で、リスやホリネズミなどは他の獲物
よりもたくさん生息している。

リス

　北米のリス科の動物は樹上生と地上生に分けられる。樹上生のリスた
ちはハンターがよく狙う獲物で、肉はおいしい。ジリスはあまりおいしい
と言われていないが、食べられる。

樹上生のリスを捕まえる　もっともよくいる樹上生のリス科動物はアメリ
カアカリス、ハイイロリス、キツネリス、それに南西部などに生息するア
ーベルトリスで、多くのエリアでは多数の種の分布が重なっている。大き
さ (150g程度のアメリカアカリスから1kg近いキツネリスまで) やタイプにかかわらず、リス
を仕留めるために必要な基本原則は同じだ。銃や弓矢、あるいはパチン
コまで、どんな武器で攻撃しても命中すればリスは死ぬ。しかしこうした
道具もない場合、樹上生のリスを捕まえるのは非常に困難だ。彼らはすば
しこく、あっという間に木の上の安全地帯に逃げてしまう。しかし、運よ
くリスを木の洞や枝に追い詰められたとき、使える技がいくつかある。洞
に出入り口がふたつあったら、下方の出入り口で小さな火を熾して煙を送

り込めば、リスはすぐに上の穴から飛び出してくる。猛スピードで出てきたところを網か袋に入れて捕まえる。行き止まりの洞の場合、サルトリイバラの長いつるや、釣り針を長く細い棒の先端につけたものを突っ込んで探り出す。つるや棒を洞に差し入れてリスに触れたら、イバラの棘や釣り針がリスに刺さるよう棒やつるをひねる。それから引っ張り出せばいい。途方もないやり方に聞こえるかもしれないが、実際にうまくいったところを我々は見ている。樹上生のリスに使える罠での捕獲法については237ページ右下の図を参照してほしい。リスがよく来る2本の木立ちの間の頭ぐらいの高さのところに棒を水平に設置すると、好んで通ってくれるようになる。彼らがこの棒の存在に慣れた頃に罠を仕掛ければいい。

地上生のリスを捕まえる　地上生のリス科の動物にはプレーリードッグ、シマリス、ウッドチャック、マーモットが含まれる。食用に向いている動物を考えるとき、このカテゴリーの動物はすぐには思い浮かばないだろう。しかしサバイバル状態のとき、棚ぼた的に手に入ることがあるかもしれない。群れで生活していることが多く、大規模で目につくコロニーを形成していることも多いので、樹上生の親戚たちよりも捕まえやすい。もっともストレートなやり方は、石や棍棒のようなものを投げつけることだ。地上生のリス科動物は近くに何か危険が迫ると巣穴に飛び込むが、非常に好奇心が強いので、人間が座ってしばらくじっとして待っていると、たいがいは同じ場所の穴から出てくる。そこをよく狙って何かを投げつけるか、頭部をしたたかに殴りつけるかしよう。時間をかけることができて必要な道具もあるなら、236ページの図にあるような罠を仕掛ける絶好のチャンスだ。こうした穴を作って棲む齧歯類たちは顔を出す場所がわかっているので、紐やワイヤーやケーブルを使って引っ張ると締められる輪っかを作

り、巣穴の出口付近にセットする。紐などの端は地面に置くか近くにかくしておいて、動物が顔を出した瞬間に引っ張って輪を締める。

　巣に水を流し込むのも、リス科動物たちを追い立てるのに効果的だ。農業や牧畜の世界ではよくおこなわれているが、地上生のリス科動物たちはだいたい混乱し、つまずきながら逃げ出してくるので、つかんだり、殴ったりして仕留めやすい。

ウサギ

　アナウサギとノウサギは、リスよりもいろいろな場所で見かけることが多い。アナウサギの肉は非常においしい。アメリカ北部や山岳地帯では、季節によって毛の色が変化する大型のノウサギ、カンジキウサギが見つかるかもしれない。砂漠やグレートプレーンズでは、ジャックウサギを見かけるだろう。ホッキョクノウサギは北部の沿岸地域にいる。ワタオウサギの仲間はさまざまな大きさや特徴のある種がいて、メキシコの大部分、アメリカのアラスカ州以外、カナダ南部に生息している。

アナウサギやノウサギを捕まえる　近づくことも難しいジャックラビット以外は、人間に獲物にされることが少ない地域に棲むウサギやノウサギも、原始的な武器でかなり簡単に仕留められる。ウサギたちは保護色で身を守れていると思っているので、目を合わせるなど、こちらがウサギの存在に気づいている素振りさえ見せなければ、かなり簡単に近づくことができる。ウサギの近くをそのまま通りすぎそうな方向を向いて歩いていき、十分に近くづいたら、棒や石で攻撃する。逃がさないために素早く襲いかかること。現代的な武器で狩るのはかなり直接的なやり方だ。ひとりでやるときは、ウサギを見かけたり足跡 (226ページ参照) を発見した場所をゆっくり

静かな動きで進みながら、前を見て、獲物を探す。ウサギはじっと伏せているかもしれない。パートナーがいる場合はひとりがウサギがいそうな場所で大きな音を立てて彼らを怯えさせ、もうひとりが待ち伏せしている方向へ飛び出していくよう追い立てる。本章の終わりに載っている手作りの罠で、簡単に捕まえられる。アナウサギもノウサギも群れや巣に強い帰属心を持っているので、毎日縄張り内の同じルートを通ることが多い。雪、泥、砂、どの地面でもウサギが毎日歩いてできた道を見つけることができる。その道に沿って棒で柵を作れば、罠とすることもできる。成功の確率は高くないので、たくさん罠を仕掛けること。

オポッサム

　現代のハンターの多くは、北米に生息する唯一の有袋類オポッサムに見向きもしないが、サバイバルな状況にいる人がオポッサムに出くわしたら、それはとてもラッキーだ。「オポッサムのように死んだふりをする」という言い回しがあるが、オポッサムは冗談ではなく本当に死んだふりをする。いい気持ちはしないが、その習性を利用して簡単に捕まえることができるのだ。オポッサムは危険を感じると、身を固くして、口元に泡を吹き、歯を剝き出し、白目を剝いて、肛門腺から死臭のようなにおいを出す（科学者によると、オポッサムはみずからの意思でこんなことをしているわけではないらしい。危険に対する不随意的な反応で、気絶のようなものだという）。動きを止めないときのオポッサムはじっとこちらを見下ろし、逃げるのではなく、威嚇の声をあげることのほうが多い。

小動物の足跡

ヤマアラシ	エリマキ ライチョウ	七面鳥	オポッサム	ワタオウサギ	カンジキウサギ
9cm　5cm	5cm	10cm	5cm	5.7cm 2.5cm	11.5cm 4.5cm

10cm / 8cm / 20cm / 15cm / 40〜90cm / 25cm

走った場合　　歩いている場合

オポッサムを捕まえる　我々のチームには、単に身をかがめて拾い上げるだけでオポッサムを捕まえたことが何度もある者が数人いる。しかしオポッサムはすぐに死んだふりをする一方で、実際に絶命させるのはかなり難しい。とどめを刺すのにいちばんいい方法は、オポッサムをうつ伏せにし、首の上に丈夫な枝をのせ、その枝の両端を足で踏む。それからオポッサムの尾をつかんで、強くしっかりと引っ張る。十分に力をかけると、脊柱が外れるのがわかるだろう。4回か5回、その感覚があるまで引っ張りつづけよう。残酷に思えるかもしれないが、人間が道具なしにオポッサムを絶命させられる方法はこれしかない。

ヤマアラシ

　ヤマアラシはアメリカ北部とカナダの最北部から西部、グレートプレーンズ、中西部、五大湖、ニューイングランドまで全域にいる。オポッサムと同様、サバイバル中の人にとっては貴重な食料で、その肉は豚肉に似ていると言われている。ヤマアラシのPorcupineという単語の冒頭3文字はフランス語で豚を意味するporcと同じだ。

ヤマアラシを捕まえる　この棘だらけの齧歯類はしっかり武装しているが、スピードや身軽さには恵まれていない。走って逃げるヤマアラシには、すぐ追いついて棒で背中を打ちつけることができる。頭に打撃を加え、絶命させる。ただ、林の中で出くわしたときはすぐに見失ってしまうだろう。

ビーバーとマスクラット

　どちらもオポッサムやヤマアラシほど簡単には捕まえられないが、注目する価値は十分にある。ビーバーもマスクラットも北米じゅうに広く分布していて、ほぼ必ず水の近くに棲み、見分けやすい足跡をたくさん残すので、その存在と居場所を見つけやすい。マスクラットもビーバーも家、つまり巣を作る。材料は木の枝、植物、泥などを使う場合と、単に河岸を掘って巣穴にすることもある。巣には水中に出入り口があり、直接水の中に出ていけるようになっている。マスクラットの巣は1ブッシェル（35L）が入る穀物カゴぐらいの大きさで、ビーバーの巣は車一台分ぐらいの広さがある場合もある。ビーバーもマスクラットも食料を蓄えるので、“貯蔵庫”を持っていると言われている。ビーバーは水中に食料の山を作り、マスクラットは寝床に蓄えたり、水面より上に「押上式」と呼ばれる倉庫を作ったりする。ビーバーやマスクラットらしき足跡や地上の通り道、地面から水の

中へと滑り込める坂道を見かけることはよくあるだろう。そこには彼らがいる。マスクラットの通り道は人間の手の平ぐらいの幅がある。ビーバーの通り道は人間の太もも以上の幅がある。

ビーバーやマスクラットを捕まえる　ビーバーとマスクラットは通常、毛皮動物に分類される。毛皮動物は特別な法規制の対象になっている。ほとんどの州で通常の狩猟許可証ではなく、罠猟許可証が必要だ。毛皮を持つ動物すべての中で、この2種は従来の罠でもっとも捕らえやすい。ベアトラップと一般に呼ばれているはさみ罠は、巣の入り口に続く通路や初日に作ることが多い巣の陸上部分の入り口に仕掛ける。くくり罠も同じように仕掛ける (237ページ参照)。どちらの狩りも単純だ。ビーバーやマスクラットの活動の痕跡がある場所に近い岸辺でじっと待つ。とくに日の出後30分と日没前30分がいい。ビーバーとマスクラットは浅い水に入っているとき以外は撃たないこと。水中に飛び込み、沈んでしまったら、絶対に見つからない。撃ったらすぐに走っていって確保しよう。必ず頭部を狙うこと。

　ビーバーやマスクラットを罠も銃もなしに捕まえるのは難しいが、不可能ではない。我々は何度か陸にいるところを見つけて水に戻れないように立ちはだかり、尾をつかんで捕まえたことがある。大きなマスクラットでもビーバーの10分の1もないぐらいのサイズだが、マスクラットのほうがビーバーより反撃してくる可能性が高い。その場合は、棒で鼻の先端を激しく叩こう。ビーバーはさらに強いが、頭部を強打してから水に沈めて溺死させる。ネイティブアメリカンには、罠も銃もなしでマスクラットやビーバーを狩る方法がいくつかあるが、たいていは彼らの巣やダムを壊すことが決め手となっている。昼間、マスクラットの巣に近づき、出入り口の

前の泥に棒を突き立てて通れないようにする。そうしておいて岸辺の巣の場合は上から掘り、木を組み立てて作った家は上部を取り外す。逃げ出そうとするところを素早くつかむこと。ネイティブアメリカンはビーバーのダムを突き崩し、水が流れ出てしまうようにする。水が引いてくると同時に岸辺の巣や家を壊し、動揺したところを棍棒で殴って捕える。かなり大掛かりなやり方だが、とてもうまくいくのをあちこちで見た。しかし忘れないでほしいのは、アメリカの多くの州とカナダでは、人間の財産に損害をあたえる動物の駆除として特別な許可を得ていないかぎり、ビーバーやマスクラットの棲処や巣、ダムに穴を開けたり、壊したりすることは違法である。

ラット、ネズミの仲間

　ネズミの仲間を食べるのはあまり気が進まないかもしれないが、齧歯目の小型動物たちは哺乳類の中でもいちばん広範に分布している。人間が旅しようと思うあらゆる場所で、ラットやネズミやトガリネズミ、レミングなどの毛皮のある小さな生き物に遭遇する可能性がある。そのうちの多くは比較的捕まえやすいから、見すごさないほうがいい。そしてこれはもう何度も言っていることだが、この生き物をごちそうとして扱う文化は世界のあちこちに存在している。

小型の齧歯類を捕まえる　ネズミやトガリネズミは、人間を見つけて向こうからやってくる。多くのネズミが本能的に人間に興味を持っているようだ。これは食べ物のかけらのにおいに惹かれているのだろう。我々は何度も、キャンプで寝袋に入って目を閉じてから数分も経たないうちにテント内を漁り出したネズミたちに、寝袋の上を歩き回られる経験をしている。

棒や石で叩いて捕えられる。巣穴を
見つけることも簡単だ。中空になった
丸太の中からつかみ出せるし、地面
の巣は手や簡単な道具で掘れば捕え
られる。種類によっては罠で簡単に
捕まえられる。ただし餌が必要で、も

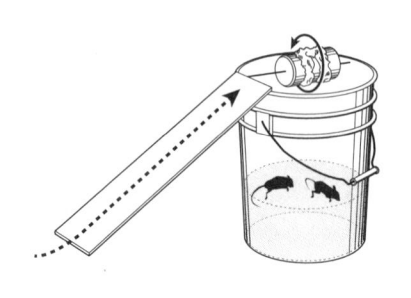

っともいい餌は人間の食べ物だ。ほんの少しの食べ物とはいえ、犠牲にす
る価値があるかどうか考えよう。餌を毎回取られずに、たくさんのネズミ
を捕まえられる罠もいろいろある。1回分の餌だけで多数を一網打尽にで
きるバケツを使った罠もある。あなたに発明の才があれば、自然界にある
ものだけでこのような罠を作れるだろう。

小動物の調理で気をつけるべきこと

　小獣の調理に関する原則は、ここまで書いてきたもっと大きな動物たち
に関するものと同じだ。しかしそれぞれの種に特異な点もあるし、獲物を
最大限に活用するために有効な共通点もある。

● 哺乳類の小型獣

世界じゅうのハンターや採集者にとって、下準備なしで調理できるあり
がたい動物たちだ。お気に入りのレシピにはなかなかならないかもしれ
ないが、カロリー源が貴重なときには簡単に調理できて助かる。手順は
ひとつだけだ。捕らえた小型獣を内臓を抜かずそのまま石炭の火の上に
置き、毛が焼け落ちるようにする。皮が固くなり、焦げ目がついてきたら、
回転させる。何度もだ。肉は皮の内側で蒸し焼きになり、皮膚が焼け落ち
るまでには食べられる状態になっている。このやり方で毛を取りのぞい

たら、あとは切り分けて柔らかくなるまでゆでることもできる。

◉ 地上生のリス科動物

樹上生のリスたちと同じような調理法で食べられるが、たくましいマーモットからは、とくにたくさんの肉が取れる。6kg以上取れる場合もあるぐらいだ。しかし、アメリカ西部のプレーリードッグのコロニーでは伝染病が発見されたこともあるので注意が必要だ。だからネズミの仲間を扱うときはよく洗って清潔にし、衛生的な習慣を守るのがもっとも大切だ。筋組織や皮膚の内側が変色していないかをよく観察し、ネズミの身体から乗り移ってきたダニやノミに咬まれないようにしよう。ネズミを扱った後は、ごしごし手を洗おう。そしてネズミ類は念のためよく火を通すこと。

◉ ウサギ

ウサギの肉はおいしくて、調理も簡単だ。骨付きのまま焼くといちばんいい。下ごしらえは皮をはぎ、脚の膝下部分と頭部を切り落とすだけだ。串に刺して火の上で焼く。少し固くなってしまうかもしれないが。鍋に肉全体がかぶるくらいに水を入れ、ゆっくり数時間かけてゆでると肉が柔らかくなる。しかし、伝染性の高い野兎病のバクテリアに感染するリスクが多少あるので、ウサギの肉は用心して扱うこと。

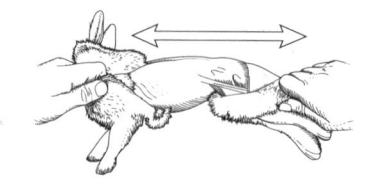

皮の表面を裂くか、切り込みを入れるかすると、
皮をはぎやすい

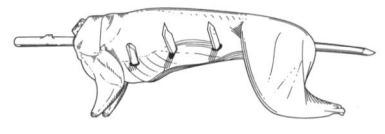

串刺しにした肉に短い棒などを直角に刺して
固定し、ローストする

◉ オポッサム

先住民の多くの部族やヨーロッパから来た入植者、またギリギリの生活をしていたハンターたちはオポッサムの肉を好んで食べていた。今日でも、南部の田舎や中央アメリカ、南米にはオポッサムを食べている人たちがいる。ジェームズ・タウンの入植地の知事ジョン・スミスに同行してきた作家ウィリアム・ストレイチーは1607年に、オポッサムの肉は豚肉のような味がすると書いているし、マーク・トウェインもオポッサムを食べたことを綴っている。オポッサムを仕留めたら皮をはいで、ほかの小獣と同じように調理すればいい。オポッサムには旋毛虫が寄生している可能性があるので十分に加熱して食べること。

◉ ヤマアラシ

ヤマアラシを捌くのは大変だが、安全におこなう方法がある。棘がない腹部の皮膚を切り開き、内臓を抜いたら、外側に向かって慎重に皮をはいでいく。このとき棘には触れず皮を持つようにするとよい。北米ではかつてヤマアラシは多くの先住民の重要な食料であったが、いまは害獣のように扱われていて、捕獲量や狩猟時期の制限はない。彼らが森の樹木や人間の住宅などに損害をあたえているからだ。魚類鳥獣保護局は適

正な免許や許可なしにシカを狩った者は刑務所送りにするが、ヤマアラシに関してはまったく気にしていない。

● マスクラット

ビーバーは体重が30 kgほどにもなるが、マスクラットは2kgぐらいにしかならない。しかも消化管の占める割合が大きいので1匹から取れる肉は少ないが、味はおいしい。肉のほとんどは脚と背部から取れる。皮をはぎ、手に入る道具でできる方法で他の小型獣と同じように加熱する。ちなみに、ビーバーの仲間はサバイバル中の人にとって貴重なものを持っている。オールのような形の幅広い尾だ。この尾にはたっぷりと脂肪が貯蔵されている。味は牛肉ステーキの筋の部分のような感じで、空腹のときにはたまらない。この尾のいちばんいい調理法は棒に突き刺して、火の横に立てておくことだ。片面の皮が焦げてめくれ上がってきたら、ひっくり返して反対の面を焼こう。皮の焦げた部分をこそげ落とすと、おいしい肉と脂肪が現れる。

罠について

ここまで罠についてくどくど説明してきた文章を読み、読者のみなさんは動物を罠に追い込むのはブルーベリーを摘むくらい簡単なように思ったかもしれない。実際は半ページほどの説明と何枚かのイラスト図解を見ただけで、自然界にあるもので罠を作り、動物を仕留めるところまで実現させるのはほとんど不可能だ。熟練した罠猟師は例外なく、生涯この技術を実践しているような経験

者で、すばらしい問題解決能力を
持ち、野生動物の行動を熟知して
いる。だからこそ猟が可能なのだ。

　現代の罠猟師たちはさまざまな
専門の器具を使っている。通常は
はさみ罠とくくり罠を組み合わせ
て、この図のように設置したり、
236-237ページの図のような罠を
使ったりもする。

　くくり罠はもっとも初心者にやさしく、使いやすい仕組みの罠で
あり、熟練した罠使いなら、半ダースほどのくくり罠があればどん
な未開の地でも食料を調達して生き延びることができるだろう。ま
た、罠猟師たちは動物の内臓や植物のエキスやさまざまな野生の
果実や肉で、自作のおとりを作ることもある。どんな器具を使うに
しても、それを使いこなすのは難しいし、何年も時間をかけて試
行錯誤しなければうまくはいかない。この道をたどってみたいと真
剣に考えている人は、現代の罠猟師として有名なボブ・ヌーナン、
マイク・マーシャダ、ハル・サリバンなどの本を読んでみるといい。

　また、罠猟は複雑な法や規制で厳しく管理されている。この太
古から続くライフスタイルを試してみる前に、必ずその地域の罠猟
に関する法律を調べること。

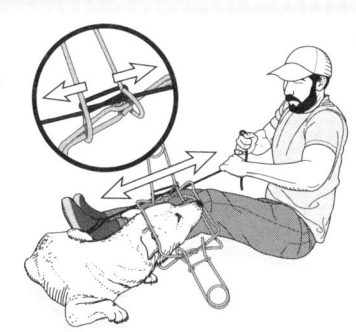

犬を飼っている多くの人が、自分の愛犬が罠にかかってしまったらどうしようと心配している。はさみ罠とくくり罠は長時間ずっと罠にかかったままにならなければ、深刻なダメージは起こらない。しかしトラバサミにかかったらすぐに死んでしまうかもしれない。すぐに手か、図のように靴紐を使って力をかけ、バネを押して犬を解放しよう。

スキル：くくり罠

くくり罠という分類には、罠の輪の中を動物の首や身体が通ったときに締め付けて捕まえるタイプのさまざまなものが含まれる。動物の移動ルートに設置して、餌やおとりなどをつけておくと、放置したまま食料を調達できる。カロリーを確保しなければならないが、周辺の探索もしなければならないときには便利だ。市販の鋼鉄製の罠に比べ、くくり罠はすぐ獲物に学習されてしまう。しかし材料は簡単に手に入る。

くくり罠は昔は植物の根や蔦、さらには髪の毛を編んだものなどで作られていたが、現在使われているのは亜鉛でメッキされたケーブルや輪を締め部にした市販品だ。シンプルな手作りバージョンは、金物店で売っている絵を吊るすワイヤーのような編組ケーブルが少しあれば作れる。リスやウサギを捕まえるのには適しているが、もっと大きな動物には適さない。

　くくり罠を真剣にやりたいなら、現代の罠猟師や動物管理局の専門家御用達の器具を使うべきだ。この現代的なくくり罠はケーブル、ロック装置、エンドストッパーなどの部品からできている。

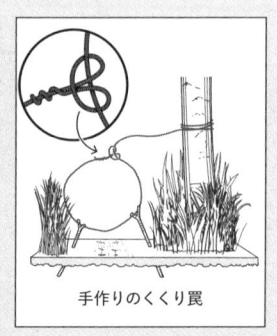

手作りのくくり罠

　ピンチのときはこうしたくくり罠を自分なりに作ってみよう。通常、亜鉛でメッキされ「航空機用ケーブル」と呼ばれているものを使うが、これは細いワイヤーを束ねたものをさらにねじってまとめることで、しなやかさと丈夫さを強化している。多くのくくり罠は7×7のケーブルで作られている。7本のワイヤーで作った束を7本束ねたものだ。万能なサバイバルくくり罠は、直径1/16inの7×7ケーブル36in（約90cm）で作ることができる。

可動式
スイベル

一般的なくくり罠

　輪を留めるロック装置はワッシャーロック、カムロック、グレガーソンロックとトンプソンロックがよく使われている。ワッシャーロックはどこのガレージや作業場にもあるような、普通に手に入るワッシャーを使っていて、単純な作りなので自作しやすい。

　エンドストッパーはくくり罠を、捕らえた動物をつないでおける強度のある支柱や木や柵などに留める部分だ。多くのエンドストッパーは動物を拘束しているあいだにケーブルがからまってしまわないよう、スイベルもついている。スイベルはとくに動物を傷つけずに捕獲したいときに重要だ。

　動物を捕らえられる確率を上げたいなら、226ページの小型獣の足跡表を参照し、この章全体のそれぞれの動物に関する情報を読み、ここにあるくくり罠の仕掛け方の図をよく見よう。くくり罠の設置は比較的簡単だが、仕掛ける場所を間違えるとすべてが無駄になる。

ウサギ・ビーバー・アライグマ・リス用のくくり罠の仕掛け方

ウサギの巣穴や棲処への道を見つけ、くくり罠に入らざるを得ないように棒を設置しよう。地面から10cmの高さに直径13cmほどの輪を設置する

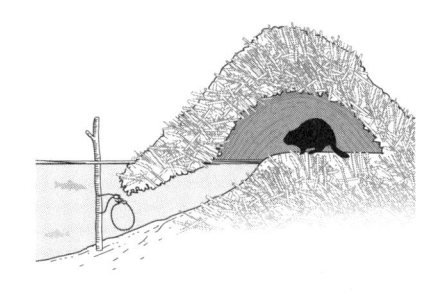

ビーバー用のくくり罠はビーバーの家の水中の出入り口に設置する。水底から5cmの高さに直径25cmの輪を設置する

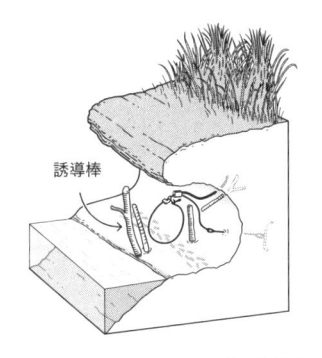

アライグマ用くくり罠はよく通る道に仕掛けよう。地面から10cmの高さに直径15〜20cmの輪を設置する

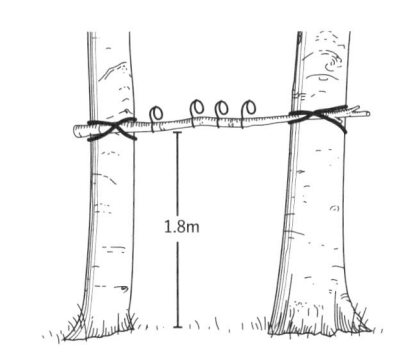

リス用の罠は複数を一本道になっている枝に仕掛けよう。棒から2〜5cmの高さに直径8cmの輪を設置する

※注意　くくり罠を試す前に、適用されるすべての規制を参照すること。くくり罠の使用を完全に禁止している州もある一方で、シカや家畜がかかっても自力で外せるような解除装置をつけるだとか、捕獲された動物の首が締まらないようにロック装置を緩めるだとか、家畜や大型獣が抜けられなくならないように輪を強く締めることを禁止するなど、段階的な規制をしている州もある。

肉食獣

　そう、人間はクマや大型のネコ科動物（ピューマ、ボブキャット、オオヤマネコなど）、野生のイヌ科動物（オオカミ、コヨーテ、キツネなど）、イタチ科の動物（アナグマ、カワウソ、フィッシャー、テン、ミンク、クズリ、スカンクなど）を食べることができる。しかしこの動物たちは賢く、わざわざ出てきてまんまと仕留められるようなことはありえないし、戦う相手としては明らかに手強すぎる。

　もしもたまたま武器を持っていて、それを使いコヨーテなどを仕留めることができてしまったら、気持ちを引き締めよう。クマやピューマの肉はかなりおいしいが、ほかの肉食獣の肉はたいてい新鮮なときでさえ不快なにおいがするものだ。どの動物の肉も食べて問題はないが、たくさん食べようと思うには、本当に空腹でないと無理かもしれない。なんであれ、肉食獣の肉はよく加熱すること。肉食獣には旋毛虫がいるかもしれないから、70℃以上でよく火を通すこと。我々は実体験からこれだけは言える。もし今まで旋毛虫に感染したことがなかったなら、これから一度たりとも感染したいとは思わないだろう。

そして最後に、ヒトの肉を食べることについて

　歴史を紐解くと、世界のあちこちで、その地域の風習によって自覚的に人肉食がおこなわれていたという記録とともに、社会的なタブーと飢えの間で葛藤しながらも食べることを選ばざるを得なかった記録がたくさん出てくる。この恐るべき問題はよく話題にのぼる。もしそうなったら、食べる？　食べない？　長年こういう話をしてきたが、自分が人肉を食べる可能性は絶対ない、とまじめに否定した人にはひとりも遭遇していない。アウトドア生活が長くなるうちに、みな生と死について深く理解し、ヒトの肉を食べることがあるかもしれないという可能性に対する本能的な嫌悪感がなくなり、現実を受容できるようになっていくのだ。

　私たちの仲間や友人たちがそういう場面に陥ったら、食べることを受け入れても不思議はない。そして、自分が食べる側になるばかりではないということだ。自分が死に、仲間たちはその肉を食べれば生き延びられるかもしれないというとき、できることなら自分の肉を皿に載せて差し出したいくらいだ。だって、彼らに遺してやれるこれ以上のものがあるだろうか？　これを読んでいるあなたも、もしもそういう状況に至ったら、ためらわないでほしい。もっとも食用に適していて、もっとも取りやすいのは尻の肉だ。しかし最初のひと口を食べる前に、今日の食材になった人がどんな生活を送っていたかはちょっと考えてみてほしい。たとえば旋毛虫を持っている人も多少はいる。70℃以上に加熱して、召し上がれ。

咬まれ、襲われ、刺されるリスク

Things That Bite, Maul, Sting, or Make You Sick

　私はクマに追いかけられ、ミノカサゴの毒針に刺され、デンキウナギで感電し、サシハアリに刺され、ヘラジカに踏まれたことがあるが、もっとも被害が大きかったのはゴマ粒ほどの大きさの生き物にやられたときだ。もうずいぶん前の話だが、3歳だった息子を連れて、ニューヨークのハドソンバレーにブルーギル釣りにいったとき、息子も私もマダニに咬まれた。丸い形の大きな発疹（遊走性紅斑点）に続いて、ライム病のめまぐるしく変わるさまざまな症状に何ヶ月も心身ともに苦しめられることになった。顔面麻痺、関節痛、吐き気……、そして私の場合は短期の記憶障害があった。ありがたいことに息子は抗生物質をしばらく服用するとすぐ回復しはじめ、1ヶ月ほどでよくなったけれど、私はそれほど幸運ではなかった。抗生剤を服用している間にも症状はどんどん悪化して、ごく短い階段でも手すりにつかまらないと降りられないほどになった。兄弟に電話して、私の冒険の日々は終わりかもしれないと泣きながら言った。最終的に、感染症治療の専門医に勧められた小さな手術を受け、上腕に埋め込んだポート内のシリンジから直接心臓のてっぺんの血管に抗生物質を流し込む治療を受けた。その年の夏の釣りと秋の狩猟の旅をすべてキャンセルしたあと、私はよくなりはじめた。感染した日から6ヶ月後、ようやく回復した。

　この経験で学んだことがあるとしたら、危険な動植物に対してはよく知り、現実的な対応をしていかねばならないということだ。相手がどんなに小さくても。ハイイログマに襲われたらとか、ガラガラヘビに咬まれたとか、そういうことへの対処法については頭をめぐらせる一方で、我々は知らぬ間に忍び寄ってきてトラブルを起こす地味な存在のことを忘れてしまいがちだ。ただし、ハイイログマやガラガラヘビの危険は考えなくてもいい、ということではない。野生動物に襲われて引き裂かれるリスクは実際どれだけ小さいかといった統計データは、見聞きしたことがあるだろう。

いわく、クマよりもペットの犬や家畜である牛から殺される確率のほうが高いと。あるいは、サメに咬まれるよりも雷に2回撃たれる可能性のほうが高いだとか。問題はこうした統計は人類全般について均して見たものだということだ。海に潜りながら水中銃で魚を獲るスピアフィッシングや、未開の地の旅、アラスカやカナダ、アメリカ西部などで大型獣の狩りをするようなリスクの高い行動をする人々にはあてはまらないのだ。こういう人たちは野生動物に殺されたり、怪我をさせられたりする可能性がはるかに高い。何十年にもわたって、9月に北西部のワイオミング州でヘラジカを狩っていたら、いつかはハイイログマに遭遇するだろう。ハワイでスピアフィッシングをライフワークにしていたら、サメと戦う羽目になるだろう。そういうときに生還できるかどうかは、その場でどう対処できるかにかかっている。そしてそれは、どれだけの知識があるかに大きく左右される。

　しばらく統計のことは忘れよう。動物に襲われて怪我をするリスクが高くても、低くても、恐怖を抱えたままでいるのは精神的に負担が大きい。クモやオオカミを見かけていなくても、いるんじゃないかと怖くてアウトドアも楽しめないかもしれない。目標を成し遂げるための集中力の邪魔になるかもしれない。それに、その恐怖心のせいで間違った選択をしてしまうかもしれない。アウトドアで冷静でいるためには、こうした危険をよく理解し、偽情報と区別しておくことが非常に重要だ。

　ボリビアでサシハアリに足首を刺されたとき、ジャングルの地面に転がって、激しい痛みに何時間も悶え苦しんだ。あとから思えば、肉体的なつらさより精神的な苦しみのほうがはるかに大きかった。このときの私はサシハアリに刺されたらどうなるかを知らなかった。刺されたら大変ということは知っていたが、それが具体的にどう大変なのかは知らなかった。そ

してもちろん刺された場合の対処法も。ネイティブアメリカンの相棒ふたりによって、事態はさらに悪くなった。彼らは言葉の壁を克服しようとジェスチャーで語りかけてくれた。ひとりは指で自分の脚の内側を股間に向かって撫であげてみせている。彼が本当に伝えたかったのは、ズボンの中を這い上ってきたアリにまた咬まれないように気をつけろ、ということだった。しかし私は、アリの毒が脚の血管内をのぼってきて、身体の中心まで到達するぞと言われていると解釈した。恐ろしすぎる。そこではもちろんネットにつなぐことはできないし、スマートフォンの電波も来ていなかった。だから私は暗がりに横たわり、脚の切断や毒が血管を通って全身に回っているところを想像していた。実際にはサシハアリに咬まれても治るし、2時間もすれば痛みはおさまって、また元の活動に戻れる。そのことをこのとき知っていたら、最悪の状況を想像しつづけたあの恐ろしい時間を過ごさないですんだのだ。

　そしていまも経験と知識が少ない人たちは、アウトドアでの活動にまつわる危険について鵜呑みにし、ことさら重大に考えているかもしれない。だが結局、アウトドア好きの多くにとって、危険もまた魅力のひとつなのだ。数日前にカリフォルニアでスピアフィッシングをしていたときの話をしよう。ホホジロザメがうようよいることで有名なレッドトライアングルのすぐ南のポイントだった。このとき同行した人がさまざまなサメの種類についてざっと説明してくれた後、私たちは闘犬のようなオオメジロザメや仕留めた魚を盗もうとするカグラザメ、イタチザメがまるで本当に人間を怯えさせようとしているみたいに不気味に現れることなどを話して盛り上がった。しかしホホジロザメについて、彼はほとんど語ることがなかった。「何もできないよ。襲われても、気づいたときにはもう遅い。ホホジロザメのことは考えようとも思わないね」彼はそう言った。そして私に微笑

みかけるとダイビングマスクを直し、波の下へと消えていった。

植物

　ハイイログマのように襲いかかってくるわけではないが、植物やキノコのなかには食べると病気になったり、死んでしまったりするものがたくさんある。だからアウトドアでの健康と安全をおびやかす生物のカテゴリーの最上位、というか最下位にあげた。まず全体として言えるのは、絶望的なサバイバルの状況にあり、飢えに直面していないかぎり、正体がはっきりしない植物やキノコは食べてはならないということだ。カロリーを摂れても、摂れなくても、よくわからない植物を食べて中毒症状が出て身動きが取れなくなるリスクを冒すのはまったく割に合わない。それよりも、触れたり、煙を吸ったりしただけで深刻な症状が出たり、動けなくなったりする植物を見分け、避けることに労力を費やしたほうがいい。

ポイズンアイビー、ポイズンオーク、ドクウルシ

　北米原産で北米のほとんどの地域に分布している毒のある3大植物は、アウトドアでもっともよく出会う、触るとかゆくなるウルシの仲間だ。ポイズンアイビー、ポイズンオーク、ドクウルシの痛みとかゆみを伴った強い発疹は治るまでに数週間かかることもあり、その間眠れず、集中が難しく、不快な日々が続く。ひどい場合は、触れただけで入院が必要なほどの重症になる。とくに恐ろしい点は、発疹が数日ごとの段階を踏んで新たな部分に広がっていくので、どこまで広がるか1週間ほど経たなければわからないことだ。

ポイズンアイビー　ポイズンアイビーには西部
と東部というわかりやすい2種があり、その両
方が北米じゅうに分布している。アメリカの東
半分のウルシの生育に適した森や沼地などに
たいていポイズンアイビーが生えていて、ミネ
ソタからメインまでの北部のカナダとの国境の
州では、両方の種が生えている。「3枚葉には

近づくな」がポイズンオークやポイズンアイビーを避けるための古いこと
わざだが、例外がないというわけではない。一般的に、ウルシの葉は1本
の茎に、中央に大きな葉1枚とそれより小さめで外向きに生えている葉2
枚がセットになってついている。葉の先はとがっていて、表面はなめらか
な場合もざらざらしている場合もある。春には赤みを帯びていて、夏には
緑色になり、秋にはオレンジ色に変わる。緑がかった色の小さな花がかた
まって咲き、緑がかった白色の小さな実がなる。

ポイズンオーク　ポイズンアイビーと同様に、
ポイズンオークもよくある種がふたつあり、
緑色がかった黄色か白色の小さな果実がかた
まってなる。パシフィックポイズンオークは
アメリカの西海岸線沿いすべてからカナダ西
部にまで分布している。灌木になる場合もつ
る状に伸びる場合もあり、ほかの植物を圧倒

するほど密生することもある。アトランティックポイズンオークはアメリ
カ南部や南東部、フロリダ北部からニューイングランドまでの東海岸沿い
の乾燥した砂地に生えている。どちらも1本の茎に3枚の葉がついていて、

大きめな葉1枚が真ん中にあり、それより小さな2枚が横向きに生えている。葉の形はオークの葉に似ているが、葉の枚数はいろいろあるので、「3枚葉には近づくな」ということわざが当てはまらないこともある。葉が7枚セットになって生えているポイズンオークもある。

ドクウルシ　サンダーウッドという別名もあるドクウルシは、ポイズンオークとポイズンアイビーの近縁種だ。灌木や低木に成長するこの植物は五大湖がある州の東側の海岸線とメキシコ湾岸の州の湿地帯に分布している。ドクウルシはポイズンアイビーと同じ場所に生えていることもあるが、ポイズンア
イビーほどはびこらず、問題も少ない。ドクウルシの茎は通常は赤色で、葉はつややかな緑色だ。大きな葉の根元に小さな葉が数枚かたまって生えていることが多い。

　このウルシの仲間3種は葉からウルシオールという油性の液体を分泌し、人類の85％はそのウルシオールにアレルギー反応を示す。ウルシの仲間との接触を防ぐためには、森に行くときは長袖、長ズボンという服装をすることだ。もしもウルシの仲間に触れてしまったら、なるべく早くに衣服を脱いで、お湯と強い洗剤を使って何度も洗うこと。ウルシオールは衣服に付着してもその毒性が消えず、時間が経ってから肌に触れても症状を引き起こす。ウルシの仲間の近くに行ったあとは、ちゃんとした対処法が取れるようになるまで、不用意に肌が露出していた部分や、ほかの人の肌、ペットなどに触れないようによく気をつけること。ペットたちがポイズン

アイビーやポイズンオークの感染の原因になることもよくある。飼い犬を撫でたり、グルーミングをした際に知らずにウルシに接触してしまうのだ。犬自身は毛皮によって守られ、症状が出ていない。

　症状は、手首の裏や肘の内側、膝の裏、手の指の間などの薄く柔らかい皮膚に、くっきりとした小さい水ぶくれができることからはじまる。皮膚が厚く、堅い部分にも後から水ぶくれができる。

　ウルシに触れたと気づいたら、すぐに行動することが大切だ。全身を石鹸でよく洗い、お湯でウルシオールを溶かして流し去る。冷湿布やヒドロコルチゾールの軟膏も症状を軽減してくれる。重症の場合は発熱し、インフルエンザのような症状が出て、猛烈にかゆくなる。物理的に接触しなくてもアレルギーが起こる場合もある。ポイズンアイビー、ポイズンオーク、ドクウルシを燃やした際の煙を吸うと、呼吸器に深刻な問題が起こる場合もあるので、キャンプファイヤーで火にくべるものの正体にはよく気をつけること。重症になったときには医師の診察を受けよう。ステロイドのクリームと内服薬はつらい症状を軽減し、回復を早めてくれる。

サボテン

　北米原産のサボテンは何百種もある。注意していれば通常は避けるのに苦労はしないが、油断した途端にチクリと刺される。アメリカ南西部の砂漠に生えているイメージが強いが、ロッキー山脈やグレートプレーンズ、南東部の州にも驚くほど多様な形とサイズのものが生えている。多様なのはサボテン全体の形だけでなく、棘の形も同じだ。鉤状毛という髪の毛に似た、拡大鏡を引っ張り出さなければ見えないほどの小さな針を持つ種類もある。一方でジャンピングチョーヤ（ウチワサボテン）には楊枝や縫い針にも使えるほど大きくて丈夫な針がある。大きさにかかわらず、どのサボテン

の棘も刺さったらものすごく痛い。サボテンの棘に刺されるのは、主にか
がんだときと転んだときだ。もっともよく刺さる場所は膝、向こう脛、肘、
手だ。よくある症状は赤みと腫れで、重症の場合は感染し、神経が傷つ
けられ、関節痛が起こる。

　棘が刺さったら一刻も早く抜き、服にも針がついていないかをチェック
し、後でどこかに刺さってしまうことを予防する。大きな棘はマルチツー
ルに入っているペンチで抜くと非常に抜きやすいが、小さい棘には小さな
毛抜きを使ったほうがいいだろう。時間をかけて、棘は一本残らず抜こう。
皮膚の下に完全に入ってしまった棘や抜こうとしているうちに折れて残っ
てしまった棘があると、化膿してしまい、出てくるまでに数日か数週間（あ
るいは数ヶ月のことも）かかることもある。だいたいは、にきびのような皮膚の盛
り上がりの真ん中から顔を出してくる。そうなったら押し出そう。髪の毛
のように細くて小さい棘を抜くときはイライラするが、医療用テープやダ
クトテープを使うと話が早い。テープを問題の箇所に強く押しつけてから
はがす。これでどんな頑固な棘もたいてい抜ける。どんな方法でやってみ
てもいいが、払いのけるように取り去ろうとしてはいけない！　棘が折れ
て、一部が皮膚の下に残ってしまい、さらに取りにくくなるからだ。棘を
抜いたあとは、その箇所を石鹸と水で洗うかアルコールで拭き、その部位
用の抗生物質の軟膏を塗る。大きな棘が肉に深く刺さってしまったり、目
や耳や股間のような弱い場所の近くに刺さった場合は、それ以上被害が
広がらないように、救急救命センターに行って外科的に抜いてもらうこと。
最後に、サボテンが生えているエリアでキャンプをするときは、テントを
張ったり、スリーピングパッドを敷いたりする前に、寝る場所をよく掃除
をすること。サボテンから抜けた後の棘でも、ふくらませたスリーピング
パッドに簡単に穴を開けてしまう。

その他の棘のある植物

　森で出会う可能性のある棘のついた植物の多くは、それほど心配ない。ワイルドラズベリーを摘もうとしたり、ワタオウサギを追いかけていて、シオデの仲間シオデスミラクス・ボナノックスの藪を突っ切ったりしたときには、棘に引っかかれるかもしれない。しかし全体として、こういう植物は簡単に避けられるし、引っかかれたとしても傷は浅いことが多い。しかし棘のある植物のなかで2種類だけ、日帰りのハイキングやキャンプの旅を恐るべき悪夢に変えてしまうかもしれない草があるのだ。

　セイヨウイラクサ　北米じゅうに広く分布している1.8mほどの高さになる草。葉が多く密集して生えていることが多い。トレイル沿いに好んで生えているようで、よろめいたりして接触してしまうかもしれない。セイヨウイラクサの茎と葉は刺毛という中空のちくちくした毛で覆われていて、ちょっとこすれただけでも、皮膚が露出している場所にこの毛状体が何百本も刺さる可能性がある。この針のような刺毛からは、毒のある化学物質がブレンドされた液体が分泌され、すぐにかゆくなり、赤く腫れ上がって、灼けるような痛みを伴うでこぼこした水ぶくれが形成される。この水ぶくれは、刺毛に直接触れた場所の皮膚が筋状に盛り上がってできることが多い。

　治療法は、腫れている場所をこすったり、ナイフで刺毛を取りのぞいたりしないこと。どちらも症状を引き起こしている化学物質を広げることにしかならないからだ。それよりも刺毛をダクトテープや医療用テープで取り去ろう。腫れている箇所にテープを貼り、強く押してからはがす。刺毛

が取れたら石鹸で洗い、冷湿布とヒドロコルチゾンのクリームを塗る。抗ヒスタミン剤の内服も症状を楽にしてくれる。通常、症状は24時間ほどで消えるが、重症のアレルギー反応が起こる可能性もあり、そのときは医師による治療が必要だ。猟犬もセイヨウイラクサにひどい反応を起こすことがある。

アメリカハリブキ　灌木の藪のような見ための植物で、湿地や沼地に密集して生えている。アメリカハリブキはアメリカ北西部、アラスカ、カナダ西部じゅうに分布している。6mほどの高さにまで育ち、カエデの木に似た大きな葉をつけるので見分けやすい。ベリー類に似た赤

い集合果がなる。ネイティブアメリカンはこの植物の薬としての効果を評価していたが、平均的なアウトドア愛好家はアメリカハリブキには近づかない。太い茎の表面には1cmほどの棘が一面に生えていて、枝分かれした細い茎にも髪の毛のような細くて短い棘がある。そして、刺さると簡単に皮膚に入り込む。刺さった本数が少なければ毛抜きで抜けるが、アメリカハリブキの密集した藪を切り開いて進まねばならなかった後には、肌が露出していた部分にびっしりと何百本もの棘が刺さっているかもしれない。こうなると数日間とてもつらい思いをする。アメリカハリブキに激しいアレルギー反応が出た場合は軽い吐き気と寒気がくる。熱帯の湿った環境では、感染のリスクも非常に高い。セイヨウイラクサと同じように除去し、治療をすること。サボテンの棘の場合も同じ対処をする。

昆虫とクモ綱の動物

　植物王国の危険への対処法を書いてきたが、そろそろアウトドアでの危険について多くの人が想像する脅威にテーマを移そう。6本以上の脚で這い回り、暗がりで突然ぶつかってくる気味悪くも怒りっぽい生き物たちだ。

　このセクションでは、大型の肉食獣に襲われ殺された恐ろしいニュースのことはきれいに忘れていい。それについては後でまた取り上げるから。身体は微細でも大型獣より深刻な被害をもたらす可能性が高い生物の話をしたい。世界じゅうの昆虫と食肉性の節足動物であるクモ綱の動物だ。大きなお友達とはちがってニュースに大きく取り上げられることは少ないが、実際には大きな牙や爪を持つ獣より甚大な危険を人間たちにあたえている。エバーグレーズ国立公園の湿地帯をカヤックで渡る人は、アリゲーターに水に引きずり込まれて身体を引き裂かれるよりも、虫の大群に咬まれて帰らざるを得なくなる可能性のほうがはるかに高い。目に見えない生物が媒介したウィルスやバクテリアで深刻な病気に感染した人たちの声に耳を傾けてみれば、そうした命に関わる苦しい体験が小さな虫にチクッと咬まれたことに端を発していることを知るだろう。

蚊

　このデータを聞いた人は、ブーツの中の足が震えることだろう。蚊は世界じゅうで毎年75万人近くの人間を殺している。ハイイログマに襲われた死者が年間5人ほどであるのに比べると、ダントツで世界一危険な生物なのだ。死因の多くは熱帯病のマラリア関連だ。さいわいマラリアの多くは予防できる。南米や中米、アジア、アフリカの熱帯へ行く人は、事前に病院でワクチンを接種してもらうか、予防薬をもらおう。蚊が媒介する致

死性のウィルスにはジカウィルス、西ナイルウィルス、デング熱ウィルスなど、アメリカの大陸部でもときどき発生するものがある。

　蚊は南極以外のすべての大陸に生息していて、北極圏のはるか北でも人間に疫病をもたらしている。熱帯以外の場所では蚊が媒介する病気は深刻にとらえられているが、蚊そのものが死の脅威となりうるとはあまり思われていないようだ。しかし、蚊に刺されたせいで衰弱することはあるし、虫除けをしていないときにひどく刺されてまぶたが腫れ、目が開かなくなることもある。

　蚊は流れのないよどんだ水の周りに集まり、メスはそこで産卵し、生まれた幼虫が羽化して成虫になる。サウスカロライナ州沿岸の低地地方からカナダの北極圏の島々まで、この条件は変わらない。よって、ハイキングやキャンプ、釣りや狩猟に行く人はみな、ある程度このやっかいな虫に対処せねばならない。アメリカのアラスカ州とカナダのユーコン準州では春に気温が氷点下を上回ると、蚊が活動をはじめる。そして秋に最初の霜が降りるまで、はびこりつづけるのだ。南部の湿地帯では一年じゅう人を悩ませる。

　春に降水量が多かったり、増水が起こるなどの条件が整えば、蚊は一気に何十億匹も孵化する。人を刺すのは、吸った血を産卵のための栄養に使うメスだけなのだが、降水量が平均的だった年でも低地の湿地帯ではとくに、人を不快にするのに十分なほどの蚊が常に生まれる。

　蚊に刺されても平気な人もなかにはいるが、ほとんどの人は抗凝血物質を含む蚊の唾液に反応して、刺されたところが赤く腫れてかゆくなる。通常は刺されて数分のうちに症状が現れ、48時間ほど続く。症状の重さは人によって大きく異なる。短時間にたくさん刺された場合や、長時間蚊と接触していた場合は反応が強く出て、激しいかゆみ、発熱、疲労感、吐

き気、頭痛などをきたすかもしれない。直径約25mmの25セント硬貨より大きく派手に腫れた場合や呼吸困難を伴う場合は、激しいアレルギー反応、アナフィラキシーショックを起こしている可能性もある(557ページ参照)。

防護策と虫除け 蚊に対するいちばんの防護策は、身体のすべてを蚊の針が通らない衣服で覆い、肌を露出しないことだ。たとえば、コットンのパーカーは蚊の長い探針が簡単に突き通してしまうので、薄いナイロン地のジャケットのほうがずっとよく防護できる。蚊が大量に発生しているところで過ごすのがわかっている場合は、薄地でフィットしすぎない手袋と、頭と顔と首を覆う虫除けネットを持っていくべきだ。本当にひどい状況では、メッシュの蚊除けジャケットとパンツがあるととても助かる。

猟師や釣り師は、サーマセル社の携帯用虫除けシールドをよく使っている。これは、天然の虫除けであるジョチュウギク(キク科の植物)の成分に近い化学合成物質アレトリンを加熱し、揮散させて周囲にシールドを張るものだ。サーマセル社の製品はブタンガスのカートリッジと使い捨ての虫除けマットを使うので、どちらも使い終わったら交換せねばならない。しかし、効果は大きく、風があまりないなかで何かの作業を続ける必要があるときは、アレトリンの霧が身体の周囲に留まるため、とくによく効く。ペルメトリンも効果的な虫除け剤だ。効きめが長く続く殺虫剤は衣服や寝具にも使うことができる。正しく使えば、一度つけたものが数日はもつ。

渦巻き状や棒状の蚊取り線香にはふた通りある。蚊を殺したり、気絶させたりする殺虫剤が含まれているものと、虫が嫌う香りを出す物質を含むものだ。前者を風で煙が吹き飛ばされない半閉鎖空間で使うと、ジョチュウギクかピレトリン、あるいはアレトリンが非常によく蚊を殺す。しかし、火を使うため使用の際は注意が必要だ。蚊取り線香を設置する場所

がよくなかったり、単に不注意だったせいで衣服や寝袋やテントに穴が空いたところを何度か見たことがある。また、開かれた環境では、煙が風で散ってしまうのでほとんど効かない。

もっとも便利で手に入れやすい一般向けの蚊除け製品は、ディート〔ジェチルトルアミド〕という昆虫忌避剤だ。これは蚊だけでなくマダニ、サシバエなどの害虫にも効く。ディートのスプレーやローションは含有率4％のものから100％のものまである。一般的には含有率が高ければ高いほど少量で売られている。とくにひどい状況のとき、耳や首の後ろにも塗れるよう粘性のある液体になっているので、広い範囲に薄く塗り広げるのは難しい。含有率が低いものはスプレーなどの形になっていて、普通に使いやすい。ディート含有率25％ほどで、衣服につけたり皮膚に直接つけるときに非常に便利だ。

ディートの効きめには議論の余地はないが、デメリットについても話しておこう。これは真面目な話だ。ディートで釣竿の表面の仕上げ剤が取れてしまったり、プラスティック製のスマホカバーが曲がってしまったり、テントの生地に穴が空いてしまったりすることがある。人体への影響でいえば、唇が痺れたり、フケがひどくなったりする。発ガン性があるのではないかという噂もあったが、アメリカ環境保護庁は製品の使用法指示を守って使えば安全であると強調している。乳児への使用は推奨されておらず、幼児には1日1回以上使わないように、とされている。ディートを使おうと思ったときは、まだわかっていない長期の影響があるかもしれないことと、蚊に食われるという差し迫った脅威をてんびんにかけて考えなければならない。致死性の病原菌が蚊によって媒介されている地域に行くときはそれほど悩むことはないだろう。ディートに強い抵抗感がある人には、ソーヤーのピカリジン虫除けスプレーがよい代替品となる。

サシバエ

　サシバエは我々をイライラさせるばかりでなく、ヒトの健康に悪影響をおよぼす可能性がある双翅類の昆虫だ。顕微鏡でなければ見えない大きさのヌカカから、体長2.5cmのウシアブまでさまざまな種類がいる。蚊は長い口吻を刺して血を吸うが、ハエのメスの多くは「切り裂いて、ぴちゃぴちゃ飲む」やり方をする。ハサミのように大きなあごを使って皮膚を切り裂き、血を舐めるように飲むのだ。この無作法な食事スタイルのせいで、咬まれるととても痛い。たとえばウシアブとハネモンアブのメスに咬まれると、咬まれた瞬間から死ぬほど痛い。ただ、大型のハエたちは飛んでくるのが見えるし、羽音も聞こえるうえに、あまり大群ではやってこないので対処しやすい。注意を向けていれば、ぴしゃりと叩いて追い払える。しかし、小型のサシバエは知らぬ間に近づいてくるので、どれだけひどく刺されたかに気づいたときにはもう手遅れだ。足首や耳の後ろがなんとなくチクッとしたくらいでは、あまり気にならないかもしれない。ところが数時間後、ものすごくふくれ上がったみみず腫れが何十カ所もできているのだ。ヌカカまたの名をバイティングミッジは薄い衣服を通してヒトの肌を刺すことができるので、群れにやられるとダメージが大きい。メイン州からアラスカ州までの北部の州で春と夏のあいだ、空中にたくさん群がって飛んでいるブユ〔ブヨとも〕も同様だ。ちゃんと対策をしていかないと、旅が台無しになる。

　ハエに刺されないようにするための方法は、蚊の場合と同じだ。厚地のゆったりした衣服で身体を覆い、肌を露出しないこと。足首や脚の裏側にはとくに注意をする。ブユ対策としては、とりわけ耳と首の後ろにも気をつけよう。サシバエには虫除け剤ディートがよく効く。ハエに刺されると、蚊の場合よりさらに痛い思いをすることを知っておくべきだ。数年前の初

秋、『ミートイーター』のチームでアラスカのユーコン川の近くへヘラジカ狩りにいった。時期的に蚊はもう死に絶えていたが、現地で「ホワイトソックス」と呼ばれている小さなサシバエはたくさんかたまって飛んでいた。ホワイトソックスのタチが悪いところは、咬まれているとき人間は何も感じないし、その後も2日間は何も症状が出ないことだ。実際、ヘラジカ狩りを終えて町に戻ってからはじめて、クルー全員の耳や鼻や指が真っ赤に腫れ上がり、ものすごく痛みに襲われた。

昔ながらの虫除け法

虫だらけの場所に来てしまい、ターマセルやディート、虫除けネットをはじめとする準備を何もしてきていなかったとしても、まだ絶望するのは早い。いくつか試せる方法がある。

❶水や藪から離れる

蚊とサシバエは乾いた場所より水の近くにたくさん密集していることが多い。植物が生い茂っているところにもよく現れる。小川や沼や草が密生している場所から離れれば、蚊やハエの大群から逃れることができる。

❷カリブーを見習おう

カリブーは想像できるかぎりもっとも虫だらけの場所に生息しているので、虫除けのエキスパートだ。カリブーの真似をして山の稜線や頂上に移動すれば、風が虫を追い払ってくれる。カリブーはあまりに虫がしつこいときは氷河や万年雪原にまで降りて

虫を追い払う。広い湖や川など水場の岸に行って、水を渡る強い風で虫を吹き飛ばすのだ。

❸火を熾して煙を出す

通常は煙を出さずにきれいに燃えるよう火を熾すのがキャンプの達人の証だ。しかし虫に悩まされているときは、多少の煙はかえって救いになる。もちろんキャンプファイヤーをすれば虫を追い払うのには十分だ。うまく煙が出ないときは、濡れた木や緑色の枝、さらには湿った草まで火に投げ込むと煙が立ちやすい。虫より煙のほうに耐えがたくなってきたら、濡れた布や衣服で顔を覆うこと。

ミツバチ、スズメバチ、クマバチ

ミツバチ、スズメバチ、クマバチは (Bee、Wasp、HornetなのでまとめてBWHと呼ぼう) は、このセクションで扱っている昆虫やクモとはちがう。昆虫やクモの多くが人間を刺すのは血を得るためだが、BWHが刺す理由は腹が立ったからとか、自分の仲間や縄張りを守るためだ。ハチの巣はいたるところにあるので、彼らの縄張りに入らないようにするのは難しい。住宅のひさしの下、地面に掘った穴の中、川の侵食によってくぼんだ土手の下、廃屋や農機の周り、木の洞。その辺の木の枝に吊り下がっていたりもする。猟師と釣り人は、夏の終わりに野外で獲物や魚を捌いているときに寄ってきたスズメバチによく刺されている。どんな状況で刺されても結果は同じだ。ハチは刺すときに毒を注入するので、即座に焼けるような激しい痛みが走り、その痛みは長く続く。

アメリカの人口の約5％はBWSHの毒にアレルギーがある。そして毎年

国内で50〜60人が、ハチに刺されたことが原因で免疫システムに深刻な障害が起こり亡くなっている（ハチの毒にアレルギーがある人は喉の内側を刺されると危険がさらに大きくなる。これは甘い飲み物に入り込んだハチを一緒に飲んでしまったときにしばしば起こる。気道が腫れ上がって窒息死する）。ハチの毒にアレルギーがあり、統計の数字に加わりたくなかったら、ハチがいる季節にアウトドアに出るときはたとえ日帰りのハイクでもエピペン〔アナフィラキシーショックを防ぐための自己注射剤〕を持っていこう。

　アレルギーがない人にとってもBWHは脅威だ。一度刺されただけならちょっとした痛みと、1日か2日でひく程度の腫れが出るだけだが、何度も刺されると吐き気や発熱、痙攣を引き起こす中毒反応につながる可能性がある。スズメバチとクマバチは一度に何度も刺してくるので、ミツバチよりも危険だ。ミツバチはだいたいの種が一度しか刺せないが、刺すときに針と毒囊を皮膚の下に残し、取りのぞかれるまで毒を体内に流し込みつづける。

　BWHに出くわしていちばん危険なのは、大群にたかられ一斉に刺されることだ。交雑種がブラジルに持ち込まれて北へと広がり、アメリカへ徐々に広がっていったアフリカ化ミツバチはとくに危険だ。アフリカ化ミツバチの大群につかまった場合、ヨーロッパ原産の通常のミツバチよりも10倍多く刺されることもある。BWHのいずれに遭遇し、群がられたとしても、生き延びるために大切なのは、とにかくできるかぎり最速で逃げることだ。腕を振り回してハチを叩きたいという衝動に駆られるだろうが、そんなことをしたら、さらにたくさん刺されるだけだ。ハチの大群を避けるベストの選択は水のあるところに逃げることだと一般的に信じられているが、シュノーケルでも持っていないかぎり、これもまったく役に立たない。くり返すが、BWHに襲われたらとにかく逃げろ！

そしてBWHに刺されてしまったら、すぐにナイフかクレジットカードを使い、ハリをこすって取りのぞこう（毛抜きを使うと毒嚢に力が加わってしまい、さらに毒が体内に入ってしまう）。刺された箇所を高く上げ、可能なら冷湿布をする。市販の痛み止めやヒドロコルチゾンのクリームがあれば、痛みと腫れとかゆみを軽減できる。重症の場合は必要に応じて病院に行くこと。

ヒアリ

多くのアリがヒトを咬むのは身の危険を感じたときだけだが、ヒアリはウズラのひと腹分の雛(ひな)を襲って皆殺しにするようすなどが記録されている。その獰猛さは人々を不安に陥れるに十分だ。ヒアリのなかには咬みついたときにギ酸を噴射する種がいる。下腹部にある針から腐食性の毒を送り込み、被害を倍増させる種もいる。ヒアリのコロニーは川や湖が氾濫しても水面に浮き、魚に食べられても腹の中に仕込まれた複数の針によって魚を殺してしまう場合がある。人間がヒアリに刺されると、その瞬間に焼けるような激痛が走り、その後かゆみと赤みが発生、膿を含んだ水ぶくれができる。ただし、数カ所刺されたぐらいなら心配はいらない。ミツバチに刺されたときと同じように、冷湿布とヒドロコルチゾンの軟膏で治療する。しかしヒアリの巣を荒らしたときなど、何十カ所も刺されることがあり、吐き気、発熱、痙攣などの中毒反応に見舞われることも多い。症状が重くなってきたら、病院にかかること。ひどいアレルギー反応やアナフィラキシーショックの症状が出たときには、119番に電話をするか救急救命センターへすぐに向かおう。

ツツガムシ

ツツガムシは世界じゅうのほとんどの場所にいる。しかし一カ所に生息

する数は少ないのに、アメリカの南部ではとり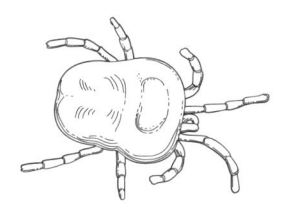
わけこの虫に悩まされている。幼虫期のツツガ
ムシは、温度の変化にとても敏感だ。人間を悩
ませるのは地表温度が25〜30℃のときで、15
℃以下になると活動をやめ、5℃以下になると
死ぬ。裸眼では見えないほど小さく、体長は0.5mmほどしかない。

　ツツガムシはヒトの皮膚に卵を産みつけたり、皮膚の下に潜り込んだりは
しないと一般に信じられているが、残念ながらそれはちがう。関連する迷
信で、ツツガムシに咬まれた箇所にはツツガムシの身体が埋め込まれてい
るので、上からマニュキュアを塗ると窒息させることができる、というの
もある。どちらも間違いだ。実際のツツガムシの手口は、皮膚を食い破っ
て血を吸い、腐食性の唾液が皮膚を溶かしてドロドロにする。そして数日
間取りついたまま、飲み食いを続ける。ウェスト周りや足首など、特定の
エリアを集中して咬まれることが多い。赤く腫れたり、水ぶくれになって
非常にかゆい。数日でおさまることも1ヶ月ぐらい治らないこともある。都
市部でツツガムシに刺されると、ポイズンアイビーに触れてひどい症状が
出たときのように見えるかもしれない。

　ツツガムシは湿気が多い場所を好み、低く生えた植物に潜んでいるの
で、夏の暑い時間に草むらや草原を移動するときはよく気をつけること。
密に織られた生地の衣服を着て、シャツはズボンに入れ、きちんとベルト
をすること。ズボンのすそはブーツか靴下に入れ、ツツガムシなどの生物
が脚を這いのぼってこられないようにすること。同じように虫が腕を這い
のぼるのを防ぐため、袖のボタンを閉めること。ツツガムシの被害が本当
にひどいところでは、手首と足首をダクトテープでふさいでおく。ディー
トも効果がある。衣服の足首、手首、ウェスト周りの部分につけること。

ツツガムシがいるとわかっている場所では立ち止まらない。地面に横になったり、じっと一カ所に留まったりしてはいけない。

ツツガムシが生息する地域には、刺された場合の対処法や吸いついているツツガムシを殺す方法などの民間療法がある。その中には、ガソリンを染み込ませた布で患部をこする、漂白剤を浴びるなどのような極端なものもある。患部を石鹸と水でしっかりこすり洗いし、ヒドロコルチゾンやカーマインローションのようなかゆみ止めを塗ること。ツツガムシの酸は毒ではないが、なかには激しい症状をきたす人もいて、その場合はステロイドを処方してもらうなどの治療が必要になる。男性、とくに男児はツツガムシに股間を刺されるとひどい排尿痛とペニスの腫れが起こる。

ツツガムシがアルファガル症候群（266ページのアメリカアムブリオマの項を参照のこと）を媒介している可能性がある、という研究も存在している。

マダニ

五大湖で釣りをしているとき、ロッキー山脈で狩りをしているとき、地元の公園でピクニックをしているときですら、常にマダニはここにいるかもしれないと考えておく必要がある。戸外で過ごす人は、いつマダニの被害に遭ってもおかしくないのだ。きれいに刈り込まれたゴルフ場のグリーンでマダニに咬まれたという人もいる。

この小さくてやっかいな生き物は晩春から夏じゅう活動している。地域によっては寒い季節に出くわすことも少なくない。我々はメキシコ北部ソノーラ砂漠でオジロジカ猟をしていたひと月にマダニに襲われた。北部国境地帯の州では、生息するヘラジカにとって冬ダニがいちばんの脅威になっていた。ヘラジカ一頭に何万匹ものマダニがたかっていて、そのせいでヘラジカは失血や貧血、病気や飢えを被り死んでしまうのだ。

蚊やサシバエと同様、マダニも人間やほかの動物の血を吸い栄養とするために刺す。マダニによるいちばんの厄災は実際の刺し傷ではなく（刺されたところはかゆいし、イライラするが）、彼らが媒介する病原体のほうだ。その病原体のせいで刺された生き物の一生が変わってしまうこともある。残念なことに、アメリカでマダニが病気を媒介したと確認された件数は、この十年ほどのあいだに2倍に増えている。こうした病気の蔓延は気候変動にも関連があるかもしれない。冬の気温が高くなると、それだけマダニは翌年まで生き延びやすくなり、それと同時に、それまで生存に適さなかった地域にまでマダニの分布が広がるからだ。

　原因は何であれ、危険な病気のもとを運ぶ元凶であるマダニについては、知識で武装しておこう。

シカダニ　シカダニにはクロアシダニ、クマダニという別名がある。この小さな生き物はアメリカの東半分のほぼどこにでも生息している。成虫でも体長3mmほどしかない。サナギは体長1.5mmほど、幼虫のときはさらにその半分の大きさだ。成虫のオスと幼虫は脚が黒か濃い茶色で腹部が赤茶色であるのに対し、成虫のメスは脚の色が黒っぽく、腹部は赤っぽいオレンジ色をしている。

　寄生先の動物の身体に吸着し、頭を皮膚の下にめり込ませて血を吸う（その後腹が血でふくれるまでそのまま吸着している）シカダニは、数種類の病気を媒介する可能性がある。その中でももっともよく知られているのがライム病だ。名前の由来は、1975年に最初に症状が記録されたのがコネティカット州のライムという町だったため。この病気は科学的に確認される前からずっと存在していたが、確認されて以来、ダニが媒介する病気の中でもアメリカ一報告件数の多い病気となった。北東部や大西洋沿岸の中部の州、中西

部の北方などで確認数がとくに多いが、アメリカじゅうで発生が報告されている。

ライム病の伝染の仕方

　ライム病の媒介者としてシカが挙げられることが多いが、本当の元凶は食物連鎖のピラミッドのずっと下のほうにいる。ダニとネズミだ。ダニはよくその関与が語られるが、ネズミは名前が挙がらないことが多い。シカダニの成虫は好んでオジロジカに寄生するが、小さな幼虫期やサナギの段階では、ほとんどの場合シロアシネズミに寄生している。ネズミはもともとボレリア・ブルグドルフェリというバクテリアの宿主になっている。そのネズミに寄生したダニがその後、次の寄生先である動物や人間に病気を運ぶのだ。

　すぐに病気が伝染するわけではない。シカダニが動物に寄生しているとき、ライム病の原因であるボレリア・ブルグドルフェリは、シカダニが血を吸いはじめてかなり経ってからその動物の体内に入る。ダニの腹が吸った血でいっぱいになってから、バクテリアはダニの唾液にのって動物の体内に入るのだが、このプロセスには36時間から48時間かかる。だから早期発見が重要だ。さらに事前にダニ除けのための対策をとることと、268ページのダニの除去の仕方も大切だ。不幸なことに、人間は大きくて見つけやすい成虫より、小さな幼虫に寄生されることが多い。

　ライム病の症状はさまざまに異なるので、特定が非常に困難だ。ライム病に罹っていたことを、ダニとの接触から何年も経つまで知

らずにいる人も多い。そして医療関係者にとってもライム病の診断は難しい。頭痛、疲労、発熱などの初期症状はインフルエンザなどよくある病気と間違えられることが多い。しかしこれらの症状に発疹、それも赤色で時間とともに広がっていく「的」のような円形の発疹が伴っていたら、それはライム病のあきらかな徴候だ。ライム病を治療せずに放置すると慢性化し、筋肉の衰えと関節痛、めまい、脳や脊髄の炎症、記憶障害などの重大な合併症を招く。

　ライム病は最初に確認されて以来すぐに確認件数が急上昇した。アメリカ疾病予防管理センターは1年間に3万件のライム病の診断を記録しているが、実際には毎年その10倍の人々が感染しているのではないかと推測している。ライム病の病原体に接触した可能性があったら、血液検査を受けることが重要だ。早期に診断された患者には集中的に抗生物質が投与され、治癒できる。症状が実際に現れるのを待たず、ライム病の罹患率が高い地域でダニに咬まれた患者には、その事実をもとに抗生剤を処方する医師もいる。

イヌダニ　別名森林ダニ。実際にはアメリカ西部と中部に多い数種類のダニも含まれている。体長はシカダニの約2倍で6mmほど。ほとんどのイヌダニの体色は赤みがかった茶色で、胸部だけ色が薄いものが多い。

　イヌダニは野兎病（303ページ参照）などの危険な病原体を媒介するが、その中でも人間が罹患するもっとも危険な病気はロッキー山紅斑熱だ。ライム病に比べると珍しい病気だが、死に至る可能性もあるバクテリア感染であり、ダニに関連する病気の中で世界一死ぬ確率が高いとされている。アメリカでは年間5000件ほどの紅斑熱が発生していて、そのうちの5%は死亡

している。

　アメリカ疾病予防管理センターの報告によると、ロッキー山紅斑熱は半数以上がノースカロライナ、オクラホマ、アーカンサス、テネシー、ミズーリの各州のものだ。アリゾナ州での発生件数も、この10年間で急増している。

　ロッキー山紅斑熱は恐ろしい症状を呈し、早く進行する病気だ。3日から12日ほどの孵化期間のあと、初期の徴候である高熱と目の周りと手の腫れ、吐き気、嘔吐の症状が現れる。これらの症状は4日ほど続く。ロッキー山紅斑熱に感染すると、小さなピンク色の斑点がある発疹が最初は手足に出て、それから上半身へと広がっていく。

　次に、発疹が大きくなり、色も紫色と赤色に変化する。こうなったら重症化したサインであり、命に関わる可能性もある。最初の症状が出てから5日以内に抗生物質を投与しないと、呼吸困難、昏睡、壊死の可能性があるため、手や足の切断、臓器の不全による死などに至ることも珍しくない。ロッキー山紅斑点熱の最初の兆候が現れたら、即座に病院を受診すること。

アメリカアムブリオマ　猟師たちはアメリカアムブリオマのニュースには特段の注意を払っている。クモ綱のアメリカアムブリオマはアルファガルアレルギーという恐ろしい病気を伝染させる。この病気に罹患すると、赤身の肉に重症のアレルギー反応を起こすようになる。わかっている治療法はなく、赤身の肉を食べると呼吸困難、顔や喉の腫れといった症状が現れる。みずから捕えた獲物の肉を冷凍庫いっぱいに貯蔵している人にとっては、死より悪い運命に思えるかもしれない。アルファガルアレルギーになった猟師数人から、赤身肉だけでなく、なんとグミベアにもアレルギー

が出たと聞いた。このクマの形をしたかわいいグミには動物性のゼラチンが使われているからだ。

アメリカアムブリオマはアメリカの中南部全体で発見されていて、現在さらに周囲へと生息域が広がっている。大きさも色もイヌダニに似ているが、背中に明るい白い斑点、いわゆる「星」がある。皮肉なことに、我々が喜んで食べているシカにも、アルファガルアレルギー増加の責任の一端がある。シカはダニを新たな地域へ運んでいくことでその分布域の拡大を助け、そこにいる人間たちが病気に罹患してしまうのだ。

ダニに対する予防策 アウトドアで過ごす人は誰でもダニに食われる可能性がある。都市部であっても完全に接触を避けることはできない。ダニは地面からシカの体高ぐらいまでの高さに生える植物に潜んで待ち伏せをしているので、生い茂った藪の間を縫うように続く獣道は、飛び跳ねるのにちょうどいい場所だ。猟師や釣り人などのアウトドア愛好家に「そういう場所は避けろ」とアドバイスしても現実的ではないので、露出した部分の肌や衣服には、とにかく律儀に虫除けを塗ってから森へ入ること。自然由来の虫除け剤も使えるが、ディートが含まれているダニ除け製品がもっともよく効く。さらに念のための安全策として、シャツや靴下をズボンの中にしっかりと入れ、ベルトをしっかりと締めて、ダニの侵入路をふせぐこと。また、上着についたフードをかぶって頭部と首の後ろを守ることも考えよう。

アウトドアの活動中もその後も、ダニがついていないか自分の身体を頻繁に確認しよう。『ミートイーター』のチームでは、春の七面鳥狩りのシーズンには1時間に一度軽くダニチェックをする決まりになっているが、ダニは黒っぽい色をしているので迷彩色の衣服を着ていると見つけにくい。

野生の七面鳥などの獲物から身をかくす必要がない場合は、できるだけ明るい色の服を身に着けると、ダニを見つけやすくなる。子どもがいるなら、外に出たときはチェックを欠かさないように。ダニが自分の身体を這い回っていても、子どもは気にしないし、気づかない。髪の生え際や脇の下、股間などはダニが好んで吸いつく場所で、同時に見つけにくいところでもあるので、とくによくチェックすること。へその周りにも注意してあげよう。それから、犬や猫を少しのあいだでも外へ出すなら、ダニ除けの薬をあたえておくと、ペットばかりでなく飼い主一家のためにもなる。

アウトドアの旅から帰ったら、衣服やバックパックをよく振ってから家に持ち込もう。1日か2日、外に吊るして干しておくのも悪くない。そうしないと人間を車がわりにヒッチハイクしたダニを家の中に持ち込んでしまうことになる。シャワーを浴びるときはダニがいないか全身をくまなくチェックすること。

こうした必須の用心をすべてしたとしても、それでもダニは身体についているかもしれない。発見したら、すぐに除去すること。ライム病などダニが媒介する病原体の多くは、ダニが吸いついてから1日か2日経たないと感染しない。それより早くにダニを取り去れば、病原体が体内に入る可能性は低くなる。

ダニの除去 頭が皮膚の下に潜り込んでいるダニの除去の仕方については、嘘の情報がたくさん出回っている。ダニの身体を焼くといいとか、油やワセリンを塗って窒息させてから頭を引っ張り出すとか言う人たちもいる。しかし、いちばんシンプルで効果的なやり方は、毛抜きではさんで頭が取れないように気をつけながら、ゆっくりと引き抜くことだ。ダニを取りのぞけたら、患部を石鹸と水でよく洗うか、アルコールで拭くかする。

ダニが1日以上吸いついたままだった可能性がある場合（ダニの腹部が血でふくれ
ている場合その可能性が高い）は、ダニをとっておいて、医師に検査してもらおう。
発熱、痛み、腫れ、吐き気、発疹が出ている場合も医師の診察を受けよう。
咬まれてから数日あるいは数週間経って症状が出ていなくても、この注意
に従うこと。

クモ、タランチュラ、サソリ

　ほとんどのクモは獲物を咬んだときに何らかの毒を出すが、そのほとん
どは人間にとってあまり脅威ではない。ジョウゴグモ、クロガケジグモ、
コモリグモは咬まれると非常に痛いが、そのクモの毒にアレルギー反応を
起こしたことのある人以外には危険はない。しかしながら、咬まれると死
ぬ可能性があるクモも数種類いる。ここで重要なのは、戸外に棲むクモ
のほうが恐ろしい毒を持っているというわけではないということだ。人は
だいたい自分の家でクモに咬まれるが、念のため元凶となるクモたちを見
ておこう。

クロゴケグモ　アメリカ全域、カナダ、中央ア
メリカに生息するクロゴケグモは、暗くてかくれ
やすい環境を好む。自然界では動物の巣や伐採
された枝の山に棲むが、屋外便所や薪の山など
のような人工物の周囲でもよく見つかる。体長は
2.5cmほどで、濃い茶か黒の体色で腹部が球根
状にふくれ、赤い砂時計のような模様があること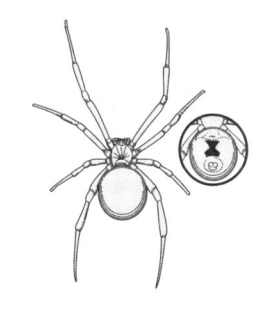
で見分けられる。クロゴケグモは攻撃的で、アメリカでは毎年2000人以
上が襲撃されている。その毒には強い神経毒が含まれ、痛み、吐き気、痙

攣、呼吸困難などを引き起こす。こうした症状が子どもや高齢者に出た場合はとくに危険だが、この数十年間、クロゴケグモの被害による死者はアメリカでひとりも出ていないことは心に留めておくといい。しかしクロゴケグモに咬まれたら、毒物管理センターに電話をするか、すぐに救急救命センターに行って応急処置を受けること。

イトグモ　別名バイオリンスパイダー。アメリカ南部と中央部により多く生息している。体長2.5cmほど。シロホシヒメグモと間違えられやすい。ただしイトグモは胸部の背中側にバイオリン形の目立つ模様がある。クロゴケグモと同様に、イトグモも落ち葉の山の中のような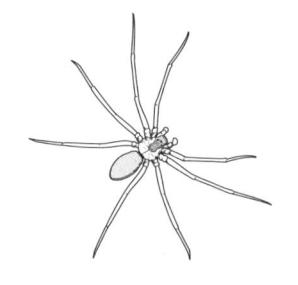暗くてかくれやすい場所を好む。古くて埃っぽいシカ狩り小屋やボート小屋もイトグモたちには魅力的だ。人間はこのクモを踏んでしまったときや、岩などの裂け目に手を入れたとき、イトグモの上に寝返りを打ってしまったときなどに咬まれることが多い。ほとんどの場合、治療などの必要はないが、まれに皮膚に「び爛」という壊死性の潰瘍が出ることがある。それを放置すると、壊疽になってしまう。このため、クモにひどく咬まれたら、いずれにしても医師の診察を受けておいたほうが安心だ。

タランチュラ　タランチュラは小さな齧歯類や爬虫類なら殺せるぐらいに強くて大きいが、それほど攻撃的ではない。だが、ときどきヒトを咬むことはあるので、十分に距離を取るのが得策だ。タランチュラの仲間はみな毒があるが、北米（ほとんどは南西部の砂漠と南部の州）と南米にいる種には命に関わるほどの毒性はない。ハチに刺されたときと同じ対処法でよい。ひどい腫

れや激しい痛み、あるいは呼吸困難になった場合は、病院に電話するか、最寄りの救急病院に行こう。

　ただし、タランチュラには毒以外の武器もあることは知っておくといい。近づきすぎたときや、愚かにも捕まえてみようと思った人はひどい目に遭うからだ。西半球に生息するタランチュラは腹部に短くて細く、棘のある堅い毛が生えている。危険を感じると、脚を使ってこのイラクサのような毛を何百本も宙に投げる。この毛を吸い込んだり、飲み込んだり、目に入ってしまったりするとたまらなく痛い。

サソリ

　北米には何十種類ものサソリがいる。そ
して彼らは南西部にだけ閉じこもっている
わけではない。我々はモンタナで七面鳥狩
りをしていたとき、北に棲むサソリたちに
遭遇した。東はノースカロライナまでの地

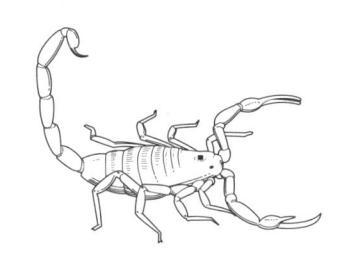

域で遭遇する可能性がある。サソリはみな毒を持っているが、スズメバチ程度のダメージしかヒトにあたえられないので、同じような対処法でいい。例外はアリゾナバークスコーピオンだ。小型で黄褐色のサソリで体長は4〜7cmぐらい。南西部の砂漠に生息している。血清が手に入れば、バークスコーピオンの毒で死ぬことは非常にまれだ。アリゾナでは過去40年間にひとりの死者も出ていない。しかしメキシコの田舎では血清が手に入りにくいせいで、死者の数はずっと多い。バークスコーピオンに刺されても死ぬ可能性は高くないが、焼けるような激痛と吐き気、嘔吐、呼吸困難と麻痺の症状が現れる。アレルギー反応で嚥下困難に陥ることもあるかもしれない。症状の悪化が早かったら、とくに子どもや高齢者が刺され

た場合には、すぐに救急救命センターへ行くこと。

クモやサソリに咬まれないようにするために

クモやサソリに遭遇する可能性をゼロにするのは不可能だ。しかし咬まれたり刺されたりする可能性を減らすことはできる。基本的な策をいくつか紹介する。

❶クモやサソリがかくれていそうな場所には近づかない

ネイティブアメリカンと一緒に南米を旅していたとき、彼らが木の枝で作った鉈（なた）や熊手を使って、落ち葉の山やキャンプ場所にあるゴミを掃除してからハンモックやタープを吊るしているのに気づいた。サソリやクモや蛇がかくれる場所をなくしておくことで、安全にキャンプをすることができるのだ。岩が積み重なっているところや草が生い茂っているところの近くで寝たり、テントを張ったりするときはとくに注意しよう。

❷自分を閉じ込めよう

クモやサソリが多い土地でテントに入ったら、常にテントのファスナーは閉めておこう。夜はブーツとバックパックをテントの中に入れるか、木の枝に吊るしておく。バックパックは背負っていないときは必ずファスナーを閉めておくこと。

❸夜の訪問者に気をつけよう

靴や荷物をテントの外の地面に置かねばならないときは、朝、身につける前によく振ろう。寝袋や衣服も使う前や着る前によく

振ること。中に潜り込んだクモやサソリがいないか確認するため
だ。夜は、テントのファスナーが開いていたところから入り込ん
でいたり、人々の衣服をヒッチハイクしてついてきたりしていな
いか、テントの中もよく調べること。

❹ **トレイルでも常識をはたらかせよう**

丸太に空いた穴や岩の間の隙間に手を突っ込むときは、まずは
目で見て確認してからにしよう。丸太や石を転がしたり、薪を集
めているときは、目で見てから触ること。そして忘れないでほし
いのは、裸足で歩き回るのはトラブルを自分から求めているよう
なものだということ。クモやサソリに刺されたり咬まれたりする
のは、だいたい彼らを踏んでしまったときなのだ。

ヒル

ヒルはたしかに人間の血を飲むのが大好きだが、いいニュースがあると
すれば、ヒルは危険な病気を媒介しない。実際この水生の生物は歴史上、
さまざまな病気の治療に使われてきた。ヒル療法は現在でも外科手術後
にたまった血を排出する処置に使われている。

生まれつきの捕食者であり、池や湖や流れの遅い小川に棲んでいる。陸
地で生きられる種類もいる。体色は暗色系で（黒、茶色、紫がかった色合いが多い）、
泳ぎがうまく、身体を波打たせる蛇のような動きで水中を進む。

ヒルはいい釣り餌になる。スプリットショット（ガン玉）に釣り針と生きた
ヒルだけというシンプルな仕掛けでパーチやコクチバスが釣れるのを無数
に見てきた。しかし餌にされたヒルはすぐに形勢を逆転させ、漁師など水
の中にいる人誰かれとなく襲いかかってくる。生き血を求めて、魚や動物

（人間も含まれる）の身体を這いのぼってくるのだ。ヒルの頭部と尾部の端には血を吸うためのふたつの吸盤がある。口の役目をする吸盤は身体の細いほうの端についていて、咬みつくときに使うやすりのようなあごがある。一方で尾部の吸盤は寄生する相手の身体にしっかり吸いつくためのものだ。身体を固定したら、皮膚の表面で状況を感知し、吸血をはじめる。唾液に天然の抗凝血物質が含まれているので、血は固まることなく、飲みつづけられるのだ。

ヒルの除去　吸いついているヒルにそのまま自由に食事させておいても、何もいいことはない。だから見つけたらすぐに除去するのが賢い。子どものころはヒルの身体一面に塩を塗り、落ちていくのをただ見ているというやり方がいちばんだと思っていた。この方法でもうまくいくが、ヒルの口（細いほうの先端にある吸盤）の横の皮膚を強く押し、その後に爪で吸盤をこすり落とすほうが簡単だ。吸盤が外れたらヒルの身体をつかんで、尾部の吸盤ごと皮膚からむしり取ろう。

　まれに、ヒトの喉や鼻の内側に吸いついてしまった場合は危険だ。ヒルは血を吸って身体がふくれ上がるので、気道をふさがれてしまうことがある。このタイプの窒息には「ヒル症」という名前がついている。こういう状況になったら、すぐにヒルを取りのぞかねばならない。ヒルの身体が部分的にでも見えていたら、そこを指かペンチでつかみ、強く引く。あるいは強い酒か塩をヒルの上にかけて、自分から吸盤を外すように仕向ける。こうしたDIYな手段を検討しなければならないような状況になったら、医師の助けが必要だ。

魚と爬虫類

　蛇、アリゲーター、サメ……。数多い動物たちの中でも彼らはとくに、人々の心に深く根づいた本能的な恐怖や嫌悪感をかきたてる存在だ。それは身近な動物と比べて、ほとんどわかり合えないせいかもしれない。たとえばクマやオオカミの行動は驚くほど人間のそれに似ている。しかしサメやアリゲーターにはまったく人間に似たところが見当たらない。心がないような、その未知なる性質のせいで、よけい恐ろしく感じるのだろう。そして恐怖を感じる最たる理由は、大型のヘビやクロコダイルは人間をまったく脅威とみなさないからだ。というより、いつも獲物にしている動物たちと人間をまったく区別していない。ふだんはアザラシを食べているホホジロザメが、北カリフォルニアの濁った海でダイビングしている人間を食べることにしようと思っても驚きではないのだ。そして、いつもイノシシやシカを水に引きずり込んでいるフロリダのアリゲーターが、よどんだ沼の浅瀬を歩き回っている人間に同じことをしようと考えるのも自然だ。毒蛇だって、人間を自分たちの安全をおびやかす動物としか考えていないだろう。ガラガラヘビは何かに踏まれたら、それが馬でも人間でも、自分を守るために咬みつくだけだ。

　狩猟をする人もハイキングをする人も、サーフィンをする人も磯釣りをする人も、地面を這ったり水中を泳いで近づいてきたりする危険生物を完全に避けることはできない。どんな生物からどんな危害を加えられるリスクがあるのか、また、どんなところで遭遇する可能性があるのか、もし遭遇したらどう対処したらいいのか——知っておくことは有用だ。たとえば北米にはガラガラヘビ以外にも毒のあるヘビが数種類いる。アカエイの毒針付きの尾はとても強烈な一撃で有名だし、アミキリなどのようにごく普

通に釣られている魚も、人間に重傷を負わせることがある。海には非常に
大きな苦痛や怪我、まれには死をももたらす水中生物がいることを覚えて
おこう。

クラゲ

　数多くの種類のクラゲが、触手についた刺胞(しほう)の中にある毒針(刺糸(しし))で相
手を刺して痛みをもたらす。ただ、死に至らしめる毒を持つものはひと握
りの種だけだ。一般的なミズクラゲの刺糸は、軽い痛みやかゆみをもたら
す程度だ。チェサピーク湾の東岸に数多くいる有毒のクラゲ類に刺される
と非常に痛いが、命に関わることはめったにない。しかしオーストラリア
沖やフィリピン沖に生息するハコクラゲは地球上でもっとも危険な生物と
いえる。

　アメリカでは毎年何万人もの海水浴客や釣り人たちがクラゲに刺され
ている。我々チームのメンバーもアラスカの南東部で釣りをしたり、カニ
やエビの捕獲カゴを海に投入しているときによく刺されている。クラゲは
強い潮に流されて釣り糸や捕獲カゴのロープに引っかかり、粘着性のある
触手が折れてそのままくっついてしまう。そうした釣り糸やロープを手袋
なしの手でつかむと焼けるような痛みが走り、やられたとわかる。

　クラゲに刺されてしまって、まだ肌に付着している針があったら、さら
に手で触れることのないように、手袋をするか、毛抜きや棒などを使って
取りのぞこう。クラゲの死体や、身体の一部に触っても刺されてしまう。
クラゲに刺されたら尿をかけるといいというのを聞いたことがあるかもし
れないが、単に刺された場所を海水で洗ったほうが効果的なうえに現実
的で、しかも不適切な行動で逮捕される心配もない。その後できるかぎり
早く、温かい真水か酢でもう一度完全に洗おう。酢に含まれている酸は毒

を分解するのに役立つ。必要なら冷湿布や化膿止め、ヒドロコルチゾンのクリームなどで手当をしよう。症状がひどくなってきたら医師の診察を受けること。クラゲの毒に強いアレルギーを起こす人もいるからだ。

ハコクラゲ(有毒)

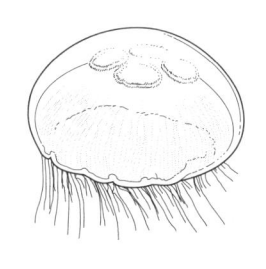

ミズクラゲ(無毒)

アカエイ

　アカエイの仲間は世界じゅうの海水と淡水が混ざった汽水域や海の浅いところに生息している。北米東海岸に多く分布している種は数種あり、アトランティックスティングレイ、アメリカアカエイ (サザンスティングレイ)、コモンスティングレイなども含まれる。ガンギエイ科のエイたちは南カリフォルニアの沿岸にいて、ハワイやカリブ海でも何種か泳いでいる。どのアカエイもみな浅い水域を好み、砂や泥に身を埋めて小魚やエビやカニを待ち伏せしている。判別しづらい暗褐色の体色で常にかくれているので、非常に見つけづらい。危険が迫っても逃げ出さず、その場に留まって、サメなどの捕食者の目を保護色で誤魔化そうとする。そのせいで泳いでいる人や釣り人がやっかいな目に遭う。

　アカエイの仲間のいちばんの防衛手段は、尾に生えている毒を持ったのこぎり状の鋭い針だ。脅威を感じても逃げることができなかったら、その敵を尾で打ち、相手に針を突き刺す。こんなすごい武器を持っているもの

の、アカエイは獰猛だとはみなされて
はいない。彼らにとって攻撃は最後の
手段だからだ。世界各国で人気だっ
たテレビ番組『クロコダイル・ハンタ
ー』のホスト、スティーブ・アーウィ
ンは、アカエイの棘で胸を刺される
という不慮の事故で亡くなった。これは

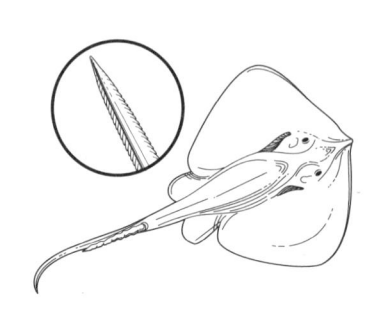

まれな事故であり、アカエイの毒による死は非常に珍しい。海を歩き回る
釣り人や、泳いでいる人がアカエイに攻撃されるのは、だいたいアカエイ
を踏んでしまったときで、膝下や足を刺される。アメリカでは年間に何千
人もの人々がアカエイによって負傷するが、そのほとんどは軽症だ。アカ
エイの毒は激しい痛みと炎症を引き起こすが、生死に関わることはない。
ただ、棘状の針が刺さったままの状態で折れて、外科手術で取りのぞか
なければならないこともときどきある。重症の感染症が起こる可能性があ
るので、深い刺し傷や裂傷はよく観察し、抗生剤で治療しなければならな
い。アカエイに刺されたほとんどのケースでは、小さな切り傷を市販薬で
治療することが多い。我々のチームではベリーズで海に入って釣りをして
いるときと、バハ・カリフォルニアで磯釣りをしていたときに、数人がア
カエイに刺された。痛みはしばらく続くが、がまんできないほどではない。
　アカエイがよくいる浅瀬を歩くときは、半分砂に埋もれているエイを見
逃さないようにしよう。海底が砂や明るい色の泥の場合、露出しているア
カエイの身体は周囲よりも色が濃い。エイが水を吐いたときプッと泥が吹
き上がったところ、水が揺れて反射しているところ、海底にエイが通った
痕跡などがないかもよく観察しよう。ただ、アカエイは澄んだ水の中でも
見えづらいことがあるくらいで、水が濁っていたらまったく見えないこと

も多い。アカエイを踏まないように歩く確実な方法は、ゆっくりとすり足で海底や湖底から足を離さずに進むことだ。こうすれば、進んでいく先にいるアカエイはこちらの存在を察知して逃げてくれる。エイが気づいてくれなかったとしても、踏むのではなく足とエイがぶつかる感じになるので、刺さずに逃げていってくれる確率が高い。アカエイがいる浅瀬に入って釣りをするときは、どんなに裸足で海に入りたいと思っても、必ずウェーディングブーツを履こう。足の甲にエイの毒針を深く刺されたら、その瞬間に釣りをやめて帰らねばならなくなる。

ミノカサゴ

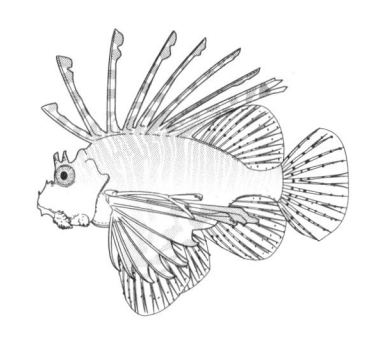

一般の釣り人、スピアフィッシング（銛や水中銃で魚を捕まえること）をする人、それにダイバーはミノカサゴに気をつけることだ。美しいが毒のある魚ミノカサゴはインド洋原産だが、違法に海に放されたせいで、アメリカ南部の大西洋沿岸とメキシコ湾沿岸の温かい水域に外来種として生息している。ミノカサゴは駆除がほとんど成功しておらず、このまま定着しそうな勢いだ。近年は近海の釣り師やスピアフィッシングをする人が好んで捕らえている。しかしその人気にはリスクがつきまとう。ミノカサゴは背ビレと尻ビレと胸ビレに自分より大きな生物に対する防衛手段として毒のある棘が生えている。棘は肉に刺さると神経毒を分泌する。この毒により焼けつくような痛みと腫れが起こるが、命に関わることはない。ダイビングやシュノーケリングをするときは、ミノカサゴには近寄りすぎないことだ。ミノカサゴの肉はおいしいので、食用にしたいなら細心の注

意を払って扱うこと。ミノカサゴによる被害は、釣り人が銛や釣り針の先で暴れているミノカサゴを外そうとしたときに起きる。ミノカサゴが死んだ後も、その針から毒は分泌される。

　手を刺されたら、パニックにならないこと。落ち着いて、指輪をしていたら手が腫れてくる前に外そう。そうしないと、さらなる組織のダメージを避けるために救急救命センターで指の一部を切断する緊急手術を受けなければならなくなる（理由については45ページのコラムを参照）。すぐに自分でできる応急処置は、まず折れた棘が皮膚の下に残っていないか、刺された箇所をよく調べることだ。もしあったら、毛抜きかペンチで抜く。次に刺された箇所をきれいにし、過酸化水素やアルコール、抗生物質の軟膏などで消毒する。可能なら刺された部分を30分ほどお湯につける。ミノカサゴの毒は高温下では変質して無害化されるのだ。スピアフィッシングのベテランの中には、ミノカサゴに刺されたときのためにサーモス社製の魔法瓶にお湯を入れてボートに持ち込んでいる人もいる。調理済みのミノカサゴは問題ない。市販の抗ヒスタミン剤と抗炎症剤は痛みと腫れを軽減してくれる。アレルギー反応が起きたら、すぐに病院に行くこと。

魚の棘に刺されたら

　ミノカサゴ以外にも、甚大な被害をもたらす毒を背ビレの硬い棘 条（きょくじょう）に持つ魚は多い。淡水で釣れるイエローパーチ、キタアメリカザンダー、パーチ、ナマズ、それにサンフィッシュの多数の種には、ヒレに針のような棘条が生えている。海水魚ではアラスカメヌケ、ハードヘッドキャットフィッシュ、スギなどにも鋭い棘条があ

る。リリースするときも、捌くときも、触れる際には気をつけて扱うこと。鋭い棘がある魚を捌くときは、ゴム引きの丈夫な手袋をするといい。そういう手袋を持っていなかったら、棘条のあるヒレを注意深くたたんでから魚をつかむこと。魚の棘による刺し傷は感染しやすいので、適切な応急処置が必要だ。

それ以上に、鋭い歯で咬まれたらもっとひどいことになるかもしれない。釣り人やたちが好んで釣り、ダイバーたちが喜んで写真を撮る熱帯の海水魚バラクーダを例にしてみよう。バラクーダに毒はないが、口の中に剃刀のように鋭い恐るべき歯がずらりと並んで生えている。小さな魚に稲妻のように素早く襲いかかるためのものだ。ソトイワシを釣り上げてみたら、針の先で体が半分になっていることがあるが、これは知らないうちにバラクーダが食いちぎっていったからだ。バラクーダはときどき人間にも咬みついてくる。人間を食べようとしてというより、ほかの生物と間違えて襲っているのだ。光る指輪やブレスレットをしていると、小魚と間違えたバラクーダが襲ってくるかもしれない。泳いでいたり、ダイビング中に襲われた不幸な人は何十針も縫うことになる場合もある。釣り人もまたバラクーダに気をつける必要がある。釣り人の多くがバラクーダを針から外すときにひどい怪我をしている。バラクーダだけでなく、カワカマスやアミキリやサメなど鋭い歯を持つ魚を針から外すときは、必ず長いプライヤーや鉗子を使うこと。

サメの襲撃

世界じゅうの海には440種以上のサメが泳ぎ回っている。海岸線の近くから1500mの深海までどこにでもいて、体長1.8〜12mとサイズもさまざまだ。地球上の5つの大海すべてに生息していて、一部の川にも棲んでいる。しかしこの大量のサメたちのなかで、2桁の人数の人間を殺したのは、わかっているかぎりホホジロザメ、イタチザメ、オオメジロザメという、たった3種類のサメだ。2019年に人間から刺激されたせいではなく、サメが自発的にヒトを襲った件数は世界で64件あるが、そのうち死亡に至ったのは2件だけだ。それ以外のサメ釣りやサメに触ろうとしたり、餌をやろうとしたりして襲われた件数は40件前後。ただ、サメの襲撃データはほぼ事後の報告だけに頼っていることは考慮すべきだろう。世界の中には報告が正確でない地域もあるからだ。しかしどんなに記録を細分化しても、映画などで一般に浸透しているサメ襲撃のセンセーショナルな負のイメージは正当ではない。本当に恐ろしいのは、海から大型の捕食生物がいなくなってしまうことだ。

サメの襲撃はサメの周囲に観光客も含む人間がどれだけいるか、被害者がどんな活動をしていたかと相関関係がある。人がサメに襲撃される可能性は375万分の1だという統計が広く喧伝されている。しかし、この計算はサメがうようよいる海を泳いでいる人と、アイダホの自宅ソファに座っている人を同等に扱っているから、けっして公平とはいえない。波に乗って遊ぶ人たち（サーファーがほとんどだが、ブギーボードやゴムボートに乗る人なども含む）が被害件数の53%を占めて

いるが、これは彼らが海の中にいる時間が長いのも理由のひとつだ。水泳をしていた人は第2位で、全襲撃件数の30％ほど。そしてダイバーは6％だ。しかし、リスクが高い行動をしている人たちにとっても、襲撃の件数自体はかなり少ないといえる。私など、スピアフィッシングをするときは襲ってくださいと言わんばかりにがんがん海に入っている。これまでに、孫の代まで伝えるべき出来事はたくさん起きたし、あわやということもあったが、まだ一度もサメに咬みつかれたことはいない。

　海は究極の「公共の場」だ。地球上の71％の面積を占めていて、立ち入り禁止なのはそのうちのごく狭い地域だけ。サメを恐れるあまり海の探索をあきらめてはいけない。

ホホジロザメに関する誤解

　北カリフォルニアのレッドトライアングルで、私がアワビ捕りのダイバーとしてデビューしたとき、ホホジロザメのことはみな恐れてはいたけれど、あまり話題にのぼらなかった。水温10℃の冷たい海は、濁っていて視界も悪く気力を大幅に削がれる。このあたりにはサメがいて、我々（というより、我々のうちの誰かひとりくらい）がいつか遭遇するかもしれないことはわかっていた。その「いつか」は予想外のタイミングでやってきた。はじめての経験だったので逃げたり身を守ったりする行動はまったく取れなかった。真下から襲ってくるという古典的なパターンだったが、幸運なことに咬まれはしなかった。

　獲物を待ち伏せする危険なハンター、ホホジロザメは水面にいる獲物をシルエットだけで認識することが多いが、水中の動きや振動にも反応す

る。大人のホホジロザメは主にアザラシやアシカを捕食しているのだが、不幸なことにアワビ捕りのダイバーやスピアフィッシングをする人は、ヒレ足類に似た動きをよくする。視界がほとんどない水中に棲んでいることの多いホホジロザメは白目を剝いて襲いかかり、「試し咬み」をする。この試し咬みはホホジロザメの襲撃の多くのケースで報告されていて、たいていの場合、戻ってきてもう一度咬むことはない。

「白い死神」とも呼ばれるホホジロザメは、カリフォルニア州では1994年以来、絶滅危惧種保護法で保護されている。ホホジロザメの動きは誤解されることが多いが、最近の追跡調査では長距離を移動する習性があり、北カリフォルニアから遠くハワイまで移動していることがわかった。東海岸沿岸での目撃例も増えてきている。海水温の上昇に伴って、彼らの移動パターンがメキシコ湾や米国南東部からニューイングランドへと移ってきているからだ。体長6m、体重2t近くにまで成長することがあるホホジロザメは寿命が70年もあり、メスが性的に成熟するまで33年もかかる。

何でも食べるイタチザメ

襲撃によるヒトの致死率は数字の上ではホホジロザメに次ぐ第2位だが、私の中ではイタチザメが第1位だ。イタチザメを見ると、映画『ジュラシック・パーク』のベロキラプトルを思い出す。常に人間を観察し、ほぼずっと見つめている。だからときどき、本当は自分のほうが獲物なのだと思わずにはいられなくなる。

私が遭遇したイタチザメで最大のものは、メキシコ湾を泳いでいた。私はレナという石油掘削装置から70mほどの地点でディープダイビングをしていた。アメリカンレッドスナッパー（フエダイ）を追いかけていると、友人のすぐ後ろをイタチザメが泳いでいるのを見た。「なんてことだ」とつぶ

やいたのをはっきり覚えている。それまでに遭遇した数多くのイタチザメ
と同じように、このサメも幽霊のように今そこにいたと思ったら、どうい
うわけか次の瞬間には姿を消していた。イタチザメは獲物を遠くから観察
し、値踏みしてから、さらに試しにぶつかってみて、最後に本気で襲撃す
る。まったく予想していない場所に姿を現す生来の能力があり、背後や横
から近づいてくることも多い。イタチザメと忍び寄りゲームをするくらい
なら、その場を去ったほうがいい。

　ホホジロザメは獲物に襲いかかるとき白目を剝くが、イタチザメは襲撃
のとき、瞬膜という透明なまぶたを閉じて、目を守る。魚、ウミヘビ、イ
ルカ、ウミガメ、アオウミガメ、オサガメなどが主な獲物だ。「海のゴミ箱」
というあだ名をつけられるくらい雑食で、胃袋からヤギや犬のような陸に
棲む動物、人工物である油の缶、瓶、運転免許証、さらにはタイヤが見
つかったことまである。

　黒い縞と年齢とともに褪せていく斑点が特徴的で、体長5m以上、体重
600kg以上に達することも珍しくない。熱帯と亜熱帯の海にいて、アメリ
カではメキシコ湾、東海岸、ハワイに集中している。イタチザメの襲撃件
数はハワイ一州で他のアメリカ全体を上回る。また2010年にイタチザメ
の襲撃による死亡が報告された州はハワイだけだ。

大胆なオオメジロザメ

　オオメジロザメに遭遇した人も、一緒に泳いだことがある人もいるかも
しれない。私はどちらかというと一緒に泳いでみたい。アフリカではザン
ベジザメと呼ばれるオオメジロザメの英語名BULL SHARKはずんぐりし
ていて頑丈な体格と、予想外で大胆な動きをすることが多いところからつ
けられた。移動するスギを釣りにフロリダの東沿岸に行く、あるいは巨大

なカマスサワラを捕らえにテキサス沖に行くときは水中銃を抜いて、野生と対峙する覚悟を決めよう。

　平均的な大きさは体長2.5m、体重130kgほどのオオメジロザメだが、体長3.5m、体重320kg近くにまで成長する個体もいることが知られている。メキシコ湾から東海岸にかけて生息し、フロリダで1926年以降に報告されたサメの一方的な襲撃の20%はオオメジロザメによるものであり、人間にとって非常に危険と考えられている。オオメジロザメは30m以下の水深の場所を好むので、入江や海岸の近くにいることが多く、結果として人間が海でのアクティビティをおこなう場所と重なっている。

　サメの仲間のなかでも独特なのは、通し回遊性、つまり淡水でも海水でも生きていける点だ。淡水での遭遇はまれだが、メキシコ湾から1100kmほど離れたイリノイ州オールトンのミシシッピ川で発見されたこともある。イタチザメと同様、手あたり次第に何でも食べる習性で、魚、海鳥、海亀、イルカ、アカエイ、甲殻類なを平らげる。オオメジロザメは単独でいることも、群れで行動していることもある。

COLUMN

サメに襲われない方法とその準備

　すでに書いたように、サメの襲撃率はその場所に人間がどれだけいるかや、アクティビティがどれだけおこなわれているかに強く関連している。そのせいもあり、アメリカは一方的なサメの襲撃件数が世界一多く（フロリダ、ハワイ、カリフォルニア、サウスカロライナ、ノースカロライナがリストの上位にくる）、その次はオーストラリアだ。

　海にいるときにサメを見かけたら、彼らの動きに注目しよう。ゆ

っくりとおだやかな動きをしている場合はほとんど心配はない。ゆるやかに「S」の字を描くように泳いでいるか、波に揺られるように泳いでいるときは大丈夫だ。サメは打つような音や振動によって興奮するので、落ち着いてアクティビティを楽しんでいれば、あとで笑って人に語れるエピソードができるかもしれない。

　しかしサメがスピードをあげ、身体を激しく揺らして「Z」の字を描くように泳いできたら、脱出手段を考えるべきだ。サメがさらに興奮したら、背を丸め、胸ビレを押し下げはじめる。このときに鼻面を上にあげることもある（大きな口を開ける場合もある）。シュノーケリングをしたり、泳いでいるだけではなかなかこういう場面には遭遇しない。サメがこうした行動を取るのは多くの場合、スピアフィッシングや撒き餌などをしている人間を、食物を取り合うライバルとみなしたときだ。

　襲撃されたらどうするべきか？　経験から言えることは、サメを殴りつける場所を間違えるとまるで効果がない。狙うべき場所は3カ所ある。鼻、目、鰓だ。サメの鼻には非常に敏感な感覚機関が集まっている。なかでもロレンチーニ器官は電気受容感覚で、サメはこの器官で感知した電気と磁気を利用して方角を知り、泳いでいる。だから遭遇したとき最初に鼻を強く殴りつけると、追い払うことができる。運悪くサメの横側にいたら、目と鰓を狙おう。サメは捕食者だが、自己防衛本能もある程度持っている。

　先制攻撃をしてイニシアチブを握りたい人には、サメをおじけづかせるのに役に立つ道具がたくさんある。私が自分で試してみて、多少なりとも信頼できたのは電子サメ避け装置シャークシールドだけだ。マイナス点があるとすれば、注意して使わないと、人

間もものすごい衝撃を受けてしまうことと、充電が必要なことだ。磁力を使った技術にもとづいたもっと新しい機器もあるらしいが、個人的には迫ってくるホホジロザメやイタチザメやオオメジロザメに効果があるとは思えない。

　そしてここで真実を話そう。サメに咬まれるとしても、不意討ちされる可能性が高いし、襲撃はとても素早いので、撃退しようにもほとんど何もできないだろう。自分や仲間を守るためにできることがあるとしたら、ちゃんとした止血キットや止血装置を持っていくことだ。襲撃によって死に至る場合、その原因のほとんどは外傷ではなく、失血だ。つまり素早く止血帯や圧縮包帯をし、すぐに救助隊に連絡することができたら、多くの命は救えるかもしれない。

　私自身の緊急治療キットには、止血帯、イスラエル包帯（下腹部のような止血帯を巻けないところに使う）2巻、衛星通信のガーミン・インリーチエクスプローラー（408ページ参照）が入っている。止血帯の巻き方の訓練を必ず受け、自分や他の人に巻く練習もしておこう。開けにくいパッケージはすべて開けておき（こういう製品の多くはかなりしっかりと真空パックされていることが多く、緊急時にすぐ開けられないと困る）、キットを取り出しやすいところにしまっておくこと。

　　　　　グレッグ・フォンツ（米ナショナル・スピアフィッシング選手権優勝、
　　　　　ダイビングの米ワールドチームのメンバー、UltimateSpearfishing.com主宰）。

ヘビ

　アメリカでヘビが関わる死亡事故は非常にまれだが、これから紹介する

種類のヘビたちは、アウトドアをする多くの人々に非常に大きな心配をもたらしている。

ガラガラヘビ　ガラガラヘビは主にアリゾナとテキサスの不毛な砂漠に棲んでいるが、全米の平原や山地や森や沼にも生息している。ロードアイランド、アラスカ、ハワイをのぞくすべての州にさまざまな種類がうろついている。マムシ亜科の毒蛇の仲間であり、熱を感知する頭にある「穴」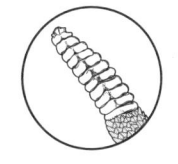を使って天敵も獲物も見つけている。ガラガラヘビはみな毒があり、咬まれると激しい痛みに苦しめられ、後遺症が残り、死ぬこともある。ガラガラヘビはよくニュースに取り上げられているようだが、それには理由がある。ガラガラヘビにはアメリカで例年8000人もの人たちが咬まれているのだ。マムシ亜科の毒蛇たちは大きさも色もさまざまだが、ほとんどの種は体長60〜120cmほどで、大きな三角形の頭を持ち、背中に縞模様か、斑点模様がある。彼らは注射器の針のような長い中空の牙で毒を相手の体内に送り込む。この牙はふだんは口の中の上あごにつくように折りたたまれているが、獲物を襲うときや身を守るときにさっと出てくる。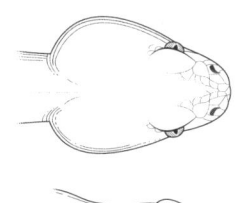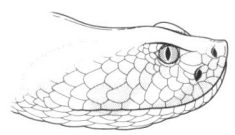

ヌママムシとアメリカマムシ　ミズヘビという別名もあるヌママムシは北米のマムシ亜科の毒蛇の一種だ。北米で唯一の水生の毒蛇であり、南東

部からメキシコ湾岸までの広い範囲に分布している大型の攻撃的なヘビ
だ。アメリカマムシもマムシ亜科の毒蛇だがヌママムシよりは小型で、ア
メリカの東部から中部の大半に数多く分布している。

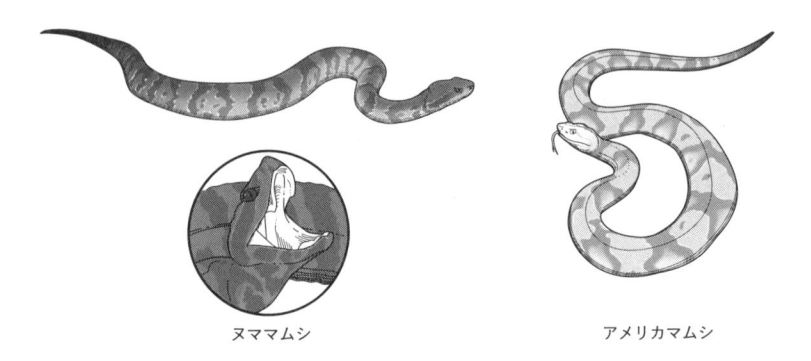

ヌママムシ　　　　　　　　　　　　　　　アメリカマムシ

サンゴヘビ　毒ヘビであるサンゴヘビには2種の亜種がある。東部に棲む
ハーレクインサンゴヘビと西部のアリゾナサンゴヘビだ。ハーレクインサ
ンゴヘビはアメリカ南東部のいくつかの州に生息しているが、アリゾナサ
ンゴヘビはアリゾナとニューメキシコに生息している。サンゴヘビは熱を
感知するタイプのマムシ亜科のヘビたちほど攻撃的ではないが、毒性は強

い。サンゴヘビは鮮やかな縞模様のある
小型の蛇で、折りたたみ式ではない短い
牙で咬むことによって毒をもたらす。無
害なミルクヘビやキングヘビはサンゴヘ
ビと同じ縞模様なので、よく毒ヘビに間
違えられる。サンゴヘビとこのよく似た
無害なヘビたちとの見分け方のフレーズ
を紹介しておこう。

「赤と黒が並んでいるなら大丈夫だ、ジ

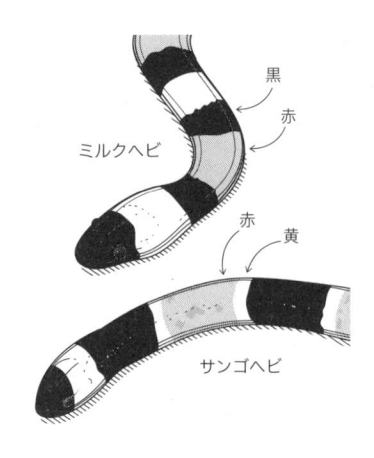

黒
赤
ミルクヘビ

赤
黄
サンゴヘビ

ャック！ 赤と黄色が並んでいたら、お前はもう死んでいる」

大蛇 北米で冒険の旅をする者たちにとって爬虫類関連でもっとも大きな危険生物は、やはり毒蛇だが、フロリダで増えているビルマニシキヘビのような大型の外来種も問題になってきている。もともとの生態系に大きな悪影響を及ぼすというだけでなく、人間にとっても危険である。これまでのところアメリカではこうした外来種のヘビによる被害は出ていないが、世界の他の地域ではニシキヘビをはじめとした大蛇による死亡例が発生している。フロリダではすでにニシキヘビがシカや豚など、人間以上のサイズの動物たちを襲っている。

ヘビに咬まれないようにするために 毒蛇に咬まれたら大変だが、実際には死亡するのはまれだ。毎年何千人もの人がガラガラヘビに咬まれているが、死亡するのは年間平均5人ほどだ。しかし咬まれた後どんなに恐ろしいことになるかを見れば、万難を排して咬まれないようにしなければと思うだろう。どの種類のヘビの毒も、咬んだ後、獲物を動けなくすることで後を追って食べやすくするためにある。ガラガラヘビの多くの毒は溶血毒を含んでいて、血液細胞の壁を壊すことで獲物を殺す。ガラガラヘビの一部とサンゴヘビは神経毒を含む毒を持っていて、こちらは中央神経系を攻撃する。神経毒は溶血毒より効きめが早いが、どちらも非常に危険だ。溶血毒を持つヘビに咬まれると、激しい痛み、内出血が起こり、組織の損傷から四肢を失う場合もある。神経毒は視覚障害、筋肉の衰え、呼吸不全を引き起こす。ヘビに咬まれた場合の治療法は573ページを参照してほしい。

　ヘビは通常、人間が誤って踏んだ場合に咬む。一般的に信じられてい

るのとちがって、ガラガラヘビは襲う前にガラガラ音を鳴らして警告して
くれるとはかぎらない。だからガラガラヘビを避けるにはよく踏み固めら
れていて、地面が見えるトレイルを外れないようにし、生い茂った藪や岩
の山や背の高い草が生えているところなど見通しがきかない場所は避ける
べきだ。手をつくときも注意しよう。ヘビは岩や丸太やゴミ捨て場や崩れ
た家などにかくれるのを好む。基本的に小型の齧歯類を狩れそうな場所
なら、どこにでもいると思っていい。

アリゲーター

　1987年までアメリカで絶滅危惧種に指定されていたアメリカアリゲー
ターは、その後驚異的にその数を回復した。現在では何百万匹にも増え、
11の州で生息が確認されている。フロリダ州とルイジアナ州がもっとも数
が多く、それぞれ100万匹以上のアリゲーターを確認している。両州では
アリゲーターの食肉に関連する産業を立ち上げ成功しており、皮は罠猟
師たちが扱っている。アリゲーターを合法的に狩ることができる州もいく
つかある。一方でアリゲーターが人間を狩ることはまれだ。非常に長生き
で、体長3m、体重200kgほどを超える個体も珍しくない。これだけの大
きさがあれば十分に人間を殺せる。

　実際アリゲーターは、大型の動物を岸沿いや水中で待ち伏せして水中
に引きずり込み溺死させる。大きなあごには鋭くて頑丈な歯が並んで生え
ていて、その噛む力はハイイログマの2倍、1in²あたり900kg以上と動物
界最強だ。大きくて強くて数も多いアリゲーターだが、しかし人間を襲撃
することは少ない。アメリカ国内でアリゲーターに襲撃される人は年間に
10人ほど。そのうち死亡者は平均ではひとりだ。

　だとしても、わざわざアリゲーターの生息地に行ってはいけない。「ア

リゲーターに注意！」という看板がある場所で泳ぐのは愚かとしか言いようがない。カヌーに乗っているときも釣りをしているときも警戒を忘れないこと。水中で魚や動物がもがき苦しむ音に似たような水音をたてると、寄ってきてしまう場合がある。そして、アリゲーターがペットの犬を好んで食べることも忘れてはいけない。愛犬をよく見守っていよう。

　最近は肉食獣よりも交通事故やガンのほうがはるかに多くの人の命を奪っている。しかし何千年ものあいだ、人間は血気盛んな大型の肉食獣にとってお馴染みのメニューだった。我々の先祖たちの遺伝子には、自分たちを殺して食べる生き物に対する恐怖と、なんとしても避けなければという思いが組み込まれていて、生来の恐怖はいまも残っている。我々は未開の地で長い時間キャンプを続けるうちに、テントの外から聞こえる何かがこすれるような音は小型の無害な動物がいつもどおり夜の活動をしているにすぎないのだとわかるようになった。それでも、薄いナイロンで隔てられているだけの外界に、大きな牙と鉤爪のある何かがいるのかもしれないという想像はやっぱり頭に浮かんでしまう。

　外の暗がりを這い回る何かへの恐怖は、しかし完全に無視するべきではない。クマ、ピューマ、それにオオカミさえも襲ってくる危険がないわけでないので、大型の肉食獣が生息する地域でアウトドアを楽しもうとする人は事前に用心しておくことが必要だ。しかしハンターや釣り人やキャンパーやハイカーが考えなければならないリスクは、大型の肉食獣だけではない。ヘラジカやバイソンのような大型の草食獣も同じくらい危険なことがある。たとえばイエローストーン国立公園では、無防備な旅行者たちが

野生の有蹄類によく襲われている。さらに、ネズミやアライグマなどの、もっと小型で地味な齧歯類の動物に関連する危険を知っておくのもいい考えだ。こうした動物はヒトの喉を咬み裂いたり、ヒトを踏み殺したりすることはないかもしれないが、さまざまな嫌な病気を移すことはできるのだ。

齧歯類の動物

　星空の下で眠っているとき、真夜中に寝袋の上をシロアシネズミやウッドラットが駆け抜けて目が覚めるのは珍しいことではない。体重わずか数十グラムほどの小型の齧歯類は小さな恐怖しかあたえられないと思うだろうか。だが実際のところ、我々の経験では彼らはその体重には見合わないほどの恐ろしい被害を引き起こす。齧歯類がその飽くなき食欲で人間が育てた穀物を荒らしたり、黒死病のような疫病を媒介してきた歴史を考えれば、それも驚きではない。黒死病はラットやネズミが運んだノミがヒトを咬むことによって伝染した。公衆衛生と現代の医学の発展により、現在ではこの疫病の大規模な蔓延はなくなり、アメリカで年間に罹患するのは10人前後だ。しかし齧歯類が媒介する病気には他にも知っておくべきものがある。

　ハンタウィルスはそのひとつだ。黒死病ほど名が知られていないウィルスだが、アメリカ、カナダではこちらのほうがはるかに件数が多い。ハンタウィルスは齧歯類の尿、糞、唾液中に棲んでいる。ウィルスのかけらが空気中に飛散すれば、それをヒトが吸い込んで感染する。感染が引き起こすハンタウィルス肺症候群の致死率は38％と桁外れだ。

　ハンタウィルスにはいくつかの種類があり、それぞれの病気を媒介するのは特定の種の齧歯目の動物だ。アメリカ中部とカナダに生息するシカシ

ロアシネズミはシンノンブルハンタウィルスを、アメリカ北西部のシロア
シネズミはニューヨークハンタウィルスを、アメリカ南東部のコットンラ
ットはブラッククリークカナルハンタウィルスを媒介する。

　ハンタウィルスに感染した人は、納屋や家畜小屋、離れなどのネズミ
がはびこっている閉鎖空間で暮らしたり、仕事をしたり、遊んでいたりし
たときに感染している。たとえば古い納屋でネズミの糞を掃除している
ときなどがこの病気に感染する典型的なパターンだ。しかしハイカーやキャ
ンパーも、未開の地のネズミがはびこっていたシェルターや小屋で過ごし
たり、洞窟の入り口や崖の突出部の下にある野生のネズミの巣に入ること
によってハンタウィルスに冒されることがある。初期の症状は疲労感、発
熱、脚・背中・肩などの大きな筋肉の痛みだ。こうした症状が出たら、す
ぐに医療機関を受診しよう。

　現代では疫病は珍しくなったが、まったくなくなったというわけではな
い。2007年、グランドキャニオン国立公園の野生生物学者エリック・ヨ
ークは、ピューマの首輪につけた発信機から死亡を告げる信号が発せら
れたので確認しにいった。ヨークはメスの死体を発見し、死因を調べよう
とその亡骸を背負ってグランドキャニオンから運び出した。数日後、その
死因となった疫病が彼を襲った。ヨークは自宅で亡くなっているところを
発見された。死んだピューマの身体から乗り移ってきた、ハンタウィルス
を持つノミに咬まれたのが原因だった。

　ピューマだけでなく齧歯類などが大量死した場所では、飢えたノミが寄
生していた動物の身体から離れ、新たな血を求めて宿主を探しているため、
疫病に罹る危険が大きい。野生動物の間の伝染病の蔓延でもっともよく
知られているのは、アメリカ西部のプレーリードッグのコロニーで発生す
るものだ。感染が確認されたコロニーは、動物管理局の専門家によって

毒ガスで殺処分される。ネズミやリスなど他の小型の齧歯類も、腺ペストを媒介するノミを持っていることがある。ノウサギなども同じだ。感染の危険をとにかくシャットアウトしたかったら、日頃から齧歯類の動物と接触しないようにし、動物の大量死があったことがわかっているエリアに入るときは、とくに警戒すること。

リスやウサギに触れることがある小獣ハンターは接触の際に注意深く扱わなければ、どんなに他のリスク要因を減らしても安全は保証されない。小獣を触りすぎたり、自分の寝る場所の近くに死んだ動物を置いておいたりして、ノミに乗り移られる機会を増やさないこと。それに、小獣の皮はキャンプ地から十分に離れた場所に捨てること。感染している動物の肉や体液に触れた人を通して感染した場合もあるので、小獣の皮をはぐときはゴム手袋をするといい。

疫病の初期症状はまず発熱、頭痛、リンパ節の腫れと痛みだ。症状が進むと、下腹部痛、ショック状態、出血、皮膚の黒ずみが現れる。そのまま治療せずにいると、重症の肺炎症状が起こってどんどん進行し、呼吸不全によって死亡する場合もある。万が一、この疫病に感染してしまったら、すぐに病院へ行くこと。現代の抗生剤で治療することができる。

コウモリ

コウモリは多大な恐怖を引き起こす。現実にコウモリに襲われて血を吸われる恐れはないとしても、この生物は病気を媒介する存在だ。新型コロナウィルスも含むさまざまなパンデミックの感染源が、人間とコウモリの接触にある可能性も知られている。

コウモリに関しては、長時間の接触だけでなく、咬まれたことによって病気が移るのも心配だ。アメリカとカナダには40種以上、1000万匹のコ

ウモリが棲むと確認されているが、そのほとんどは虫を食べる無害な種だ。しかしコウモリは脅威を感じたり、追い詰められたりするとヒトを咬む。コウモリに咬まれたというのは、コロナウィルスの蔓延以前から常に危険なニュースであり、動物の狂犬病への感染の3分の1近くの原因もコウモリだ。アメリカでは、人間の狂犬病への感染の70%はコウモリが媒介となっている。狂犬病を媒介することができるコウモリは全体の0.5%にも満たないが、それで感染した人は必要な治療を受けなければほぼ必ず死ぬ。

　狂犬病に伝染した人のほぼ全員が、咬まれたことによって感染している。感染している動物を触るだけでは伝染しない。動物の唾液が人間の血管に入ることによって、直接感染するのだ。ウィルスの潜伏期間は平均20〜60日だが、5日ぐらいと短い場合も、6ヶ月と長い場合もある。原因となる接触から1年以上経って発症した患者もいる。狂犬病の症状は発熱、頭痛、吐き気、嘔吐、興奮、不安、混乱、活動亢進、幻覚、不眠、それに局所的な麻痺だ。患者は恐水病といって、理不尽に水をとても恐れるようになり、嚥下困難と唾液の過剰分泌を伴うことも多い。狂犬病がそのまま悪化しつづけると、死に至る。

　さいわいにも潜伏期間中に感染に気づくことができたら、曝露後予防内服 (PEP) という、即効性の免疫グロブリンを2週間ごとに5回注射する方法で治療できる。早期治療が非常に重要なので、狂犬病に曝露した可能性のある人みなに実施される。年間に3万人から6万人ほどがこの治療を受けており、その結果、アメリカでは狂犬病に関連する死者が非常に少なくなった。1960年以前は狂犬病による年間の死亡件数は100件前後だった。それから60年のあいだにアメリカ疾病予防管理センター (CDC) に記録された狂犬病による死はトータルで125件だけだ。飼われている動物にワクチンを施すことも、人間の狂犬病を大きく減らす助けになった。アメ

リカでは、狂犬病への感染の原因のほとんどは野生動物に関連している。しかし、いまも毎年世界じゅうで59万人もの人が狂犬病で死亡しているのが現実だ。そのほとんどは治療を簡単に受けられない発展途上国で発生している。こうした地域で狂犬病に罹った犬に咬まれると、罹患のリスクは非常に高い。

野生動物に咬まれたら

　コウモリだけでなく、野生動物全般に狂犬病を人間に移す可能性がある。ツチブタ、アライグマ、スカンク、キツネ、コヨーテ、さらにはオオカミもだ。ダニエル・ブーン開拓団の一員ジェームズ・ノールは1775年、寝ているあいだに狂犬病持ちのオオカミに襲撃され、額を咬まれた。傷は治ったが、その年の秋クリンチ川沿いでシカ狩りをしていたとき、恐水病のひどい発作に襲われた。狂乱状態の彼から逃れるために、狩りの仲間たちはカヌーから飛び降りなければならないほどだったという。ノールは家に連れ戻され、友人を傷つけないように縛り上げられ、その直後に死亡した。

　人間である我々は、コウモリより哺乳類が奇妙な行動をしているときのほうが気づきやすいだろう。異常に攻撃的、あるいは多量のよだれを垂らしている動物がいたら避けること。狂犬病の症状として眼に見えてわかるサインだ。狂犬病にかかった野生動物は本来持っていた人間への恐怖心を失ったり、もともと夜行性であるのに昼間外をうろついたりもする。

　同行する仲間の誰かが野生動物に咬まれたら、できればその動

物を捕らえるか仕留めたい。生検をすれば、狂犬病を持っていた
かどうか調べられるからだ(私の友達は自分の父親がアライグマに咬まれるのを見た。
彼らは22口径のライフルを取ってきて、木の上にいたそのアライグマを撃ち落とし、頭部を検
査に提出した)。飼われている生き物だとしても、狂犬病ワクチンを接
種していない動物に咬まれた人は、10日間隔離したうえで狂犬病
の症状が出ないかを観察しなければならない。咬んだ動物を捕ら
えたり、隔離したりできなかった場合は、咬まれた人は念のためす
ぐに治療を受ける必要がある。狂犬病ウィルスに曝露した可能性
がある場合は医師の診察を受けることが非常に大切だ。この病気
は感染してしまったら、ほぼ死に至ることを忘れてはならない。

スカンク爆弾とヤマアラシの針

　人間はマスクラットからクズリまで、すべての歩く動物に咬まれる可能
性がある。しかし件数は少ないし、咬まれないように避けることもできる。
だから、本当は傷を消毒し、絆創膏を貼ることぐらいしかアドバイスはな
い。ただ、一般的には無害で友好的な中型の哺乳類たちについても、咬
まれること以外にふたつほど注意すべき点がある。
　危険なわけでも、命がかかっているわけでもないが、スカンクにスプレ
ーされる(いわゆるおならをされる)のは非常に不快な体験だ。うまくかわせなか
ったときには、においが完全に消えるまで何週間も臭いままだ。においを
消そうと思ったら、トマトジュースを使う昔ながらのやり方は忘れよう。
においをごまかすぐらいしか効果がないから。かわりに重曹を15g、食器
用洗剤小さじ1杯を1Lの容器に入れて、3%の過酸化水素水を一杯に加え、
そこに浸しておいた布でこすり洗いをするのだ。一度で完全ににおいがな

くなるわけではないが、脱臭は大幅に早められるはずだ。罠猟師たちはガソリンを使って、動物の毛皮についたスカンクの分泌物を落とすこともあるが、生きている動物や人間にこの方法を使うのはお勧めしない。

　一般に信じられていることとちがって、ヤマアラシは実際には針を発射したりしない。しかし近づきすぎた人間に尾をさっとひと振りするだけで、何十本もの針を突き刺せる。ただ、生きたヤマアラシに人が刺されるところは一度しか見たことがない。アラスカでのドールシープ狩りのとき、ハンノキの上にヤマアラシがいるのに気づかず、グループみんなでその下を通ってしまったのだ。刺されたのは女性で、ひとつかみ分ぐらいの針を肩と首の境目あたりに突き立てられた。ヤマアラシの針で怪我をするのは、多くは皮をはいでいるときか、シカやピューマや猟犬に刺さったものに触ってしまって刺さることが多い。

　ヤマアラシの針を抜くときは、針の端を切ると抜きやすくなるという従来のアドバイスは忘れよう（全然抜きやすくならないから）。放っておく時間が長いとそれだけ、刺さった針が奥へ奥へと進んでいってしまうことを忘れずに。また、鋭い釣り針のように逆棘があるので、いったん刺さったものは逆戻りしない。肉の中を突き進んで、最終的に刺さったところのすぐ近くから顔を出す場合もある。針の除去方法は、ペンチか歯でしっかりと針をはさみ、さっと一気にまっすぐ引き抜く。深く刺さってしまった場合は肉の小さなかけらとともに引き抜くしかない。傷口をきれいにし、抗生剤の軟膏を塗る。感染して数日ないし数週間は膿がたまるかもしれないが、覚悟しておくこと。

COLUMN

ヤマアラシと猟犬

　ヤマアラシという言葉を聞いてもほとんどの人は恐怖を感じない。しかし森や平原を犬を連れて歩き回っている我々にとっては、ヤマアラシは非常に現実的な恐怖だ。そうなる原因は犬たちの好奇心だ。犬はヤマアラシが分泌するジャコウのような強いにおい(人間のひどい体臭に似たにおい) を嗅ぐと、もう探し回らずにいられなくなる。ヤマアラシは夜行性で、主に木の上で暮らしているのだが、そんなわけで長時間アウトドアで過ごしているハンターは、いつかヤマアラシと遭遇する羽目になる。

　ヤマアラシは身の危険を感じると、襲撃者の皮膚に針を突き刺す。多くの犬がヤマアラシの匂いに惹きつけられて近づきすぎてしまい、鼻一面に針を突き立てられる。ヤマアラシは身を守る必要を感じると歯を鳴らし、足を踏み鳴らし、さらに針を揺すって、敵を威嚇する。効きめがないと、くるりと背を向け、尾で敵を叩く。ヤマアラシと犬のこういう遭遇は、たいてい犬が鼻に何十本もの針を刺される結果に終わる。

　そうなってしまったら犬をつなぎ、マルチツールかペンチで、針のできるかぎり犬の鼻の皮膚に近い部分を注意深くつかみ、まっすぐに引き抜くこと。しかし、鼻面全体に針を突き立てられた後もヤマアラシと戦いつづける犬もいる。相手を咬んだり、殺したりしようとするが、そうなると非常に危険な状況になりかねない。私の犬たちは一度、頭に何百本もの針を突き立てられ、口の中にも同じぐらいの数の針が刺さった状態で逃げ帰ってきた。北米のヤマ

アラシの身体には約3万本の針が生えているので、敵に計り知れないほどの被害をあたえることができるのだ。

こうなってしまったら近くの動物病院に連れていって、麻酔をかけて針を抜いてもらわねばならない。動物病院が行ける距離になく、犬が十分に落ち着いていて、歯のチェックのための訓練が完了していたら、直径3cmほどの棒を犬の口に横向きに入れ、いちばん奥の臼歯で噛ませる。それから棒の両端を靴紐かコードで首輪にしっかりと固定する。こうすると犬の口は開きっぱなしになる。歯の治療のときに人間に使われる方法とよく似ている。そして、前述のようにマルチツールかペンチを使って、犬の口の内側に刺さっている針を抜く。犬に猟犬としての訓練をする前に、このように口を開けさせておく練習をさせておくといい。これができるようになると、狩りを中止したり、クリニックに行って高い治療費を払ったりしなくてもすむかもしれない。

犬vsヤマアラシの戦いでは、車に轢かれて死んだばかりのヤマアラシの死体があると、よい回避訓練を犬に施すことができる。シーズンオフのあいだにハンターたちは犬たちの安全を守るため、ヤマアラシを避ける訓練をする。電気ショックが出る首輪を使い、ヤマアラシの死体をどこかに置いておく。犬は必ずにおいに惹かれてヤマアラシに近づくので (普通の犬は自制できない)、そのタイミングで適正な量の電気的な刺激をあたえる。口では一切命令しない。そうすると犬は、自分を惹きつけるこのにおいそのもののせいで首輪にショックが走るのだ、と気づくようになる。ほとんどの犬は一度か二度で学習してくれ、飼い主はもう犬が「針山」のようになることを心配しなくてもよくなるだろう。

ロニー・ボーム（ベテラン鳥猟師であり、猟犬の愛好家。
『ミートイーター』に寄稿。ポッドキャストHunting Dogホスト）。

野兎病

　小獣ハンターが知っておくべき、警戒が必要な感染性の高いツラレミ
アは、一般に「野兎病（やとびょう）」と呼ばれている。ワタオウサギから人間に感染す
ることがもっとも多いが、カンジキウサギやジャックウサギ、リスなども
媒介者となる。ツラレミアはフランシセラツラレンシスというバクテリア
が引き起こす病気で、このバクテリアはノミやさまざまな種のダニによっ
ても媒介される。もっとも不安をかきたてるのは、空気感染するという事
実である。芝刈り機でウサギの死体を轢いてしまったことが原因でツラレ
ミアに感染したという報告もある。ツラレミアを引き起こすバクテリアは
汚染した埃に乗って空気中を移動することができ、アメリカ疾病予防管
理センター（CDC）は、ツラレミアはエアロゾル化してバイオテロ兵器に使
用できてしまうのではないかとも考えている。小獣ハンターはそこまで心
配しなくてもいいだろうが、感染した動物を扱うときには十分に警戒しな
ければならない。

　ノミやダニに咬まれることや空気感染のほかに、感染したウサギの内臓
を抜き、皮をはいでいるとき体液に触れたことが原因で感染する場合もあ
る。もっとも確実な安全策を取るとしたら、小獣を捌くときには、常にラ
テックス製かゴム引きの手袋をし、野外での解体が終わった後にはお湯と
石鹸でよく手を洗うことだ。ハンターはウサギの腎臓を詳細に観察して、
ツラレミアに感染しているかどうかを判別することもできる。腎臓が腫れ、
表面に白か黄色の斑点が出ていたら感染している印だ。このとき腎臓の色

は暗い青みがかった赤色になっていることが多い。こうした徴候が出ているウサギは感染の危険がないように注意して捨てること。小獣の肉を調理するときには、念には念を入れて有害なバクテリアを殺すために、完全に火を通す必要がある。ツラレミアは恐ろしい病気のように聞こえるかもしれないが、我々は生まれてこのかたウサギやリスを狩り、それらを捌き、食べてきたが病気にならなかったし、病気になったような人にも会ったことはない。それでもツラレミアで死亡する症例は存在するので、曝露する危険はできるかぎり減らしたほうがいい。感染したウサギのコロニーには、大規模な個体減少が起こる。だからワタオウサギなどの小獣の死体があちこちに転がっている場所では、狩りをしないほうが賢明だ。

　アメリカでは、年間に何十件ものツラレミアへの人間の感染例が記録されている。とりわけ地球の南中央部の国々で集中的に発生するツラレミアだが、発病の仕方には腺熱性、肺炎性、チフス性というバリエーションがある。症状は、バクテリアがどういう経路で体内に入ったかによって大きく異なる。ツラレミアの徴候は皮膚の潰瘍、目の炎症、リンパ節の腫れ、胸痛、咳、呼吸困難などの形で現れる。さいわい抗生剤で効果的に治療できるが、診断が難しい。ツラレミアに感染した疑いがあるなら、すぐに病院を受診すること。小獣に触れたり、ノミやダニに咬まれたりしていたらとくに。犬や猫もツラレミアに感染し、それを人間に移す可能性があるのも忘れないこと。

有蹄類

　シカや馬やイノシシといった有蹄類のせいでヒトが怪我をしたり、死んだとしたら、その原因は突進されたとか恐ろしい歯で咬まれたとかではなく、ギアがきしみ、ブレーキが悲鳴をあげる……つまり車で彼らをはねて

しまった場合であることのほうがはるかに多い。どんな動物であれ、衝突した瞬間の衝撃がいちばん危険だが、轢かれた動物に近づくときにも同じくらい細心の注意が必要だ。「死んだと思っていた動物が、驚いて動けなくなっていただけだった」ということがよくある。

　子どもの頃、動物の自動車事故でゾッとするような思いをした。真夜中に父が運転中にシカをはねてしまった。父は何でもないことのように、私や兄弟が座っているジープの後部荷台にシカを投げ入れた。帰ったら冷蔵庫に入れよう、そう思っていたのだ。すると、車がまた曲がりくねった道を走りはじめてすぐに、シカがジープの荷台で立ち上がった。全然死んでいなかった。その後の騒ぎはご想像のとおりだ。

　自動車との衝突で死んだり怪我を負う大型の有蹄類以外にも、毎年何十人もの人々がシカやヘラジカやイノシシなどから角で刺されたり、踏みつけられたり、蹴られたり、弾き飛ばされたりしている。そのほとんどが偶然遭遇して襲撃されている。もっとも多いのは、子どもを連れた母親や、発情期のオスに人間が適切な距離を取らなかった場合だ。フェアバンクスの市内では母ヘラジカが我が子を守ろうと、近寄りすぎたすべての人間に激しく突撃してくる。ふだんクマやオオカミを追い払うときと同じやり方で襲ってくるのだ。アンカレッジのダウンタウンの店の外で、アメリカヘラジカに近づきすぎた年配の男性が殺される動画が拡散したこともある。イエローストーン国立公園では、繁殖期のバッファローのオスが男性ホルモンの過剰からメスの獲得をめぐる争いに夢中になっているとき、近くで観光客が自撮り写真を撮りつづけているのに耐えられなくなり、怒り狂っていた。毎年夏になると、人間に怒ったバイソンが角で彼らを引っかけ宙に投げ上げる事件が数件起きている。イエローストーン国立公園にはハイイログマも含む猛獣たちがいるが、その中でももっとも多く人間に怪我を

負わせているのはバイソンだ。そして忘れてはいけないのは、こうした動物たちはみな立派な体格をしているということだ。ヘラジカは体重が300kgに達するし、アメリカヘラジカは550kgを超えることもあり、バイソンには1t超えの個体もいる。平均的な体格のオジロジカでもたいていの人間よりも身体は重い。さらに鋭い角や枝角、蹄もあるから、こうした動物たちはか弱い人間ぐらい簡単に血みどろにできるのだ。

　アメリカ国立公園局は入園者に、すべての動物から20m以上、クマからは100m以上の距離を取ることを推奨している。こうした動物たちは、日常的に人間と接触のある場所に生息している場合も多い。野生の環境に暮らす動物たちにしてみれば、人間の姿を見ること自体がまれなので、十分な距離を取らないと安心できないのだ。ひとたび脅威を感じると、走って長い距離をあっという間に詰めてくる。オリンピック級のスプリンターでも、怒ったバッファローやヘラジカから長時間逃げることはできない。何が言いたいかというと、人間が近づきすぎたら不安を感じて攻撃的になる動物に、わざわざこちらから近づく必要はないということだ。彼らのふだんの状態を遠くから観察し、写真を撮るのがいちばんだ。

　とはいえ、距離を取ることができない場合もある。数人のチームでトレイルの鋭角な曲がり角を曲がったときに、子連れのメスのアメリカヘラジカとばったり鉢合わせしてしまったことがある。メスは即座に首の後ろの毛を逆立て、耳を寝かせるという防御的かつ攻撃的な反応を見せた。我々はすぐにトレイルから離れて森に分け入り、十分な距離を開けた。すると親子は何事もなかったように、そのまま通りすぎていった。もしも同じような状況に陥ったら、すぐに、相手に脅威を感じさせないよう静かに引き下がろう。可能なら、木々や岩などの後ろに入って動物との間にバリアを作る。

　動物が危険を感じたり怒っているときのボディランゲージを理解してお
けば、大きなトラブルは避けられる。角がある動物のオスは、脅威を感じ
ると本気さを示すために武器となる角を前後に振ったり、頭を下げたりす
る。メスの有蹄類は耳をぺたりと寝かし、首のまわりの毛を逆立てて、怒
りを示す。

　意外に思うかもしれないが、犬を連れてハイキングをしていても大きな
動物は襲撃をやめてくれるとはかぎらない。大型動物はコヨーテやオオカ
ミからの襲撃を攻撃することによって防ぐのに慣れているので、リードを
つけずに犬を連れていると襲われる可能性が増す。犬がアメリカヘラジカ
にちょっかいを出す→アメリカヘラジカが犬を追いかける→犬は飼い主の
ところに逃げ戻ってくる→飼い主が踏みつけられる、という具合だ。

　シカやヘラジカなどの動物との関係において、ハンターは明らかにハイ
カーやキャンパーとは別物だ。大型動物の狩りは、人間がその動物を手
にかけて食べるということだからだ。しかしハンターが、大型動物が本当
に事切れているかをよく見極めないで触ると、非常に重大な事態を招くか
もしれない。もう死んでいると思って近づいたら、シカはまったく死んで
おらず、パッと立ち上がったという体験談をメールしてくれたハンターは
何人もいる。そんなことがあったら死ぬほどびっくりするだろうし、もち
ろん非常に危険だ。あるハンターは、死んだと思っていたオジロジカから
角で頭をひどく突き刺されて血まみれになった写真を送ってくれた。また、
知り合いのハンターは怪我をしたシカに踏みつけられた。さらに悪いこと
に、この惨劇の最中、彼は自分の矢の矢じりで深手を負ってしまった。こ
ういう事態に至らないようにするには、大型獣を仕留めたら1分かそれ以
上の時間、よく観察してから近づくことだ。斜面の上のほうから、動物の
頭ではなく尻のほうに向かって歩を進めていく。呼吸が止まっているか、

瞬きをしていないかをよく観察しよう。死んでいると確信するまでは、蹄や頭や角が届かない距離にいること。近づいても大丈夫かどうかの最終確認として、棒や矢やライフルの銃身で動物の目を軽くつつき、反応がないかを見よう。もしもまだ生きているという徴候が少しでもあったら、身を守るために必要でもあるので、その動物の苦しみを終わらせてやろう。耳の後ろか首の付け根を撃つか、喉を切り裂くのだ。

大型の肉食哺乳類

　洞窟で夜をしのいでいた時代から、人間はその気になれば自分たちをズタズタに引き裂ける大型の肉食哺乳類と同じ環境で暮らしてきた。現代の北米にいる肉食獣はアメリカグマ、ハイイログマ、オオカミ、それにクーガーという別名を持つピューマなどだ。

　大型肉食獣がいる環境にはそれだけの危険があるが、それは生態系が壊れていないという証拠でもある。我々は、人間よりもはるかに強い動物たちと同じ場所を歩ける特権を大切にしたい。全体として見れば、現在では州法や連邦法による規制によって、人間が踏み込める許容度や彼らの適切な生息環境が守られているように思う。しかし、このレベルの許容度がずっと標準だったわけではない。アメリカでは1800年代の半ばから百年近くのあいだ、人間は大型の肉食獣を毒殺作戦や報奨金制度、密猟や違法な罠猟によって根絶やしにしようとしてきた。さいわい、我々は手遅れになる前にこの愚行をやめた。野生動物管理の専門家は肉食獣を救い、できることなら元の数を取り戻そうと大規模な規制を実施している。現時点では、どの種も生息に適した環境で数多くが暮らしている。ピューマはアメリカとカナダのおよそ23の州で数を増やしていて、アメリカグマはカナダとアメリカの52の州で、ハイイログマは10の州、オオカミは19の州

で増えている。大型の肉食獣が暮らす場所まで車で楽に行ける距離に、何百万人もの人間が住んでいて、加えて何百万人もの人がその地を旅行で訪れる。だからこそ、大型の肉食獣の近くに住んでいる場合であれ、遠くから訪れてきた場合であれ、彼らと遭遇したときにどうするべきかは知っておくべきだろう。

アメリカグマ 北米でもっともよくいる大型肉食獣アメリカグマは、アメリカ全土に40万頭以上生息している。中西部のトウモロコシ栽培地帯の州ではアメリカグマの定住は確認されていないが、それ以外のところではかなりよく見られる。アメリカグマはアラスカ、カナダ、メキシコ北部にも広く分布している。現在はその数が増えていて、生息域も広がっている。もっとも密にアメリカグマが住んでいるのはニュージャージーで、なおかつこの州は全米一人口密度が高い州でもある。

　アメリカグマは成長すると非常に大きくなり、なかには270kgを超える個体もいる。いちばん多いのは体重65〜130kgほどの個体だ。注目すべき点はアメリカグマ (Black bear) がみな黒いとは限らないことだ。「体色変異」によって、金色やシナモン色 (赤みがかった茶色) やチョコレート色 (濃い茶色) のアメリカグマもいる。さらにはブリティッシュコロンビアには白いアメリカグマ、アラスカ南東部には青色、あるいは「氷河色」のアメリカグマもいる。

　アメリカグマの数はたしかに多いが、危険はないと考えても大丈夫だ。例年アメリカグマの襲撃で怪我をする人は数人しかいない。そして、アメリカグマがヒトを襲撃するときは捕食の本能から襲っている場合が多い。ハイイログマは危険を感じ、その危険を消すために人間を襲撃するが、アメリカグマは通常肉を取るために襲ってくる。クマに襲われたら「死んだふりをしろ」というアドバイスをよく耳にするが、アメリカグマにそれをや

ったらおしまいだ。アメリカグマが後をついてきたり、攻撃的なようすで近づいてきたら、背を高く見せるように立ち、騒がしく音を立てよう。走って逃げてはいけない。クマに獲物だと思われる可能性が高まってしまう。腕を振り回し、獰猛そうに見せよう。同行者がいたら、身を寄せ合って立ち、大きな姿に見せるのだ。それでも襲撃されたら、全力で戦おう。簡単に仕留められる獲物ではない、とクマに感じさせられるようなことは何でもしよう。全力で戦うのだ。できれば背を高く見せ、大きな音を立てながらその場を立ち去ることだ。安全な距離に離れるまで油断はしないこと。

ヒグマ（ハイイログマ）　習性などの説明に入る前に、ヒグマをめぐる分類学上の混乱を整理しておきたい。学名をウルスス・アルクトスというこのクマは、ユーラシア大陸の北部の大半と北米に生息している。カナダとアメリカではハイイログマ（グリズリーともいう）という名前のほうが知られている。アラスカでの呼び名はその地方によって異なる。海岸の近くに住んでいて、主にサケを食べているものはヒグマと呼ばれ、内陸の州にいるものは同じ種なのにハイイログマと呼ばれている。さらに事態を混乱させているのは、ヒグマとハイイログマには形態学的なちがいもたしかにあるということだ。ヒグマはハイイログマに比べて体色にバリエーションがなく、ハイイログマはさまざまな色の個体がいる。いわゆる「半白」の白い毛が混じった、名前どおり灰色のものもいる。ヒグマは身体がとても大きく、500kgを超える個体もいるが、ハイイログマの体重はほぼその半分ぐらい。しかし、どちらも同じ種に分類されているのだ。アラスカのコディアク島に生息するヒグマとイエローストーン国立公園にいるハイイログマは分類学的には同じ種だ。そして我々は、ハイイログマという名前をこの種全体を指すのに使うことが多い。

　アラスカ以外のアメリカには1800頭のハイイログマがいる。ワシントン
の北の境界線をうろうろしているものを除けば、モンタナ州西部、ワイオ
ミング州北西部、アイダホ州の取っ手のように突き出ている部分、それに
イエローストーン国立公園があるアイダホ州境沿いに多く生息している。
コロラド州にハイイログマがいるという噂も流れているが、現在のところ
は確認されていない。クマは北へ行けば行くほど多く生息し、アラスカじ
ゅうとカナダの西3分の1の地域に5万5000頭が棲んでいる。

　ハイイログマはアメリカグマよりはるかに危険だ。彼らがどれぐらいの
殺傷能力を持っているかをわかってもらうには、まず人口密度が非常に低
い3つの州に棲む1800頭のハイイログマでも、年間に数人を切り裂いたり、
殺したりしているというデータがあることを示しておこう。一方でアメリ
カグマのデータはどうか。何千万人もの人間と10万頭のアメリカグマが
同じ場所に棲んでいるのに、ほとんどの年において彼らに殺される人は1
名しか出ないのだ。

　ハイイログマがなぜそんなに危険かというと、予測がつかない行動をす
るからだ。アメリカグマと同様、ハイイログマは捕食者として衝動的に人
間を襲い、殺して食べる。しかしアメリカグマとちがうのは、ハイイログ
マは自分や子グマの身を守るために人間を襲い、結果として食料にする場
合もある点だ。トレイルを歩いているとき、ベリー類を食べているクマを
驚かせてしまったら、アメリカグマはほぼ必ず人間と距離を取ろうとする。
しかし驚かされたハイイログマは、人間を地面にぴしゃりと打ちつけ、後
頭部にかじりついてくるだろう。こうした非常事態を生き延びた人の多く
は、身体を丸めて死んだふりをしている。ハイイログマは、脅威を感じな
くなった人間には興味をなくすことがあるのだ。

　もちろん常に常識的な安全策をとっていれば、ハイイログマと危険な遭

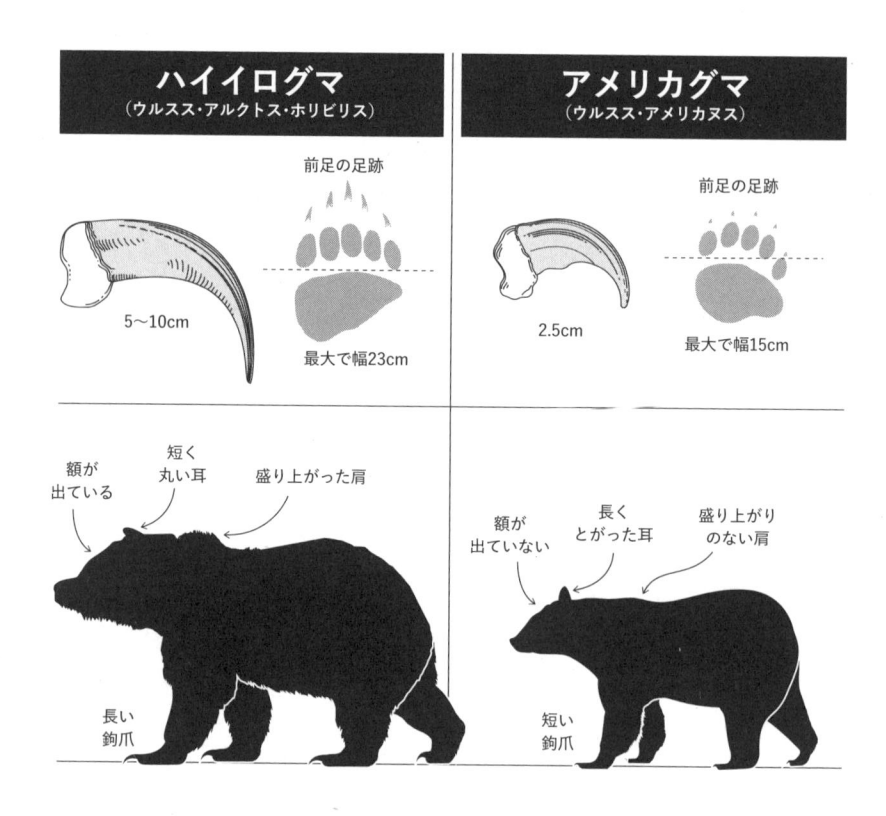

遇をするリスクを大きく下げることができる。トレイルに入る前には、近
くの魚類鳥獣保護局に寄っていこう。野生動物管理の専門家は、クマに
関する最新情報や当地におけるクマvsヒトの戦いの記録を持っている。彼
らは人間の安全が心配されるエリアは立ち入り禁止にしている。とはいえ、
ハイイログマの生息地に入ってしまったら、安全を守る鍵は常に警戒を怠
らないことだ。アウトドアにいるときは始終、周囲の空間を強く意識する
ことがこの上なく重要だが、ハイイログマがいる場所に入るときは最上級
の警戒を続けることだ。目の前の細い道だけを見ていたり、遠くのすばら
しい眺めに目を奪われたりしていてはいけない。新しい痕跡を見つけたら、

その場をすぐに離れる、自分が来た道をチェックする、暗いところや草が生い茂っているところでは目を光らせるなどの行動を習慣づけよう。クマと同じ場所にいても、こちらが先に相手の姿を見つけられれば、クマを驚かさずにすむかもしれない。

　なにもクマノイローゼになれと言っているわけではない。それでは自然の中での旅を楽しめなくなってしまう。我々はハイイログマのいる地域で昼も夜も数限りなく、たくさんの時間を過ごしてきたし、そのなかで親愛なるハイイログマに出くわしたことも数回ある。けれど通常は、まったく姿を見かけることはない。ただし、そこに「いる」ことはわかっているのだから、その現実を受け止めて適切に行動すればいい。

ハイイログマの生息地で
キャンプとハイキングをする際の安全原則

　ハイイログマの生息地でハイキングや釣りやキャンプや狩りをしても、危ない目に遭うどころか、クマを見かけることすらなかったと言う人が毎年何千人もいる。襲われる可能性をゼロにすることはできないが、安全を守るために広くおこなわれている効果的な方法を書いておこう。

- トレイルの入り口にあるクマ危険地帯の看板は心に留めよう。
- 常に警戒していること。
- グループでハイクすること。
- 大きな声で話そう。

- 生い茂った藪など見通しがきかない場所を避けよう。
- よく踏み固められた道を通ろう。
- 見通しのきく開けた場所でキャンプをしよう。
- キャンプではゴミを出さないようにしよう。
- 調理も皿洗いもテントから100mは離れてしよう。
- 食物とゴミはテントから100m以上離れた木に吊るしておこう。
- クマ除けスプレーを常に携帯し、使い方を理解しておくこと。
- テントの周りに電流が流れる携帯用の柵を使うことを検討しよう。
- 離れた間合いでクマと出会ったら、距離を十分に取ったうえで、できるかぎりクマを怖がらせて追い払う努力をしよう。グループ全員で大声で叫んだり、手を振ったりしよう。
- 近距離でクマに遭遇してしまったら、グループ全員でおだやかな声で話しながら、ゆっくりと後ずさりしよう。そして、その場をすぐに離れること。

デマに注意
生理とクマの襲撃の関係

　生理中の女性は肉食獣に襲われやすいという説は、1967年に最初に広まった。グレイシャー国立公園でキャンプをしていたふたりの19歳の女性が、同じ夜、別々にハイイログマに殺されたのだ。このとき女性のひとりは生理中で、もうひとりはバックパックにタンポンを入れていた(捜査関係者は生理が近かったのだろうと言っている)。当局は食べ物やゴミをそのままにしていたことが原因だと結論づけたが、

一般の人々はハイイログマは生理中の女性を狙ったのだと推測した。

　そのすぐ後、アメリカ国立公園局などの機関が女性たちに向けて、クマは経血に反応して寄ってくる可能性があると警告した。ショーション国立森林公園では、生理中の職員が自然の中へ出るのを禁止にまでした。この心配には根拠があるのか？　それともクマの神話と生理のタブーが合わさっただけの思い込みなのか？

　1983年の研究では、飼育下にあるホッキョクグマ4頭に何種類かのにおいを連続して嗅がせた。使用済みのタンポン、経血でない血液、食物、アザラシのにおいだ。その結果、ホッキョクグマたちは使用済みタンポンとアザラシのにおいに強く反応を示したが、それだけだったという。野生のホッキョクグマで同様のデータを取ったチームは、クマたちは使用済みタンポンを容易に発見したが、経血でない人間の血と未使用のタンポンは無視したと記録している。1991年の研究では、46頭のクマに26人の女性の使用済みタンポンを見せ、別の日に20頭のクマを生理中の4人の女性に引き合わせた。クマたちは性別や年齢にかかわらず、タンポンと女性たちに興味を示さなかったという。

　データの大部分は、生理中だからといってアウトドアに行くのを思いとどまる必要はまったくないことを示している。ただし使用済みの生理用品を適切に処理することは重要だ。ジップロックの袋に密封し、夜間はクマ除けのバッグ（128ページ参照）にしまって、すべて持ち帰ること。経血カップを使っている場合は、キャンプ地から50mほどは離れたところに経血を埋めること。

ハイイログマの生息地での狩り

　ハイイログマが生息する場所での狩りには、ハイキングよりもさらに注意が必要だ。なにせハンターはいつも静かに行動しようとするし、自分のにおいを動物に気づかれないよう注意している。だから見通しの良いところを歩いていて背後から風が吹いているときに、警戒のため1分か2分おきに「おーい、クマ！」と叫びつづけるわけにはいかない。ひそかに歩き回るハンターのやり方は、だから、ハイイログマの生息地ではとても危険なのだ。昔からハンターたちは、ハイイログマが仕留めた獲物のおこぼれにあずかってきた。実際ハイイログマがもっとも活発に食料を探している時期は、殺されたばかりのシカやヘラジカを見つけることが多い。つまり、クマと出くわす危険があるということだ。

　秋になるとハイイログマの頭の中は、できるかぎり多くのカロリーを手早く摂ろうということでいっぱいになる。この時期の食欲亢進中のクマたちは、昼夜を問わず食べ物を求めて徘徊している。だからそんな折にクマの生息地へひとりで狩りにいくのは考え直したほうがいい。そもそもどんな時期であろうと、クマの生息地にひとりで狩りにいくべきでない。パートナーがいれば、とくに夜などは非常に危険が減る。複数でいるところを襲われるケースは少ない。『ミートイーター』の撮影クルーは長年のあいだに、何度かキャンプに迷い込んできたハイイログマをおどかして追い払っている。あの捕食者にたったひとりで対峙していたらどうなっていたかは考えたくない。

　大型獣の狩猟は日暮れ前の1時間がもっとも期待できるというのは、よく知られたことだ。しかし、ハイイログマの生息地では日暮れ前までにキャンプ地へ帰っていなければならない理由がある。夕暮れの最後の光の中で動物を撃ったとして、その後追跡するときこそクマに襲われる危険と隣

り合わせになるからだ。夜に外で獲物を解体し、運んでいこうとすればさらにリスクが増す。クマ除けのために大きな焚火をして、獲物の隣で何日も眠れぬ夜を過ごすという選択肢もある。我々はそれをやったことがあるが、とてもつらかった。それに危険でもあった。クマは夜のほうが活動的になる傾向があるし、かなり近づいてくるまでその存在に気づけない危険性がある。もっとも安全な方法は獲物の内臓を抜き、それを残りの肉と骨からできるかぎり離れたところへ持っていくことだ（逆も同じだ）。そして十分に距離をとった場所でキャンプをし、朝になったら残りを取りにいく。同様に、傷を負わせた獲物を真っ暗になる前に仕留め切れなかった場合も危険だ。雨や雪が血痕を消してしまうのでもないかぎり、それ以上の追跡は明日の朝に持ち越すべきだ。どちらの場合でも、翌日になってからその場所へ、最大限の注意を払いながら風上から近づくこと。その際には大きな音を立てながら進むことだ。

　ヘラジカやシカを仕留めたら、解体をはじめると同時にクマに気づかれると思っておいたほうがいい。クマはすぐには姿を現さないかもしれないが、遅かれ早かれ獲物があることに気づく。血や肉のにおいを何キロも向こうから感じることができるからだ。獲物を仕留めた地点周辺でクマと戦う羽目に陥ることも起こりうる。だから常にパニック状態で解体しろ、と言っているのではない。自分を取り巻く状況を理解し、危険を避けるために必要なことをしなければならない。獲物を単独で解体する場合はずっと意識をフル回転させておかなければならないし、できればパートナーがいたほうがいい。そうすればひとりが戸外での解体作業をしている間、もうひとりはずっとクマが来ないか見張っていられる（219ページ参照）。音を立てながら、注意深く効率的に作業を進めること。ただし焦ってはいけない。急ぎすぎるあまりミスを犯して怪我してしまっては、クマ襲撃以外のトラ

ブルを増やしてしまうことになる。

　解体が終わったら獲物の骨格から肉をすべて切り取り、離れた場所に保管しよう。クマは肉より先に、においが強い内臓を手に入れようとする傾向がある。すぐに持ち帰らない肉は骨から離れたところの木に吊るす。ハイイログマは木に登るのが得意ではない。手が届くところに肉があれば、なんとか方法を見つけようとはするが。可能なら、肉は遠くからでもよく見える場所に吊るすといい。肉を吊るしたら、その木の周りの環境をたっぷり時間をかけて観察してから、ほかの獲物を探しにいくといい。自分のにおいをその木のほうに流してくれるような風が吹いている場所が理想的だ。あとから肉を取りにいくときも、数秒ごとに大声で叫びながら近づこう。そして素早く肉を取り、すぐに立ち去る。長居をしてはいけない。クマと獲物や肉をめぐって争う状況にはけっしてならないように。

　ひと晩かふた晩キャンプ地で肉を保管しなければならなくなったときも、同様の注意をしよう。テントから見えるが、100mは離れている場所の木に吊るす（できるだけ遠いほうがいい）。たとえばアラスカのツンドラ地帯などにいて、吊るすのにちょうどいい木がなかったら、岩が露出しているところなど周りより高くなっている場所に置いておく。肉は小枝や衣服、タープなどで覆っておこう。

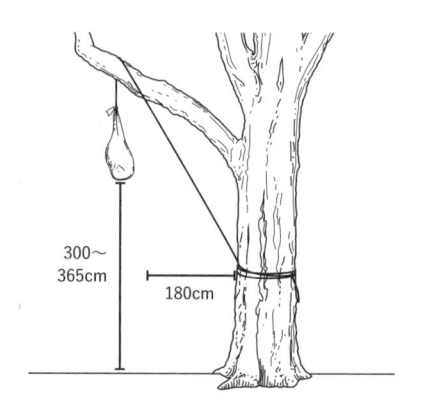

300～
365cm

180cm

クマ除けスプレーか銃か

　自衛のために持つのはクマ除けスプレーと短銃、どちらがいいのか。この問題に関しては、多くの人がどちらかを熱烈に信奉している。ピストルを携帯するのは危険だし時間の無駄だと言う人もいるし、クマ除けスプレーは防衛手段としてお話にならないと言う人もいる。本当のところ、どちらにも利点はある。我々の狩猟チームでは、モンタナ州南西部で弓矢が解禁されている時期にヘラジカ狩りをする際は短銃を持っていく。秋の終わりのライフル猟の時期には同じ地域に行くにしても、わざわざ短銃までは持っていかない。だが、ハイイログマがいる地域を通り抜けるときは必ず、腰のベルトにクマ除けスプレーを装着していく。

　統計は嘘ではない。ペッパースプレーという名前もあるクマ除けスプレーは、攻撃的なハイイログマを追い払う効果がある。しかし、実際にハイイログマに襲われたら、あっという間だ。荷物の奥にしまい込んでいたり、使い方がわからなかったりしたら何の役にも立たない。

　クマ除けスプレーを持ち歩くときは、正しく素早く使えるように訓練しておく必要がある。あるハイイログマ研究者はハイイログマにひどく傷つけられたが、クマの顔にスプレーを噴射すると地面に倒れ、襲撃はやんだそうだ。スプレーが命を救ってくれたのだと研究者は言っていた。その一方で、ある辺境を軽飛行機で飛ぶパイロットは正反対の話をしてくれた。彼はあるときひとりの乗客を人里離れた海岸に降ろしたという。パイロットは離陸しながら、

その男性が虫よけスプレーを使うみたいに、クマ除けスプレーを自身に噴射しているのを見たそうだ。パイロットは引き返してその乗客を助けなければならなかった。男性は地面に倒れ、もがき苦しんでいたという。

クマ除けスプレーは人間にも害になる。スプレー缶は温度が上がりすぎて破裂したり、誤って踏んだり押したりしてスプレーが発射されてしまうこともあるので、飛行機や車に乗るときは密封したコンテナに入れなければいけない。スプレーが付着したものがすべてダメになってしまうばかりではなく、運転者や操縦者の目に入って、事故が起こる可能性があるからだ。移動中、クマ除けスプレーを安全に持ち運ぶには、軍の払い下げ品の昔ながらのスチール製弾薬入れがぴったりだ。

クマ除けスプレーのもうひとつの欠点は風の状態が良くないと、つまり追い風か無風状態でないと使えないことだ。強い向かい風のなかで噴射すると、そのまま自分の顔にかかってしまうし、横風にあおられると狙ったコースを外れてしまう。我々が知っているかぎり、多くのアラスカの人たちはクマ除けスプレーがクマ襲撃の際に助けになるとは考えていない。彼らはハイイログマに日常的に遭遇しているが、腰か胸にちゃんとした銃を装着せずには、森に行こうとは思いもしない。好奇心に駆られたクマを、銃声を轟かせるだけで追い払うことができるし、本格的に襲われたときも銃弾で身を守れる。事態が深刻になっても、ピストルがあれば戦える。しかし銃を抜いて狙いを定め、素早く正確に撃つことができればの話だ。ほかの人が近くにいるときクマに襲われたら、誤射を防ぐためにより冷静でいなければならないし、事前に十分な訓練を受け

ておく必要もある。

　ちゃんと練習を重ねていなければ、銃もクマ除けスプレーも、怒ったクマをより危険なものにしてしまいかねない。また、射撃訓練を重ねても的にかすりさえしなかったり、クマ除けスプレーの缶をちゃんと扱うことができなかったら、どちらを持っていても無益だ。

オオカミ　オオカミには、彼らを非難する敵がいる。大型獣を狙うハンターたちだ。自分たちの獲物を捕食して数を減らすオオカミを嫌うハンターは少なくない。牧場関係者もまた、羊の敵になるオオカミとのトラブルを抱えていることが多い。どちらの人々の意見にも根拠がある。

　しかし、そもそもオオカミが人間の安全をおびやかす可能性があるという考えは適切ではない。現在、ミネソタ州には2655頭のオオカミが生息しているが、州当局はオオカミの襲撃で人間が死亡した例は一件も確認していない。およそ940頭のオオカミがいるウィスコンシン州でもそれは同じだ。700〜1万1000頭が生息すると推定されているアラスカでさえ、この10年間にオオカミに殺された人間は1名だけだ。オオカミによる本当の危険は、狂犬病（297ページ参照）に感染している個体に咬まれたり、病気や怪我や歯の問題などで餌となる動物をうまく狩ることができなくなり衰弱した個体から襲われることだ。こうした状況に置かれたオオカミは食物を得るために必死なあまり、人間を殺そうとすることがわかっている。だから病気に見えるオオカミや、人間を恐れないようすのオオカミには近距離で接触しないこと。

ピューマ　クーガー、アメリカライオンなどの別名もあるピューマにはそれほど心配はいらない。しかし、北米ではこの100年間に30件ほどピュー

マに人間が殺されたケースがあったことは忘れないでほしい。ピューマに怪我を負わされた人はもっと多いが、それでも年平均1名ほどだ。

　体重55kgほどしかないピューマでも、270kgの大きなヘラジカのオスを倒すことができる。しかし通常はできるだけ小さな獲物を選ぶ傾向があり、ピューマに襲われて死亡した人は女性や子どもが多い。単独でいた場合が多く、ジョギング中だった人も多い。

　アメリカグマと同様に、ピューマも捕食者としての衝動から人を襲う。つまり、人間を殺して食べようと思って襲うのだ。ピューマが近づいてきたら、大声で話をし、両腕を振り回し、できるかぎり身体が大きくて凶暴そうに見せかけよう。ピューマが飛びかかってきたら、全力で戦うしかない。鼻面にパンチする、ピューマの目に親指を突っ込む、喉を咬まれないよう、あえて腕を咬ませることで牙を封じる。同行者がピューマに襲われたら、置き去りにして逃げてはいけない。仲間の命はあなたの手にかかっている。全力でピューマに襲いかかり、簡単には人間の肉を手に入れられなそうだと思わせることだ。ピューマが獲物を殺すときは素早く、しかも一方的だ。相手を引き倒してから揉み合いになるような戦い方はしない。だからピューマをあきらめさせるには、猛烈に強く反撃するのがいちばんだ。死んだふりをしていたら恐ろしい結果になる。

各種足跡の識別

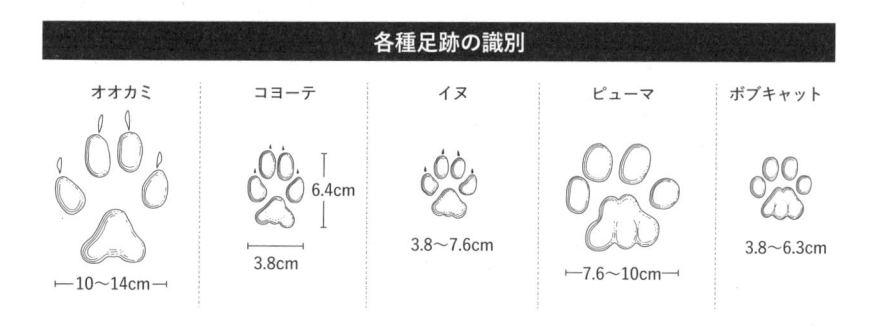

オオカミ	コヨーテ	イヌ	ピューマ	ボブキャット
←10〜14cm→	6.4cm / 3.8cm	3.8〜7.6cm	←7.6〜10cm→	3.8〜6.3cm

COLUMN

クマと戦う際の武器とは

　しばしばある界隈の人たちのあいだで、クマから身を守るために良い銃は何かという議論が交わされる。近距離で遭遇した場合についての話なので、選択肢は事実上3つしかない。セミオートマチック・ピストル、マグナム・リボルバー、パンプアクション・ショットガンだ。どのように選び取るべきか私の考えを書いておこう。

　ハイイログマの生息地を移動するが、狩りは予定していないという場合なら、私は銃身と銃床を短くした12口径のパンプアクション・ショットガンに大型の単発弾を装填して持っていく。ショットガンはピストルよりも狙いをつけやすいし、12口径のショットガンの弾薬は破壊力が非常に大きい。しかし、そのせいで近距離から突然襲撃されたときにはかえって使いにくい面もある。また、短銃よりもずっと重くてかさばる。クマを警戒するためではなく狩りが目的だという場合は、重いショットガンを手に持ったままずっと歩くのは現実的でないだろう。

　だから、そんな状況では軽量でコンパクトなセミオートマチック・ピストルを選ぶハンターも多い。カートリッジに弾をたくさん装填でき、すぐに撃てるからだ。たしかに鉛の弾をたくさんまき散らすことはできるが、しかし一般的なピストルの弾にハイイログマを殺せるパワーはない。セミオートマチック・ピストルは、いざというとき詰まって発射できないということもよくある。どちらの問題が起きても、クマが襲ってきらアウトだ。私なら、そういう場合にはリボルバーを持っていく。

リボルバーは信頼できる。詰まったりしないし、パワーがある。ハイイログマやヒグマの生息地を旅するときは、スミス・アンド・ウェッソンの329PDエアライト・リボルバーに、私が知るかぎりもっとも固い弾丸である44マグナム弾の弾頭重量300グレインぐらいのものを装填して持っていく。とにかく貫通力の強いものを持っていこうと思っている。クマにまともに襲われたら、銃も弾も、相手のぶ厚い皮や筋肉、太い骨を撃ち抜ける強力なものが必要となる。

どんな銃を持っていくかよりも重要なのは、どうやって持っていくかだ。ベルトに装着するホルスターや腕の下につけるホルスターでは、クマに襲われているときに銃を抜くのが難しい。

私はラズコのチェストホルスターを使っている。FHFのビノハーネス〔双眼鏡ケース〕の下にちょうどよくおさまるからだ。つまり襲撃されて体を丸めたとき、リボルバーはすぐ手の届くところにある。

どんな状況にあっても、私はペッパースプレーを携帯している。銃を持っているときでさえペッパースプレーは離さない。

皮肉なことに、クマともっとも近距離で遭遇してしまったとき、私は銃もスプレーも使わなかった。あれは2017年10月のことだった。アラスカのコディアック諸島のアフォナック島で『ミートイーター』の番組撮影のためにクルーたちとルーズベルトエルク狩りをしていた。人里離れた美しい場所で、魚も野生動物もたくさんいた。動物たちはみな体が大きく、雨が多いせいで植物もみな立派に育っていた。巨大なコディアックヒグマがよく出没するので、狩猟許可は詳細な注意つきだった。動物の死体をそのへんに置いておくと、100%の確率で、24時間以内に人間よりもはるかに巨大ではるかに凶悪な肉食獣に襲われる、という。私たちは危険について事

前によく認識していた。

　4日目か5日目に、我々はエルクを仕留めることができた。エルクを捌き、4分割し、そのうちの半分を木から吊るして、残りの半分をバックパックに入れてキャンプに戻った。1日休んだ後、残りの肉を取りに戻った。木に肉を吊るしておくと、クマを呼び寄せてしまう確率が高いので、我々は警戒していた。300m近く離れた地点から、しばらく双眼鏡で怪しげな動きがないかを確認してから、大きな物音を立てながら木に近づいた。みながクマ除けスプレーを手にして、目を皿のようにして地面にある糞や足跡を見極めながら進んだ。そして肉を吊るしてある木まで来ると、幹に爪痕がついていないのを確認。この時点までの我々の行動に何も間違いはなかった。けれど、何も危険な要素がなかったから警戒レベルを下げてしまったのだ。我々はすぐに肉を木から下ろし、バックパックに入れ、脅威が迫っていないかと後ろを振り返りながら、速やかにその場を離れるべきだった。しかしそうはせず、肉を眺めながら木を囲むようにして腰を下ろし、昼食をとりはじめてしまったのだ。紅茶を淹れるためにお湯まで沸かしていた。

　サンドイッチをひと口、ふた口食べたところで、クルーのひとりがすぐ上の斜面のハンノキの藪から何かが聞こえたと言う。残りのみなもいっせいに耳を澄ました。しかし、その数秒後にはその斜面からクマが我々のところへまっしぐらに走ってきた。その距離20m。実際はすべてがものすごいスピードで一瞬のうちに起こったのに、あまりのピンチに、私はすべてがスローモーションであるかのように感じ、クマしか見えなくなった。巨大な毛の塊の真ん中に顔がついているような姿だった。大きな黄色い歯とつやつやした

黒い鼻、そして、その目はこのサイズの動物にしてはありえないほど小さかった。低く見積もっても体重300kgはあっただろう。いや、450kgぐらいだろうか。スローモーションモードになっていた私には、クマのようすがとても微細に見えた。筋肉を覆う毛皮を波打たせながら、走ってくる。

　クマ除けスプレーはベルトに留めてあった。ついさっきピストルをホルスターから抜いて、自分の横の地面に置いたところだった。どちらもすぐ手が届くように考えて配置してあった。けれど、いざこの瞬間に、私の脳は銃もクマ除けスプレーも選ばなかった。まさにこの状況のために用意してきた防衛手段を使わず、反射的にもっと原始的な本能に立ち戻っていた。もしこのときクマ除けスプレーを選んでいたら、ホルスターから取り出し、安全装置を外し、スプレーを噴射する時間はあっただろう。だが、実際には私は立ち上がり、カーボンファイバー製のトレッキングポールをつかむと、野球でフライを打とうとしているときみたいに構え、突進してきたクマの頭を力のかぎり殴りつけた。殴られたクマは驚いて向きを変えると、来たときと同じように猛スピードで去っていった。これらすべてのことがあまりにもあっという間に起こったので、スティーブ〔著者の愛称〕も含む何人かは地面から立ち上がるひまさえなかった。立ち上がったがつまずき、クマを避けようとして跳んだときに斜面から落ちていった者もいた。

　スティーブが木に登って肉を地面に下ろすあいだ、残りのみなで外向きに円陣を組んで木を囲み、クマが戻ってきたらいつでも撃てるように構えていた。クマは戻ってこなかった。そして私たちはキャンプまで歩いて帰った。みなショックで呆然としていたけれ

ど、これだけはわかっていた。クマ除けスプレーと銃で武装してい
ても、ちょっとした油断のせいで命を落とすことは大いにありえる
と。

ジャニス・ピュテリス(『ミートイーター』シリーズのディレクター
兼エグゼクティブプロデューサーで、『ミートイーター』ポッドキャストの共同主宰者)

シェルターと保温

Shelter and Warmth

アラスカのプリンスオブウェールズ島——森林限界線のすぐ上の山頂で過ごしたあの夜は、これまでに経験したなかでもっとも悲惨な夜のひとつだった。私は8人ほどの撮影クルーと一緒で、そのなかにはキャンプ未経験者もいた。海抜600mまで登るほんの5kmほどのハイクだったが、しかし、このとき非常に激しい雨が降っていた。この土砂降りのおかげで、山頂までのルートは死の罠だらけの場所に変わっていた。あちこちで剥き出しになった崖を這い上がり、ほぼ垂直と思えるような斜面に張りついて上らなければならなかった。岩肌は苔の生えた土で薄く覆われていたが、雨でドロドロになっていて手足が滑る。気がついたときには、だからといって元来た道を引き返すのは危険だとわかった。仕方なく、我々は登りつづけた。

夕暮れになるころ、我々はようやく山頂にたどり着いた。これから暗闇の中を降りるのは無理だ。身動きが取れなかった。山頂は岩と水たまりでいっぱいだった。日暮れとともに気温は急降下し、前傾姿勢にしていなければ耐えられないほど強い風が吹いていた。今後の計画を考えなくてはいけない。しかし、もう低体温症の初期症状であるだるさや判断力の低下がはじまっていた。パニック状態になったひとりが、沿岸警備隊などの救助を呼ぶことはできないかと訊いてきた。濃い霧のように地面まで垂れ込めた一面の雲を見ながら、私は「ヘリコプターの救助がやってくるより、ユニコーンが来てくれる確率のほうが高いと思うよ」と答えた。このとき、自分たちがサバイバルの状況に陥っていることを認識した。

自然の中にいるとき、食料と水が非常に重要なのはもちろん否定できない。しかし飢えや喉の乾きは突然襲ってくるわけではないから、まだましだ。そうなることは、ずっと前から予測できる。しかし、寒さは予告なしに突然襲いかかってくる。湖面の氷が割れて水に落ちた。カヌーが転覆し

た。雨に濡れてしまった。寒さについてもっとも困るのは、対処する能力を削がれていくことだ。飢えていると、人はいつもならやらない大掛かりで大胆な行動を取りがちだが、寒さに襲われているときはひどく悲観的になって、何もできなくなる。手はかじかんで動かなくなり、ライターの火をつけることも服のファスナーを閉めることもできない。判断力がまったくなくなる。非常に困った状態だ。それが1分ごとにどんどん悪化していく。

　プリンスオブウェールズ島での冷たい雨の夜、最終的に我々を救ってくれたのは山男の英雄的な行動などではなかった。現代の技術と周到な準備に救われたのだ。我々はこの旅に出るとき、キャンプでは多少の不便は耐え忍ぶなどというファンタジーよりも現実を優先させ、そのための準備をしてきた。すなわち、岩の間に自立テントふたつを立て、風で倒れてしまわないよう特別に長いパラシュートコードで固定したのだ。それだけでよかった。地面に敷いたタープと、空気を入れてふくらますスリーピングパッドのおかげでテントの床の布地に染み込んでくる水にも濡れずにすんだ〔どんなに「防水」を謳ったテントでも水の上に直接設置したら、さすがに完全防水は不可能だ〕。テントの中にみんなでぎゅう詰めになっておさまり土砂降りの雨から逃れると、バックパックの中に注意深くしまってきた防水バッグの中の乾いた衣類に着替えた。あえてダウンではなく合成繊維の断熱寝袋を持ってきていたので、多少濡れていてもあまり心配はない。その中に潜り込んだので、体内の温度を上げることができた。荒れ模様が収まってくると我々は寝袋から這い出して、夜を過ごすためのキャンプ一式を設置し、ひどい風への対策も施した。夕食はジェットボイル〔クッカーまで一体収納できる小型バーナー〕でフリーズドライの食料を調理し、手早くすませた。

　朝になると差し迫ったピンチは過ぎていて、快適にその日の仕事をはじ

めることができた。その日の夜は、装備を乾かすために濡れた丸太で赤々と火を燃やすという離れ技をやってのけた。大惨事寸前だったところから、1日で完璧な状態に戻れた（全員を山から無事に降ろすのは恐ろしい難事業だったが、それはまた別の話だ）。

　もしこのとき装備が何もなかったら、あの夜、誰かが死んでいたのではないか？　アメリカでは毎年何百人もの人が低体温症で死亡している。これは熱中症による死亡者数のおよそ2倍だ。アラスカ以外のアメリカ48州では、低体温症はモンタナ州とニューメキシコ州で多く発症している。アラスカ州での発症数はそれ以外のアメリカの2倍だ。こうした死亡は厳寒の状況でよりも、やや寒い程度の場所で起きている。そう、先ほどの状況で、誰かが死ぬことは十分にありえたのだ。しかし我々がそのような悲劇を避けることができたのは、チームのなかに自然を旅する経験が豊富なメンバーがいたからだ。その創意とノウハウのおかげで、特別高性能な装備なしでもあの状況を乗り切れたのだ。

　本章では、自然のなかでどのように避難場所（シェルター）を作り、温かさを保つかについて詳しく解説する。プリンスオブウェールズ島で我々が実践したやり方だ。出発する前に慎重に計画を立て、準備をすることでトラブルは予防できる。出発してからは、装備を正しく管理し、必要なときに使えるようにしておく。最後に、装備がなくてもなんとかできるようにスキルを身につけておく。それでも危険はゼロにはならないが、限りなくそれに近づけることはできる。

天候

　現在の天候と、予報されている天候は、アウトドアで下す決断すべてに

影響をあたえる。というより、何かを決めるときには天気情報を考慮するべきだ。プリンスオブウェールズ島を数年にわたって旅した我々にとっては、ひどい天候は驚きではなく、だからこそちゃんとした準備をしていくようになった。しかし、はじめての行き先だとしても、その土地の全体的な環境と気候、その時期の天候パターンは事前に把握しておくべきだ。その情報があれば、意識明瞭で元気な状態を維持するための装備をどのように準備すべきか、考えるうえでも役立つ。最終的な目標は、ほかの人たちならひどい天候だと嘆くようなときでさえ、サバイバルモードにならずに楽しめるような準備をしておくことだ。

気象学を理解する

「天候」や「気候」といった言葉を同じ意味のように使う人がよくいるが、その地域の気候とは長期にわたる天候の傾向を概観したもので、一方で天候のほうは大気の状態の短期の変化を伝えるものだ。その土地の長期的な気候の傾向を知らずに森や水場に出かけていったなら、それは愚かなことだ。それに出かけている予定の期間の天気予報を知っておく必要もある。旅のあいだ、可能なときはいつでも携帯電話やGPSユニットで最新の気象情報をチェックする習慣をつけておこう。1週間の予定で未開の地に出かけていくなら、10日間予報を知っていると、どんな旅になるか予想しやすい。しかし長期予報を信じすぎてはいけない。1日か2日以上先の予報はみなおおまかなものであり、確定情報ではないと考えておくべきだ。短期の予報ですら1時間ごとに変わっていくのだから。風向が少し変わるといったささいに思えることでも、その土地の天気に大きな影響をおよばすかもしれない。アウトドアの計画の際に、確実なものとして考えていい情報は、幅を広めに考えた気温と天気くらいなのだ。

　天気予報というのは非常に多くのセンサーや気象衛星、レーダー、風速計、熱力学のアルゴリズム、高性能のコンピューター、さらには飛行機のパイロットたちから集めたデータを使って、ある特定の地域の天気がどう移り変わるかを予測するものだ。アメリカではこのデータのすべては国立気象局と海洋大気庁が収集し、解析している。その予報の情報はニュースチャンネルやWebサイト、スマートフォンのアプリやGPSのデバイスで使えるように提供される。この分野はこの10年で非常に発達したが、それを成し遂げた科学者たちでさえ、完全に確実に予想できるものなど何もないと言っている。予報士たちはその地域にこの先数時間で何が起こるかについてはとても自信がある。これは現在の状況に基づいた予測だ。しかし、さらにその先の予報となると確実性が急激に怪しくなっていく。降水確率などのように予報にパーセンテージを用いるのはこのためだ。1%でも雨が降る可能性があったら、それは排除できない。雪が降る可能性が10%という予報を見たら、それは本当に雪が降る可能性があると理解すること。ある地域の気温が下がるという予報にも同じことが言える。予報の振れ幅の両端に備えておかねばならない。これから行く場所のその時期の最高気温と最低気温の平均値および、史上最高値と最低値をチェックし、どれだけ寒く、あるいは暑くなることがありえるのかを把握しておく。リアルタイムの気象レーダーと温度地図を見られるアプリもスマホに入れておこう。

　国立気象局は全国70万カ所に設置された観測システムを使っている。現在の天気と未来の予報はその地点に特定のものだということを忘れてはいけない。観測システムの多くは街の中や空港にある。これからハイキングに行く山のふもとの小さな村の予報はその地域の一般的な天候のパターンにすぎず、山の上の天候はまったくちがっている可能性がある。

300m登るごとに最低気温は3℃は下がるし、もっと下がることもよくある。つまり谷でスコールが降るとき、山の上では猛吹雪になるのだ。その地域の天候パターンを本当に知りたかったら、その地形を嵐がどのように過ぎていくかをレーダーの画像で見てみるといい。低気圧はいつもある方向からわりと決まった経路をたどって通りすぎているだろう。地元のガイドやその地域のパークレンジャーに、どんな天候に備えておけばいいかを聞くのも非常に役に立つ。出発までにできるかぎりの気象データとアドバイスを集めるといい。とくに出発前数日間には価値ある情報を集められる。しかし、大気は常にカオスに近い状態にあることを心に留めておかねばならない。常に最良の天気を期待し、最悪の天気に備えること。

野外の天候

　水平線に黒い雲が湧き出てきたら、これからトラブルが起こるであろうことは誰もが本能的に予感できる。しかしそれは、地元の公園で野生のキノコを探しているときと、雨が降ると通れなくなる泥道しかない平原にいるときでは、まったく話がちがってくる。だから天候の変化によってアクティビティがどのように影響を受けるのか、それぞれの環境について知っておくと安心だ。平原にいるときは、視界のおよぶ範囲は隈なく定期的にチェックしておこう。アメリカの大半の地域では、嵐は西から東へと移動することが多い。しかし、ジェット気流や近くにある高気圧、低気圧によってもそのコースは大きく変化する。暴風雨につながる大きな雲がもくもくと盛り上がっていくのはあきらかに悪いサインだし、薄いもやが流れてくるのだってトラブルの前触れかもしれない。怪しい雲が近づいてくる速度を視界の中にある固定されたものと比べたり、地面に落ちる雲の影を見たりして推測しよう。自分のほうにどんどん影が広がってくるなら、避難

をしたほうがいい。悪天候を警告するサインはほかにもあるが、それほど
わかりやすくはない。気温がなんとなく下がったり、風向きが変わったり
することが、じつはもっと大きな変化が近いているサインかもしれない。

　空全体を見渡すことができない森の中などにいるときは、木々を観察す
ると嵐が近づいているのを知ることができる。荒天に先立って、強い風が
吹くことがある。これは、その地域に低気圧の空気がどっと流れ込むこと
によって起こる。場合によっては、地上の空気の流れが増していることま
で感知できないかもしれないが、高いところを吹く風が木のてっぺんを揺
らしているのは雨が迫っている印だ。いろいろな動物が天候の大きな変化
を事前に感じ取って移動することを示す逸話は多いが、それを示す科学
的な記録もある。鳥たちがいっせいに一方向をめざして飛んでいったり、
ヘラジカの群れがふだんよりずっと早くに平原に現れて餌を食べはじめた
ら、嵐が近づいてきているサインだ。ただし動物たちの行動を深読みしす
ぎないこと。彼らは我々にはわからない理由で行動していることもあるか
らだ。そうしたことも想定したうえで、彼らの行動パターンに注目しよう。
周囲に示されているヒントに注意を払えるかどうかで、雨風が過ぎるのを
待ってからテントを立てるか、雨風の真っただなかにテントを立てること
になるのかちがいも生じてくるだろう。

気圧

　大気が地球にもたらす圧力は常に変化している。そして、その変動と天
候のパターンは関連している。一般的に、雲が多いときや嵐のときは低気
圧が発生し、よく晴れているときには高気圧であることが多い。現在の気
圧や気圧の変化は気圧計で測ることができる。気圧計は水や水銀を使っ
たものやスマートフォンや時計、またGPS内部にあるマイクロセンサーな

どを用いる。基準になる気圧は1気圧で、水銀気圧計で760mm、海面では1013hPa（ヘクトパスカル）と計測される。気圧の上下や平均気圧からどれだけ離れているかを記録することで、以降のだいたいの天気の傾向を予測する。気圧の急落は雲と雨が近づいていることを示している。史上もっとも低い気圧はハリケーンのあいだに記録されている。一方で気圧の上昇は、空がきれいに晴れ、天気が安定することを示す。気圧の変化が魚や動物の行動にあたえる影響にいつも注目しているのは猟師や釣り人だ。たとえば、魚類は一般的に気圧が下がるとよく餌に食いつくようになるが、七面鳥は低気圧になるとあまり餌を食べなくなる。

COLUMN

稲妻

　アメリカ国立気象局によると、アメリカでは毎年平均49名が稲妻に撃たれて死亡している。この10年間の平均値は下がってきてはいるが。稲妻に撃たれた人の9〜10%がそれが原因で死亡しているが、生き延びた人の多くに神経の損傷などの後遺症が残っていると国立気象局は推測している。アメリカで稲妻に撃たれて死亡した人の80%は男性だ。

　テキサス州やフロリダ州など南部全域で、稲妻による死亡事故の大部分が発生しているが、死亡例はどこでも起こりえる。この15年間に激しい雷雨によって亡くなった人の3分の2は、そのとき「アウトドアのレジャーを楽しんでいて」、気象局によれば、もっとも多かったアクティビティは釣りだった。手に持っているグラファイト製の釣竿が雷を引き寄せたと考える人が多いかもしれないが、

開けた水域に出ているボートには電流が流れやすく、この件数のほうが大きい。我々の知り合いの魚類生物学者は、電気ショックを用いて川の魚を駆除した直後に雷に撃たれた。電気ショック法とは、基本的に魚を驚かせるか、殺すかによって異なる電圧の電流を水に流すものだ。電流を流す器具を外し、魚を袋に入れて川から歩き去ろうとしたとき、稲妻は彼のすぐそばの地面に落ち、それから電光が地面から上ってきて、彼が手にした魚に当たった。我々は、これは神による何かの天罰だったのだろうと冗談を言った。

　政府によるガイドラインの多くには、雷を伴う暴風雨がやってきたら建物の中に入るか、車内に入るようにと書いてある。それがいちばんなのはもちろんなのだが、我々のクルーはそれができない状況にいることが多い。避難場所がないときに完璧な対処法はないが、心に留めておくべき情報はいくつかある。

　雷鳴は雷の放電によって発せられる衝撃波だ。稲妻が光ってから雷鳴が聞こえるまで何秒かかっているかを測ることで、嵐がどのくらいの距離にいるのかを計算することができる。昔から言われている目安は5秒で1.5kmだ。多くのガイドラインでは、稲光と雷鳴の間が30秒以下だったら、雷が近づいてくるところだから注意すべきだとしている。稲妻は雲から数キロ離れたところまで移動することができるので、雲が頭の真上になくても、雷に撃たれることはあることを忘れてはならない。

　稲妻は離れた場所にぽつんと立っているものに落ちることが多い。この現象の物理的な説明は非常に複雑だが、背の高い、ぽつんと立っているもの、つまり開けた場所に生えている木のようなものの近くにいないほうがいいということはわかるだろう。雷の電流は

こうした物体に流れ、その後、地面や空気や水など電気を通すものを伝わってから抜けていく。ということは、雷を伴う暴風雨を避けるために高い木の下に行くのは賢いようで、実際はみずから危険に身をさらしていることになるのだ。木の下にかくれると、落雷による死亡や負傷の確率がぐっと上がってしまう。

たとえば山の中にいるときに入道雲が湧いてきたとする。まず開けた場所から出て、山頂や高地、岩が剝き出しになっている場所から離れよう。いちばんの安全策は山を降りることだ。標高が低く、木が密集している場所のほうが落雷の可能性は低い。落雷が多いアメリカ南部や中西部では、雷雨のときは丘の頂上や平原を避けよう。電話の基地局のアンテナや一本だけそびえた高い木などには近寄らないようにしよう。広く開けた砂漠や平原などでは浅いくぼみなどでもいいから、見つけられるかぎり低い場所に行こう。もしもなかったら、できるかぎりの速さで嵐の通り道から外れよう。稲光が近づいてきたとき川や海の中にいたり、ボートに乗っていたりしたら、水面に唯一浮いている状態にはならないようにしよう。岸に上がって避難場所を見つけて駆け込み、嵐の通り道から逃れること。

テントにいるとき雷に撃たれて死ぬ人がほぼ毎年数人いる。なるべく開けたエリアを選び、高くなっている地点にはテントを張らないこと。どうしてもそこに設置するしかなくて、しかも雷雨が通過しそうな場合には、テントを出て、山の下のほうに向かおう。もちろん、夜や雨が激しいときにはテントから出るべきではない。アウトドアの危険はすべてその状況によるので、最善の選択ができるように、事前に危険要素について理解しておこう。人間が雷に

撃たれる確率はそもそもそれほど高くはないが、戸外にいるときは
その確率は間違いなく上がっているはずだし、愚かな選択をすれ
ばそれのリスク急に跳ね上がる。

サム・ラングレン(『ミートイーター』釣り部門の編集者、
元プロの釣り師、「バックカントリージャーナル」元編集者)

シェルター

　サバイバルな状況のとき、自然の脅威から逃れる場所を持てるかどうか。
そこには生死が分かれるほどの意味がある。昔ながらの帆布製の四方が
垂直なテントでも、超軽量の登山用テントでも、木の枝や樹皮で作った差
掛け小屋でもそれは同じだ。どんなタイプのシェルターを選ぶべきかはそ
のときの状況による。1泊のハイキングなら、普通はバックパックに何ら
かのテントが入っているはずだが、日帰りのハイカーは森にテントを持っ
てくる理由がない。それでもたくさんの人々が道に迷って予定外の夜を森
で過ごしている。彼らばかりではない。カヌーの旅の際に雨に降られ、予
約してある山奥のキャビンに日没までにたどり着けなかったらどうする？
その場でなんとかシェルターを作らねばならない。ピンチのとき、ひっく
り返したカヌーの下に身を寄せ合えば、短い豪雨なら、そんなに濡れない
ですむかもしれない。しかし、緊急時にひと晩外で荒天を避けなければな
らなくなった人々にとっては、いい選択とはとても言えない。その点、カ
ヌーでの旅に簡単なタープとロープさえ持っていけば、カヌーとパドルと
組み合わせて広いシェルターを作ることができ、濡れずに過ごせる。アウ
トドア愛好家なら誰もがこうした即興のやり方を知り、さまざまな状況や

環境のもとでも、温暖で乾いたキャンプを設置できるようにしておくべき
だ。どんなに自然の奥深くの恐ろしげな場所でも、シェルターの前で赤々
と燃える火に向かって座り、温かい飲み物を手にできればホッとでき、安
心感と幸福感を得られる。

用語を覚えよう：ベースキャンプとスパイクキャンプ

　子どものころ「ベースキャンプ」と聞いて、エベレストの影が落ち
る海抜5000mの雪原に立てられたカラフルな何十ものテントを思
い浮かべた人は多いだろう。そのタイプのベースキャンプもいまだ
に存在するが、それは世界一特殊なベースキャンプだ。ほとんど
の人にとってエベレストのベースキャンプに行くのは、それ自体が
冒険だろう。そこに行くだけで通常6日間の山歩きが必要で、高度
に慣れるために何度も休憩しながら進んでいかねばならない。そ
のベースキャンプを後にしたときはじめて本格的な登山がスタート
し、スパイクキャンプ〔移動先でそのまま夜を明かす必要最低限のキャンプ〕の日々
がはじまるのだ。

　実際にはさまざまな形のベースキャンプがある。トレイルの入り
口に駐車した車だったり、奥まった入江に停泊したボートだったり、
辺境の滑走路だったり、道の行き止まりにある山小屋だったり、
友達の家がベースキャンプということさえある。これからはじまる
冒険への出発点であれば、どこでもそれはベースキャンプだ。ヘ
ラジカ猟のガイドである我らが相棒ジャニスは、コロラド州のフラ
ッドトップス自然保護区の端の海抜2700m地点にある帆布製テン

トが6つ置かれたベースキャンプで、数えきれないほどの夜を過ごしたそうだ。このキャンプは近くの道路から600mほどしか離れていない。のんびりハイクしても1時間ほどで着く。エベレストの登山家たちが使っているテント街とはかなり様相が異なるけれど、役割は同じだ。ベースキャンプは旅のメインの目的地に入る前の休憩所であり、通常は歩いていける場所に作る。快適さを求められる最後の場所だ。エベレストのベースキャンプもまた、登山者たちに世界の最高峰を征服する準備をさせてくれる場所だ。

　コロラド州のベースキャンプは、ハンターたちがヘラジカの棲処である生息地の近くにいられるようにするためのものだ。暖かくて快適なシェルターであり、ひどい嵐を避けることもできる。十分な蓄えのあるベースキャンプではエネルギーの再補給も可能だ。エベレストの登山者たちは高度に身体を慣らす必要があり、ハンターたちもそれは同じだ。ベースキャンプでは周りの環境から考えるとかなり居心地がよく、快適な状態で眠れる。キャンプベッドさえあるかもしれない。その代わり、いいベースキャンプの設置には多大な時間と労力が必要だ。先ほどのヘラジカ猟のベースキャンプの近くには水源がなかったので、ガイドたちが1シーズンあたり約4000Lのタンクに水を入れ、一回の旅ごとに馬の背に約20Lのウォータージャグを乗せて持ってきていた。テントやキャンプベッドや薪ストーブや食料をハンターたちがやってくる前に、何度も往復して運んだ。それから彼らはテントとベッドを設置し、薪をふた山伐っておいた。温かい食べ物で満腹し、ぬくぬくしたベッドに寝ているときにオスのヘラジカがキャンプのすぐ外でサカリ声を発しているのを聞けば、それまでのどんな作業も報われるというものだ。

その日の朝はまず、その声の主であるヘラジカをベースキャンプから200 m以内の場所で仕留めた。

　もっと冒険を求めるハンターは、さらに山の上のほうでスパイクキャンプをする。スパイクキャンプを設置するときは、どんなに長い日数を計画していても必要なものはすべて背負っていく。山頂をめざして登るにしても、高地のシカを仕留めようとしているのでも、その日の日暮れをどこで迎えるかわからないので、すべてを持ち歩く必要があるのだ。テントや寝袋、コンロや燃料、食料その他を持ち歩くのは、車や小屋がわずか数キロのところにあることを考えれば、ものすごくエネルギーの無駄遣いのように感じられるかもしれない。しかし、一日の終わりをどこで迎えてもその場で眠れるというのはとても大きなメリットだ。ベースキャンプほど快適に過ごすわけにはいかないけれど。毎日この数キロ分を往復して、毎朝同じ地点からスタートするよりも、日が上ったときに望みどおりの場所で目覚めることができるほうがエネルギーを大いに節約できる。平らな砂利道を600m余計に歩くのはなんということはないが、同じ距離でも暗いなか起伏の多い場所を歩いたら、何時間もかかる。

　スパイクキャンプを設置すればこうした苦労をすべてナシにできるが、快適さは犠牲にしなければならない。持っていく装備が少なければ、それだけ早く移動できるからだ。余分なものは必要ない。同じ服を3日か4日着つづけても死ぬわけではない。ちょっと臭くなるだけだ。夜は断熱のパフィージャケットを枕にすればいい。キャンプシューズも置いていこう。コンロと燃料をナシですませる人もいる。温かい食事も飲み物もナシということだ。寒くない

気候なら軽量のタープがテントの代わりになるので、2kgぐらい削れる。乾燥した天候なら、テントもタープもナシで大丈夫だ。それで何かを我慢しなければならなくなっても、一日歩けば居心地のいいベースキャンプに戻れると思えば、耐えられる。耐えられなくなったらベースキャンプに戻って食料を補給し、着替え、ぐっすり眠ってからまた出発すればいい。

テント

　テントの中にいさえすれば、かなりの荒天でも身体や装備を濡らさずにすみ、なんとかやりすごせる。我々もテントの中に何日もこもって、嵐がすぎるのや霧が晴れるのをわりと快適に待つことは多い。昔の重い帆布製の小型テントや我々が若いころ使っていた安くて漏れやすいナイロンのテントに比べたら、いまはいい時代になった。この10年ほどのあいだに各テントメーカーは、設置が簡単で、本当にどんな天候にも耐えられる軽量の商品を売るようになった。ほかのアウトドア装備と同様に、高いお金を出せばそれだけの機能がついてくるし、重量も軽くなる。しかし、ごくリーズナブルな価格でも十分すばらしいテントが買える。どんな金額のものを買うにしても、どのくらいのサイズのものが必要か、どんなデザインが自分のキャンプスタイルに合っているのかを考えてから決めよう。

テントのサイズと形

　テントは、中に何人寝られるかを基準にサイズが設定されている。とてもシンプルに聞こえるが、ひとりあたりの広さなどはメーカーによってまちまちだ。一般的に言って、ほとんどのテントは自称している広さよりも

少し狭い。NEMO Equipment（ニーモ・イクイップメント）は防水のすばらしいテントを作っているが、ふたり用と謳われているテントは実際には1.5人用ぐらいの広さだ。ほかのメーカーのさまざまな高品質の登山用テントも同じだ。ふたり用のテントは、広めで居心地の良いひとり用テントのようなものだから、私は実際にひとりで快適に使っている。ふたり以上で使うことが多いテントを買うなら、3人用のものにしておいたほうがいい。

　新しいテントを買う前には、いくつかのモデルを比較検討してみること。設置したときに寝る空間がどれほどあるかだけを考えて決めるのはやめよう。頭上のスペースも重要だ。正直言って、座ることもできないような高さしかないテント内で着替えるのはイライラする。メインのスペースの外側にひさしのついた玄関ホールのような部分があるテントを探そう。この空間があると荷物や食料や調理器具やブーツを、テント内の場所をたくさん取らずに防水布の下に置いておける。キャンプ版のガレージみたいなものだと思ってほしい。

　テントの形にはいくつかのタイプがある。天井に梁（はり）のように棒が渡してある昔ながらのA型のタイプから、ドーム型、トンネル型、ピラミッド型、床のないティピ風のもの、さらにはそれぞれのハイブリッド型など。それぞれに長所と短所がある。たとえばピラミッド型は設置が簡単で水はけが良いが、頭上のスペースがあまりない。迷ったらドーム型テントにしてみるといい。これなら多少の頭上スペースがはじめから手に入る。

シングルウォールかダブルウォールか

　テントのデザインを選ぶときにもっとも大事な選択のひとつが、シングルウォールテントとダブルウォールテントのどちらにするかだ。

　平均的な人間は呼吸だけでひと晩に500mlぐらいの水分を放出してい

る。その水分は空気中の湿気や汗や湿った装備などから出た水分とともに寝袋やテントの内部を濡らし、中にいるあなたを寒くて濡れてみじめな状態にしてしまう。この水分と戦うには防水のフライシート〔テントにかぶせるシート〕を使っているダブルウォールのテントがいちばんいい。このデザインだと人間の体から出た温かく湿った空気がテント内部の天井を抜けて、フライシートの内側に集まる。最小限の換気でこれを実現しているテントはたくさんあり、蚊帳のようなほぼナイロンのメッシュだけで作られたタイプもある。

　シングルウォールテントは、通気性がある防水の布製か通気性のない布に防水加工をした布製の壁一枚でできている。ダブルウォールテントよりも軽量で設置も簡単だが、通気性に乏しいので結露を防ぐことができない。それでもシングルウォールテントはたくさんの熱心な登山者たちに選ばれている。その理由は気温が低くて乾燥した高山では結露はあまり問題にならないからだ。

スリーシーズン使えるテント

　もっとも汎用性があるのは、スリーシーズン使えるダブルウォールテントだ。これがあれば、寒冷な地域や高地で春、夏、秋に遭遇するほとんどの天気を耐えしのぐことができる。しかし、季節外れの嵐で重い雪が降ったら、つぶれてしまう。激しい吹雪で、濡れた重い雪が屋根に積もってもアウトだ。ただ、スリーシーズンテントのほとんどはドーム型かハイブリット型で、数本のポールを使うだけなので全体の重さが軽く、バックパックの旅には打ってつけだ。

フォーシーズン使えるテント

　フォーシーズンテントは一年じゅう使うことができるが、実際は極寒の地でキャンプするときのために作られているものだ。夏でも、冬のような天候が続く高地での登山に好んで使われている。フォーシーズンテントは通常、強風と積雪の重さに耐えられる頑丈なドーム型である。ただし、必要なポールの数が多いし、素材も重い防水布を使っているので、登山に必要な追加装備としては少しかさばりすぎる。

グラウンドシート

　どんなテントを使うにせよ、地面との間に防水防湿のグラウンドシートを敷くと快適さが増す。テントの床部分が棘や石や何かの摩擦で穴が空いたり、すり減ったり、裂けたりするのを防ぐ効果もある。グラウンドシート付きのテントもあるが、そうでない場合は別に買ったり、タープを切って作ったりすればよい。サイズはテントの床面積よりやや小さいサイズがいい。こうすると雨が直接グラウンドシートにかかることもないし、テントを伝った水分がグラウンドシートの上に均一に流れて、テントの床下に溜まることもない。

タープ

　山男としてのスキルに自信があって、身軽に速く旅をしたい人には、シンプルなタープが十分に居心地のいいシェルターになってくれる。タープで作ったシェルターは虫も雨も完全には防いでくれないが、正しく設置すれば、かなり安全な寝場所になる。テント用のポールや杭と張り綱を使って、タープで364ページにあるような屋根付きのシェルターを建てることができる。タープを使って、日差しと雨を避ける日中用のシンプルなシェ

ルターを手早く作ることもできる。タープに鳩目があると縄で固定しやすくなる。なかったら、金物店で鳩目のキットを買って自分で取り付けよう。簡単だから。野外で鳩目が必要になったときには、石で代用しよう。丸い石をタープの端に置き、タ

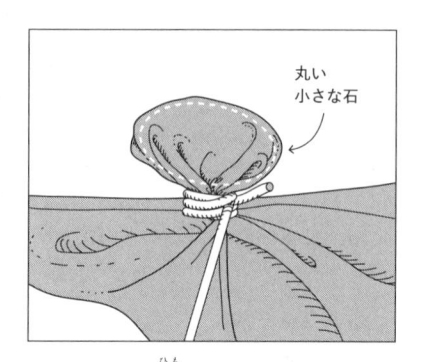

丸い
小さな石

ープの布で包み込む。それから包まれた石の周りに紐を巻き、しっかりと結ぶ。

　ニーモ・イクイップメントとBlack Diamondでは、ブリトーほどのサイズで重さ450g以下の超軽量ナイロン製タープを販売している。2.5×2.5mのシルナイロン製タープはとても役に立つうえに、非常に軽くて値段も手頃だ。

ビビィサック

　ビビィサックはひとり用のミニシェルターで、寝袋の上にかぶせる防水のカバーバッグのようなものだ。ポールを使わないので、設置に時間がかからず、軽く、持ち運びやすく、日没になったとき引っ張り出して、その場で地面の上に広げればいい。しかし、夜のあいだ内側に結露するせいで寝袋が湿ってしまうことはよくある。軽量かつシンプルで便利だが、我々はビビィサックの大ファンというわけではない。バックパッキング用のテントのほうがたくさんの利点があるのにかさばらず、ビビィサックよりわずかに重いだけだからだ。

バックパック用テント

　軽く、小さく収納できるようにデザインされているが、天候から我々を守るシェルターになってくれる。ハイクラスのモデルは2本か3本のポールがついているだけで、重さは1〜2kgぐらい。食パン一斤ほどの大きさの袋に収めることができる。バックパックで行くどんな活動にも向いている。我々はアラスカからメキシコまでの大型獣狩猟ツアーに使った。内部の床面積はかなり小さいため、人ひとりが寝るといっぱいになる。だから我々は、寝る部分以外に入り口の空間があるタイプを選んだ。

ファミリー用テント

　ファミリー用のテントは、運びやすさよりも広々として便利であることを優先して作られている。カーキャンプに持っていくと、テント内で立ち上がれる高さがあるし、子どもたちが枕投げをできる余裕があってすばらしい。寝室以外に物を置ける空間があるタイプでは、そこで料理をしたり、テーブルを出して夕食を食べたりできる。このサイズのテントは横に広がっている。しっかりと杭を打ち込んでいないと倒れたり、強い風で飛ばされたりする。家族で行くカーキャンプにはニーモ・イクイップメントのワゴントップシリーズを検討してみてほしい。

帆布製のテント

　我々を含む多くのハンターは、帆布製のテントからヘラジカやミュールジカを狩るのが好きだ。帆布製テントは丈夫な布地でできたシェルターで、金属製のポールか、現地で切った木の棒で支えている。この古典的なアウトドアでの住まいには椅子や簡易ベッドや調理場がついていたり、薪ストーブのかたわらに座って友人とくだらない話をしているあいだに服を乾

かすスペースが十分にあったりすることが多い。ただ、このタイプのテントを建てるには数人で作業してもかなり時間がかかる。重いので、車で行けるところか、馬やラクダなど動物に荷物を運んでもらえる場所でないと持っていけない。しかし食料と水と薪さえ十分にあれば、帆布製のテントで何週間も何ヶ月も居心地よく過ごすことができる。

ティピ

　ティピテントはグレートプレーンズに住んでいたネイティブアメリカンが使っていた、バイソンの皮で作った伝統的なシェルターをモデルにして作られたテントだ。昔風の帆布製のティピがロードサイドのアトラクションや誰かの家の裏庭にレトロな感じを楽しむために建てられているのを見かけたことがあるかもしれないが、ああいうタイプは重くて、設置に時間がかかるので、レクリエーション目的のキャンプには実用的でない。最近のティピ式テントは軽量素材のポールとナイロン地を使っているので、スリーシーズン使える機能的なものが多い。奥地に持っていけるほどコンパクトで軽く、設置も短時間で簡単にできる。ふたり用から8人用までさまざまなサイズがある。ティピ風テントの中には床がないものもあるが、その形のおかげでほかのどんなタイプのテントよりも水はけがいいし、それに加えて必ずグラウンドシートがついてくるので、我々は何の問題も感じなかった。この数年のあいだに我々は床なしのティピテントの、とくに軽量チタン薪ストーブを置ける Seek Outside 社モデルの大ファンになった。雪の上に設置しても、薪ストーブのおかげで内部は乾いた状態に保てる。しかし、ティピテントにも欠点がふたつある。まずは、風を受けやすいので、最大風速が時速40〜50kmぐらいの厳しい環境には向いていない。それに、周りにたくさんの杭を立てなければならないので、岩場や凍った地

面に立てるときは非常に苦労する。

シェルターを固定する

　強い風にあおられて地面から飛び上がり、山を転げ落ちていくテントを見たことがある方は、テントの設置場所をよく選ぶことと、しっかり固定することの重要さをわかっているだろう。できるかぎり、常に地形的にちょうどよかったり、周りに木や岩があるなどして風をよく避けられる場所を探してテントを設置しよう。岩ばかりの場所では杭が打ち込めない。地面が柔らかすぎるとしっかりと固定できない。テントの端の鳩目すべてを使って地面に杭を打ち込むこと。杭を地面に打つときは、テントから離れる方向に斜めに傾けて打つこと。市販のテント用杭がないときは1〜2.5cmほどの厚さの木を削ってとがらせたもので代用できる。生木は削りやすいが、枯れた丸太から突き出ている部分など、頑丈な3cmほどの木片があると非常によく固定できる。しばらくシェルターを留守にして高地など急な天候の変化が予想される場所でキャンプをするときは、時間をとって、テントがしっかり固定されているかどうかを確認しよう。問題があったら、石を使ってみよう。それぞれの杭の上に重い石を置くのだ。岩だらけだったり、凍っている地面に杭を打ち込むことはできないので、テントの鳩目から張り綱を伸ばし、その端を岩に結びつけよう。極端な場合は綱全部に石をたくさん結びつけてもいい。

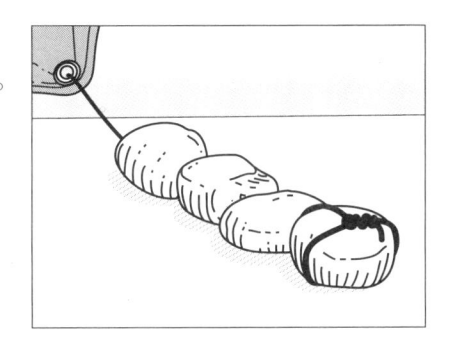

テントのなかには、周縁部に縁取りのように布が縫い付けてあって、そこから紐を引き出して何かの重しに結びつけることのできるものがある。雪や砂のような柔らかい地面に杭を打って立てたテントは、石や雪や地面に埋めた重い木の棒に結びつけてザイル留めのように使うことができる。

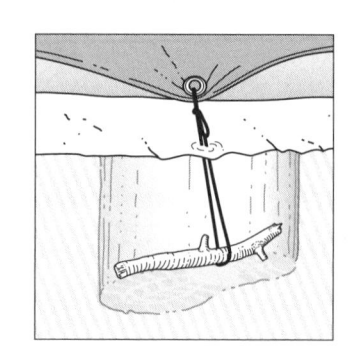

張り綱の数を増やすとさらに安定する。我々はこの用途に使うために直径3mmのコードを常に持ち歩いている。テントの外側についている布製のループやDリングに長いコードを通し、周りの杭や低木や岩に結びつける。ローリング・ヒッチ（24ページ参照）がコードをとても丈夫に保ってくれて便利だ。

寝袋、スリーピングパッドでよく眠れ

その状況に合った睡眠用の装備を持っていなかったがために、猛烈に寒い夜を過ごしたことが誰しもあるはずだ。我々もとてもみじめな思いをした。こういう事態に陥ると、夜が果てしなく長く感じられるばかりでなく、翌日フルに能力を発揮することができなくなる。

寝袋と断熱

寝袋は、予算が許すかぎりいいものを買ったほうが良いリストのトップにくる。いい寝袋は安くないし、安い寝袋はよくないというのがシンプルな事実だ。しかし、アウトドアで赤ちゃんのようにぐっすり眠るには金を出すだけでは十分でない。いくつかの要因を天秤にかけながら、状況に合った寝袋を選ばなければならない。

断熱　寝袋の断熱材にはふたつの選択肢がある。ひとつ目は天然のダウンだ。重さあたりの暖かさを考えても、水鳥の羽毛は寝袋の最高の断熱素材だ。水鳥の羽毛にはたくさんの空気の層がある、つまりたくさんの空気が含まれているので、保温性が高い。それに軽く、簡単に圧縮でき、長持ちする。バックパックで旅をする場合には、寝袋の重さと荷物の中でどれだけスペースを取るのかは非常に大きな問題だ。しかし水鳥のダウンには断熱材としてひとつ大きな欠点がある。羽毛が濡れてしまうと空気の層がなくなり、保温性も落ちてしまうのだ。水鳥のダウンの寝袋を濡らしてしまったら、単なる重くて役に立たないものになってしまうので、湿気を含まないように気をつけていなければいけない。雨や湿っぽい天気のときはダウンの寝袋は防水袋の中に入れ、使わないときはしまっておこう。もしも濡れてしまったら、干して乾かし、空気を含ませる必要があるが、それには長い時間がかかる。

　よって、濡れる可能性が高い場合は、ダウンの寝袋はやめておいたほうがいい。合成繊維の断熱材のものを使ったほうが心配がない。ダウンとはちがって、合成の保温素材は濡れても保温しつづけるので、濡れた寝袋に入っていて不快な感じにはなっても、暖かさは保たれる。通気性もよく、かなり短時間で乾く。夜、湿った衣服や靴下を身に着けたまま潜り込むと、朝には乾いている。これらの理由からたくさんの人が万能な合成繊維の寝袋を選んでいる。湿気の多いところで荒い使い方をするにはもっとも賢い選択だ。欠点は、重さあたりの暖かさでは羽毛に負けるということだ。同じ効果を得るなら、たくさん必要で荷物が重くなるし、圧縮して小さくすることもできない。

　しかし、寝袋の3つ目の選択肢が最近登場した。疎水性のダウンという

もので、これは水鳥のダウンを化学物質でコーティングし、羽毛が水を吸い込まないようにしたものだ。疎水性のダウンは軽量で持ち運びやすく、ダウンの保温力がありながら、濡れた際に合成繊維に近いほどの力を発揮できるといいとこ取りだ。ただし、それでも非常に湿度の高い環境では合成繊維を選んだほうが安全だ。我々はこの3つのタイプの寝袋をすべて使ったことがあるが、総合的に見ると加工したダウンがよい妥協点だと感じた。

保温表示規格 どんなタイプの保温材を使っていても、寝袋はすべて保温表示規格によって評価されている。EN（欧州規格）と寝袋に書いてあるのを見かけたことがあるかもしれないが、ISO（国際規格）のほうが一般的だ。これらは寝袋を平均的な人が快適に感じるか、その寝袋に入っていれば生き延びられるかのどちらか両方について、保温性に基づいて評価する規格だ。寝袋メーカーのなかには快適な温度か生き延びられる温度かのどちらかしか表示していな場合もあるが、どちらの評価も併記するのが一般的になってきた。保温性の追加情報として、男性と女性、寝ているときに暑いと感じるタイプと寒いと感じるタイプそれぞれのデータが付け加えられているものもある。寒さの感じ方は人によってちがうからだ。少しわかりにくいかもしれないが、迷ったら、保温表示規格の数字が自分の必要と思っているものより小さい、暖かいものを選ぶといい。我々は10℃ほどの余裕を見ている。これは夜に最低気温がマイナス4℃になることがある場所に行くときは、マイナス4℃以下に耐えられる寝袋を持っていくということだ。とくに極寒の地域に持っていく場合はこの余裕を増やそう。マイナス18℃のところに行くときは、我々ならマイナス28℃でも大丈夫な寝袋にする。最悪なときでも寝袋が全力を発揮してくれるから、夜じゅう震え

ていなければならないよりずっといい。もちろん軍用の寝袋を買うという
贅沢ができる人も多少はいるだろう。もしも我々が、おだやかな気候の場
所で使うスリーシーズン用の寝袋を選ぶとしたら、マイナス18℃のサバイ
バルリミット表示があるものにする。しかし理想をいえば、季節に応じて
2種類の寝袋を持っていたほうがいい。その場合は寒い気候用のマイナス
18℃かマイナス23℃の寝袋と夏用のマイナス1℃の寝袋を買おう。寝袋の
温度表示にかかわらず、いつも寝袋は袋から出して、寝るまでのあいだに
空気を含ませておこう。そして収納袋のまま圧縮して保管しないこと。保
温力が落ちるし、白カビが生えるかもしれない。寝袋はフルにふくらんだ
状態で置いておける場所に保管しよう。

サイズと形　ファラオの石棺に似た形の寝袋マミーバッグは、長方形の
寝袋よりも効率的で暖かい。これは寝袋の内部に隙間が少ないデザイン
だからだ。長方形の寝袋もカーキャンプや山小屋で眠るときに使うぶんに
はいいが、バックパックの旅や寒い場所で眠るときはマミーバッグのほう
がいい。マミーバッグは肩から脚に向かって先細の形にし、顔のところが
少し開いている以外は全身を覆うことによって体温を逃さないようになっ
ている。通常は、よくフィットしていればそれだけ暖かい。しかしきつす
ぎるマミーバッグは窮屈で居心地が悪いのでやめておこう。サイズについ
ては、ほとんどの寝袋にはレギュラーとトール（あるいはロング）のふたつのサ
イズがあるが、もっと細かいサイズのものを作っているメーカーもある。

寝袋のライナー（インナー・シュラフ）　保温性を加えるためや脂っぽい肌や泥
だらけの衣服に触れて寝袋が汚れたり油っぽくなったりしないようにする
ため、寝袋にはインナーとしてライナーをつけることもできる（油脂と泥は寝袋

の空気を溜め込む力と通気性を損ない、結果として保温性を損なう）。ファスナーでつけ外しができる断熱のポリエステルフリース製のライナーは十分に暖かさを加えてくれるが、寝袋そのものに近いほどかさばる。その点、シルクのライナーがいい選択だろう。多少は暖かくなるし、通気性がよく、荷物の中に入れてもあまり場所を取らない。寝袋のライナーの防湿層は夜間、人間の身体から寝袋に湿気が移動するときに起こる蒸発によって温度が下がるのを防ぎ、さらに暖かくするようデザインされている。しかし我々は防湿層についてはかなり懐疑的だ。本当に寒くて乾燥している場所でもないかぎり、起きたときには汗だくになっているだろう。普通に暖かい寝袋を持っていくほうがいい。

スリーピングパッド

スリーピングパッドは単に快適さのためだけにあるわけではない。貴重な体温が身体の下の冷たい地面に逃げていってしまうのを防ぐことによって、暖かく乾いた状態を維持してくれるのだ。よいスリーピングパッドは厚みがあるので、荷物を置くと、テントの床から離しておける。

我々が薄いウレタンのスリーピングパッドを使っていたのは、それほど昔の話ではない。今でも使っている人はたくさんいる。厚さ2cmほどの等身大のウレタンで、ときどきナイロン製のカバーがついていて、丸めて収納できる。かさばるのでバックパック的な旅に持っていくのは現実的ではない。THERMAREST（サーマレスト）のZライトなど、卵パックのような形状の軽量スリーピングパッドは、丸めたり持ち運んだりしやすいように、いくつかの部分に分かれるようになっている。ウレタンはあまり快適ではないが、耐久性があり万能だ。破裂したり、灼けてしまったりすることを心配しなくていいのでキャンプファイヤーの横に敷いて、リラックスできる。ただし

残念なことに、荷物の中でひときわ場所を取るのに断熱効果は低い（ウレタンのパッドを荷物の外側にストラップで吊るしている人はたくさんいる。ここでも丈夫さが役に立っている）。ウレタン製は比較的安価でもある。我々は七面鳥狩りや長いあいだ双眼鏡を覗いて過ごさねばならないとき座る座布団にするために、フルサイズのZライトを買って、切り分けたことがある。地面に雪があるときは座布団があるととてもいい。

　空気でふくらますタイプの高品質なスリーピングパッドは安価ではないが、恐ろしく快適で、身体と地面の間にきっちり距離を作ってくれる。そのほとんどがチューブを並べたような形のデザインで、空気を入れるとふくらむようになっていて、空気注入口には逆止弁がついている。空気を抜くときは排出用のバルブを開き、空気を押し出す。1kg以下の重さのものがほとんどで、パスタソースの瓶ぐらいの大きさまで圧縮できる。BigAgnesやニーモ・イクイップメントのようなメーカーが、体温をなるべく逃さない断熱効果のある空気式のスリーピングパッドを販売しはじめている。この2社が作っている寝袋には、下側にスリーピングパッドを入れる全面のポケットがついていて、寝ているあいだにずれないようになっているものもある。しかし気をつけなければいけないのは、断熱のスリーピングパッドを併用すると想定して、底面の断熱材を減らしたり、まったくなくしてしまっている寝袋もあるということだ。スリーピングパッドは破裂することもあるし、人間は寝返りを打つものだ。断熱材が全体に入った寝袋を使うといい。ウレタンと空気式のハイブリッド型でみずからふくらむスリーピングパッドもある。バルブを開くとウレタンが広がって空気を取り込むのだ。自分で毎回空気を入れるのは面倒だし、入れ終わったときには頭痛がしていることもあるので、これは便利だ。それでも我々は自分で空気を吹き込むタイプを選ぶ。なぜなら軽くてかさばらないからだ。空

気式のパッドは慎重に扱うこと。バルブは壊れるかもしれない。パッドは木の枝やサボテンの棘、ブーツの底などでも刺さったら穴が空く。大半のスリーピングパッドには穴が空いた場合の修理キットとして糊（のり）とパッチがついている。これさえあれば、バルブから漏れる以外のトラブルはほぼすべて解決できる。だから修理キットはなくさないように。

暖かく快適に過ごすための技

- 本に書いてあるもっとも古い、寝るときに暖かくするための技は、誰かの暖かい身体のそばで眠ることだ。そして「そば」というのは世界じゅうの幸せなカップルがしているようなぴったりと寄り添った体勢だ。サバイバルな状況では、普通ならベッドをともにしない相手と密な接触を持つことへのハードルがすぐに取っ払われる。

- 寝るときに衣服を敷いたり、かけたりすると断熱層を増やすことができる。

- 肌着の上下一式などを就寝時専用にし、それ以外のときには着ないこと。着ていないときには小さなドライバッグかビニール製のゴミ袋にしまって、乾燥させておくこと。

- 衣服や靴下が1セット分しかなくて、気温が低く湿気が多い天候のせいでそれも湿ってしまったときは、それを着たまま寝袋に入ろう。最初は不快だろうが、寝ているあいだに寝袋の中で乾く。これは湿った衣服にだけ使えるやり方で、完全に濡れたものには使えない。びしょ濡れになってしまったら、裸で寝袋に入って眠ろう。こうすれば少なくとも寝袋は濡らさずにすむので、暖かく眠れる場所をひとつは確保できる。寝袋を衣服の乾燥に使う場合は、使っていないときに機会を見つけ日に干すこと。

- 寝袋の収納袋に予備の衣服やパフィージャケットを詰めると、自分専用のよい枕になる。

- 寒い夜にはナルゲンボトルにお湯を入れたものをウールの靴下に入れ、それを寝袋に持ち込もう。信じられないほど暖かくなるから。

- 昼間テントから離れるとき、通気口を開けておくと湿気が逃げていく。このとき必ず網やドアのファスナーは閉め、虫や予想外の雨が入らないようにしよう。

- 汚れて濡れたブーツは薪ストーブがあって乾かせる場合をのぞき、テント内に持ち込まないこと。その場合、夜はテントの入り口のひさし部分に置いておこう。しかし気温が氷点下のときはこのルールは無視しよう。前日濡れたうえに夜のあいだに凍った革のブーツを履くよりも嫌なことはなかなかないから。

- ヘッドランプ、クマ除けスプレー、短銃、ナイフ、携帯電話、GPSなどの大事なものは毎晩、寝るとき頭のすぐ横に帽子を置き、そこに入れておこう。こうすれば、手を伸ばせばいつでも大事なものがつかめ、暗闇の中で必死に探さなくてすむ。危険な地域では、ヘッドランプをブレスレットのように手首に巻いて寝るのもいいだろう。

- 家に帰ったら必ず、寝袋とテントを完全にきれいにし、干しておこう。嫌な悪臭やカビが生えるのを防げる。それからテント、パッド、バッグに修理すべきところがないかチェックし、あったら修理しよう。

キャンプ地の選択とテント設置の仕方

キャンプの回数を重ねるうちに、だんだんと場所にこだわるようになってくる。我々は熱帯のジャングルから北極圏のツンドラまで非常に厳しくつらい場所で眠ってきた。それでも、少しでも十分

休むために、どんな環境の場所であろうと、できるかぎり条件が
良い数平方メートルはある場所を選んでいる。

場所を選ぶ

　キャンプの設置場所を選ぶとき、まずはやめたほうがいい場所
を知っておく必要がある。高い岩山の頂上や尾根の稜線はやめて
おこう。風にさらされるし、雷が落ちやすい。同様に、草原のいち
ばん低い場所は夜になると冷気が集まるのでやめておこう。砂州
や海岸、海抜の低い島など水に沈んでしまう恐れがあるところは、
とくに雨のときはやめておこう。潮が満ちてきたり、川の水がテン
トの中に入り込んできたりして目が覚めたハイカーや旅人はたく
さんいる。しかし、泥や藪でない平らな場所が砂州や砂利の上しか
ない場合もある。その場合は水位に常に気をつけておくこと。

　必要な条件や望みをすべて叶えてくれるキャンプ場所はめった
にない。だいたい何か問題がある。周りが湿った地面ばかりのとき
に、比較的乾いていて周りより高くなっている場所を見つけたが、
じゃっかん斜面になっているとか。あるいは山腹で唯一平らで日
陰になっている平地を見つけたが、2km近く離れたところにしか
水源がないとか。何を優先すべきかをよく考え、キャンプ地を選
ぼう。最寄りの水源までの距離は？　近くに薪にできる木は十分
ある？　風は避けられるか？　地面は乾いている？　その場所に
は蚊がいっぱいいるのではないか？　平らな地面はあるか？　そ
れとも傾斜した地面でなんとかしなければならないか？　みんな
が横になれるだけの面積があるか？

　設置場所を決めたら、しっかりと整備をしよう。人を咬むクモ

やヘビやサソリがいる地域では、そういう恐ろしい這い回る生物が
かくれていそうな石や岩のかけらや落ち葉を片づけよう。ブーツの
踵（かかと）や道具を使って寝る場所の地面をならし、石や小枝など真夜中
に背中に食い込んでくる可能性のあるものはすべて排除しよう。
雪が積もっている場所でキャンプをする場合は、注意深く雪を圧
縮して平らにしよう。テントを張る前には、寝る場所になる地点に
実際に数秒でも横になって、位置を調整する必要がないかを確認
する。邪魔な根っこや石があったらどかしておこう。こうしたちょ
っとした手間のおかげでぐっとよく眠れるようになるかもしれない。
また、それは次の日どれだけよく釣り、歩き、漕げるかに大きなち
がいをもたらすのだ。

■キャンプに関する規制

　アメリカの何百万エーカーにもおよぶ連邦土地管理局が管轄す
る土地と国有林では、わりとどこでも好きな場所でキャンプをして
いい。しかし、こうした公有地でキャンプをする場合は、いろいろ
なサービスや施設などなしにキャンプをすることになる（ゴミ箱やトイ
レや野外のテーブルや火を焚く場所などがないということ）。ただし、現地の土地管
理局の中には夜のキャンプは一切禁止していたり、キャンプの時
期を限定していたり、有料エリアや整備されたキャンプ地でのみ
許可している場合もある。自然のエリアでも、事前の予約や許可
が必要な場合もあり、トレイルや水場からどのくらいの距離まで
行っていいか決められていることも。近年、当局は周囲の環境に
影響をあたえないため、また人混みが発生しないようにするため
に、キャンプを設置できる場所や時期の規制を強めてきている。

これから行く場所の土地管理局のWebサイトをチェックし、キャンプに関する規制と情報を確認しておこう。

　キャンプをしている他のグループがいたら、相手を尊重し、できるかぎり礼儀正しく、常識的な距離を保とう。我々はみな静けさや平和を求めて森の中にきていることを思い出し、近くのキャンプには招かれないかぎり近づきすぎないようにしよう。未開の地での経験則は、ほかのグループの話し声が聞こえたら他の場所を探せ、だ。

緊急シェルター

　緊急シェルターの役割はシンプルだ。必要なのは、人間を風や雨や雪などの脅威から守ることだ。天候が悪くなったときに緊急シェルターを作る方法は数多くあり、その土地にあるものを利用することもできる。しかし忘れてはならないのは、自然のものを使って作ったシェルターは周囲の環境に非常によく溶け込んでしまうということだ。遭難したり、立ち往生したりしていたら、目立つ色の衣服や装備をシェルターの上か、近くの木の高いところ、また近くの平地に置いて、シェルターにこもっているときでも捜索隊や救助隊が地上や空から自分の存在を見つけやすいようにしよう。

毛布数枚と緊急ビビィサック

　緊急用ビビィ（348ページで触れた寝袋カバーと混同しないように）は薄い寝袋のような袋で、重さは100gちょっとしかない。いいものは、市販救急キットの中に折りたたまれて入っている安いアルミ製のサバイバルブランケットよりも

非常に丈夫で暖かい。ただし安いサバイバルブランケットでも何もないよりはいい。体温を反射して留めてくれるし、濡れた地面との間をさえぎってくれる。さらに、風をよけ、よく光を反射するので捜索救助隊への合図にもなる。

ゴミ袋

　建築現場用ゴミ袋とも呼ばれる高性能な袋を使えば、ポンチョを作ったりもできる。とてもシンプルで持ち運びやすい緊急シェルターだ。厚さ3mm以上、容量150〜200Lぐらいのものを入手しよう。下部のつなぎ目の真ん中にちょうど頭を通せるぐらいの幅で切れ目を入れ、頭からかぶる。ゴミ袋を身体の下に敷くようにして丸くなると、雨や雪から守られる。ゴミ袋は体温を逃がさないので、乾いた葉や草を入れると断熱効果を高められる。我々はいつでもバックパックの底に建築現場用ゴミ袋をしのばせている。このゴミ袋に救われたことが何度あったことか。ドライバッグとしても、緊急用ポンチョとしても、グラウンドシートとしても、水を運ぶ道具としても、荷物に解体したばかりの獲物の血がつかないようにするためのインナー容器としても、とても役に立つ。

緊急タープシェルター

　いいタープは最高のサバイバルギアだ。我々が野外に出かけるときには必ず1枚持っていく。テント用のグラウンドシートの場合もあるし、日差しや雨を避けるのに使う単体のタープの場合もある。タープをシェルターに使う方法は数えきれないほどあるが、そのうちのいくつかを図で示した。山奥でヘラジカ狩りをしている知り合いの筋金入りハンターたちは、寝袋に入ると身体の周りにタープを巻きつけて、"眠るブリトー"のような姿に

なる。ひどい嵐のときなど、このブリトー式をすれば寝袋なしでも低体温症を防ぎ、命を救ってくれるだろう。もう少し手をかけてパラシュートコードを使うと、雨漏りしない天井付きのとても効果的な緊急シェルターを作れる。さらに時間も材料もある場合は、自然の素材を使ったサバイバルシェルターの上に、タープを張って風や雨に対するバリアを作ることができる。こうしたときに素早く設置できるようにするためには、タープをサバイバルタープに変身させよう。そのやり方は細いショックコード〔テントなどのポール内を通ってポール同士を連結しているゴム〕かバンジーコード〔荷物を固定する伸縮ゴム紐〕で約20cmのループを作ってタープの鳩目に通す。コードは近くの灌木や石や枝に巻きつけ、鳩

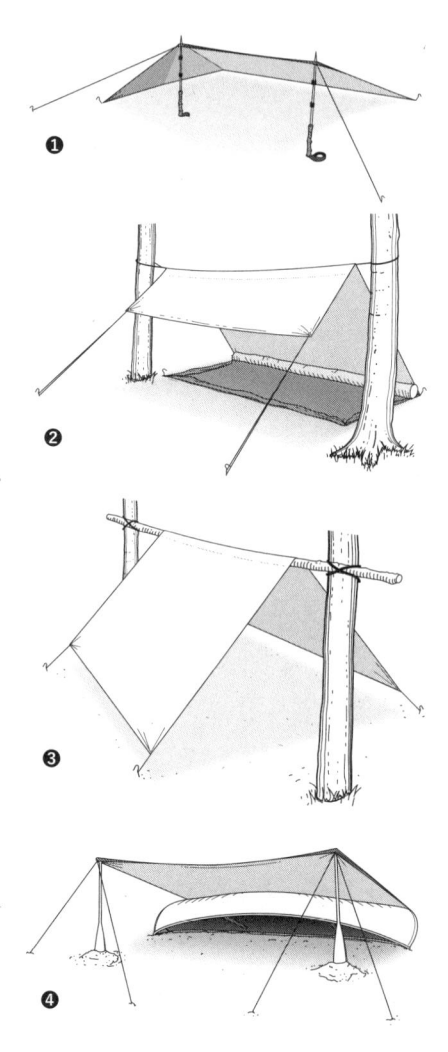

目自体はトレッキングポールやオールを使った杭を刺して固定する。

　古典的な差し掛け式シェルターは何百年前から使われてきた機能的なデザインだ。設置するときはまずパラシュートコードかポールを2本の木

の間の1.2mぐらいの高さのところに渡す。それからそれにタープをかけて屋根のようにし、タープの前面のコードを地面に固定する。次にタープの反対端を杭かコードで地面に固定し、斜面が45度になるようにする（❷）。差し掛け式シェルターは日差しを跳ね返し、暖かさは逃さず、雨をしのげる場所になる。サバイバルシェルターにしてはとても快適だ。頭上の覆いをできるだけ増やしたいなら、てっぺんのコードやポールにタープを左右対称にかけて、A型のようにするといい（❸）。

　そしてここでもまた、持っているものは利用しよう。カヌーやパドルを使えば緊急シェルターをバージョンアップできる（❹）。

木や石の下に穴を掘る

　トウヒやマツなど大きな常緑樹の根元近くには、嵐からの避難所として潜り込めるスペースがよくある。大枝と針葉が厚い壁となってくれ、幹によりかかって垂れ下がる枝の下にいれば、雨風などはだいたい防げるし、少し暖かくもある。ゴミ袋やタープを身体に巻きつけて丸くなっているのにはいい場所だ。座った場所の周りや頭上に開けた場所があったら、枝を積み上げてふさぐとさらに雨風を遮断し、暖かくできる。

　雪がある場合は、同じようにマツやモミの木の根元に自然にできる空洞をシェルターとして使おう。いちばんいいのは低く垂れ下がった枝の周りに雪が高く積もっている場所だ。くぼみの底の雪を掘って外側に積むことで、シェルターをさらに補強することができる。広げたくぼ

みの中に切った枝を敷き、頭上に隙間があったら、その枝を積んでふさごう。しかし注意しなければならないことがある。暖を取ろうと思って、この空洞内で火を焚くと、気温が上がることによって頭上の枝の雪が溶けるので、人間はびしょ濡れになり、火も消えてしまうだろう。火を熾すならよく考えて、頭上の雪を溶かさずに暖を取れる場所にしよう。頭上の雪を少し払い落としてから火をつけるか、頭上の雪が溶けてしまわない、少し離れた場所に火で熾そう。

洞窟やひさしのように突き出ている岩は、自然が用意しておいてくれたシェルターといえる。本格的な洞窟にはなかなか出会わないけれど、ちょっとした岩棚や岩壁にできた空洞などでも下に丸くなれる広さがあれば、それで十分だ。岩はよく熱を反射するので、火がシェルターをダメにする心配なしに、岩の近くや岩に対面した位置に大きな暖かい火を焚ける。洞窟の中にしても、岩棚の下にしても、シェルターにするときは、そこでガラガラヘビやコウモリ、ウッドラットなど歓迎できないルームメイトと同居することにならないかを確かめよう。最後に、そのシェルターに潜り込む前に、岩の壁などの頑丈さをざっと確かめよう。不安定な砂岩や、大きな塊が崩落してできた頁岩の岩棚の下で眠るのは死を招く恐れがある。

自然の材料でシェルターを作る

もしシェルターとして使えそうな地形などが近くになくても、ほとんど

の環境ではシェルターの材料となるものは自然のなかで見つかるだろう。明るいうちに2時間はかけて材料を集め、生き残るためのシェルターを作ろう。さあ、仕事にかかって。罠猟師がカナダ領の北極圏を旅した回想録、ヘルゲ・イングスタッド著『*The Land of Feast and Famine*』には、冬にキャンプをする著者とその同行者たちが午後の早い時間に足を止めて、数時間かけてその夜を生き延びるための準備をするようすが描かれている。

　木や葉や苔や針葉樹の枝などを材料にして、数種類のシェルターを作れる。もっともシンプルなものは乾燥した枯葉や小枝を山にして、その中に潜り込んで夜を過ごすというものだ。ただ残念ながら、このシェルターに適した状態の葉はなかなかない。しかし、ちょっとした手間さえかければ、もっといいシェルターは作れる。

木を使う　森林地帯でもっとも手っ取り早く差し掛け式シェルターを作る方法を紹介する。

　身長より60〜100cmほど長い棒を見つけるか、見つからなければ切って作ろう。その棒を同じぐらいの距離が開いた2本の木などの間に差し渡して棟木にする。棟木の両端を木の湾曲部などに固定するか、幹の地面から1〜1.5mほどの高さのところに結びつけよう。次に木の枝を集めて、地面から棟木に立てかけるようにして屋根を作ろう。その上をマツの枝や苔などで覆い、熱を逃さず、水を通さないようにする。最低限のデザインの差し掛け式シェルターだが、側壁を加えたり、床に乾いた葉やマツの枝を敷い

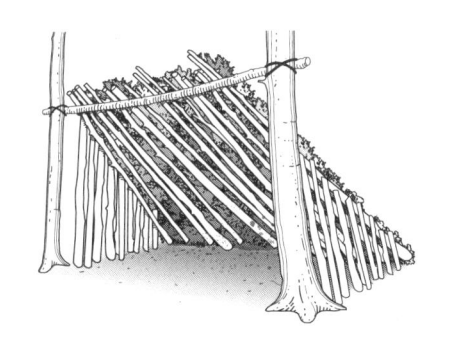

たり、ロープなどで全体を補強してもよい。差し掛け式シェルターは大きな岩の横や川岸の急斜面などにも設置できる。奥が先細りになったデザインのダブルウォールシェルターやティピ型の丸い小屋、またネイティブアメリカンの枝網の円錐形の小屋ウィキアプなども同様に、保温と防水が期待できる。

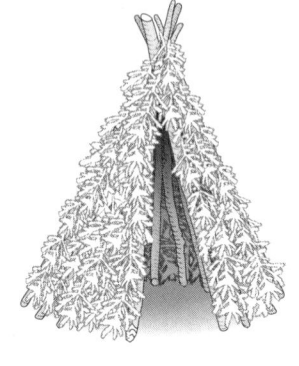

冬、北部の寒冷地域では植物の上に雪をかぶせるとさらに保温性が高まる。

雪を使う 雪だけを使ってシェルターを作ることもできる。有史以来、多くの人や動物たちが雪の保温力を使って暖を取ってきた。しかし、ここで述べているのはエスキモーの氷雪小屋イグルーを作るという話ではない。こういう建造物を作るには、ある特別な状態の雪と生涯積み重ねてきた知識、それに経験が必要だ。雪を使ってもっとずっとシンプルで手早く作れ、風が避けられ、外よりも暖かくいられるシェルターがある。

積もった雪がある程度の重さを支えられるくらいの深さと強度を持っていたら、雪洞を掘るとい

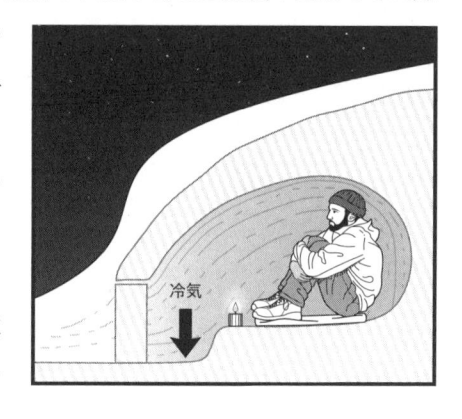

冷気

い。斜面や川岸などに雪が高く積もっているところを探そう。シンプルな
シェルターなら、人がひとり潜り込めるほどの小さな雪洞を掘り、中に入
って内側から雪を押し出し、通気のための小さな穴を残して入り口をふさ
ごう。体温の一部が雪洞の中に留まり洞内の温度が上がる。さらに保温
効率を高めるには、図のように寝る場所の床を入り口よりも高くする。こ
うすると、眠っているあいだ冷気が身体の下にたまらない。雪洞を作ると
きは、入り口を完全にふさいでしまおうという誘惑に負けないことだ。大
量の雪の下に自分を埋め込んだら、雪洞が崩落したとき出られなくなって
窒息死してしまう。

COLUMN

車をシェルターにする

　ヘラジカの狩猟ガイドである私は、毎年秋にはコロラドからアリ
ゾナまでドライブしている。休みなく一気に走っていける距離では
ないので、ピックアップトラックの後部シートには寝袋と枕を常備
している。疲れたときや道路脇の休息用駐車スペースを見つけた
ときは、巣に入るように後部の荷台に潜り込む。私のトヨタ車の後
部で眠るのは快適ではないが、十分に休めば、また安全に運転す
ることができる。アリゾナに着いたら、クライアントが来る前に何
週間もかけて周辺を調べておく。午前中いっぱい双眼鏡で周囲を
観察し、昼間は車でほかのポイントに移動して双眼鏡で観察し、
夜はまたひと晩じゅう双眼鏡で、周囲を観察する。トラックを停め
た場所が私のキャンプ地だ。後部シートで眠る以外に、キャンプ
用のベッドを荷台に出して、星空の下で眠ることもある。雨が降っ

てきたら車内に戻らなければならないけれど。

　トラックの荷台や車のトランクにいくつかのアイテムを入れておくと、急に森で過ごさなければいけなくなっても、サバイバル状態に陥らなくてすむ。何年も前、友人とふたりでコロラド州北西部の2車線の泥道で立ち往生したことがある。6時間続いた嵐のあと、道路が通行できなくなっていたのだ。雨のなかでタイヤがぬかるみにはまり、車を動かそうとするとさらに道を外れてヨモギの藪に突っ込んでいってしまう。さらにひどくはまらないうちに、我々は動かそうとするのをやめた。天気予報では雨はひと晩で上がることになっている。道路が乾きさえすれば、この窮状からすぐに脱せることはわかっていた。このときは5月の終わりだったのに、雨のせいでとても寒く、我々は身体の芯までびしょ濡れになった。トラックの熱は心地よかったが、燃料計を見るとガソリンが半分以下しかなかったので、仕方なくエンジンを切った。私はダウンジャケットを持ってきていたけれど、友人のダンは持ってきていなかった。道路の状態が良くなるまで時間をつぶすあいだ、私は助手席でジャケットにくるまって居眠りをしていたが、ダンはずっと眠れず、寒くてみじめな思いをしていた。

　事前に、ちゃんとトラックにもしものとき用の衣服や救急キット、水や小型キャンプ用コンロ、ちょっとしたスナックなどを積んでいたら、全然ちがう旅になったのかもしれない。これらを全部詰めたとしても40〜55L程度のプラスティック製コンテナに収まるのだから、トラックの後ろに投げ込んでおけばいい。私は絶対に、二度と同じ間違いは犯さないつもりだ。

　車が動かなくなって立ち往生したら、車を捨てて徒歩で助けを

求めにいく前にじっくりと考えよう。救助者にとっては、路上に停まっている車を見つけるほうが、歩いている人を見つけるよりはるかに容易だ。そればかりでなく、車を離れたら無防備な状態で自然にさらされることになる。車の中にいれば日差しや雨風から身を守れるし、暖を取ることもできるかもしれない。平均的な車はアイドリングしているあいだ、1時間あたり500〜800mlのガソリンを燃やしている。一般的に車には45〜60Lのガソリンが入っている。排気量3500CCのフォードエクスプローラーなら、満タンにしておけば33時間アイドリングしつづけることができる。毎時間30分だけエンジンをかけるようにしたら、その倍に時間を延ばせる。しかしアイドリング中の車の中にいるときは気をつけなければいけない。一酸化炭素中毒は本当に危険だ。テールパイプが雪や泥で詰まっていないかを確認し、通気のために窓は少し開けておこう。眠ってしまいそうなら、窓を開け放すか、できればそれよりもエンジンを切ろう。エンジンをかけたまま車内で眠ってはいけない。たくさんの人がそれをしてしまい、その多くが二度と目覚めることはなかった。

ジャニス・ピュテリス（『ミートイーター』のディレクター兼エグゼクティブ
プロデューサー。『ミートイーター』ポッドキャストの共同主宰者）

火

　火がなくても、快適なキャンプを楽しむことはできる。実際、「コールドキャンプ（火のないキャンプ）」は手軽かつ効率的なので利点が多い。なにより、火を熾すには時間とエネルギーが必要だ。ときには本当は寝袋の中に滑り

込みたいだけのときもあるだろう。それに山火事のリスクや土地管理局による規制、環境にあたえる影響などへの配慮から、あるいは状況が悪くて火を焚くデメリットがメリットを上回る場合など、結果的に火を使わずにキャンプすることになる場合もあるだろう。

しかし、数えきれない夜を辺境のさまざまな気象状況下で、我々は背負ってきた簡易コンロの青い輝きを眺めながらキャンプしてきた。勢いよく燃える火があると、キャンプはさらに楽しくなる。火を囲んで座り、料理をしたり、語り合ったり、静かに夜の音に耳を澄ましたりできる。

サバイバルな状況では、火を熾せるかどうかが生死を分けることもある。氷が割れて水にはまったり、カヌーから冷たい川に落ちたりしたとき、乾いた地面に戻れたらまずは火を熾すべき。さもなければ、予定を変えて「明日の朝には帰るよ」と言わなければならなくなる。火は身体を温めてくれるだけでなく、心を落ち着かせ、救助の人があなたの居場所を見つけやすい目印になるかもしれない。

問題は、多くの人が自分は確実に火を熾せると自信を持ちすぎていることだ。とくに雨や風の中では、それは難しい。理想的な環境だったとしても、自然の燃料を使って火を熾すのは簡単ではない。ちゃんとそのための基本を理解しておく必要がある。

燃え盛る火を熾そう

火を熾すには必要な要素が5つある。発火、火口（ほくち）、焚きつけ、燃料、酸素だ。そのひとつでも欠けると火を熾したり、燃やしつづけたりすることはできない。

簡単にいうと、火花と熱と炎があれば火は熾せる。火花をたてるためには比較的簡単な方法がいろいろある。

ライター

　アウトドア愛好家の中には、電子式やブタン燃料式の防風ライターを好む人が多いが、ときどき昔ながらのジッポが使われているのも見かける。しかし実際は、使い捨ての BIC ライター、それも大量パックの安いやつで事足りたりする。ライターはサバイバルキットにひとつは入れておこう。そしてそれとは別に、もうひとつ携帯しておくといい。釣り用のベストやキャンピングカー、グローブボックスや釣り具入れなど、どこでも必要なときに取り出せる場所に入れておくのも手だ。ひとつだけ注意がある。使い捨てライターは過度に寒い場所では点火しない場合がある。対策は簡単で、服の内ポケットなど身体に近いところに入れておけばいい。ライターの中の液体の残量はいつもチェックしておくこと。定期的に買い替えるか、使い捨てにしない場合は補充が必要だ。飛行機で移動する場合、旧式のライターは運輸保安庁の検査を通るが、預入荷物と手荷物の両方でブタン燃料式のライターは没収される。

防水マッチ

　ライターが手元にない、あるいは燃料がなくなってしまったときに、薄っぺらいブックマッチが救い主になってくれると思ってはならない。紙製のマッチは濡れるとダメになるし、そこから乾かしてももう使えない。丈夫な木製の防水マッチなら濡れていても簡単に火がつき、長く燃えている。防水のマッチケースか薬瓶に入れて保管しよう。

　DIY が好きなら、防水マッチは自宅で簡単に手作りすることができる。まずは頑丈な木製のマッチを用意する。できればどこで擦っても火がつくタイプがいい。まず、燃料と燃焼時間を増やすため軸の周りに綿糸を巻きつける。それからペンチや鉗子でマッチをはさみ、鍋を二重にして湯せん

したパラフィンワックスにつける。アルミホイルの上で乾かしたら、使い終わった薬の瓶に入れよう。火をつけるときは、先端のワックスをこすり落としてマッチを擦ればいい。

火花を出す道具

サバイバル界隈では火打ち石などの伝統的な道具を使って火を熾すことが推奨される場合もあるが、やり方をマスターするにはかなり時間がかかる。火花を作れたとしても、それからどうすればいいかも知っていなければならない。やっとの思いで火をつけた物質がよく燃えてくれず、火花を炎に変えることができなければ、計り知れないほどの時間が無駄になってしまう。火打ち道具が普通に使われていた時代のことを考えてみよう。人々はチャークロス〔綿を炭化させた着火剤〕や朽木、草の切れ端などの火口を携帯し、火を熾す最初の段階で使っていた。こうしたものを事前に用意していない場合は、火打ち道具を使ってもうまくいかないだろう。

マグネシウムやセリウム鉄でできた現代式の火打ち道具、ファイヤースターターはずっと使いやすい。風や水に強く、故障や不具合もあまりない。安定して高温の火花が作れるので、トイレットペーパーや新聞紙を燃え上がらせることができる。発火する素材をナイフで削って火口にかけると、さらに火がつきやすくなる。火花がこのマグネシウムの粉に着火すると、消えにくい強い火を得られる。マグネシウムのブロック、通常のライターのメカニズムと同じスパークホイール、指一本で火をつけられるファイヤープランジャ〔空気を圧縮した際に発生する熱で火口に点火する器具〕などもある。この中ではファイヤースターターについてくるマグネシウムの棒がもっともいい選択だ。よく火がつき、丈夫で簡単だ。

火口

　火口とは、最初に作った火や火花を移して着火させるもの。さらに火を燃えたたせるのに使う。火を熾すにはちゃんとした火口を選ぶことが大事だが、ほとんどの人がここで失敗してしまう。慌てるあまり、移動した火が保たれず、煙が少し出て消えてしまうのだ。火口は熱した石炭や、小さな火花に触れると即座に着火するものを選ぼう。自然のものでも人工のものでもいい。

天然素材の火口

　探すべき場所と探し方を知っていれば、自然の中のどんな環境でも、火口に使えるものは見つかるはずだ。枯れ草、苔、苔癬（たいせん）、綿毛がついた種、ポプラ、ハコヤナギの内樹皮を削ったもの、乾いたマツの木から掘り出したマツヤニなどがその例だ。ただし、こうした火口の素はひと手間加えないと使えない。樹皮を裂いて細い紐状にする、乾いた内樹皮を削る、枝の端を石で砕いて裂くなどだ。巣のような形のふわふわしたボール状のものができあがるといい。乾燥した火口が見つからないときは、常緑樹の根元近くを探すと、上部の枝のおかげで雨や雪をかぶっていない枝が見つかる。我々は天然の火口を見かけたらいつでも採取するようにしている。

キノコ　火口に使えるキノコを探すなら、木の枝の分かれ目や表皮の傷んでいる部分などを見てみよう。ツリガネタケの一種ホクチタケは、キハダカンバやシラカバに生える球根状の黒いキノコだ。内部の見た目は赤みがかった茶色やオレンジ色、またくすんだ黄色をしている。サルノコシカケは灰色で、樹木に棚状に生える。形は馬の蹄（ひづめ）に似ていて、人間の拳（こぶし）ほどの大きさだ。北東部のさまざまな木に生えるフェリヌス・ロピニアエは南

東部一帯に分布し、ニセアカシアの枯れ木によく生えている。いずれのキノコを使うとしても、小さく割ったものを削り、すりつぶして粉末状にする。その粉を注意深く集めれば、火花を着火させるのに便利だ。外側の層にある細い筋は焚きつけに使える。

カバの樹皮　カバの木はあちこちに生えていて、その幹を覆う紙のような樹皮は筋状にめくれているので、簡単に剝くことができる。カバの樹皮には天然の脂が豊富に含まれているので、湿っていても非常によく燃える。薄く筋状にはがして、巣の材料のような感じになるまで細かく裂く。

乾燥した苔と苔癬　南部では乾いたサルオガゼモドキがよく燃える。ほかの地域では、さまざまな苔や苔癬が乾燥したものがよく燃える。乾燥した小枝の下にゆるく束ねて置き、着火させよう。

ヒマラヤスギとセイヨウネズの樹皮　どちらもよく見かける球果植物の木だが、すばらしい火口になる。採集方法は簡単で、毛羽立っている樹皮を剝くだけでいい。細かく裂いて、手ですり合わせてさらに細かくしよう。束にするか、巣のような形にして火花を受け止めよう。

ヤマヨモギの樹皮　西部によくある灌木ヤマヨモギの乾いた樹皮を剝こう。裂いて細い糸状にして火口を作り、その上にヤマヨモギの枯れた小枝を載せる。

枯れ草　枯れ草をたくさん集めて束にすれば非常によい火口になる。細長い草やふわふわした綿毛を手の平サイズの巣のような形にしよう。

ガマの綿毛 この目立つ植物は湿地によく生えている。茎の先端についている乾燥した綿毛は非常によく燃える。ふわふわしたボール状にしよう。

松葉 常緑樹とヒマラヤスギの針のような葉が乾燥したものは火口に使える。

マツヤニ マツのネバネバした樹液が固まったものを探そう。マツヤニを転がして丸めたものは、燃えやすい火口になり、長時間燃える。

枯葉 枯れて乾燥している葉は普通、簡単に火がつく。すぐに燃え尽きてしまうことが多いので、火が安定するまで何回も追加できるように、たくさん集めておこう。

内樹皮を削ったもの ヤマナラシ、ポプラやハコヤナギなどのさまざまな種類の枯れ木の内樹皮は非常によい火口になる。ナイフを使って内樹皮を露出させ、長い紐状に切り取ろう。それを裂いてこすり合わせ、ひねって巣の材料になるくらいに細かくなるまでボロボロにしよう。

鳥の巣 幸運にも曲がった枝の上などに古くて乾燥した鳥の巣があるのを見つけたら、それはすばらしい火口にできる。

持っていける火口

火口やファイヤースターターはさまざまな種類のものが専門店などで買えるし、金物店や雑貨店で一般に買える材料で作ることもできる。そういう材料が家に眠っている場合は活用してみよう。

チャークロス チャークロスを知らない人や、その正しい使い方を知らない人も多いだろう。しかし1600年代から使われているのにはそれなりの理由がある。チャークロスほどよく着火し、残り火を保ってくれるものはないのだ。チャークロスは植物の繊維だけでできた布（綿が一般的）を使って作る。植物繊維の布は燃え上がらせずに炭にすることができるからだ。昔ながらの火打ち道具と一緒に使うと驚くほど効果的だ。古いコットンのジーンズやシャツの布を四角く切り取って作る。金属製の蓋付きの容器（キャンディの缶など浅めのもの）を取り出し、上の面に釘で穴を開けて、空気の排出口を作る。四角く切った布をこの容器に入れ、蓋を閉め、炭火か弱火にしたキャンプ用コンロの上に載せる。穴から煙が出なくなるまで待ち（10〜30分ほど）、火からおろして冷ます。四角い布は炭のような色になっていて、指で引っ張ると粉々になる。そっと扱おう。

乾燥機のフィルターのゴミ ほかには使い道のないものだが、マグネシウムのストライカーでも、炎でもとてもよく着火する。家にあるランプオイルかパラフィンを垂らし、ビニール袋に入れておくと、さらによい。

綿球とワセリン 綿球数個にワセリンを塗り、薬瓶か紙タバコの缶に入れておく。火を熾す準備ができたらひとつ採り出して、空気を含ませ、軽く裂いておく。簡単に火がつき、しばらくのあいだよく燃える。この方法の良いところは、ワセリンを持っていくとふたつの使い道があることだ。ファイヤースターターにもなるし、唇が荒れたり、どこかをすり剥いたりしたときにも使える。

卵のパック 紙製の卵パックのくぼみにおがくず、乾燥機のフィルターに

たまった繊維、パラフィンなどを入れていく。くぼみを切り離してそれぞれジップロックの袋に入れておく。

電池　電池の両極を利用し、プラス極とマイナス極の間に金属で回路を作って火を発火させることができる。スチールウールやガムの包装紙のアルミホイルを使うとうまくいく。ガムの包装紙と単3の電池を使う場合は、まず包装紙を細長く切る。このとき両端だけは幅広く残しておく。電池の両極にアルミの面端が接触するようにつけると、細い部分から火が出る。9ボルトあるいは単1の電池とスチールウールを使う場合は、スチールウールを電池の両極に接触させて、赤く熱くなるのを待つ。この現象はすぐに終わってしまうので、赤熱したら、素早く火口に着火させる。包装紙やスチールウールなどの金属は、乾いていて錆のない状態のものを使うこと。

必死なときは　何でも手元にあるものを使おう。キャンディの包み紙、狩猟許可証や釣魚許可証の一部、ポケット中にたまった埃、ダクトテープの切れ端。何か本を持っていたら、読み終わったページを破り取ろう。財布にレシートがないか見てみよう。紙幣だって燃える。その他、何かジャンク品がないか探してみよう。古いゴムタイヤの切りくずやクッションから引き抜いた中身は？　コーンチップスのような油っぽいスナックは持ってきていなかったっけ？　こういうスナックはマッチを当てれば燃える。

市販品　着火を助けるために持っていけるグッズとしては、ペーストやキューブやパテなどさまざまな形状をした可燃性が高い反応促進剤がいろいろある。COGHLAN'Sのファイヤーペースト、パイロパテ〔金属部分の補修用ペースト〕、USTのウェットファイヤー〔水に濡れた状態で燃焼する着火剤〕はみなと

てもよい。飛行機に乗る人には注意がある。アメリカ運輸保安庁は、市販の化学物質や燃料をベースにした着火促進剤を荷物から没収する。多額の罰金を課せられる場合もある。飛行機で移動するなら、パラフィンとワセリンを使った自家製のファイヤースターターにしておくといい。

焚きつけ

焚きつけには、よく燃える乾燥した長細い木片を使うとうまくいく。もっと大きな燃料を加えるまでのあいだ、ベースとなる火を燃やしつづけてくれる。ほとんどの人は、焚きつけに最初から大きすぎる木片を入れてしまう。理想としては、楊枝から親指ぐらいまでの太さの木が望ましい。枯れた小枝や棒きれだととてもうまくいく。針葉樹の幹の下のほうに生えている乾燥した枯れ枝は、もっともよい焚きつけになる。頭上の枝葉に守られ雨や雪に濡れていないからだ。とくにサバイバルな状況のときは、腕で抱えられるぐらいの焚きつけをまず集めてから火を熾そう。小さな火をなんとか消さずに育てようとしているときに、もっと薪はないかと走り回る羽目になりたくないだろう。

フェザースティック

フェザースティックは火を熾すのによい道具で、濡れた木に火をつけるのにとても便利だ。マツやトウヒなどの柔らかい木の30cmほどの長さの枝を、ナイフで何層にも薄くカールするように削る。カールはできるかぎり薄く削り、枝本体から切り離してしまわないように。枝の周りすべてにカールを作り、羽毛のようにする。

マツヤニがついた木と乾燥した松ぼっくり

　マツの木は強く傷つけられるとマツヤニが滲み出てきて、木肌に浸透する。時間が経つとニスを塗ったような濁った色になり、粘りが出る。マツヤニが染み込んだ木は焚きつけとして優秀で、恐ろしいほどよく燃える。マツ、モミ、トウヒなどの常緑樹の木から落ちる松ぼっくりは、マツヤニを含んでいることが多く、乾燥して茶色くなったものは非常によく燃える。

丸太を割いたものや小枝

　風や火や稲妻などによって倒され、朽ちた木を見つけよう。甲虫や病気などにやられて、立ち枯れしている木も見つかるかもしれない。鉈があれば燃料となる大きな枝をたくさん切り落とせるばかりでなく、枝分かれした先の小枝を切り落としてすばらしい焚きつけにすることもできる。大型の固定刃のナイフでもうまくいく。重い枝を見つけて棍棒や木槌のように使い、ナイフの刃が丸太の裂け目や割れそうな部分に食い込むよう上から打ち込み、テコのように力をかけ、焚きつけになる木片を取り出そう。このやり方で生木からシェルターのポールにする棒を切り出すこともできる。

燃料

　燃料があれば火を長持ちさせることができ、暖かさも十分に得られるので、頻繁に木の枝を取りにいかなくてすむ。薪は枯れた木で乾燥しているといい。火が勢いよく燃えはじめたら、表面が濡れている枯れ木をくべても大丈夫だ。ただし、腐って内部が完全に空になっている木や瑞々しい緑色の木を入れると火は消えてしまう。腕かふくらはぎぐらいの太さの薪が望ましい。その程度の太さなら、斧やのこぎりでなくても長いものを扱いやすい長さに切ることができる。長い棒の片端を2本の近接する木の間に

挟み、反対側に向かって力をかけるとうまく折ることができる。

あるいは、長くて細い木を岩や倒木の幹に立てかけ、真ん中を足で踏みつけてもいい。薪ストーブに合う長さか短めのものが欲しかったら、道具があるとやりやすい。25cmの歯がついた折りたたみの小型のこぎりを持っていると、ひと晩暖かく過ごすのに十分なほどの薪の山を作れる。薪を作るために木を切り倒すときは慎重にやろう。389ページにやり方が書いてある。

空気

空気はいくら使っても無料だが、火を熾して燃えつづけさせるためには空気の状態を管理しなければならない。まず火を熾すときは風向きに気をつけよう。背後から風が吹いていると、暖かさが自分のほうには来ないし、向かい風だと耐え難いほどの煙が顔を直撃する。横風がちょうどいい。差し掛け式シェルターを温めようとしているときはこの原則を忘れないこと。開口部に対して横向きに吹いている風のほうが、シェルターに吹き込んでくる風よりもいいということだ。

やってしまいがちな間違いは、火が本調子で燃えはじめていないうちに燃料をたくさんくべすぎて、空気の流れをふさいでしまうことだ。薪と薪の間に火が燃え上がるのに十分な空気が回るスペースを設けること。焚きつけがくすぶっていたら息を吹きかけて、十分に炎を燃え上がらせよう。身を低くして、火の根元の部分を吹くこと。帽子やスリーピングパッドなどでうちわのように素早く強くあおぐことでも、消えかけた火を燃え上がらせることができる。

スキル：火の熾し方——ほぼ誰にでもできる方法

　火をうまく熾せるようになるには練習あるのみだ。火を得るためにいつもガソリンを振りかけていたら、最小限の装備しかなく持ち物がすべてびしょ濡れになってしまったとき、火を熾すことはできないだろう。火熾しマスターになりたかったら、そのとき自然界にあるものを使い、最小限の道具で実際にレッスンしよう。やり方を書いておく。

ステップ1　材料を集めよう

　最低でもふたつかみ分ぐらいの良質な火口になるものと、ふた抱え分ぐらいの焚きつけ、そして膝に届く高さの山になるくらいの太めの木の枝を集めよう。材料をきっちりと3つの山にして、すぐ手の届くところに置いておこう。

ステップ2　周りをきれいにし、火を熾すための場所を作る

　雨が降っていたり、風がものすごく強かったりしたら、頭上に何かさえぎるものがあるところを探そう。草や木がないところがいい。石や砂や鉱物土の上でおこなおう。穴を掘ると、地面の乾いた部分を露出しやすいし、風よけにもなる。積雪の上や湿った土地で火を熾す場合は、乾燥した木を並べて火熾しのための台を作ろう。火を熾す場所の周りに、石を輪になるよう並べるといくつかの利点がある。石は風が強すぎるとき風よけになると同時に、火の熱も吸収し、反射する。火が燃え広がるのも防ぎ、周囲の草木や枯れ葉

に燃え移らないようにしてくれる。きちんと並べれば、網製のグリルや枯れていない枝で作った鍋をかける台などを支える枠組みにもなる。

火をつける準備ができたら、持っている中でいちばん小さな焚きつけをティピのような形に立てよう。真ん中に空間を作ること。最初は小さな焚きつけを立てていく。ティピの構造にすると、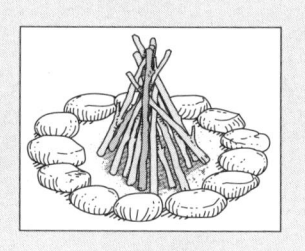外周に少しずつ大きな焚きつけを加えていくことができ、なおかつ空気が循環するための空間も十分に取れる。地面に置いた太い丸太の上に差し掛け型に焚きつけを配置するやり方もある。

ステップ3　火口を用意する

火口を使うには少し準備がいる。用意したものが樹皮なら細く裂こう。乾いた草や苔ならふんわりと山にしよう。ワセリンを塗った綿球は空気を含むように広げておこう。いずれも小鳥の巣ぐらいの大きさと形の塊にしよう。平らな樹皮の上にこの巣を置くのもいいやり方だ。こうすると火口が散らばったり、地面に落ちてしまうことがなくなり、息を吹きかけたいときには樹皮を手に取り持ち上げることができる。

ステップ4　点火

マグネシウムストライカーを使う場合はストライカーの棒を火口

の上にくるように持ち、ゆっくりと火口の上に削り落とす。棒は火口の束にしっかりと押しつけるようにし、付属のストライカーかナイフの背で擦って点火させる。中途半端にやってはいけない。素早く強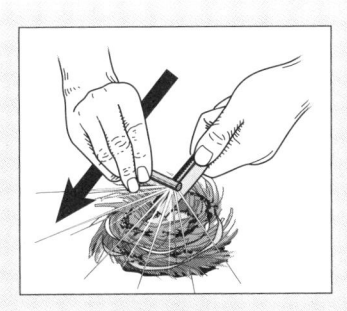く擦りつけ、熱い火花が火口に降り注ぐようにする。それから火口にそっと息を吹きかけ、炎の元となる赤い熾（おき）の状態にする。

　防水マッチで火口に点火する場合は、マッチを防水ケースから取り出し、必要ならコーティングなどを取りのぞき、ストライカーパッドか近くの岩にこすりつけて火をつけよう。長い防水マッチだと焚きつけの奥に火口を置いても届く。火のついたマッチは指が焼けそうになるまでずっと火口に近づけていよう。ライターを使う場合は身体で風をブロックしながら、火口や小さな火でも燃えそうな焚きつけに火をつけよう。点火した後は火をよく見ていること。燃えつづけられなかったり、だんだん消えていってしまうことも多いからだ。

ステップ5　焚きつけをくべ、燃やし、維持する

　火口に火がついたら、焚きつけをくべはじめよう。この時点でもまだ火をよく観察していること。火が安定して燃えはじめても、根気よく小さな焚きつけを選んでくべつづけよう。一気に山のように入れてはいけない。そんなことをしたら火は消えてしまう。火をあおぎ、火が大きくなるにつれて焚きつけをあたえつづけ、徐々に大きな薪なども加えていく。火の温度が上がったら、取ってきたばか

りの少し濡れた丸太を火のすぐ外側に置いて少し乾かしてから、く
べてもいい。燃えさしができてきたら、もっと大きな薪を入れて火
を維持しよう。

　強く熱く燃える炎が大きくなりすぎず、深い燃えさしのベッドが
できる火が理想的だ。カットできない長い丸太があるなら、火の上
に横たえておけばその部分が燃えて、そのうち半分に折れるように
なる。あるいは、長い丸太の一方の端を火に突き刺しておくだけで
もいい。こうすると端が焼け落ちるので、さらに突き刺して好きな
長さになるまで燃やせばいい。

　夜のあいだ灰をかぶせて火をもたせたいと思ったら、燠と小さな
角のような焼けた木片だけになるまで燃やし尽くそう。シャベルな
どを使って燠を炉になっている穴か輪の端に寄せておく。燠の上に
灰か土を薄くかぶせる。燠は弱くくすぶりつづけるので、朝になっ
たら灰から出して、素早く火口に火をつけ、焚きつけを加えていく
とまた燃え盛る炎にできる。火に水がかかったりしないかぎり、こ
のようにして数日間はもたせることができる。

その他の燃やし方

　ちょっとした工夫をすれば、料理するにも暖を取るのにもぴったりな火
を手に入れることができる。やり方はいくつかあるが、その中でも我々が
使いやすいと思うのは以下のものだ。

丸太小屋式

　ティピ式と同じ機能、目的を果たす。文字どおり、子どもの丸太小屋を

作るように丸太を縦横に組み上げていく。焚きつけを中央の四角く空いたスペースに入れてから火をつける。この方法は、最大限に空気を循環させることができ、しかも主な燃料はすでに積んであるので、火がついたらしばらく放っておける。

平行丸太式

　我々はフィリピン、ガイアナ、ボリビアで現地の人々がこのタイプの火の焚き方をしているのを見た。大人数のグループで暖を取るのと同時に、加熱調理をしたい場合にも最適なやり方だ。1.2〜2.5mぐらいの長さの太い丸太を2本選ぶ。長さは人数に合わせて変え

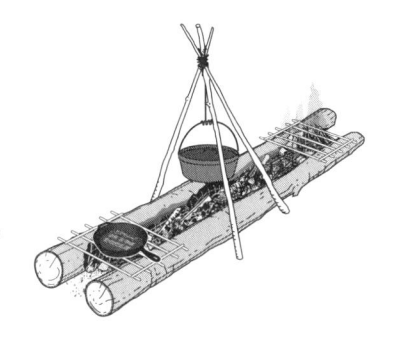

ること。丸太の直径は20〜40cmぐらいまで。丸太2本を45〜60cmぐらい離して平行に置く。丸太の間で火を熾し、丸太の間全体に燃え広がらせる。このとき小枝などの燃料を前もって積んでおくこと。調理に使う網や大きな鍋などを2本の丸太に渡すように載せると、火にかけることができる。

反射壁

　火を熾す第一の目的が暖を取ることなら、反射壁を立てると熱が直接自分のほうにくる。火の向こう側に平らで大きな石を立てかけるだけでも熱を反射させることができるし、小さな石をいくつか横に積んで壁のように

することもできる。その場所でしばらくキャンプをするなら、丸太で壁を作っても同じように熱を反射させられる。座席のほうに向かって開くV字型の壁を作るとさらに熱効率は上がる。

鍵穴式

　料理用に火を熾すなら、スタンダードな丸い炉床をひとつだけ作るより、片側に細い穴を足して、鍵穴のような形にするといい。こうしておくとメインの円の中で暖かく大きな火を燃やしながら、小さい穴のほうに熾を押しや

って、そこで料理ができる。熾をならして、焼き網やスキレット、ダッチオーブンなどを置けるようにすれば、燃えあがらせなくてもじっくり加熱することができる。

　救助を求めるために火を焚いて注意を引きたい場合は421ページを参照してほしい。

最後に、火に関する安全上の注意

　山火事は自然界のサイクルの一部だ。しかし、人間の過失による森林火災は毎年甚大な被害と何十億ドル分もの損害を生み出している。キャンプの焚き火をコントロールできずに大火を生み、その数字をいたずらに増やしてしまわないように。

- キャンプ地に行って、すでに設置されている路床があったら、それを使うか、新しいものを作るとしても、できるだけその石を使うこと。
- 風が強いときには火を熾さないこと。
- 火を熾そうとする場所から、乾いた草や葉などすべての有機物を事前に取りのぞくこと。地面が露出したら火熾しに取りかかろう。火が届かないように準備する場所も、地面に何もない状態にしておくこと。
- 火が燃え広がってしまってもすぐに消せるように、泥と水などを手近に用意しておくこと。火のそばを離れるときは水をかけたり、くすぶっているものをつぶしたり、熾をかき回したりして、完全に火を消そう。炉の表面を手で触れるくらいに冷ましてから離れよう。
- 未開の地では「立つ鳥跡を濁さず」方式で去るよう、焚き火の跡を完全に片づけていこう。灰や瓦礫はあたりにまき、炉床にするために堀った穴は土で埋め戻し、使った石は元の場所に戻そう。

スキル：木を切り倒す

アウトドアではどうしても木を切り倒さなければならないときがある。いちばんわかりやすいのは薪を木一本分集めなければならない場合だ。増水した川に急ごしらえの橋を架けなければならなくなることだってあるかもしれない。目的は何であれ、技術が大切だ。木が間違った方向に倒れたら自分が死んでしまうかもしれない。チェーンソーで木を完全に切り倒すに3つの切れ目を入れ、さらに斧や大ハンマーを使った作業も必要だ。しかし道具を手にする前に、まず以下の安全チェックをしてみてほしい。

1 木を観察する

裂け目や折れているところ、腐っているところに注意を払い、ぶら下がっている枝がないか、その木が寄りかかっているほかの木が周りにないかなどを目で見て確認する。一見してわかる問題があったら別の木にしよう。

2 木の傾きを考える

可能なら、木が自然に傾いている方向に倒れるように切ろう。地面に倒れるまでに想定される軌跡をよく考えて、建物や周囲の木など避けるべきものはないかどうか確認する。

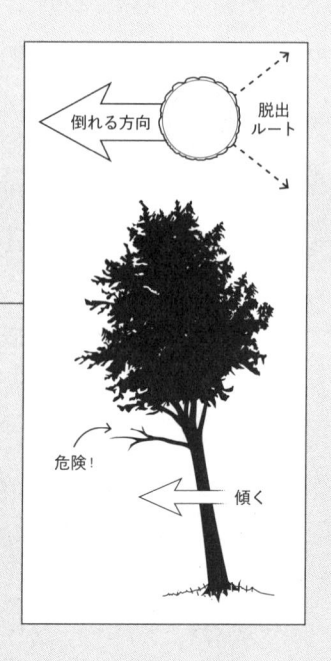

倒れる方向

脱出ルート

危険！

傾く

3 逃げ道を確認しておく

木が傾いている反対側に退避するのだが、斜め45度に当たるコースをどちら側についても事前によく確認しておこう。それが逃げ道になる。倒れる木から素早く安全に遠ざかれるよう、途中に障害物などがないかチェックしておこう。

チェーンソーで木を切る

安全チェックをしたら、次は実際に木を切ろう。

前面を切り取る

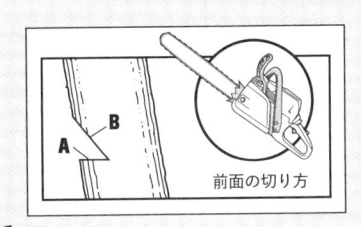

最初のふたつの切り込みは、木の重心を変えるために幹を楔形（くさびがた）に切り取っておこなう。木の横に立ち、図のAの面を切る。このとき木を倒したい向きに対して逆方向に、

前面の切り方

水平に切ること。だいたい幹の太さの3分の1ぐらいに達するまで切り込んだら、チェーンソーの刃を引き抜き、こんどはBの面を切る。Bは45度ぐらいの角度で下向きに切り、先ほどのAと出合うようにする。楔形になった木を取り外し、ふたつの切れ目がちゃんと出合っていることを確認する。ずれていたりしたら調整する。

後ろ側に切り込みを入れる

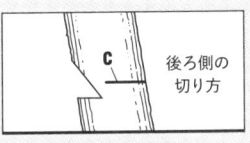

後ろ側の切り方

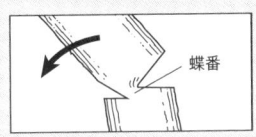

蝶番

Cを切るために、木の後ろ側に移ろう。ここを切ることによって均衡が崩れ、木が倒れる。CはAと水平に、3cmほど高い場所で切らなければいけない。AとB、さらにはCの最終地点との間にできる切られていない部分を蝶番（ちょうつがい）と呼ぶ。ここに木の直径の10%ほどを残すこと。切り株を作るように一気に木を切断するのは絶対にやめること。切るときは、チェーンソーの刃が倒したい側の面に垂直に入るようにすること。これによって切り残された部分の木が蝶番の役をして、確実に木は思った方向に倒れ、切り株から外れて飛び跳ねたりすることはない。大きな木の場合は

切り口（Cの切れ込み）にできるだけ素早くプラスティック製の楔を打ち込んでいく。幹の直径が20cm以下の木には、楔は使わなくていい。作業のあいだは、常に木の最上部の枝葉が茂っているあたりの動きに注意を払い、隣接する木々から落ちてくる枝にも気をつけよう。

楔を打つ（使う場合だけ）

蝶番部分の木がちょうどいい厚さになったら切るのをやめ、斧や大ハンマーで楔を叩こう。これによって木を倒すのに必要な最後のひと押しをするのだ。楔が必要ない太さの木はCを切った時点で自然に倒れる。

木から安全に離れる

木が倒れはじめたら、事前にチェックしておいた脱出ルートを使って木から離れよう。木は地面まですっかり倒れるだろう。静止するまでしばらく待ち、近くの木から枝が外れて落ちてこないか、頭上に気をつけよう。そこまで安全を確認したら、木を必要な長さに切り分ける作業に入っていい。

斧で木を切り倒す

チェーンソーがなく、斧だけで切り倒す場合はちがう切り方をしなければならない。

前面を切り取る

斧を何度か振るって、Aの切り込みを入れる。水平ではなく上向き45度にすること。1回目の切り込みを入れたら、次にBの面を切る。

こちらは下向き45度だ。斧でこの2本の線を交互に打ちつけながら、台形のような形の木片を削り取る。これをくり返し、楔形の溝ができるよう、木の幹の中心ぐらいまで切り進む。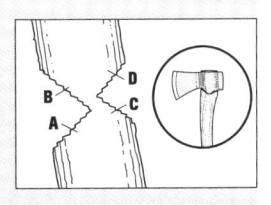AとBの線がちょうど幹の真ん中あたりで出合うよう、切りはじめるとき一定の距離をとっておくこと。そうしないと十分に真ん中まで切り込めない。前面の切り込みが終わったら、木の後ろ側に回ろう。

背面を切り取る

　前面のAとBのときと同じように、CとDも交互に斧を打ちつけて切る。こんどはAとBの合流点から1cmほど上の高さでCとDが出合うようにしよう。ちょうどよい大きさの蝶番ができたら、CとDを交互に切るのはやめて、Dだけを切り進もう。直接力強く打つと蝶番部分が切断されてしまうので、チェーンソーのときと同様、一気に切断してはいけない。木がみずから倒れようとし、残っている蝶番部分がその方向を制御するようにしたい。斧で切り倒す場合はチェーンソーのように正確にはいかない。しかし、ぜひマスターしておくといいスキルだ。

リチャード・ハットン（森林管理者出身の狩猟家、釣り人。
現在はFHF Gearのオペレーション担当マネージャーも務めている）

CHAPTER

6

荒野の旅と
ナビシステム

Navigation and
Wilderness Travel

　私は大学卒業後すぐに、故郷のミシガン州からモンタナ州の西部に移り住んだ。モンタナでの最初の夏、カンザス州出身の友人とビタールート山脈へハイキングに出かけた。平地で生まれ育ったふたり組だ。起伏に富んだ稜線と高地にたたずむ湖という風景の中をのんびり旅しようと、楽しみにしていた。

　出発して3日目、我々はだんだん方向がおかしくなっていることに気づいた。地図上では東西に走っている尾根が実際には南北に走っていて、あるはずの湖が不可解なことに存在しなかった。わけがわからない。眼下に湖が見えたので、釣り人かキャンパーに助けを求められるのではないかと斜面を下りていった。そこには誰もいなかったが、我々は湖の名前を示す小さな木の標識を見つけた。メドー湖。これで、地図上にメドー湖を見つけさえすれば、現在地がはっきりする。どうしたらここから抜け出せるかもわかるはずだ。

　しかし、どんなに目を皿のようにして地図を凝視しても、モンタナ州西部にメドー湖という湖は見つからない。困惑した我々は自分たちがいるはずの場所からどんどん離れたところまで地図を見ていき、ついにメドー湖という文字を見つけた。読者の皆さんは、このとき私がさぞかしホッとしたものと思うだろうが、実際はちがった。地図によれば、メドー湖はアイダホ州にあった。我々は異なる稜線をたどってきたどころか、別の州に侵入していたのだ。

　これまで道に迷った経験の中でも、おそらくこのときがいちばん焦った。しかし、もっともっと悪い事態になる可能性もあった。探検家で狩猟家でもあるダニエル・ブーンの有名な言葉を思い出そう。彼はあるとき、「私は道に迷ったことがない、しかし数週間ずっと混乱していたことならある」と認めている。たしかに、ブーンの頃と今ではいろいろなことがちがう。

今日では尻ポケットに入っている手の平サイズのデバイスで、この大陸全体のデジタル化された衛星画像を見ながら歩けるのだから。最新のテクノロジーがどれほど事態を楽にしてくれるかを考えると、現代では道に迷うことなどありえないように思える。しかし、今でも毎年多くの人が迷子になっていて、その中には華々しいアウトドア歴を持つ人たちも含まれている。そして不幸なことに、道に迷った結果、命を落とす人もいる。

　何時間も道に迷ってしまう失敗や悲劇から逃れたいと思うなら、必要なのは準備と知識と勤勉さだ。準備の中には、事前によく計画を立てること、地図、旅のあいだに役立つ電子機器の入手なども含まれる。知識とは、その機器や地図の使い方を覚え、同時にそれが使えなかったときの対処法も知っておくこと。勤勉さとは、アウトドアに出てからも常にツールを更新し、情報をチェックしつづけることで、疲れていたり不快だったりするとき、あるいは景色やおしゃべりに気を取られているときにも、必要なレベルであたりの空間に意識を向けつづけることだ。

　自然のなかを旅するうえで大切なことは、道に迷わないこと以外にもたくさんある。安全に、効率よく旅をする術を知らねばならないし、その旅の目標を達成するためには大胆さと、ときには攻撃的な行動さえ取れる自信も持たねばならない。冒険的な旅をする人は、人生のあいだに驚くほど多様な地形に出合うものだ。旅の手段も小型ボートからカヌー、スノーモービルに革のブーツで歩くことまで驚くほどさまざまだ。ある場所についての詳しい知識があり、そこでよく使われている移動手段——たとえばバウンダリーウォーターズカヌーエリアでカヌーに乗るとか、ワイオミング州の高地でパックラフティングをするなど——を駆使できたとしても、どこに行っても同じレベルでやれると思ってはいけない。

　私はアイダホ州とモンタナ州の境目で、ブーンが「混乱」と呼んでいたも

のを味わった後、努力の甲斐もあってロッキー山脈北部の山ではかなりスムーズに山を歩き回れるようになった。しかしその直後、はじめて北極圏のツンドラに足を踏み入れたとき、いかに自分が場違いで無力であるかという思いに満たされたものだ。その後3回か4回訪れてはじめて、少しはツンドラに慣れたような感じがした。次に挑戦したのは赤道のジャングルだった。何度か現地に行けば必ずそこに馴染めると言いたいところだが、それでは嘘になってしまう。

　こうした、まったく何も知らない状態から知っていることを増やしていくプロセスを経験してわかったことは、これは積み重ねだということだった。このくり返しに慣れると、ずっと楽にやれるようになる。つまりその土地に不慣れだという事実が、いつ、どのように解消されていくかが予測できるようになると、不慣れなこともそれほどつらくはなくなるのだ。

　本章に書いてある情報を自分のものにできれば、このサイクルをぐっと短くできるだろう。基本的なものから上級者編まで、旅の進め方と自然の中での旅についてのあれこれだ。次に、アウトドアに足を踏み入れたとき簡単に実践できて、しかもひょっとしたらあなたの生命を救ってくれるかもしれないテクニックを紹介する。

広範囲を意識する

　ほとんどの人は、誰かの助手席に座ってるときより、自分で車を運転したほうが道順をよく覚える。これは意識のちがいだ。運転しているときは周囲に注意を払っているが、助手席に座っているときはボーッとしていても問題ないからだ。自然のなかにいるときは常に運転席にいるつもりでなければならない。すべてのカーブや分かれ道、目印などに、よく注意し

ていなければならないということだ。

　目的地へ出かける前に、その周辺の広い範囲を実感として強く意識できるようになっておこう。そして、その場所がもっと広い地域においてどこに位置するかをわかっておくこと。アラスカ以外のアメリカの大半では、道路から3～5km以上分け入ったところを探すのは難しい。カナダとアラスカでは何百キロ行っても道路がない場所がいくらでもある。アラスカを南北に縦断するトランス・アラスカ・パイプラインから西へ移動するなら、延々とハイキングし、泳いでからでないとアジア北部にはたどり着けない。こうした知識を自在に使えなければならないのだ。以下に示すのは、旅の準備をするときに問うべき事柄だ。こうしたことを知っておくと単に役立つばかりでなく、経験値が積み上がり、現地に行ってからさらに詳しい情報を集めようという姿勢も自然と身についてくる。

- 最寄りの道路や幹線道路は？　その道路はどちらの方向に走っている？今回の行き先とその道路や幹線道路の位置関係は？
- そのエリアでもっとも目立つ地形や特徴は？　山頂、稜線、ビュート（孤立した丘や山）、湖、川のどれかだろうか？　それはどのくらいの大きさなのか？湖の直径の長さや山頂の標高は？
- 最寄りの町、あるいは人が定住している場所は？
- 稜線はだいたいどういう方向に走っているか？
- そのエリアの起伏の状態は？　ほとんど平地なのか、急斜面の場所なのか？川沿いのトレイルを登っていく場合、1kmごとにどのくらい標高が上がるのか？
- そのエリアの水の流れは？　どんな小川や水が流れ込んでいる？　その方向は？　最終的にどこへ流れ込んでいる？

- そのエリアの年間降水量は？　小川にはいつも水が流れているのか？ あるいはすぐに水が涸れてしまうのか？

- その土地の所有者と管理者は？　連邦なのか、州なのか、個人の所有地なのか？　また管轄している当局はどこか？　乗り物の規制は？　自動車の乗り入れは許可されている？　船は？　飛行機は？

そのエリアについて事前によく理解していれば、現地に行って何かを見たり、経験したりしたときに、より正確に状況を把握できるようになる。「ああ、いま渡っている小川は某山頂から流れてきて、西の某川に流れ込んでいってるんだな。そしてあの遠くの尾根の向こうの水は、全部東の某湖に流れ込んでいくのだろう」とつぶやくことができるわけだ。そのレベルまで詳しく理解できていれば、旅を進めていくこと自体が楽しくなる。さらに、なにより道に迷うことなんて想像できなくなる。

それでも予想外のことはあるだろう。その探検について、地図や衛星写真でどんなに調べておいたとしても、実際にその地を足で踏むまではすべてが机上の空論だ。越えるのに丸一日はかかると思っていた尾根を、わずか数時間で踏破できてしまうかもしれない。その反対に数時間で越えられると思った尾根に一日取られるかもしれない。地形図には細かい崖や岩の露出部分がすべて載っているわけではないし、通る予定の道には2年前の雪崩でたくさんの木や岩が落ち、倒木がそのままになっていることも載っていない。よく知っている場所でさえ、前年の春には問題なく歩けた道が、行ってみたらまったくちがう姿になっていることもある。こうした不測の事態があるから、探索が予定より長くかかっても大丈夫なだけの食料や装備を持っていかなければならないのだ。それに周囲の空間すべてに気を配り、必要ならコースを変更できるだけの柔軟性もさらに重要だ。

　知らない土地を旅するときは、進みながら意識的に目立つものやランドマークになるものを見つけ、口に出そう。同行者がいるなら、見つけたものについて、声に出してはっきり言っておこう。ひとりの場合は独り言としてつぶやいておこう。「雷に打たれた大きな木がある。小川の分かれ目にいる。そして右側の流れをつたって歩いていく。いま越えている大きな雪崩の傷跡を見てよ。あの木立の向こうにガマが生えた小さな沼が見える」この方法は少し芝居がかっているように感じるかもしれないが、本当にとても重要なのだ。目印を見つけたら、黙って確認し、記憶しておくだけではなくて、口に出すことで帰りにまたここを通ったときに雷に打たれた木のことを思い出す可能性が上がる。同じように同行者も気づきやすくなる。こうしておくと、もしも誰かとはぐれてしまったときに、自分が正しい道を歩いているのかどうかをお互いに判断できる確率が上がる。

旅の道具　最新のテクノロジーと昔気質の山男

　未開の地へ行くのに電子機器を持っていくなんて、アウトドアでのアクティビティの価値が下がってしまうと感じる人たちがいる。このことについては、キャンプファイヤーを囲む友達同士で熱い議論になりがちだ。地図のない場所を星と太陽だけを頼りに旅する探検家の神話とロマンに、どうしても惹きつけられてしまうのはわかる。それに、コンパスを使った地図読みなど昔ながらの技にも、実際に価値がある。しかし現実的には、スマートフォンやGPS（全地球測位システム）ユニットのような最新のテクノロジーがアウトドアで生命を救ってくれる可能性が高いことには、疑いの余地がない。そういう機器のおかげで、その場所の名前や土地の管理者の情報を知ることができるし、現在地が周囲の広い自然のなかのどのあたりな

のかというざっくりした状況把握にも役立つ。しかし、それに頼りすぎてもいけない。テクノロジーを利用するのは前提として正しいが、それらの助けなしでも旅ができるスキルは身につけておかなければならない。

携帯型GPSユニット

　GPSユニットは人工衛星と交信し、ユーザーの現在地と進行方向を測定する。今日ではこのテクノロジーも身近なものになり、多くの車に音声入力のナビゲーションシステムが標準装備となった。しかし初期のGPSナビシステムはアメリカ国防総省が軍事用に開発したもので、その実験は1960年代にはもうはじまっていた。連邦政府がシステムの利用を民間にも認めたのは1983年で、最初の携帯型GPSユニット（マゼラン社製のもの）が市場に出たのはその6年後だ。普及までにはしばらく時間はかかったが、最終的には何百万人ものハンターや釣り人、登山者やハイカーがそれを使って安全にアウトドアを旅するようになった。我々アウトドア派の多くは、スマートフォンの地図アプリが生まれるずっと前からGPSを携帯していた。初期のモデルはとてもシンプルな作りで、動作も遅かった。解像度の低い白黒の小さな画面に現在位置とその周囲の地形が輪郭だけで示されていた。それでも紙の地図ではわからない、リアルタイムの情報を知ることができた。

　GPSの技術の進歩とともに、地形を理解することでさらに多くの情報を得られるようになってきた。衛星データを使いながら森を抜けたり、海上を航行したりするときは、そのエリアのとくに詳細な地図と情報を入れたメモリーカードを加えると、さらに楽に進めるようになる。昨今では、こうしたツールがとてもカスタマイズしやすくなっている。携帯型GPSの進化はめざましく、今では地名や水源、トレイルや道、土地の所有者情報

などが載った地形図上に自分の現在位置が表示される。海図を搭載することもでき、ブイの位置や水道標識、水深や海底の等高線、小型船用ハザードマップも載っている。最後に、これも大事な機能だが、通過地点を記録する機能（404ページを参照）を使えば自分の動きの記録になるし、地図をさらに詳しくしていくことができる。

　いくつかのメーカーからいいGPSデバイスが出ているが、その中でもGARMIN（ガーミン）は最高の携帯型ユニットを販売するトップメーカーだ。我々はガーミン社の「モンタナ610」を強くお勧めする。我々はこのモデルを使って、長年、辺鄙な公共地と私有地が混在するエリアや海に向かって開けている山地など、ありとあらゆるところを旅してきた。防水で、カラー仕様の大型タッチスクリーンがついており、地図データを外部メディアから取り込むことができる。基本的な地図がインストールされていて、ワイヤレスで途中ルートの共有ができ、複数の経由地を指定したナビも可能だ。「sight-and-go」というツールを使うと、現在地から特定の距離までのルートを示してくれる。これは250〜350m離れた獲物を仕留めようとしているハンターには便利な機能だ。「sight-and-go」を使って獲物の位置に通過目標点を設置しておけば、厚い藪（やぶ）や起伏の多い場所でもGPS上のそのポイントを追っていけばいい。「breadcrumb setting（パンくず）」をしておけば、通ってきたルートを記録しておけるので、元来た道を引き返さなければならないときに便利だ。ほかにも気象情報の自動更新や日の出日没時間の情報や、夜間にはバッテリーを消費することなく使えるアラーム機能なども付いている。

　覚えておいてほしいのは、GPSにはマイクロSDカードを使うということだ。これはコンピューターにつないで手動でアップデートをおこなわねばならない。州をまたいでアウトドアの旅を楽しむなら、州の数だけマイ

クロSDカードが必要だ。

GPSと通過地点の記録の利点

GPSを使って事前に通過地点を登録したり、旅のあいだに記録を残していけることで、非常に安全に森を抜け、また水上を進めるようになる。ひとつのデバイスに、トレイルの分かれ道から最終的な目標地点まで、何千もの通過点を登録しておけるのだ。車を停めてあるトレイルの入り口やキャンプ地を忘れずに登録しておくこと。そうすればハイキング中、装備を取りに戻るときや夜テントに帰るとき道に迷わなくてすむ。

通過点を指定できる利点は、安全に家へ帰れることばかりでない。我々は、その土地の興味深い地形やよく釣れる釣り場、最近通った形跡のある獣道や山頂の眺めのいい場所、さらにはベリーの藪やキノコが群生している場所などをいつも登録している。ただ、こうしたちょっとした情報はGPSのスクリーン上に映じられる全体地図だけでなく、頭の中にも登録されている。

携帯電話

今から30年前にはほとんどの人が携帯電話など持っていなかったし、スマートフォンが普及したのもついこの15年ほどのことだという事実を、我々は忘れてしまいがちだ。携帯電話を活用した安全策など、昔の平均的なアウトドア愛好家たちにはまったく縁のないものだった。しかし現代

では、森に行くのにスマホを持っていかなければ愚かだと思われるし、不注意がすぎると言う人もいるだろう。スマホさえあれば、電波が届いている域内にいるかぎり、家族や友人と連絡が取れるからだ。バードウォッチングから植物の分類、星座まで、専用アプリを使えばスマホで即座に調べることもできる。雨の日に一日じゅうテントにいなければならなくなっても、無数の本や雑誌やゲームで時間をつぶせる。遭難したり、怪我をしたりしても、救助隊があなたの居場所を特定しやすくなる。しかし、スマホの利点は単なる外界とのつながりだけではない（便利なカメラもついている）。ナビツールとしても優秀なのだ。実際、多くの人はGPSユニットをやめてスマホのナビを使用している。

　すべてのスマホにコンパスが内蔵されている。野外で使う前に必ず調整しておこう。グーグルアースを使えば、現地に行く前にその場所の「上空から」と「目の高さから」の画像を見ることができる。現地にいるときでも、電波さえ来ていれば可能だ。ダウンロードした地図アプリも使える。スマホには本機の動作性とは別に稼働するGPSが内蔵されているので、携帯型GPSユニットと同じように使うこともできる。

　我々はonXのアプリが気に入っている。どんなに高いところに登って電波を探しても、携帯の電波が届いているとは思えない辺境の自然のなかでも使えるように、特定のエリアの地図をダウンロードしておけるからだ。電話業者の主張とは異なり、電波がどれだけちゃんと届いているかはアメリカ全体の平均値と人口密集地を外れた辺境エリアとでは大きくちがう。onXはどこにいようと自分が進んでいる方向と誤差1～2mの正確な現在地を表示してくれる。トレイルや道、標高、境界、地形図、地形の特徴、水源、さらには植物の有無まではっきり見ることができる。リアルタイムの気象情報や、進んできた軌跡、重要なランドマークまでの推定距離も

見られる。通過点の情報をアプリから直接テキストかe-mailで他のonXユーザーと共有できる。家にいる誰かに事前に正確な予定コースを見せたり、どこかの地点で誰かと待ち合わせをすることもできるので、とても便利だ。通過点や軌跡などのデータはすべてアプリ内に保存され、onX社のサーバーにバックアップされている。スマホをなくしてしまっても、新しいデバイスからすべての情報に即座にアクセスできるのだ。1年間のサブスクリプションはリーズナブルな価格で、州ごとに買うことも50州全部をまとめて買うこともできる。

　スマホを使いこなせば、あなたはかつて専用のデバイスが必要だったたくさんの機能をそれ1台ですべて実現できる。しかし、どんなに便利でも万能ではないので、ほかの機器も持っていくかどうかを考えねばならない。たとえばスマホをなくしたり、壊れたときのため、丈夫さ（携帯型GPSの中にはとくに過酷な環境下でも使えるよう設計されているものもある）と、バッテリーのもち（単3のリチウム電池のほうがスマホ内臓のバッテリーより長くもつ）を確保できるものを用意しておけるといいだろう。

遭難信号発信機と衛星通信端末

　電波がちゃんと来ていない場所では、119番に電話して救急車や捜索救助隊に来てもらうこともできない。こうした場所でいちばんの安全策は、遭難信号発信機（PLB）か衛星通信のデバイスを持ち歩くことだ。どちらのシステムも、衛星の信号を使ってユーザーの現在地を伝える緊急遭難呼び出しを発信することができる。そしてこの信号は空がよく見える場所だったら、地球上のほぼ全域で受信できる。地下の洞窟などから出られなくなってしまった場合をはじめ、PLBと衛星通信デバイスはどこにいても何をしているときでも、もしもの場合に備えてすぐ救助隊に通報できるよう

になっている。携帯電話の電波が不安定か、まったく来ていない場所で長く過ごす場合には、PLBか衛星通信デバイスを買うことを強くお勧めする。捜索救難のプロは最近、未開の地へ旅するときはこうしたデバイスを持っていくことを義務づけるべきだと考えていると語っていた。

しかし、PLBと衛星通信デバイスには大きなちがいがあるので、比較検討してみたほうがいい。PLBは海難事故などの際に航行中の船などが使う衛星非常用位置指示無線標識 (EPIRB) をもとにして作られたものだ。無線を使って遭難救助信号と位置情報を送信する。その信号はGPSシステムを経由して送られる。世界じゅうどこでも、国際コスパス・サーサット・プログラム〔45カ国が加盟〕が緊急信号を受信し、管轄の捜索救難隊に伝達する。アメリカでは海洋大気庁がPLBの信号検出を管轄している。PLBデバイスを所持している人は、海洋大気庁に連絡先を登録することが法律で義務づけられていて、医療情報も登録できる。登録は無料だが、2年ごとに更新しなければならない。

PLBは携帯型GPSユニットと大きさがだいたい同じだ。防水で頑丈、5年間もつバッテリー内蔵で、24時間連続して遭難信号を発信しつづけられる。辺境の地や危険が多い場所を旅するとき、救助してもらわねばならなくなったときの切り札としてPLBは極めて有用だ。しかし、忘れてはいけないのは単一の用途しか果たさないデバイスであり、一度スイッチを入れたら、信号を止めることもキャンセルすることもできないこと。さらに、救難救助隊の人たちが急行してきてくれてしまうことだ。PLBを起動するのは十分な理由があるときだけにしよう。命の危険がある緊急事態や動けなくなるような重傷を負ったとき、絶望的なほど道に迷ってしまい、みずから生還できる可能性がないときなどにスイッチを入れる。十分な根拠のない送信は罰金などの対象になることもある。

　衛星通信デバイスはPLBと同じ機能を持つが、便利な追加機能があり、より使いやすくなっている。家族や友人にメールを送ることができるので、人里離れた場所にいるときも現在の状況を伝えられるのだ。「無事です」などのシンプルな定型文がいくつか入っているだけのものもある。ほかのものは好きな文章を送受信できる。足首をひねったとか牡鹿を仕留めたから解体を手伝ってほしいなどの文章も送れるので、命の危険にさらされていないときにも使えて助かる。衛星通信デバイスの多くは携帯型GPSユニットと同等の機能も備えているので、ナビゲーションにも使える。あるいは、未開の地での冒険をどうしてもリアルタイムでSNSにアップしなければならないとき、それができる衛星通信デバイスもある。こうした追加機能がついたデバイスはそれだけ値段が上がるし、衛星通信デバイスを使うには購入費用だけでなく、登録やサブスクの料金も支払う準備をしておこう。通常は1年間のプランを契約しなければならない。SPOT（スポット）もガーミンも防水で衝撃に強いすばらしいデバイスを作っている。数種類の定型メッセージと救難信号を送れるシンプルな衛星通信デバイスが欲しかったら、SPOT Gen3にするといい。ガーミンのinReach Explorer（インリーチ エクスプローラー）＋はさらに進化したデバイスで、自作のメッセージを送れて、GPSナビゲーションにも使え、スマートフォンとペアリングすることもできる。

衛星電話

　衛星通信デバイスの人気もさることながら、衛星電話もまた、辺境の地で安定して使える連絡手段だ。衛星電話にはGPSユニットやスマートフォンのようなナビゲーション機能はついていないが、何日歩いても携帯電話の電波が絶対入らないような場所でも、誰かと直接通話できる。そのことだけでもここで紹介する価値がある。まだ世界には電波が届かない

場所が残されているという事実を大事にしたいとも思うが、しばらく会っていない大切な人と話ができるのはうれしいことだと、まずは認めたい。我々はほぼ毎年、アラスカの未開の地でアメリカヘラジカとカリブー狩りをして2週間過ごす。その際、2日に一度、家族と話をするために衛星電話を回す。辺境の地を飛ぶブッシュパイロットから、迎え時間の変更について連絡を受けるのも、衛星電話だ。天候などによっては、数時間から数日変更となることがあるのだ。緊急時、複雑な救助プロセスがいるようなとき、テキストでさまざまな情報を送れるのは、衛星通信端末からだけだ。しかし、忘れないでほしいのは、衛星電話はデバイスの購入価格もその後の使用料も高いということだ。端末はゆうに千ドル以上するし、サービスプランは月に10分の通話で50ドルほどになる。通話無制限のプランでは何百ドルにもなる。一度に1週間か2週間しか使わない場合はレンタルするのもいい選択だ。Globalstar（グローバルスター）とIridium（イリジウム）の両社は衛星電話の購入とレンタルどちらのプランも用意している。

双方向無線

　携帯型の双方向無線、つまりトランシーバーもアウトドアで通話できる電子機器だ。トランシーバーは設定された周波数でしか使えないので、衛星通信や衛星電話ほど確実なものではないが、無線受信エリア外でも使える。ときどき別れて行動することがあるグループによく使われる。例としては、ベースキャンプを発った登山者や辺境のハンターで、毎日ちがうエリアに分かれて活動している人たち同士の通話などに使われる。事前にどの周波数チャンネルにするかを打ち合わせておいて使う。緊急事態になったら、同じエリアで同じ無線機を使っている人となら誰とでも連絡がとれる。ほかのグループのハンターやハイカーも複数エリア内にいるかも

しれないし、警察官や猟区管理人も無線のチャンネルをよくモニターしている。つまり、グループ内の会話は、同じチャンネルやサブチャンネルを使っている他人に聞かれているかもしれないということだ。大事な話をするときはそれを忘れないようにしよう。

それから、トランシーバーを使っている人はご存じのとおり、通信ができなくなったときはあきらめるしかない。通信ができる距離は開けた平地なら30 kmほどだ。しかし、起伏のある山が多い地形や木々が生い茂った森などでは、ユーザー同士の通信範囲は1.5～3kmぐらいになってしまう。雲や雨、雷などでも無線はつながらなくなるかもしれない。短距離間のコミュニケーションデバイスだと思っておくのが安全だ。トランシーバーにGPSナビゲーションユニットを合わせたようなデバイス、たとえばガーミンのRino700シリーズなどをお勧めする。

スマートフォンと地図アプリについて

ほかにも電子機器は持っていくかもしれないが、スマホはアウトドアで十分以上にその価値を発揮してくれる。手持ちのデバイスを最大限に活用するために、必要な情報を以下に書いておく。

- 防水仕様に加えて、質のいいケースをつけよう。最高のケースは防水なだけでなく、衝撃や埃からも本体を守ってくれる。我々はOtterBox（オッターボックス）やLifeproof（ライフプルーフ）のケースが好きだ。さらに安全策として、スマホ画面に保護フィルムを貼っておこう。
- 通信に使わないときは機内モードや省電力モードにしておこう。

こうしたモードではフル充電した状態から7日間はもつし、必要がないときには電源を切っておけばさらに長くもつ。

● GPSの地図アプリをダウンロードしてオフラインでも使えるようにするため、有料プランにバージョンアップしておこう（安定した電波があるうちにダウンロードするのを忘れないこと）。

● 方向を確かめよう。GPSの地図アプリはデフォルトでは上部が実際の北になるよう設定されている。これは紙の地図の表示に合わせて液晶上もそうなっているのだが、常に進行方向が上になるように変えることもできる。デフォルトとこのモードはいつでも切り替えることができる。移動中、後者のほうが見やすいと感じる人も多いはずだ。

● 見知らぬエリアを移動するときは、アプリのトラッキング機能を使って帰り道がわかるように軌跡を残しておこう。トラッキングモードはバッテリーを食うが、元来た道を引き返すときには非常に便利だ。トラッキング機能は暗い中で引き返さなければならないとき、とくに役立つ。昼間歩いているときは、何も考えずに障害物を右や左によけている。「まっすぐに」歩いているつもりでも、階段状の岩棚やイバラの藪を避けたりしているのだ。だから真っ暗な中で同じコースを引き返すと、こうした障害物にぶつかる可能性が高い。トラッキング機能があれば、明るくて遠くまでよく見えていたときに通ったコースの揺れを細かいところまで正確にたどれる。

● トラッキング機能を使わない場合は、アプリでキャンプ地やトレイルの分かれ目、大小のランドマークなどを通過点として登録しておこう。通過点を常にマークすることを習慣にしよう。あと

でいらなくなったらいつでも消せるのだから。

● 旅のはじめには、行き先だけでなく車を停めた場所も通過点として必ずマークしよう。

● スマートフォンで自分を救けよう。電波も入らずPLBもない状態で道に迷ったり、怪我をしたりしたら、スマホの電源を切ってバッテリーを節約しよう。ただし、ときどき電源を入れて、使ったらまた切るようにすること。スマホが近くの基地局1カ所か2カ所に接続できると、捜索救助隊があなたの居場所を三角法で特定できるかもしれない。

● 車や家を出る前にすべてのデバイスをフル充電し、すべての電子機器の外付け充電器かバックアップ用のバッテリー、あるいはその両方を持っていくこと。

電子機器なしでのナビゲーション

　もうおわかりのことと思うが、我々はアウトドアの冒険には、どんな長さの旅でも必ず、基本的な機器をいくつか準備し充電してから出発する。けれど、いろいろな理由から紙の地図や伝統的なコンパスも持っていく。なくしたり、使えなかったりという万が一のときのために、代わりとなる道具があれば安心できる。

紙の地図

　主に紙の地図だけに頼っても何も問題はない。何百年ものあいだ人々はそうしてきたのだし、紙の地図は今日でも立派にその役割を果たしている。しかし我々は、電子機器と伝統的な地図の両方を使ったナビゲーション

方法を推奨する。電子データの地図と紙の地図を併用すると、スマートフォンやGPSユニットの小さな画面に閉じ込められて視野が狭くなるのを防げる。紙の地図ならその地区全体を見渡せるから、周囲を新たな視点ではっきりと判断することができる。アメリカで、現地に持っていって使うなら図幅地図〔交わる緯線と経線に囲まれた四辺形の領域を掲載した地図〕がいちばんだ。一般に「地形図」と呼ばれているこの地図には、さまざまな縮尺のものがある。モンタナ州のバーントフォーク湖が載っている地形図を買うことだってできる。12mごとの等高線が書き込まれていて、非常に詳細なところまで見やすく、わかりやすく描かれている。

　さらにいえば、最高の地図は、じつは紙製ではない。不織布タイベックなどの防水で裂けにくい頑丈な素材に印刷されている。オンラインで注文すると最高品質の地図が手に入るばかりでなく、カスタマイズもできる。未開の地を旅するときは、どんな日程でも地形図一枚では収まらないかもしれない。4Lサイズのジップロックの袋に地形図を何枚か入れていく人が多いが、それだとごく狭い部分しか使わない紙をたくさん持っていくことになる。それよりMyTopo.comのようなプリントサイトで、サイズ、縮尺、印刷する範囲を指定したカスタムマップをオーダーするといい。長くそこで過ごすなら、かなり使いやすいはずだ。

コンパス

　スマートフォンのGPSが壊れたり、充電が切れたり、水没したりしたときには、昔ながらのコンパスが欲しくなるだろう。よいコンパスを買おう。磁北を指そうとふらふらした後で恐るおそる針が止まるところを見たら、そのコンパスは信じられなくなる。何か別のものに付属しているようなコンパスは疑ってかかろう。ランボーナイフや鹿笛に貼りつけられていた2

ドルのコンパスは、本当に必要になったときには最高の仲間ではないだろう。しかし良いものを買うべきだからといって、クレジットカードの限度額いっぱいまでがんばる必要はない。30ドルぐらい出せばSUUNTOの A-30の方位磁石やSILVAの EXPLORERを買える。どちらも頑丈で、信頼できて、携帯しやすい。

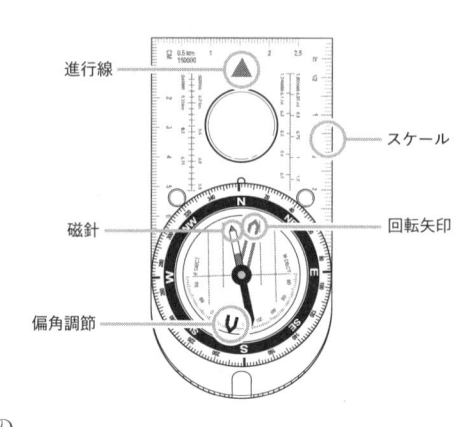

進行線 ／ スケール ／ 磁針 ／ 回転矢印 ／ 偏角調節

　コンパスは前述のとおり、周囲のより広い空間への意識を身につけるうえでも必要だ。ボートに乗っていて霧の層に閉じ込められたとき、北のほうに運河があり、西には広い海が広がり、海岸は南にあるとわかっていたら、今どちらの方向に向かって漂っているのかをとても知りたいだろう。コンパスは紙の地図と非常に相性がいい。紙の地図は簡単に北向きにすることができるから、いま自分が向いている方向と地図上の方角がわかる。それがわからなければ、地図の中で自分の現在地を追いつづけることは難しい。ちゃんと向きを正した地図を見れば、周囲の地名や遠くの山頂、湖や尾根など視認できる範囲にあるものの名前を確認することができる。

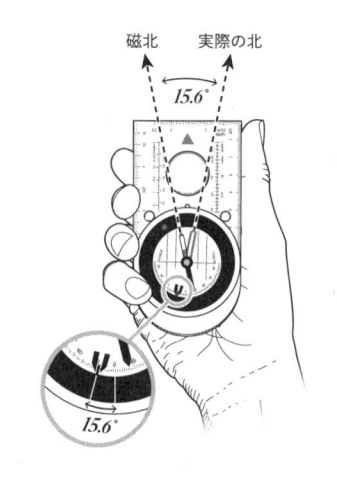

磁北　実際の北　15.6°　15.6°

　コンパスを正確に使うには、偏角をセットする必要がある。世界じゅうのほとん

どの場所で、磁北——コンパスが指す方向——は実際の真北と一致しないのだ。地図を見れば現在地での偏角、すなわちコンパスが指す北と正確な真北がずれている角度がわかるので、そのぶんだけコンパスを調節すればいい。たとえばバーントフォーク湖の地形図を見ると、「18.5度東への修正が必要」と書いてある。磁北が本当の北から東に傾いているということだ。修正せずにコンパスを使っていたら、1600m歩いただけで550mもコースから外れてしまう。

コンパスを使うと正確な表し方で方位がわかる。偏角を調整すれば、実際の北は0度になる。真東は90度。真南は180度。西は270度。方位は非常に細かく表すことができる。度数は小数点以下まで表せるが、通常の現地での移動に使うなら、1度以下の部分は考えなくてもいい。自分の目的地が341度の方向にあるとわかれば、コースを逸れないかぎり、かなり正確にたどり着ける。うまくやるコツは、まずルート上にある目印（ひときわ高い木、岩が露出しているところ、携帯電話の基地局タワーなど）を見つけることだ。そしてその目印まで行く。そこからまたコンパスと地図で位置を確認し、新たな目標物を設定する。こうすれば始終コンパスを手にして歩いたり、漕いだり、エンジンをかけたりという面倒なことをする必要がなく、それでいてずっと正確に移動することができる。

三角法

コンパスを使って地図上で正確な現在地を特定できるのは、三角法のおかげだ。三角法を使うにはまず地図を持っていて、複数のランドマーク（火の見櫓、山頂、湖など）が見える場所にいて、そのランドマークが地図に載っていることが必要だ。

ステップ1　コンパスの偏角を調整する。それからコンパスに合わせて地図を実際の西に向ける。

ステップ2　遠くに見えるひとつのランドマークの位置を測定する。地図にランドマークからはじまるように手前へ方向線を引き、方角のとおりにその線を伸ばす。トレイル上にいても、どの地点にいるかはわからないときは、方向線と地図上のトレイルが交わるところを見ればいい。そこが自分の現在位置だ。

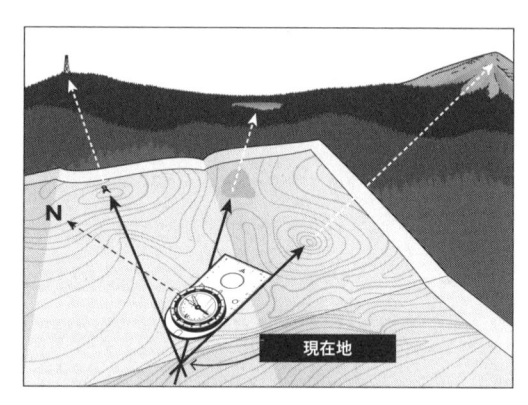

ステップ3　それでもまだ自分の位置がわからないときは(山頂から5km離れているのか、3キロ離れているのかわからないとか)、別のランドマークでもう一度同じことをやってみよう。理想的には最初のランドマークから60度は離れているといい。地図上に線を引いたら、2本の線が交わるあたりが現在地だ。

ステップ4　可能ならさらにランドマークを追加して、位置の精度を上げよう。

道具なしのナビゲーションテクニック

　地図とコンパスを使うなんて、今の時代には古臭く感じるかもしれないが、太陽や星や風や雲などといった古来のナビゲーションツールと比べたら最先端だ。天然のツールは人間には優しくないし、ときに正確ではないかもしれないが、とはいえ無料で使えるし、充電が切れることもない。こうしたテクニックを使う羽目には結局ならなくても、多少の知識と山男魂

さえあれば何も道具を使わずにトラブルを切り抜けられると知っていられるのはいいことだ。空気の動きや動物の移動パターンも、方向を知る有力なヒントになる。近くの都市からの光害（ひかりがい）も、ロマンはないが役立つ情報だ。

太陽

　ある世代の人々は、アメリカン航空の「東部に日が上ってから西部に日が落ちるまで、私たちアメリカン航空はベストを尽くします」という古いCMソングを覚えているかもしれない。天体を使ったナビゲーションの中でも最重要な情報の、頭に残りやすい便利な覚え方だ。しかし、太陽の位置を使ったナビゲーションには頼りすぎないほうがいいかもしれない。太陽がちょうど真東から上って、ちょうど真西に沈むのは年に2日、春分と秋分の日だけだからだ。それ以外の日は微妙に北や南にずれた位置から上ったり沈んだりしている。太陽の通り道は夏至の日にもっとも北に傾き、冬至の日にもっとも南を通る。

　季節に関係なく太陽を使って正確な場所をつかむ方法もいくつかある。もっとも基本的で簡単なのは棒と影を使うやり方で、これはよく晴れた日にしか使えない。1mぐらいの長さの棒を見つけて、正午ごろにそれを平地の何もない地面の真ん中に突き立てる。棒の影の先端に小石など小さな物を置いて印にする。それから15分ほど待って、また影の先端に小石を置く。ふたつの小石の間に線を引くと、だいたい東西に走る線となる。2番目の小石は最初の石よりも東側になる（太陽は西へ動いていくから）。この線を垂直に二分すると、だいたい南北に走る線を引くことができる。

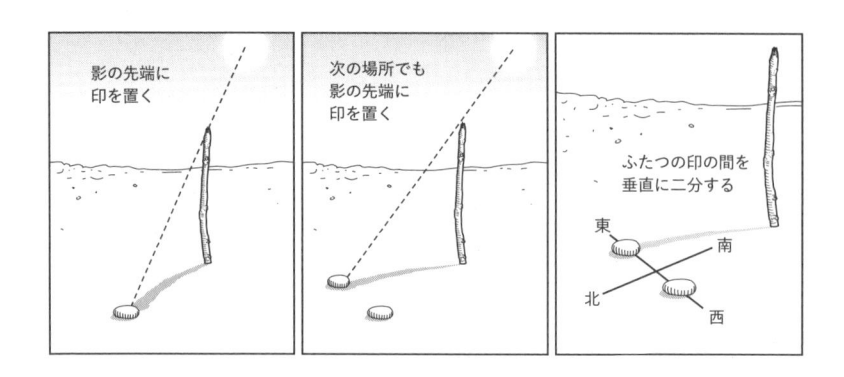

影の先端に
印を置く

次の場所でも
影の先端に
印を置く

ふたつの印の間を
垂直に二分する

東　南
北　西

星

太陽と同じように星々や惑星も（月も含む）東のほうから上って、西のほう
に沈む。そして、方角を知る方法としては不正確だという点も太陽と同様
だ。より正確に知るには北半球では北斗七星、南半球では南十字星を使
って、天の極を見つけることが必要だ。

北半球の自然を利用したナビゲーション方法のなかでは、北極星がも
っとも正しく方角を教えてくれる。ポラリスとも呼ばれるこの星は、夜空
でじっと動かないように見える。地球人の視点から見ると、北極星を中心
にして他の星や星座が、車軸の周りを回る車輪のように動いている。動か

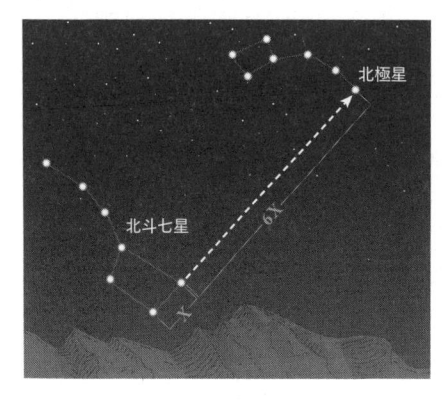

北極星

北斗七星

6X

X

ない北極星を見つけるには、まず
は非常に見つけやすい北斗七星
を探そう。柄杓形の北斗七星の
カップの天地を示すふたつの星
の距離を1単位（X）とし、それを6
倍したところ（6X）まで移動する。
そこにあるひときわ明るく輝いて
いる星が北極星だ。

天の南極を示す星はない。船乗りたちは真南の夜空を「南の穴」と呼んでいる。目立って星がない部分だからだ。しかし、南十字座あるいは南十字星として知られる星座が真南の点をわかりやすく指してくれる。十字の縦の星をつないだ距離を1単位(X)とし、その先から4倍伸ばしたところが天の南極だ。

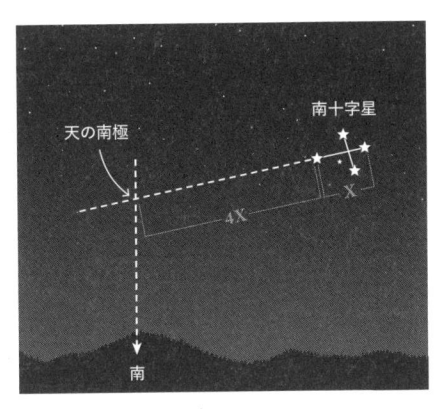

光害

せっかくの天体観測に水を差してしまうかもしれないが、夜間は近くの街の光害が方向を知る助けになる。夜になると、水平線が町の灯りでにじんで見える。小さな町でも何十キロも離れたところまで見える。この光害はかなり空高くまで達しているので、大峡谷に潜んだり、山脈や丘陵地隊を隔てていても人間の生活が出す光が見えるかもしれないし、遠い海の上からは、はるか彼方の水平線上に見えるかもしれない。空港や精油所のような大きな建造物は安全上の理由から、遠くからでもよく見えるように、あえて強い光を放っている。

風

卓越風、つまりある地域である時期にもっとも頻度が高くなる風向きは、非常に役に立つ情報だ。しかし卓越風の向きは季節によって、天候パターンの変化に伴って変わる。起伏がある地形では温度による空気の動きも風の向きに影響をあたえる。それでも空気の流れの向きは、ほかの天然の

ナビゲーションツールと併せると非常に助けになる。

鳥

　動物の動きや痕跡もナビゲーションを助けてくれる(野生動物を手掛かりに飲料水を探すやり方は95ページを参照)。北半球でかなりの高度を大きなV字型の編隊を組んで飛ぶ渡り鳥(カモやガンなどの水鳥)たちは、春には北に向かい、夏には南へ向かって飛んでいる。南半球はちょうどその反対だ。海の上で鳥の姿が見えたら、近くに陸地があるという印だ。グンカンドリ、アホウドリ、カツオドリなどの海鳥は陸地から何百キロも離れたところでも見られるが、海に生息していても水上で休息することはない鳥(ペリカン、ウなど)は、そんなに遠くまで行かない。水面に留まることができない鳥、フィンチ、スズメ、ムシクイなどは陸地のすぐ近くにしかいない。そうでない場合は、きっとひどく道に迷っているのだ。

道に迷う

　アメリカには、毎年森や水場で何人の人間が道に迷っているか記録をとっている機関はない。しかし、ある試算では毎日何十人もの人が道に迷っている。毎年、沿岸警備隊、国立公園局、森林局、郡保安官、州警察、地元当局、さらにはボランティアの人たちが何万回もの捜索・救助をおこなっている。捜索・救助の対象となる人の中には、少なからずアウトドアマニアも含まれていて、どんな経験者でも絶対道に迷わないということはないのがわかる。未開の地で長時間を過ごす人たちほど道に迷う可能性は上がるのではないかと思うかもしれないが、実際は日帰りのハイカーなどがもっとも道に迷いやすい。ある調査では、森で道に迷った人々の41%は

ただ単にトレイルから外れただけだ。捜索・救助が多くおこなわれているのは山地などだが、小さな郡立公園や郊外の平地のハイキングトレイルで道に迷う人もたくさんいる。性別や年代で見ると、若い男性と中年の男性がもっとも多い。男性は地図なしでも道がわかると自分を過信してしまったり、引き返すべきときに無理に先に進んでしまう傾向が強い。

　道に迷った人の話にはふたつとして同じものがない。しかし共通する要素もある。自力で生還した人々に共通する傾向としては、状況をよく把握する、準備してくる、その土地をよく知る、一般的な常識を持っている、そしてかなり根性があるといったところだ。行方不明になったり、アウトドアで死亡したりした人々に共通していたのは、その環境に合った準備をしてきておらず、その土地の地形をよく知らなかったという点だった。

助けを求める

　ここまで示したアドバイスに従ってきたのに、道に迷ってしまったとしよう。ガイドブックの中には、火を熾し、さまざまなパターンの狼煙をあげて救助されたという過去のエピソードを列挙しているものも少なくない。しかし、我々はそれと同じことはしない。自分で熾した火から出る煙は、捜索してくれている人に居場所を知らせるには役に立つかもしれない。捜索救助隊の徒歩の隊員が何キロも向こうからキャンプファイヤーの煙があがっているのを見つけてくれるかもしれないし、ヘリコプターはすぐに飛んできてくれるかもしれない。しかし現実には、いくら特殊なパターンの煙をあげても、状況はまったく変わらない。本当に必要なのは大きな火を熾し、緑の葉やゴムタイヤなど何でもいいから煙をたくさん出すものを火にくべることだ。そして、気づいてもらえるまで火を燃やしつづける必要があることを忘れてはならない。それには時間も燃料もたくさんいる。さ

らに風が強くて煙がかき消されてしまったり、火を焚くことができなかったら、ほかの方法で助けを求めよう。

　助けを求めるシグナルを出す方法はたくさんあり、どれにすべきかは今いる地点や状況、また使えるものによって変わる。どんな状況でも信頼できる方法は、ガーミンのインリーチ、スポットのロケーター、EPIRBなどの緊急衛星信号発信装置を使うことだ。携帯電話やトランシーバー、VHF無線機からも遭難信号を発信することができる。しかしこうした電子機器を持ってない場合は視覚や聴覚に訴えよう。眼に見える形や音などによる合図は、捜索救助隊員に居場所を瞬時に知らせることができるし、捜索をしていない人にもトラブルに陥って救助を求めていることを知らせられる。笛、鏡、フラッシュライトなど救難信号を送れるアイテムは必ず携帯しておこう。

- 仲間とはぐれてしまったときや、近くに人がいそうな場所などではまず助けを求めて叫んでみるといい。
- 国際的に共通の救難信号、つまり国際救難救助信号は3種類の音を出せれば発信できる。モールス信号のSOS("save our souls")は、短いタップあるいは大きな音を3回、それから長いタップ3回、続いて短いタップ3回おこなう。これでS-O-Sという文字を表現している。車のクラクションや汽笛、ホイッスルでも三度続けて大きな音を鳴らせば遭難信号になるし、銃声3回でもいい。しかし忘れないでほしいのは、狩猟がよくおこなわれているエリアでは銃声を使っても無視されるだろうということだ。
- 3つ並んだ火を熾す、あるいは鏡を3回反射させるのも、視覚的なSOS信号になる。
- ほぼすべての船(493ページ参照)や飛行機には、非常時に備えて信号照明弾

が搭載されている。ただし、信号照明弾の銃には数発分のカートリッジしかないことを忘れずに。通りすがりの飛行機や船の注意を引けるだけでなく、捜索隊やレスキュー隊が来ているときにはさらに役に立つ。

- 雪山の山頂や平原に木や石を積んで「SOS」や「HELP」の大きな文字を作り、そのおかげで助かったハイカーやハンターもいる。非常に大きな文字を作れば、かなり高い高度を飛ぶ飛行機からでも見える。

- 周囲の景色から目立つような、カラフルなものや光を反射するものを旗にして合図を出すのも有効な方法だ。蛍光オレンジ色のハンティングベストや緊急用のサーモアルミマイラー製ブランケット、明るい色の衣服・寝袋・テントなどは目を引きやすい。

- 発煙筒、車のヘッドライト、船の夜間航海灯、火、蓄光スティック、ヘッドランプ、懐中電灯も夜間に遠くからよく見える。

その場に留まるべきか、移動するべきか

コミュニケーション手段もナビゲーションツールもない状態で遭難してしまったら、まずは落ち着いて、動き回るのをやめ、パニックを起こさないこと。行動する前によく考えること。いちばん賢く、安全なのはレスキュー隊に見つけてもらうのを待つことだ。遭難救助のプロたちは漏れなくその場を動かないことを推奨している。動き回っている人を見つけるより、一カ所にじっとしている人のほうがだいたい見つけやすいものだ。こうしたアドバイスにもかかわらず、スモーキー山脈で遭難したハイカーを調査した結果、3人にふたりがじっとせずに動き回っていた。そのうち、自力で帰り道を見つけられたのは4人にひとりだけだ。残りは捜索救難隊に発見されている。

しかし捜索救難隊をどのくらい待てばいいのだろうか？　遭難したこと

に誰も気づいていなかったらどうなる？　あなたが予定を過ぎても帰ってきていないことには気づいても、その人はあなたの居場所がさっぱりわからなかったら？　何日も発見されず、食料も水もなくなって、いろいろなSOSの信号を出しても誰にも気づいてもらえなかったら？　状況によっては発見されるのを待つよりも、みずから安全な道を探すほうがいいときもある。

　たとえば、中西部で馴染みのない深い森に分け入り狩猟をしているとする。そして日が暮れはじめたとき、絶望的なほど道に迷ってしまった。しかしあなたは、このエリアが四方を砂利道に囲まれた、1.5km四方のとくに何もない土地だと知っていた。その場合、負傷したり、動けなくなったりしていなかったら、どちら向きでもいいから方角を決めて、まっすぐ歩きはじめるべきだ。それほど経たずに道へ出られるだろう。そこからは、どちらか一方向に向かっていけば、すぐに農家や通りすぎる車を見つけられるはずだ。

　次は初秋のある日、人里離れた自然の中で夜通し歩くハイキングをしているとする。トレイルの途中でキャンプをする計画だったが、その前に間違えて大きく道を逸れてしまった。元のトレイルに戻る道を探そうとするがうまくいかず、日が暮れてあたりが暗くなってきたのでテントを張った。夜のあいだに雪が30cmも積もり、目を覚ましたときには自分がどこにいるのかさっぱりわからなくなっていた。しかし、その日の午後にトレイルヘッドに迎えがくることになっている。この場合、最善の策は開けた場所を探し、レスキュー隊が見つけてくれるように火を熾し、そこに腰を据えて待つことだ。

　このふたつの例のように明快な答えが出せる状況ばかりではない。遭難したとき、その場に留まるか移動するかは、いくつかの要因によって判断

する。事前に誰かに計画を伝えている場合はその場に留まろう。トレイル
の近くを離れない、あるいは故障して動けなくなった車内に居つづけるの
も賢いやり方だ。しかし自分の現在の居どころを誰も知らない、あるいは
誰も自分を探していないことがわかっている場合、唯一の選択は移動する
ことかもしれない。しかし闇雲にうろつき回ってはいけない。計画を立て
よう。たとえば夜間に移動するのは、正しい方向に進んでいるとよほど確
信しているのでないかぎり、賢いプランではない。動くのは朝になってか
らにしよう。そのほうがコンパスで方角を決めたり、目標を見つけたりし
やすいから、小川沿いにトレイルや道に戻れたりするかもしれない。でき
るかぎり直進できる道を選び、進もう。落ち着いて、前向きな気持ちで、
達成できる目標を自分で決めよう。慌てて動き回るのは事態を悪くするだ
けだ。そうなると怪我をしたり、パニックになってさまざまな愚かな選択
をしてしまうかもしれない。秩序だった動きをし、安全に移動をして、助
かる可能性をみずから上げよう。

ちがう環境を移動する

　ナビゲーションに関していえば、いくつか不変の事実がある。コンパス
は北を指し、太陽はだいたい東から上り、だいたい西へと沈み、川は低い
ほうへ流れていくなどだ。しかし、その場所の条件によって決まる事柄も
ある。北極圏のツンドラから高地の砂漠、熱帯雨林のジャングルにいた
るまで、我々は地球上に存在するありとあらゆる大自然のなかで過ごして
きた。そして、それぞれの場所でその場に特有な困難に遭遇するのだとい
う大きな教訓を何度も得た。オレゴン州の海岸沿いの川をカヌーを漕いで
進むのと、アイオワの農業地帯の川を船で進むのは全然ちがう。さらに同
じ場所でもちがう困難に遭遇する場合もある。

コロラド州のホーリー・クロス・ウィルダネスでは、暴風で倒れたコントルタマツが散らばった楊枝みたいに2kmにわたって転がっているようなことがある。こうした場所を横切るには、ほぼ一日かかる。しかし、そこから少し登った高地にある公園を通れば、100mを3分で歩ける。ここでの教訓は、ある地形の微妙なちがいを把握していないと、予想外の障害に出くわしたとき次善の策が取れないということだ。とはいえ、経験を過信しすぎてもいけない。母なる自然はいつも変化球を投げてくる。雲のようにかかった霧で視界がゼロになってしまう、30km離れたところで豪雨が降ったせいで、これから歩いて渡ろうとしている小川が白濁した奔流になってしまう、地図上では通れそうに見えた斜面が、最後のところで断崖絶壁になっていて、引き返してもっといいルートを探さねばならなくなる、など。A地点からB地点まで移動するための計画をきっちり立てておくことは賢明だ。しかし安全に帰宅するためには、必要になったらその計画を変更する覚悟も持っていなければならない。最後に、忘れないでほしいのは、この先に述べるさまざまな環境や生態系は、別のタイプのものと隣接したり、重なり合ったりしているということだ。砂漠を抜けるとそこは山地だったり、沼を渡った先が海岸だったりする。どんな種類の困難な環境にも対応できるように準備しておくのが賢明だ。

山地

よく言われる言葉に「山は人のことなど考えていない」というのがある。この箴言は、砂漠から海から山まで、我々がちゃんと敬意を払わないと命を落とすと考えられているすべての場所に当てはまる。北アメリカでは、我々はどんな地形よりも多く山の中で過ごしてきた。中西部の林地、農場

地帯の畑、湖、小川など、子どものころに狩りや釣りをした場所は、この本で述べているさまざまなスキルのよいトレーニング場だったが、なかでも道のない広大な陸地をハイクする術を学んだのはロッキー山脈だった。私は平地で育ったので、大陸分水嶺が走っている地形の眺めに慣れるまでにしばらく時間がかかった。インターマウンテンウェストでは、山々の頂上は谷底から1000〜2000mの高さにそびえ立っている。そして、こうしたゴツゴツした山頂の多くは一年じゅう雪と氷に覆われている。このような場所では、めったに車の通らない2車線の泥の道を見つけるだけでも、山地全体を横切らなければならない。さらに、道がまったくない場所だってある。ロッキー山脈には、道路のない国立原生自然保全エリアの大部分があり、そうしたエリアではどんな形でもモーターのついた乗り物での移動は違法である。

　大自然は他の山地にも際限なくある。アラスカ州には、その他のアメリカをすべて合わせたよりもはるかに広大な大自然のエリアが広がっている。太平洋岸北西部の海岸山脈、カスケード山脈、オリンピック山脈はロッキー山脈と同じぐらい広大で、同じくらい天候が厳しい土地だが、植物が生い茂り、常に霧と雨が降っている。アリゾナ州の孤立した山地スカイ・アイランド山脈は不毛な砂漠地帯に囲まれている。東部では、山地はロッキー山脈ほど高くないが、ゴツゴツして危険なのは負けていない。ニューヨーク州のアディロンダック山地には森林限界よりも北に高山ツンドラの頂上もある。アパラチア山脈の北端、ニューハンプシャー州のワシントン山はアメリカでもっとも危険な山頂のひとつだ。全米でもっとも過酷な天候のいくつかを記録している。時速300km以上の風速が記録され、ワシントン山の斜面では160人以上の人が風雨、転落などアウトドアでの事故や災害で亡くなっている。

こうした運命を避けるための第一歩は"山歩きのための体づくり"をすることだ。高地での運動や作業は体調の良いときですら非常に体力を消耗するから、身体を鍛えていないと2日以上のハイクは難しい。筋肉の断裂とか、足首の捻挫とか、もっと悪い事態になることもある。同じことは海抜0mから高地に移動するときにも言える。山に行くときのための最大の安全策は、日常的にエクササイズをすること、実際に行く前に高地の環境に身体を慣らしておくことだ。身体面を整えておけば、高山病（531ページ参照）に罹るリスクを減らし、山でもっと楽しく過ごせるようになる。山にいるときは、単に早く高度を稼ぐことばかりを考えないことも重要だ。

ひとつの山脈はさまざまな種類の微環境、地質、植生、土壌が関連しながら存在している。経験豊富なエルク・ハンターは、エルクが山の尾根の南面に開けた斜面で草を食べた後、木々が生い茂った北の斜面に降りて眠るのを好むことを知っている。こういう知識があると、山地を歩くルートを決める際に非常に役に立つ。広範囲のハイクでは山の中で、青々とした草に覆われている川底や低木で覆われた砂漠や灌木が密生する斜面、鬱蒼とした森、岩だらけの雪崩路、木のない高山性盆地など、さまざまなタイプの地形を通ることもある。沼地にあるビーバーのダムや崩れやすいガラ場、切り立った崖を縫う細い道など、移動上の障害になるような場所に出くわすこともあるだろう。回り道をするのは面倒かもしれないが、予測して覚悟しておければ、気持ちが少しは楽になる。

山で遭遇する急斜面以外の困難は、薄い空気、また地形が変化しつづけることだ。とくに、山の天気は周囲とは別物で、予測なく変わる。冬にはハリケーン並みの暴風、夏には激しい雷雨、初秋のブリザードなど、山の荒天はいつ襲ってくるかわからない。この変わりやすさは、山を囲む谷から上ってきた暖かい空気が、高度が上がるにつれて冷え、湿気が集まる

ことによって起こる。強風が不規則な形に隆起している山の地形にぶつかって、予測不能な方向に向きを変えることも一因だ。この気まぐれな風の流れが嵐に加わると、短期間に大量の雨や雪が降ることにある。我々は山で何度も、日当たりがよく暖かい斜面にいるときに、ほんの数キロしか離れていない地点がブリザートと雷雨に見舞われているのを見た。我々の頭上で数分のうちに嵐が起こったことも同じぐらいある。こうした嵐はあっという間に過ぎ去ることも多いが、長く居座るケースも珍しくない。何日もテントにこもって霧と雨と雪をしのぎ、ときどきやってくる「晴れ間」に息をついたことも数知れない。危ないのは、こうした晴れ間にだまされ、荒天も峠を越したと思ってしまいがちなことだ。移動を再開しても安全かどうかは、しばらく待ってみて見極めたほうがいい。

山でやるべきこと、やってはいけないこと

- 地図を見て小川を探そう。人の手による歩きやすいトレイルや獣道は小川に沿っていることが多い。目的地に向かうのに都合のいい方向に小川があったら、川沿いの道を使うと鬱蒼とした森に当たらずに比較的平地を行くことができる。

- 強風と雨を逃れるには山を下ろう。一般的に、天候は山の下のほうより上のほうが悪い。

- スイッチバック式にハイクしよう。山の横腹をまっすぐ登っていってむやみにエネルギーを消費してしまうより、山の正面をジグザグに登っていって、体力を温存しよう。人が作ったトレイルがない場所でも、山の起伏をたどればできる。何キロか余分に歩かなければならないかもしれないが、苦労して急斜面を登るより、余裕を持って登れるルートを行くほうが精神的にも肉体的にも楽だ。結果的にはへとへとになってしまうこと

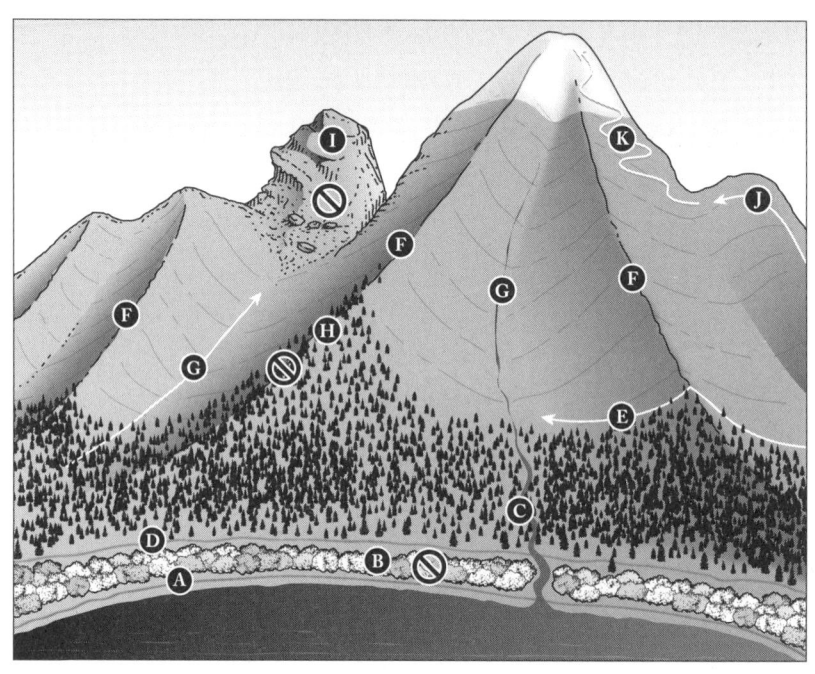

A: 獣道
B: 生い茂った藪
C: 川
D: 森林と藪の間を通るトレイル
E: 横方向の移動
F: 尾根

G: 川底
H: 木が多い北向きの急斜面
I: 崩れやすい垂直な岸壁
J: 鞍部
K: スイッチバック行路

なく、時間も節約できる。

● 迂回しよう。目的地へ向かう途中に急な尾根や山があって、それを完全に迂回することが可能なら、そうしたほうがエネルギーと時間を大幅に節約できる。急なアップダウンがある地域を避けて迂回できる獣道などもよく見つけられる。

● 尾根沿いにハイクしよう。尾根の上、背骨の部分は自然の作った平らな

トレイルなので、すべてのトラブルを回避させてくれる理想的なルートである。指状に連なる小規模な尾根をつたって大きな尾根にたどり着こう。

- 峠や鞍部を使おう。鞍部は山と山、あるいは尾根と尾根の間のU字型にへこんでいる、文字どおり鞍のような形の部分だ。ひとつの川から別の川へと入るのに最適な場所であることが多い。しっかりと道がついているトレイルや獣道は、こうした鞍部を通り抜けていくことが多い。峠道は川の水源で見つかることが多い。大きな山と山の間を移動していて、あまり目立つ道がないときは、小川をさかのぼって高地性盆地を探すといい。こうした盆地は、川の上流の水源にある鞍部の大きなものである。

- 山で引き返すことになったら、降りる方向を正しく選ぶことが賢明だ。一般的に、救助隊に発見されるのは山頂よりも谷のほうが多いからだ。動きはじめる前に眺望がきく地点まで登って、降りていける範囲に道や人間の集落などがないかをチェックしよう。

- 断崖絶壁で立ち往生しないようにしよう。これは危険で恐ろしい状況だ。多くの場合、急斜面を登っている途中で、これ以上安全に登ることも落下せずに下に降りることもできないと気づく。つまり、断崖の岩壁で身動きが取れなくなるのだ。地形図をよく調べたうえでルートを選ぶこと。等高線が積み重なっている場所は急斜面だ。しかしどんなに詳細な地形図でも、稜線にある6mの細道がその先で通れなくなっていることまではわからない。できることなら、等高線の間隔が広いところを通るルートを選ぼう。

- 賭けに出てはいけない。我々はこれまでに山で何度も、うまくいくほうに賭けて近道をして失敗している。キャンプに戻るために夜、8kmもハイクしなくてはならなくなったら、近道を見つけたいと思うのは人情だが、いまたどっているルートが本当に危険でないかぎり、面倒でも知ってい

るルートを外れないほうがいい。最短で、もっとも通りやすそうに思える道を見つけたとしても、行ってみたら危険で、困難なルートかもしれないのだ。

- 直進できると思ってはならない。スマートフォンやGPSユニットで見ていると、目的地までまっすぐに進んでいけそうでも、実際に試してみると無理だったりする。GPSは倒木や生い茂った藪、岩屑地帯や岩だらけの場所など速く安全な通行を邪魔する自然の障害物のことまでは教えてくれない。回り道をしたほうがいいときもある。

- 一度登った高度を無駄に降りてはいけない。急斜面を登っているとき、障害物をよけたり、通りやすいルートを探そうとして、下に移動しないようにしよう。下りのルートは障害物がなくて速く行けたとしても、下に降りて、そこからまた登ることを考えれば時間とエネルギーを無駄にする場合のほうが多い。

- ハイキングと登山にはちがいがあることを理解しよう。ハイカーは手足とトレッキングポール2本だけでは行けないエリアに入るのはあきらめよう。ハーネスやカム式アッセンダー〔登高器〕やビレイデバイス〔下降器〕やクイックドロー〔墜落を止めるために使う2枚のカラビナをスリングでつないだ器具〕などの装具は非常に専門的だ。こうした装備を使うには専門家の指導のもとに使用経験を積む必要がある。

雪と氷

雪や氷がほとんどない世界の地域では、雪と氷は珍しくて美しい特別なもののように考えられている。街なかに雪や氷があるときは、運転に気をつけないと危険だが、数日でなくなるから普段の生活はそれほど変えなく

てもすむ。しかし自然界では、雪と氷は非常に過酷な障害物であり（あるいは見方によっては資産だ）、何ヶ月間、あるいは1年のほとんどのあいだ、あたりの景色を変えてしまう。こういう地域では、雪と氷への対処を覚えておくことが絶対必要だ。自然の中でチャンスを最大限にしたいなら、凍りついた土地でも居心地よく旅できるように準備をしよう。

雪のトレイル

　浅い雪、正確には30cmぐらいまでの深さの雪ならそれほど問題はない。ブーツが濡れたり、滑りやすくなったりはするが、それはちゃんとした靴やゲイター、トラクションデバイスやグリップ付きのソールで簡単に解決できる。足首くらいまでしか雪が積もっていないところでスノーシュー〔かんじきのような雪上歩行具〕を履いて楽しんでいる人をよく見るが、その深さの積雪を移動するのにスノーシューはとくに役に立たない。そもそも重いし、歩きにくいので、膝下より深く積もっているときでないと履くメリットがない。

　深い雪の中を歩くのは疲れるし、ふだんとはちがう筋肉の使い方をするので疲れやすい。通常の乾いた土地でのハイクなら、数キロ歩いてもせいぜい膝の後ろの腱が少し痛くなる程度だが、深い雪の中を歩く場合は1〜2kmでふくらはぎから腰まですべての筋肉が悲鳴をあげる。同行者と一緒に雪の中を苦労して進むときは、できるだけ強力なハイキングシューズを履き、先頭を歩いてトレイルを切り開こう。あとから続く人たちは恐縮するかもしれないが、先頭の人が踏みしめたブーツの足跡を歩いていくことで足をとられにくくなり、遅れが最小限になる。可能なら、一定時間経ったら先頭を交代し、グループ全体のエネルギーをできるかぎり長持ちさせよう。

「ポストホーリング」というのは、いつもの歩幅では進めないような深い雪のなかを歩くときの言葉だ。一歩一歩足を前に出すのではなく、足先を雪に突き刺し、それを上に引き抜いて前に進むのだ。楽々できるものではないし、雪の表面が凍っている場合はとくに大きな力をかけなければならない。あるいは、そうした場合は夜か早朝だと、雪の表面がより厚く凍っているので、その上から足先を突き刺すことなく歩けるかもしれない。しかし、歩けるほど硬い氷は急斜面では滑りやすいという危険がある。足をとらせて滑り落ちはじめたら、止まるのは非常に難しい。30度の斜面では自由落下とほぼ同じ速度で体が落ちていく。リスクが感じられるときは、ゆっくり地面を蹴って足を置いてから、次の一歩を踏み出そう。ピッケルやとがった棒、あるいはナイフなどでもいい、硬い雪に刺せばそれを支えにすることもできる。

　スノーシューは、足の裏の表面積を増やすことによって雪の中に沈み込まないようにする道具だ。木枠を生皮で包んだものだった昔から、デザインは変わらない。もっとも汎用性が高く丈夫なスノーシューは、金属のチューブにコーティングをし、蝶番付きの使いやすいビンディングがついたもので、さまざまなブーツに装着することができる。よくあるタイプでは、足の親指の付け根の下にくるように金属製の歯がつけられていて、氷や固まった雪をかんじきのようにつかむ仕組みになっている。のこぎり状になっている金属が踵や側面についているモデルは、さらに雪をつかみやすい。スノーシューで移動するときは、両手にスキーのストックやトレッキングポールを持っていると役に立つ。斜面や岩場、重いバックパックを背負ってバランスを取らなければならないときにはとくに。

　もちろん、条件が揃っていれば、スノーシューよりスキーのほうが長い距離をずっと効率的に進める。トレイルを外れてさまざまな環境をスキー

で滑る際は、ノルディックスキーという、昔ながらのクロスカントリー用の短くて厚い硬めのスキー板を使うことが多い。整備されたルートではこれがいちばん合っている。たいていのノルディックスキーには金属製のエッジがついている。固められた雪なら10cm前後、粉雪なら1〜2mほど積もった雪上で方向転換をするのに必要だ。平地から急な下り坂までさまざまな状況に合わせて、長さも幅もさまざまな種類がある。地形が急であれば、それだけ長く、幅広で、重いスキー板が必要になり、どんどん滑降スキー用の板に近づいてくる。ブーツとビンディングにも同じ原則があてはまる。スキーが重く頑丈になればなるほど、速いスピードで滑降しているあいだにスキーをしっかりコントロールできなければならないため、ブーツやビンディングも重く頑丈になる。滑降のパフォーマンス向上と引き換えに重さが増すのだ。軽めの装備では斜面を下る際のコントロールが弱くなるが、そのぶん上りは楽になる。

　スキーを履いて斜面を上るには、フィッシュスケールというギザギザした部分がスキーの裏側にあるか、クライミングスキンが装着されていることが必要だ。クライミングスキンはもともと、北極の人たちが雪の積もった土地を効率よく移動するためにアザラシの皮をスキーに縛りつけていたものだ。今日ではクライミングスキンはナイロンとモヘアの生地でできていて、再利用できる糊でスキー板の裏側に貼り付けられている。この糊はあとできれいにはがせる。生地の中の毛がすべて後ろへと向くように貼る。クライミングスキンを斜面に置いて滑らせると、スキー板の裏側についた生地の毛は寝て平らになる。止まって、こんどは体重を乗せてスキーを後ろに向かって蹴ると、毛は雪の中に押し下げられる。フィッシュスケールとはスキー裏側のビンディングの下にあたる場所に、滑り止めのためにギザギザした模様が刻まれていたり、成形されていたりするものだ。クライ

ミングスキンと同じように、上りの際に雪をつかみ、後方へのスリップを防ぐ。どちらのシステムもよく働くが、フィッシュスケールをつけたスキーのふうが、クライミングスキンをスキーに装着し、必要がなくなったら外す作業をしなくていいから便利だという人もいる。

氷の上の移動

凍った池や湖の上を歩くとなったら、大きな恐怖を感じる人もいるだろう。心臓が止まるほど冷たい水に落ちてしまうリスクを考えれば、たしかに平穏な気持ちではいられない。勇敢な誰かが歩いたのを見届けたうえで行くのではなく、新しい氷の上を先頭を切って進まなければならないときにはなおさらだ。しかし、氷には一定の敬意を払うべきだが、恐れる必要はない。常識と健全な慎重さがあれば、氷の下ではなく、上を渡っていけるだろう。

氷が安全かどうかを考えるときに見るのは、厚さとしっかり凍っているかどうかだ。どちらも斧や小鍬や錐で氷に穴を開けてみるとわかる。厚さについては、多くの人に受け入れられている親指ルール〔7.5cm程度の厚さがあればOK〕というのがある。全員ではないというのが重要な点で、氷の上を歩くときの安全な条件については少なからぬ議論がある。

どんな厚さのルールを用いるとしても、前提条件としてその氷がしっかりしていることが必要だ。いちばんよいのは濃い色をしているが濁っていない氷だ。白っぽい氷は泡や凍った雪を含んでいるので、濃い色の氷ほど丈夫ではない。できてから何週間か経った氷は層になっているように見えるが、これは何度も凍ったり溶けたりをくり返したり、その間に雪が積もったりしているからだ。氷を切り取って、断面を横から見るとその層をはっきりと見ることができる。暖かい天候の日に、いちばん上の層が柔らか

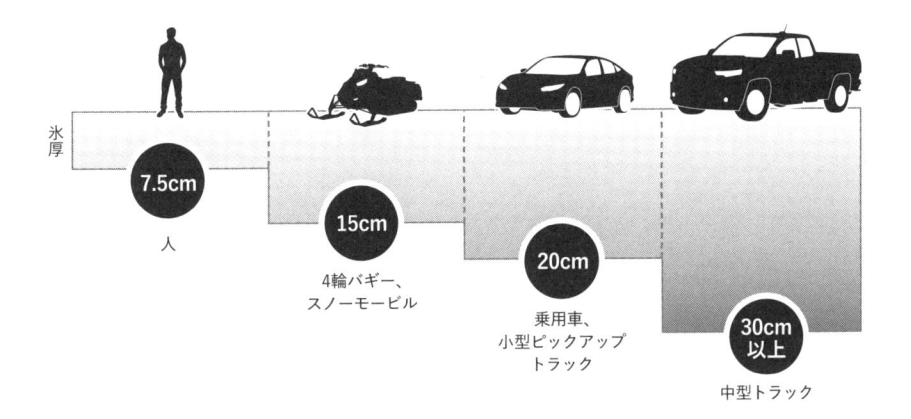

氷厚

7.5cm
人

15cm
4輪バギー、
スノーモービル

20cm
乗用車、
小型ピックアップ
トラック

**30cm
以上**
中型トラック

くて、よくない状態に感じられても、下のほうの層がしっかり凍っていれ
ばいい。いちばんの上の層が本当にひどい状態の場合は、そのぶんの厚さ
を引いて、いい状態の部分の厚さだけで考えよう。氷の上の移動は、積も
った雪が半溶けの状態になっていたり、氷上に水たまりができていると、
とてもやりにくい（それにとても濡れる）。雪の上にかかる重さは下の氷にもかか
るので、下から水が上がってきて、氷にある穴や端からあふれ出してくる。
こうした水の表面がそのうち凍って、さらに層をなして凍ると、もともと
の氷との間にサンドイッチのように水が挟まれることもある、ここでもま
た、氷の安全をはかるときには、こうした上の層は計算に入れず、下のほ
うのしっかりした、まじりけのない氷の部分だけを考えよう。

　池や湖、海や川などがす、一帯すべて均一に凍っていることはめったに
ない。水の流れが氷の厚さに非常に大きな影響をあたえるからだ。たとえ
ば川では岸の近くは安全に渡れる氷ができるが、川の真ん中は流れが速い
せいでまったく凍らない。凍った川や小川を渡る際に危険なのは、氷の厚
さが均一ではないせいばかりではなく、もしも氷が割れて水に落ちてしま

ったら、そのまま氷の下を流されてしまうからだ。水中から氷を破って出口の穴を開けられるチャンスはほとんどない。穴に落ちてそこから流されたら、ほぼ死んでしまうのだ。マスクラットやビーバーの通路が氷の厚さに影響をあたえていることもある。彼らは巣穴や家の近くで、氷の中にも細い通路を作る。氷穴釣りの釣り人が丈夫さを疑わずに20cmの氷に片足で乗り、氷が割れて、そのまま次の一歩を半分凍ったビーバーの通路に突っ込んでしまうこともある。水面下の湧水や支流、腐敗した水生植物や強風による圧力で動かされるなどによって、氷が危険な状態になることもある。足もとや車輪の間の氷の状態は、定期的にチェックしよう。頻繁に斧や小鍬で氷に穴を開けてみたり、氷の色の変化を観察すること。突然色が変わっている場所は、氷の古さが異なる場合が多い。チェックしてから進もう。そして耳を澄ましていよう。氷からはたくさんの音がする。なにも悪い印ばかりではない。ブーンと響きわたる音や一面に広がっているような割れ目はその氷が厚く、大きくなっていることを示す。足の下から一本まっすぐに走っている細い割れ目は悪い印であることが多い。

　氷は水に浮く。氷の強さとは、下からしっかりと水に支えられているかにかかっている。とくに川では、水位が下がると氷が宙に浮いてしまうことがあり、これは危険だ。ちょっとした圧力で氷が割れ、まだ凍っていない水に落ちることになる。川の水はときどき急激に水位が落ちて、その後ふたたび凍り、結果ふたつの氷の層の間に中空の部分ができることがある。まれではあるが、そこに人が落ちることもある。

　氷上を歩いているときのもうひとつのリスクは風だ。とくに凍りついた湾や入江など、より広い海や湖などにつながった場所が凍ると危険だ。強風で海面に浮いた氷が吹き上げられ、穴釣りをしている人なども一緒に飛ばされ、陸地への道を断たれてしまう。五大湖地域では、こうした窮地に

陥った人を救助するためにヘリコプターやホバークラフトがよく出動している。

　薄い氷の上を歩くときは、ほかの人との距離を空けること。一列になり、3m以上離れておくと、最初の人がすでに通って大丈夫だとわかっている氷を次の人が歩くことができる。こうすると、最初の人が氷を踏み割ってしまっても、助け合える。氷の上を歩くときは最低でも、アイスセーフティピックは持っていこう。氷の穴から水に落ちてしまうと、自力で這い上がってくるのは非常に難しい。アイスピックがあれば、濡れて滑りやすい氷にも鋭い針を突き立てることができる。釣具メーカーFrabillは首にかけられる格納式のモデルを出している。氷に押しつけると、とがった先端がしっかりと氷に食い込む。もうひとつの技は、2.5〜3mほどの長いポールを持っていくことだ。氷を踏み抜いてしまったら、ポールの先端で穴の縁をつかむことができるので、それを手掛かりに氷上に出ることができる。

　薄い氷の上で危ない状況になったら、体重をできるかぎり分散させることだ。究極の形は腹這いで、氷の上を滑りながらゆっくり進む。かなり薄い氷でもこの方法なら渡れる場合があるが、欠点としては身体じゅうびしょ濡れになってしまう。

　スノーモービルや4輪バギーや車、トラックで氷上を走るときは最悪な状況に常に備えていなければならない。最低でも車やトラックは車間距離を20mはとり、氷上に駐車する場合は数時間おきに移動させること。可能な場合は、ほかの車が通ったルートを通ろう。窓を開け、ドアのロックはせず、シートベルトは外しておこう。窓を開けておくには寒すぎる場合や、後部座席にも人が乗っている場合は、後部のウィンドーを開けよう。

　氷が割れて落ちたときにはみずから助かる努力をしよう。アイスピックを使ってすぐに脱出できなかったとき、まず生じるリスクは冷たさでショ

ック状態になる、泳げない、溺れるなどで、2時間ぐらい経つと低体温症により死亡する危険が高まる。溺死を防ぐには、呼吸を整え、なるべく早く冷静さを取り戻そう。体力を消耗しないうちに、バックパックやスキーブーツなど、身体の動きを制限する邪魔なものを手放そう。ほかのどの場所でもなく、落ちた地点から脱出できるようにエネルギーを集中しよう。少なくとも、そこまで渡ってこられるほど氷が厚かったのが確かなのだ。アイスピックがなかったら、氷に突き刺して手掛かりにできるようなものはないか考えよう。ポケットナイフ、ベルトのバックル、カーバイド製トレッキングポールの先端などだ。気温が0度よりかなり低かったら、腕を氷の上に出して、ジャケットが氷の表面に凍りつくようにしよう。水から上がるための手掛かりにできるかもしれない。本能的に、アザラシのように水を蹴って、胸から氷の上に上がりたくなるかもしれないが、正しい。それこそすべきことだ。それから片足を氷の上にあげ、身体ごと転がって穴から遠ざかろう。滑ったり、這ったりして、できるかぎり体重を分散させ、安全な氷のところまで逃れよう。低体温症にならないように、身体を動かしつづけて体温を保持すること。

　水に落ちた人の助け方について。氷の上から助けるのは、落ちた人と同じレベルの危険に身をさらすことになるので、助ける側も非常に危険だ。理想的には、救助する側は離れたところから、急流でのセルフレスキューで紹介しているやり方を相手に教え、脱出できるよう指示をするといい。それがうまくいかないときは、投げたり、伸ばしたりできるものを差し出そう。ロープ、衣服、木の枝、ハシゴなどその人を引っ張り上げられるだけの丈夫さと長さがあるものなら何でもいい。これも不可能だったら最後の手段だ。這ったり、ずるずる滑ったりして近づき、手を差し伸べよう。助ける側の人は浮くための装備を身につけたり、安全な位置にいる他の人

の手を借りたり、ロープを身体に結びつけたり、ポールを差し伸べたりできるといい。

氷河

　概して氷河は、凍った湖や川よりもずっと危険だ。氷河の上の移動には特別なスキルと装具が必要となる。気軽な装備でやってきたハイカーは、氷河の上の移動はやめたほうがいいが、登山者や高地のハンターは氷河を利用することも多い。目的地へ行くには、氷河をどうしても渡らなければならないときがある。氷河の表面はなめらかなので、ほかの方法では進めない地域を素早く移動することができる。

　そんな状況でも、氷河はとても慎重に渡らねばならない。慣れていない場合は、経験豊富な同行者がいるのでもないかぎり、なんとかして氷河以外のルートを探そう。

　氷河は常に変化している。山地では、氷河は1年に45〜450m、斜面を「流れ」落ちていることもある。もっとゆっくりな場合も、もっと速い場合もある。氷河が生きているからこそのダイナミックな現象だ。深いクレバスや裂け目がもっとも危険だ。わずか10cmほどの幅しかなく簡単に飛び越せるようなものだったり、何メートルもの幅があるがその上にアーチ状に雪が積もっていてかくされており、上を通ると崩れ落ちるという場合もある。

　氷河自体の動きによって表面が不安定になることも多い。峡谷に侵食しているようば場所では氷と岩が混ざり合って、動く板のようにそびえ立っていることもある。できるかぎり、氷や岩が落ちてきそうな場所は避けよう。とくに気温が高めなときは氷や雪が溶けて、緩みだすので気をつけること。氷河を取り囲む堀のような溝、モートは深いので本当に危険だ。

モートは太陽の光で温められた岩に接している氷河の壁が溶けてできる。深く、滑りやすく、あっという間に人を呑み込み、脱出はほぼ不可能な場合もある。岩肌と氷河の間を移動しなければならない地点はかなりの難所だ。すき間のモートに落ちないよう、安全な場所をよく見極めてからジャンプし、愚かな間違いをしないこと。

　氷河が溶けると、その水が別の難題も引き起こす。氷の上に流れの早い水流ができることがあるからだ。非常に滑りやすいというくらいでは表現が控えめすぎる。それだけでなく、氷河が溶けた水は氷河に穴を開けてトンネルを作ったり、氷の表面の下へ流れ込んで、川のようになることもある。もしも安全に渡れるかどうか自分の能力に少しでも不安を覚えるようなら、けっして氷河が溶けた水の流れを渡ろうとはしないこと。

雪や氷の上を移動する際にやるべきこと、やってはいけないこと

- サングラスや日焼け止めは暑い場所だけのものとは考えないこと。一般的なつらさに加えて、雪や氷への日光の照り返しで目が痛み、見えなくなることもある。また、気温の高低に関係なく、肌の露出している部分はひどい日焼けをする。高地ではさらにひどくなる。

- 凍った湖や川の上を移動するときは、氷をキャッチする装具をブーツに装着すること。なめらかで雪が積もっていない氷の上や、強風が吹く可能性がある場所ではとくに必要だ。氷に足掛かりを作れずに、強風で飛ばされていく人々を我々は目撃している。

- 雪や氷河の上を登っていく場合は靴底にアイゼンを装着することを検討すべきだが、アイゼンのせいでトラブルに陥らないようにしてほしい。アイゼンは訓練を受けた上級者以外の人にとっては、危険な場所に挑戦するときに使うものではなく、危険から脱するために使うものと考えるべ

きだ。

● 氷河の上の移動を避けられないなら、気温が低い午前中のうちにしよう。暖かくなると氷が溶け、水の流れや氷瀑、落石が増えるからだ。氷河が溶けた水によってできた小川や川も同様だ。一日のうち水位がいちばん高いのは午後遅くで、いちばん低いのは夜明け前なのだ。

● 革製のブーツなどで雪山に出るときは、SNO-SEAL などの防水ブーツワックスを塗っておこう。雪が水っぽいところではとくに必要だ。防水ワックスなしだと、水分の多い雪のせいで、まるで水の中に立っているかのように、あっという間にブーツに水が染みてくる。

● 記憶を頼りに元来た道を引き返せると自分を過信しないこと。雪に残った自分のブーツの足跡を逆にたどろう。気候などの条件が良ければ、足跡は数日、あるいは数週間残っていることさえある。しかし、雪が急に溶けてしまったり、吹雪になったりすると、すぐに消えてしまう。

● 移動ルートを計画するときは太陽が当たる向きを考慮しよう。南や東に面している場所は日光がよく当たるので、雪が少ないことが多い。北や西に面している場所はより雪が多い傾向にある。風によっても大きなちがいができる。山の風上側から吹きつけてくる雪は、風下側に深い雪溜まりとなって積もる。

スキル：雪崩の避け方と生還する方法

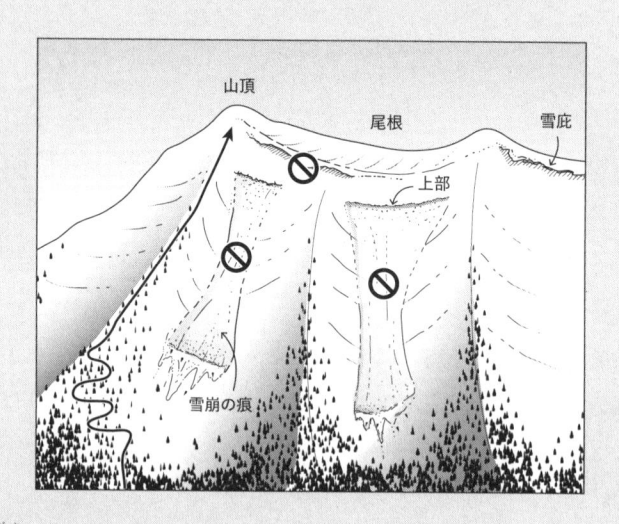

雪崩は山の斜面に積もっていた大量の雪がはがれ、そのまま下に向かって猛スピードで激しく滝のように振り注ぐことで起こる。アメリカ国立気象局によると、コロラド州では毎年何千件もの雪崩が発生し、平均6人の死者が出ている。アメリカ全体では雪崩に関連する死亡事故が年間に25〜30件起こっている。

死亡者リストにもっとも多く見られるのは、スノーモービルで雪山を走っていたグループで、その次がスノーバイク（自転車）、スキー、スノーボードの人々だ。

雪崩による死亡の原因は、ものすごい力で押し流されて岩や木に叩きつけられたり、崖から落ちたりして身体を強く打ちつけ怪我をすることと、雪に埋もれて窒息することが多い。冬に未開の山にあえて入る人たちは、バックパックに基本的な雪崩サバイバル装備

を入れていくべきだ。それはビーコン、シャベル、ゾンデ棒だ。しかしそれを持っていくだけでは十分ではない。ちゃんと使いこなせるようにしておくことと、国立雪崩教育研究センターのカリキュラムを使った雪崩安全コースを少なくともレベル1だけでも受けておくことが必要だ。

　もしも雪崩安全コースを受けていなくて、冬山にいるとしたら、覚えておくべき重大なことがある。雪は冬のあいだ何度も降っては積もっているので、何層にもなっている。雪のタイプや温度によっては、こうした層は強くくっつき、固い頑丈な雪の塊になっているかもしれない。丁寧に観察すると、そのちがいは目視できる。頑丈な雪の塊は雪片どうしが手をつなぎ合っているように見え、もろい雪の塊は、ボールベアリングが積み重なっているかのように見える。

　深い雪と急斜面というふたつの条件さえ揃えば、雪崩はいつ起こるかわからない。まれに、アパラチア山脈北部の高い山頂でも起きる。カリフォルニア州のシエラ・ネバダ山脈やワシントン州のオリンピック山脈のような場所では、雪崩は頻繁に起きている。穏やかな海洋性気候で気温の変化が少なく、水分の多い雪はだいたいしっかりとした雪の塊になることが多い。それに比べてロッキー山脈では気温が極端に上下し、乾燥した気候なので、雪の塊はしっかりしておらず危険が大きい。コロラド州やモンタナ州では冬のあいだ夜の気温は氷点下まで下がる一方、日中にプラスの気温になることもよくある。春が来ると気温の変動はさらに顕著になり、夜は0度よりもずっと下がるが、日中は15℃を超える。気温が上がるにつれて、凍ったり溶けたりのくり返しによって雪片どうしの結びつきが弱くなる。これによって、降り積もった雪のそれぞれの層の

つながりが壊れ、そして雪崩が起こるのだ。春の雪崩は規模が大きく、破壊力も大きい。山から雪の塊全体がいっぺんにはがれ落ちてくるからだ。ひとたびそれが起こったら、山のふもとまで一気に落ちていって、あとには剥き出しの岩と倒木しか残らないこともしばしばだ。

　雪崩が起きやすい地域に行くなら、特別な配慮が必要だ。雪崩の季節に危険度が高い雪山へ行く場合は、事前にオンラインで雪崩予報をチェックすること。雪の塊が不安定になっていることを示す次のようなサインに気をつけることも大切だ。

- 雪崩のリスクは30〜45度の斜面がとくに高い。30度未満の斜面では、そこまで重力に雪の塊は引っぱられない。45度より急な斜面では、雪は常に落ちていて、層を作ることがない。
- 雪の割れ目や、以前の雪崩でできた盛り上がった部分がないか気をつけていよう。
- スノーシューやスキーで移動している場合は、足の下の雪や落ちていった雪が「ゴー」という音を立てていないか注意しよう。これは不安定な層が壊れた音だからだ。平地でならまったく危険ではないが、不安定な雪塊があぶなっかしく山肌に引っかかっている状態だと、雪崩が起きるきっかけになる。
- どんなときでも、深く雪が積もった急斜面からは離れていること。斜面が平地に出合う地点、「法先」も避けること。積雪がいつ崩れてもおかしくない状況にあると、斜面の下での人の動きがきっかけになって連鎖反応が起こり、はるか上の地点で雪崩が発生することがある。トランプで作った家の下のほうのトランプを一枚抜くと、家

全体が壊れてしまうのと同じだ。

●古い雪崩の痕には近寄らないこと。斜面を通る幅が広くてなめらかな川底のような道になっていて、何も生えていないか小さな若い木が点々と生えているだけの状態だ。成熟した木が生えているとしたら、それは雪崩の勢いに耐えた木なのだが、下のほうの枝はなくなっているはずだ。幹だけになっているか、斜面の下側のほうにだけ枝が残っているので、それを見ればどちらから雪崩がやってきたかがわかる。一度雪崩が通ったところは、ふたたび雪崩が通る可能性が非常に高い。こうした道を徒歩やスノーモービルで通ると、新たな雪崩を引き起こしてしまうかもしれない。

●小さな谷や峡谷は死の罠になることがある。大きな山の山頂から離れたところにあるこういう地形は、雪崩によってできたものが多い。急斜面のある深さ6mほどの小さな谷は300m級の雪崩道（アバランチシュート）と同じ状況で同じ結果に至ったものだ。

●雪庇やその下の斜面には近づかないこと。雪庇とは、山の稜線の風下に張り出したひさし状の積雪のことだ。雪は稜線の風上側から吹きつけてきて風下側に積もり、雪庇ができるとともに下の斜面へさらに雪が積もる。雪庇の上を歩くと崩れて、雪崩を引き起こすこともある。

●剝き出しになっている岩や吹きさらしの尾根がないか、よく見よう。どちらも雪が浅く、野生の山羊や羊が冬を越す場所であり、安全に通り抜けられることが多い。

●春、急斜面の雪は午前中はしっかりしているが、日中になって気温が上がるにつれ滑り落ちやすくなってくる。春に雪が積もっている急斜面を通る際は、なるべく朝早い時間にすること。

●木が密に生えている場所は安全だ。木々が雪を止める錨（いかり）のようになっているし、木がそれだけ生えているということは、過去に雪崩が通っていないという証だ。雪崩が起きりやすい条件が揃った斜面には、くり返し雪崩が起きることが多い。

もしも雪崩に巻き込まれたら、雪の中を「泳い」で表面に留まる努力をするか、雪崩の通り道の横へと這い出る努力をしよう。そうしていれば、自分で這い出す場合も、救助隊に発見してもらう場合にも役に立つ。もしも埋もれてしまったら、両手で雪を掘り自分のまわりにできるかぎり空間を作ろう。酸素を少しでも確保して窒息を防げば、救助隊が来るまでの時間を稼げるかもしれない。掘ることができても、埋もれてしまってからでは上下がわからなくなっているかもしれない、そのときは手より下のスペースにつばを吐いてみて、それがどちらに落ちていくかを見れば、どちらが下かわかる。その反対方向に掘っていけば、雪の上に出られるはずだ。

森

アメリカには広く伝わっている伝説がある。それはヨーロッパ人が来る前は、樹上生リスは大西洋沿岸からミシシッピ川まで一度も地面に降りないで移動することができた、というものだ。当時は山火事や嵐によって、一定の地域で森林が破壊されていたし、アメリカ東部に空が見えないほど鬱蒼とした森林ができる前にはすでにネイティブアメリカンが住んでいたので、この話は本当ではない。当時、更新世後期のアメリカ東部は今

のアラスカ内陸部に似ていた。けれど、リスとどこまでも続く森を想像するのは、現実かどうかは別として楽しいものだ。そしてなんだか不思議に心が癒される。この本を読んでいる人の多くは、この章で述べた他の過酷な環境より、森のほうが馴染みが深いだろう。山脈や氷河や砂漠がみな近寄りがたく見える一方で、森はそれほど恐ろしくないと感じるのではないか。森には水がある。日の光をさえぎるシェルターがある。だいたいにおいて食料も豊富だ。天候は穏やかであることが多い。森には住めるはずだ。

しかしながら、森を移動するには特有の困難もある。まずは空が木々で覆われているし、森の景色はどこも同じように見えるため、方角を見失いやすい。どちらを見ても同じ景色で、しかも遠くまでは見通しがきかないので、自分の進み具合を確認することが難しい。簡単に、計画したコースを逸れてしまうし、昼食をとったあと立ち上がったら、それだけでどちらから来て、どちらに向かっていたのかわからなくなったりする。この問題を自力で解決する確実な方法はない。できる対策はこの章の最初で述べたように、周囲の状況によく目を配りつづけること、そしてコンパスやGPSなどのナビツールを面倒臭がったり、軽く考えたりしないで、きちんと使うことだ。

森の中を移動する際は、トレイルがあると非常に助かる。獣道もいいが、ずっとたどっていった末に消えてしまうこともある。利用できるときはしたほうがいいが、安易に獣道を頼るのはやめたほうがいい。シカの寝場所や餌場に続いていることも少なくないからだ。シカが考えるよい寝場所やちゃんとした食事というのは、人間の考えるものとはだいぶちがう。一方で、人が作ったトレイルは非常に価値がある。大きな水源や道路といった人間が作ったインフラを結んでいることが多いからだ。最低でも、進むの

が大変な地域をスムーズに抜けられるようになる。下生えや倒木のせいで
トレイルが消えかけていることもあるから要注意だ。途中でトレイルが消
えてしまっても、その地点から25mほど半円を描いて進んでいくと、続き
が見つかることが多い。木につけられた古い目印（幹に斧でつけられた刻み目）やリ
ボンなどの目標も探してみること。のこぎりで切った丸太があったら、そ
れはかつて一度はそこにトレイルが通っていた印だ。

　生い茂った藪、それもとくにハンノキやイバラの藪はもっともよく遭遇
する障害だ。周りが見えなくなるし、衣服やバックパックにからまったり
して、前に進めなくなる。トレイルを外れないようにして藪を避け、木や
草がまばらなところを選んで進もう。そういうところは遠くから見ても地
面が明るくなっていたり、空が見えたりするので判別がつく。こうした場
所に出られたら、ほんの数分間でも藪から逃れることができる。視界の中
でいちばん高くて大きな木に向かっていくのも藪を避けるひとつの方法だ。
森の上部の枝（林冠、キャノピー）が光をさえぎっている場合、地面にはそれほ
ど草が生えていないので進みやすい。藪を避ける、あるいは少なくとも藪
に入るリスクを最小限にするためには、なるべく高いところを進むといい。
谷底に比べ、尾根の稜線は藪が少ない。低い場所のほうが湿気と土壌に
恵まれているからだ。

森の移動でやるべきこと、やってはいけないこと

● 落ちてきそうな"枯れ枝"の下でキャンプをしないこと。この言葉は一般
　　的に、倒れかかってる木が周囲の木とからみ合っている状況を指している。
　　枯れた枝や傷んだ幹が外れて落ちてきたりする危険がある。激しい嵐の
　　際にテントで横になっていると、明け方までに周囲で木が倒れる音を何
　　度か耳にすることも珍しくない。強風や湿った雪のせいで、衝撃的なほ

どたくさんの枝が落ちることもある。

◉ キャンプをする際は開けたところや草原を探そう。上から木が落ちてくる心配がないし、太陽の位置も把握できる。狩猟をするなら、森の中で木や草がまばらな周辺には野生動物の棲処があるので、獲物を見つけやすい。

◉ 森林地帯でキャンプファイヤーをする際には十分に注意すること（388ページ参照）。火を消したつもりでも、森の地面に積もっている落ち葉や針葉樹の針が目に見えぬまま何日間もくすぶりつづけていることがある。それが燃え上がるには、さっと風が吹くだけで十分だ。

◉ 倒れている丸太を利用すると、スムーズに移動できる。とくに藪が深く生い茂っているようなところや、小川を渡るときなどには役立つ。けれど、この天然の平均台を渡る自分の能力を過信してはいけない。湿っていて、苔に覆われている丸太は非常に滑る。その倒木が地面から60cm以上の高さのところにあったら、やめておくこと。楽に進めるのはいいが、足を折るリスクを冒してはいけない。

◉ 同じ場所をぐるぐる歩き回りつづけないように気をつけよう。深い森の中では方角を見失いやすいが、遠くの木を目印にすればまっすぐに歩きつづけることができる。向かっている方向にある高い木を選び、その木をめざして歩くこと。それから、さらにその方向の先にある次の木を選ぶ。それを目的地まで続けるとよい。

◉ 木に登って辺りを眺めよう。3〜5mほど上がっただけで、地面に立っていたときには見えない遠くまで見渡せる。

◉ 深い森では通った道に印をつけよう。開拓者たちは帰り道がわからなくならないように、「トレイルブレイザー」という係の者が目印をつけていた。トレイルブレイザーは手斧で木の幹の樹皮に傷をつけて、よく目立つ印「ブレイズ」をつけていた。現代の我々は、そのハイテクバージョンとして、

411ページで述べたようにGPSに昨日の通過点を記録していくことができる。あるいは木の幹や枝の目の高さのところに、鮮やかな色の捜索者用のテープを一定の距離を置いて巻きつけておく。我々はかつて、夕方暗くなりはじめる時間帯にヘッドランプの光でも見分けやすいよう、木の枝にこうした目印をつけていた。立ち去るときには、必ずテープなどの物理的な目印は外して持ち帰ること(本当に、外すこと!)。

デマに注意：苔の神話

サバイバルをめぐる言い伝えのうち、もっとも古いもののひとつに、苔はいつも木の北側に生えるから、方向を特定するのに使えるという言葉がある。本当のところは、苔は方角のことなどまったく気にせず生えている。苔は木の幹や岩や、あとはログキャビンなどにも生えるが、その際の条件はふたつだけだ。湿気があることと日陰であること。同じ方向に苔の生えている木ばかりがあるというのなら、それはその周辺の木は同じ条件であり、ほとんどの日、正午に日が射していないということだ。北半球では、木の北側は日陰であることが多いが、苔は条件が合う場所ならどこにでも生える。木の根元の片側に小川があって、反対側は乾いた土地だったら、苔は小川側にたくさん生えている可能性が高い。垂れ下がって、先が水に浸かっている枝から幹に水が垂れてきていたら、そこにも苔は生えやすい。木の幹の角度も考えよう。その木が東向きの急斜面のほうに傾いていたら、陰になっている部分には苔が多いだろう。それから頭上が厚く枝葉で覆われていて、地面まで日の光が届か

ないエリアでは、苔はどこにでも生えている。無数の植物による天蓋に覆われた、湿気の多い熱帯雨林ではそうであることが多い。いずれにしても、森にいるときは、苔がどういう場所に生えやすいかに注目しよう。その地形のことがよくわかってくる。しかし方向を知るツールとして頼ってはいけない。太陽と星、あるいは、それよりもコンパスを頼るべきだ。

砂漠

　アメリカの南西部には大きな砂漠地帯が広がっている。テキサス州西部のチワワ砂漠、アリゾナ州南部のソノラ砂漠、カリフォルニア州のモハべ砂漠、さらにグレートベースンはオレゴン州、ユタ州、アイダホ州、それにネヴァダ州の大半にまたがる乾燥地帯だ。ヨモギなどが生えている高地の草原、セージブラッシュ・ステップはニューメキシコ州、コロラド州、ワイオミング州に広がっている。アメリカ全体で130万km^{2}をゆうに超える砂漠が存在することになる。同程度に巨大な砂漠はメキシコにもある。

　砂漠というと、多くの人が無限に広がる砂の上に容赦なく太陽が照りつけるようすを想像するだろうが、砂漠はみなが思っているよりもはるかに多様である。もちろん、砂はある。しかし山も奇岩だらけの峡谷地帯もあるし、低木も、通常の木もある。ときには吹雪も起きたりする。もちろん砂漠全般に共通している特徴もある。永続的な水源がないということだ。公式には、年間降水量が25mm以下の場所を砂漠という。半乾燥地帯の高地大草原地帯は50mmまでだ。砂漠は非常に乾燥した気候だが、だからといって暑いとは限らないし、少なくとも四六時中暑いわけではない。

夜間の平均温度は日中の最高気温より10℃も低い場合がある。季節による差はもっと大きい。ソノラン砂漠の夏の気温は通常38℃を超えるが、冬はボトルの水も凍るほど寒くなる。一方で、ずっと北のワイオミング州のレッド・デザートでは冬のあいだは最高気温も0度を上回ることはない。砂漠でも他の環境と同じく、安全に旅をするには、その気候に合わせた準備をしていくことが大切だ（気温以外で最大の心配事は水がないことだ。それに関する準備は87ページを参照のこと）。

　砂漠には水がほとんどないが、ある特定の状況下では水が多すぎても最悪の悪夢になる。砂漠に雨が降ると、大洪水になることが多い。水の不足によって死ぬには時間がかかるが、洪水に呑まれて死ぬのは一瞬だ。砂漠は嵐の際に水分を吸収する土壌がない。短時間に大量の雨が降ると、その雨水は土の表面にたまることが多く、そのまま砂混じりのうねりになって、猛烈に加速しながら乾燥した川床に流れ込む。この砂漠の鉄砲水に遭遇したら、逃げ出す時間はないだろう。岸壁の狭間に続く砂の川や川床を歩いて進むほうが、棘だらけの草が生えているゴツゴツした荒地を行くより早いだろう。しかし、雨の際はこうした低い場所には降りないよう気をつけなければならない。晴れた日でも、谷底では安全は保証されない。鉄砲水は通常、数時間激しい雨が降りつづいた後に起こるが、発生した場所から何キロも先まで襲うこともある。

　砂漠のイメージを尋ねると、多くの人はサボテンと言う。このトゲトゲした植物はたしかに砂漠にはたくさん生えているが、服を破いたり、引っかき傷を作って痛い思いをさせてくる植物はサボテンだけではない。リュウゼツラン、ウングイスカティ、メスキートなど他にもたくさんある。棘を完全に避けることは不可能に近いし、それに気を取られていると、道を外れてしまったり、何キロも回り道をしなければならなくなったりする。

夜のハイクで棘を避けるのはとくに難しいが、気温が下がるので、それ以外の点では歩きやすい時間だ。サンダルやつま先が開いた靴を履いて砂漠を歩くのはやめよう。これは「サンダル野郎を救助した」といちばん言われることになる愚かな行動だ。足をしっかり覆う靴を履くべきだ。棘ばかりではなく、日焼けや虫からも守ってくれる。トレイルを外れてハイクする場合は、軽量なトレイルパンツもやめておこう。きっとボロボロになってしまうからだ。暑すぎない、丈夫なズボンをはこう。First Liteのソーバックブラッシュパンツはかなり涼しくて、通気性がある。それでいて、棘に刺されずスムーズに進めるので、砂漠の旅にはとてもお勧めだ。

　英雄的な精神力で困難に耐えるのは、砂漠では非常に危険だ。砂漠の旅人へ送られる箴言に、「水ではなく汗を節約しろ」というものがある。つまり自分の身体の状態に気を配り、無理をしないようにするのだ。無理を押して15km余分にハイクをするのは、山ではすばらしいことだが、砂漠の暑さと乾燥のなかでは、命を落とす危険を冒しているに等しい。熱中症は知らぬ間に進行していく。何の前触れもなく起こるのだ。砂漠の暑さに慣れていない人や、熱中症の最初のサインに気づかなかった人は簡単に大変なことになってしまうかもしれない。吐き気やめまいを感じたら注意すること。通常の環境では取るに足らないと思うような症状が、砂漠では差し迫った危険のサインかもしれない。斜面を下っているときでさえ、暑さによって負担がかかっている。車のところまで引き返せばすぐ休める、などと簡単に考えてはいけない。太陽から身を守ろう。できるかぎり常に日陰を探していよう。水をたくさん飲むこと。斜面を登るときはゆっくり進むこと。自分の身体の声によく耳を澄ますこと。

砂漠でやるべきこと、やってはいけないこと

- キャンプ地はよく選ぼう。テントは高く張り、テントやスリーピングパッドに穴が開かないように、サボテンが生えていない砂地を選ぼう。藪や岩だらけの場所はサソリやヘビが集まりがちなので避けよう。

- 身体を守る衣服を身に着けよう。つばの広い帽子、ネックゲイター、長袖のシャツと長いパンツは日焼けから守ってくれる。どんな状況でも服をちゃんと着ていること。肌に直接日が当たると、あっという間に脱水症状になる。

- 暖かいジャケットと寝袋を忘れずに持っていくこと。砂漠で低体温症になるくらいなら、熱中症になったほうがまだましだ。

- 出発前に水源を調べておこう。あるいは事前に予備の水を現地に運び込んでおこう。

- 非常に高温な砂漠で道に迷ったら、夜間に移動しよう。涼しい時間に動くことでエネルギーと水を節約できる。

- 岩の裂け目や割れ目に手を突っ込まないこと。日中、ガラガラヘビなどの毒を持つ小動物がこうした暗い穴の中にかくれていることが多い。

- 幅の狭い峡谷(スロットキャニオン)をハイクしないこと。鉄砲水から落岩まで、危険がいっぱいだからだ。スロットキャニオンを通るルートは、道に迷わず進むのが非常に難しい。曲がりくねり、数々の分岐がある。

- 日に当たっている場所で横になって休憩しないこと。日なたの地面の温度は気温よりも18℃高く、日陰の地面は気温よりも18℃低い。

- 砂漠に棲む他の哺乳類をお手本にしよう。コヨーテからウサギまで、みな朝や夕方の涼しい時間に活動しているのがわかるだろう。見渡すかぎり動くものがいなかったら、自分も動くのはやめておこう。

沼地と湿地

　沼地や湿地帯をカヌーを漕いで進むのはまさに天国だ。あふれる豊かな生命が創る音や景色の中にいるとゾクゾクする。しかし沼や湿地をハイクするなら、きちんとやらないと地獄に近い思いを味わうことになる危険性はある。

　湿地帯ではゆっくりと歩こう。慎重に足を動かし、着地する先の地面の硬さや深さを確かめてから体重を乗せよう。杖などで地面を軽く押して、障害物が沈んでいないか、深い穴がないかどうかをチェックしながら行くとさらにいい。しかし、ゆっくり歩くべきというアドバイスを、あまりにも言葉どおりに実行しすぎてもいけない。沼地の旅での大きな危険のひとつは、足先や脚全体が泥にはまってしまうことだ。これは一カ所に長時間立っているとなりやすい。足がはまってしまったら、重心をずらし、足をそのまままっすぐ引き抜くこと。足を小刻みにねじったり、回したりしたあとで、またそこに体重を乗せないこと。さらに深くはまってしまうからだ。両足がはまってしまったら、上体を使って何でもいいからしっかりとしたものにつかまること。垂れ下がっている木の幹やガマの茎、カヌーの舷縁など何でもいい。足にかかる体重を少しでも減らすためだ。どうしても足が抜けない場合、最後の手段は、靴を脱ぐことだ。そのままブーツを永遠に失うかもしれないが、足は失わないですむ。

　どうしても湿地に入らなければならなかったり、ぜひ入りたいのでないかぎり、もっともよいのは湿地には入らないことだ。沼地を迂回するか通っていくかを検討するときに、考慮すべきは周囲にある植物の状況だ。木、とくに成熟した広葉樹や針葉樹が生えている場所が、そのあたりでいちばん乾いた地面だ。泥にはまって動けなくならないようにするには、こうし

た木が生えているところを伝っていくといい。沼地を渡るときは、突き出るように立っている木を見つけて、次々とそれをつかみながら進んでいくと、水に入っている時間を短くできる。木がない場合は、茎ができるだけ硬い植物が生い茂っているところを探そう。下に乾いた地面が確実にあるというだけでなく、地面が水に浸かっていても、藪の根がからみ合っているので、それを足場にできる。

　ガマは一か八かの賭けだ。ガマが生えているところは、流れと地面の境目であることが多い。とくに線状に生えている場合はそうだ。しかしガマは、浅瀬や乾いた地面がまったくない沼の真ん中にも生えるのだ。運がよければ、ガマの根がからみ合って厚いマットのようになっているかもしれない。足を載せたときに体重を支えてくれ、深みにはまらないですむだろう。そうではないときは、足がガマの根を突き抜け、胸まで水に浸かってしまう。一般的には、密生しているところの周囲に硬い地面があることが多い。

　睡蓮には気をつけよう。睡蓮は浅瀬の硬い土にも生えるが、そうした場所にはまばらにしかない。通常はかなり水深が深いところに群生し、しかも泳いで渡ろうとすると茎と根が非常に邪魔だ。睡蓮の根がからみ合ってできたマットは「浮島」と呼ばれるものになる。上を歩くと硬い地面のように感じられるが、踏むと少し弾力があるのに気づく。これは非常に危険で、下に地面がないところを踏み抜いたら即はまってしまう。両足とも睡蓮の根のマットを踏み抜いてしまったら、そこから抜け出すのは本当にひと苦労だ。同じように根がマット状になる植物はいくつもあるので、気をつけよう。

　一般的に、開けた水域は、沼地の植物は生えないほど深い（もちろん、空気に触れなくても大丈夫な水生植物はのぞく）。湿地の底は砂地や小石が多い土壌なので

植物はなかなか根づかない。湿地を移動する際だが、まず、泥や水草に阻まれるのでボートは使えない。だから沼や湿地を通り抜けるには泳ぐしかない。その場合は、できるだけ水が流れている場所を選んでを泳ぎ、水草や植物との戦いで消耗しないようにしよう。底に足をついて泥にはまってしまうのは最悪の状況だ。

湿地でするべきこと、してはいけないこと

- 沼や湿地を移動するときはマスクラットやビーバーの家を探そう。そこが唯一、途中で水から上がれる乾いた地面かもしれない。罠を使ってマスクラット猟をする人は、マスクラットの家の上で休憩したり、食事をしたりするのも珍しくない。暖かい日にはブーツを脱いで、乾燥させることさえできる。

- 沼や湿地にサンダルを履いていくのはやめよう。ストラップ付きのサンダルも同じだ。あっという間に脱げてしまうだろう。後者の場合は、小枝や瓦礫が足とストラップの間に入り込んできたり、靴底と足の間に食い込んできて、非常にイライラする。軽量の、つま先が開いていないタイプのウェーディングブーツか、腰や胸まである防水長靴でもいい。

- 水中の植物は腐敗するとき熱が発生させ、氷ができるのをさまたげる。たとえ水が凍っているように見えても、沼や湿地を渡るときは慎重に進もう。深くて流れのある川などに張っている氷は、浅くて植物の多い水源に張っている氷よりもずっと厚く、安全であることが多い。

- ルート上にある湿地の植物相や動物相をよく知っておこう。とくに、危険な生物について把握しておくこと。湿地でのトラブルは、狭い場所であっという間に起こることが多い。どんな危険があるか、それへの対策法を知っておこう。

● 沼や湿地や、それ以外の場所でも、胸まである防水長靴を履いていく場合、上から腰の部分にしっかりとベルトを締め、転んだときなどに水が入り込まないようにしておこう。防水長靴に水がいっぱいになってしまうと、泳ぐのも、立ち上がるのも非常に難しくなる。

航海術

　小川からビーバーのダム、大きな川や大洋まで、水上の旅には、陸路と同様さまざまな環境がある。我々は子どもの頃から、いつも水辺で過ごしてきた。釣り、湖で泳ぐ、沼地での狩り、川沿いを走る、小川沿いで罠猟をするなどなど。我々はいまでもこれらを楽しんでいるし、さらにフリーダイビング、スピアフィッシング、海釣りなど新たな水辺のアクティビティもレパートリーに加わった。カヌーや急流でのラフティング、モーターボートの操縦などは物心ついてからずっと経験を積んできた。さまざまな水辺の環境で我々が学んできたことは、水は移動の助けになる場合も障害になる場合もあるということだ。水辺でおこなうアクティビティを敬遠する必要はないが、川や湖や海にはそれぞれ特有な困難があることは頭に入れておかなければいけない。そうして初めて、毎年アメリカの沿岸警備隊や司法機関、釣場や猟場の管理者などの救難救助隊が水から引き上げる数多くの遺体のひとつとなってしまわないよう、安全に行動するための理解がはじまるのだ（480ページのコラムを参照）。

川

　アメリカには川、小川、一年じゅう流れている支流などが合わせて560万kmもある。さらに、降雨量の多い季節にだけ出現する名も知らぬ断続

的な流れも数知れない。水の循環を表した地図を見たり、あるいはある川の水の流れの行方を見ただけでも、さまざまな地形を流れている莫大な水の量に驚くだろう。ミシシッピ川やコロンビア川のような大河を、海岸に面した河口から上流へさかのぼってみると、何度も分岐した流れが網の目のように広がっていって、さらにその流れはもっと多くの小川に、その小川はさらに無数の小さな流れにつながっているのがわかるだろう。

　この支流や小さな流れのひとつひとつは、さまざまな要因で、独自の性質を持っている。山を削り峡谷を作る急流も、開けた平地をのんびり曲がりくねりながら流れている流れもある。狭い川を作っているものもあれば、もつれ合う網目のように流れているものもある。1500mも川幅があるものも、ひと跳びで超えられる幅のものもある。しかし忘れてはいけないのは、川というのは常に環境自体が変わっていくものだということ。ちがう地形や地勢を通って下っていくうちに動き方も変わっていくのが普通だ。岩だらけの峡谷を流れる川は急流が長く続くが、平らな谷に入ると流れがおだやかになり、曲がりくねったり、三日月湖ができたりと変化する。川は他の自然や人工の要素にも左右される。テキサス州の丘陵地帯の湧き水からは、平均毎秒566Lの水が流れているが、激しい熱帯暴風雨の際には毎秒5663klと水量が爆増する。だから、遠くから流れの状態を見分けられることが重要なのだ（475ページのコラムを参照）。アメリカ本土北部では、ほとんどの川は春の雪解け水による増水時にもっとも水位が上がる。例年にない高い気温の際には、春の雪解け水が洪水のようになることがある。逆に、平年並みの春の増水は人工貯水池などに一部を流すことによって水位を下げることができる。同じように、人工の河川構造物もその役割を果たす。アリゾナ州のグレンキャニオンを流れるコロラド川のように、ダムによってコントロールされている川は電力の生産が最大になる午前中に水位が

高く、流れも速くなるが、夜間は電力の需要が減るので、流れは日中に比べるとほんのわずかになる。

　実際、川は予測のつかない変化をするので、水辺の旅もまた予測がつきにくい。だからこそ、身の安全を守るための絶対的なルールがいくつかある。

川を渡るときにするべきこと、やってはいけないこと

　水温が低く、流れが速く、深い穴や滑りやすい岩があちこちにあり、また腰まで沈んでしまうような泥が沈澱しているような川を渡る際には、乾いた陸上にはない危険がある。川に近づくときは事前に慎重に計画し、冷静かつ注意深く進もう。

- ウェーディングベルトをしよう。胸までの長さの防水長靴を履くときは、川に入る前にしっかりとベルトを締めておく。滑ったり、落ちたり、穴にはまったりして、防水長靴の縁より上に水が来ると、長靴全体が水で満たされ、身体ごと沈んでしまうからだ。ウェーディングベルトは長靴の中に空気を保持してくれるので、水の中で浮きやすくなる。それでも川に落ちたら水が入ってきてしまうが、ベルトをしていれば岸にたどり着くまではしのげるかもしれない。漁師用のゴム長靴ヒップブーツにはこの安全策がない。ヒップブーツで川を渡るときはとにかく慎重に進むこと。
- 装備が濡れないようにしよう。川を渡る前に、濡らしたくないものは必ずバックパックに入れておこう。バックパックのベルトとストラップをきつく締め、ファスナーはすべて閉めておこう。川を渡ることが予定に含まれているときは、装備をドライバッグに入れたうえでバックパックにしまっておくといい。バックパックに入らないものは、外側にしっかり

ストラップで吊り下げておこう。とくに危険が大きそうな川を渡るときは、必要とあればすぐにバックパックを外せるよう、腰のベルトはしないでいくことも検討しよう。ただし、一度バックパックを手放したら、取り戻せる可能性はほとんどない。

● 安全な場所を見つけて渡ろう。より浅く、流れが遅いところをじっくりと見極め、そこを渡ろう。少し上流か下流まで歩かねばならないこともあるかもしれない。流れの早い瀬と瀬の間でたまった水がゆっくり流れるトロ場を見つけよう。次の瀬が近づくにつれてだんだん浅くなってくるので、そのいちばんお尻の部分「テールアウト」を渡るのが最善の方法だ。

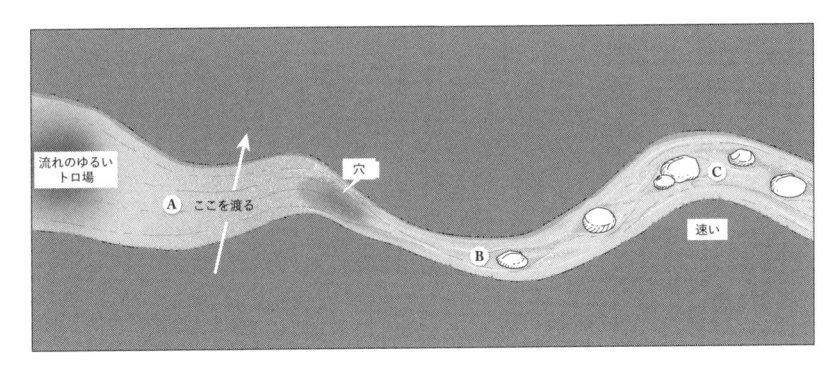

A: 川幅が広くて、水深が浅く、流れが遅い場所を探そう
B: 流れが速く、川幅が狭いところは、膝ぐらいの深さでも危険だ
C: 滑りやすく、距離が空いている岩を飛んで渡ろうという誘惑には負けないこと

● 渡るタイミングも選ぼう。氷河の流れでは、雪解け水による増水期には、日中は気温の上昇とともに水量が増え、気温が下がる夜には水量が減る。午前中の早い時間がもっとも流量が少ない。豪雨のあとは水位が上がり、安全に渡れる水位になるまで数日待たねばならないこともある。

● 膝より深い場所は渡らないこと。水が深ければ、バランスを崩したり、深

い穴にはまったりするリスクが上がる。腰までの深さの水に入ったら、重心が上になることと水の流れによる力で、バランスを崩して水に流される危険が非常に増える。

● 白濁している急流を渡らないこと。流れが速い場所をどうしても渡らねばならない場合は、なるべく白く泡立っているところは避けること。こういうところは、膝ぐらいの深さでも足を取られて倒れてしまうほどの速さで流れていることが多い。

● 急斜面の山の中を流れている渓流を渡るときは、よく考えてからにしよう。渓流を伝っていくと、障害物が少ないので、速く山を下りることができるが、狭い岩壁の間から出られなくなる場合もある。並行する稜線の上から、眼下に渓流を見ながら進んでいくとよい。

● 川の湾曲部を渡ってはいけない。できるかぎり避けること。カーブの内側は浅く、流れも遅いので歩きやすいが、外側は流れが速く、水深もずっと深く、川岸も急斜面になっている。

● 岩の上に乗らないこと。ボーリングの球より大きな岩は迂回したり、岩と岩の間を通ったりすることで滑る危険を大幅に減らせる。ぬるぬるしたロックスノット（緑色の藻に覆われた岩）にも注意しよう。

● ブーツを脱ぐか脱がないか。川を渡るときには、ハイキングブーツを履いたまま渡るか、脱いでから渡るかを決断しなければならない。ハイキングブーツの靴底は硬いので濡れると滑りやすく、藻に覆われた岩をしっかりつかむことはできない。しかし、鋭い枝が足に刺さったり、岩にぶつかったりすることを防いでくれる。ブーツを脱いで靴下だけで川を渡れば、ブーツを濡らさないですむし、足裏で滑りやすい岩をしっかりつかめる（覚えていてほしい。濡れたソックスは岩をがっちりつかめる）。濡れたブーツでハイクするには寒すぎるとき、また乾いた靴下の予備がないときは、裸足で渡

るという選択肢もある。ただし、これは川底が小石や砂地である場合以外には勧められない。

- ズボンを濡らさないこと。気温が低いときは、川に入る前にズボンを脱ぐか、裾をまくり上げておこう。ズボンをはいたままでも、川に入っているあいだの冷たさに変わりはないし、渡り終わってから乾いたズボンをはけたほうが数倍いいはずだ。

- ウェーディングスタッフ〔トレッキングポールのような1本の杖〕をぜひ使ってほしい。ウェーディングスタッフを使うと、常に2カ所は川底に接点を持っていられるので、流れが速い場所でもバランスを維持しやすい。それに足を踏み出す先の川底を探って、深い穴や大きな岩がないかを調べられるし、あったら避けられる。トレッキングポールや市販のウェーディングスタッフを持っていない場合は、しっかりとした棒で代用しよう。理想的には、直径5cmほどで、地面に立てるとへそぐらいまでくるが、胸まではこないぐらいの長さのものがいい。力をかけると砕けてしまうような枯れ枝はやめたほうがいい。しなやかな緑色の枝も、力をかけると曲がったり、折れたりしてしまうのでよくない。

- 川の流れに背を向けないこと。川を渡るときは、下流を向いて進んではいけない。流れが速い川では、水流の力で膝が動かなくなり、転倒することもある。膝は対岸に向け、ウェーディングスタッフを上流側につくようにしよう。流れにさらされる表面積がもっとも少ないポジションを確保すること。

- 川に入る前に、どこから上がるかを決めておこう。流れが速く、深い湾曲部に接した傾斜のきつい岸はやめよう。川に落ち、下流に流された場合のために、川から上がる地点のすぐ下流に大きな早瀬や流木の集まりがないことを確認しておくこと。

- ゆっくりと慎重に進むこと。歩幅を小さくし、一度に一歩ずつ進もう。しっかりと足場を固めてから、次の一歩を踏み出そう。川の中で足を滑らせ、ダンスのステップのようにバタバタした感じになってしまったら、まずは動きを止めて次の一歩の前にバランスを取り戻そう。流れに押されて一瞬でも足が川底を離れたら、パニックを起こさず、足を強く振り下ろして着地を試みよう。しっかりと底に足をつき、流れの助けも借りて足場を確保すること。

- 同行者と助け合おう。川を渡るときはひとりより、同行者がいたほうが概して安全だ。横に並んで、肩を組んで渡ろう。どちらかひとりが上流にウェーディングスタッフをつき、もうひとりは下流に向けてつこう。ゆっくりと、動きを合わせながら進んでいこう。

- 命綱を使おう。グループで旅をしていて、適切な装備を持っていたら、川を渡るときに設置しよう。最初に、向こう岸の頑丈な木や大きな岩まで十分届く長さのロープを近くに固定しよう。次にいちばん屈強な人がロープを持って川を渡る。向こう岸に着いたら、ロープをできるだけ強く引っ張ってから、しっかりと固定する。残りの同行者たちはそのロープを伝って、川を渡ることができる。

- 泳いで渡るのはリスクがあることを認識しておこう。泳ぐのは最後の手段だ。気温や水温がおだやかであること、流れがゆるやかで、半分沈んだ倒木などがないなど条件が揃ったときだけ挑戦しよう。そうした理想的な条件下でも、川幅の広いところで長距離を泳ごうとしてはいけない。下流へ流されたら、向こう岸に着けるかどうかは運次第になってしまう。体力を消耗して溺れたり、岩に頭をぶつけたり、倒木の下に入ってしまったり、渦に巻き込まれたりするかもしれない。

急流下りの際の安全について

　川の船旅に出る前に、自分のスキルを正直に見積もり、これから行こうとしている川は自分の力で航行できるところかどうかを考えよう。想定される危険と急流の各種性質を理解しておけば、見極めもしやすい。新しいカヌーを買ったから地元の川を下ってみようという場合でも、グランドキャニオンで18日間におよぶ500kmものラフティングの旅に出ようという場合でも、基本的な操縦スキルに加えて、流れのある水の特質に応じた技術と安全面の注意点を理解していることが必要だ。背伸びをして、手に余る計画を立ててはならない。そのほかにも、以下のポイントをよく心に留めておくこと。

● カヌー、カヤック、ラフティングにおいて、最初に考慮すべき障害は流れの速さだ。流れの速い地点は遅い地点よりずっと危険だ。ボートを減速することに時間を取られ、障害物から離れるための操作をする時間が減る。

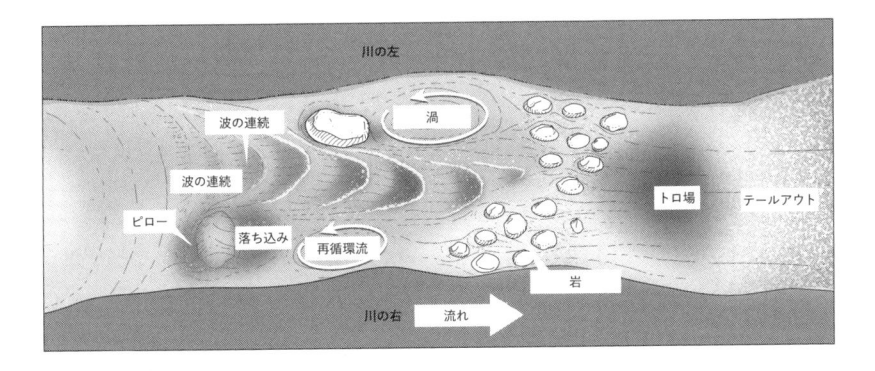

● 同行者がいるときは、これから行くコースや障害物のことを大声で伝え合う。ボートをやる人々の言葉で、「川の右」と「川の左」というのは、常に下流を向いたときの左右を指す。上流に向いているときは、「リバーラ

イト」はあなたの左側のことだ。

● 川が複数に分岐していたら、いちばん大きな流れを行こう。小さな流れに入ると、その先で木に阻(はば)まれて進めなくなったり、水深が浅くなりすぎて進めなくなることもある。

● 早瀬ができる条件は、流れの速さと、岩などの障害物が沈んでいたり、一部が沈んでいたりすることだ。その場所の傾斜がきつければそれだけ、早瀬ができやすくなる。

● 大波や一定の間隔で連続してくる波のせいでボートが転覆し、乗っている人が投げ出されることもある。高く盛り上がっている波や砕け散っている波、岸壁や岩にぶつかって返ってきている波には近づかないこと。

● 岩にぶつかるとボートに穴が空いたり、乗っている人が放り出されたりするので、できるかぎり当たらないようにしよう。急流下りの達人であるガイドのなかには、ときどき故意にボートを岩にぶつけて方向を変える人などもいるが、それはまた別の話だ。水中や水上の岩のせいでボートが転覆したり、乗り上げてしまったりすることもある。岩に乗り上げてしまったら、「ハイサイド」というテクニックを使おう。ボートの高く上がってしまった側(だいたいは下流側)に移動したり、身体を傾けて体重をかけたりして、ボートの下に水流が入るようにして、岩の上から脱出するのだ。

● 再循環する流れは、大きな危険だ。メインの川筋とは逆向きの流れ(川全体の流れとは反対向きに流れている)や渦巻き(洗濯機の水のように、垂直に流れている)などがある。渦巻きは大きな岩の下流側にあることが多い。

● ピローというのは、岩や流木など、半分沈んでいる障害物(スリーパーという)に沿って起こる上向きの流れだ。スリーパーは水の上からはほとんど見えないし、水中の渦巻きの中にかくれていることも多い。

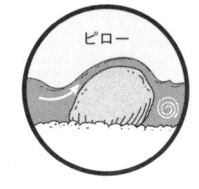

ピロー

- スウィーパー(川に張り出している木や枝)に当たって、ボートから落ちてしまうこともある。さいわ、スウィーパーはよく目立つ。

- ストレーナーというのは、半分沈んでいる木などのことで、ストレーナーに当たってボートが転覆したり、乗り上げてしまったり、泳いでいるときにはまってしまったりする危険がある。

- 滝は川の流れ全体が岩や崖から流れ落ちることで発生するが、川のごく一部が1mほどの小さな落差で流れ落ちているだけでもボートにとっては危険だ。

- 川の湾曲部や急カーブは内側のほうがゆっくりとした安全な流れになっている。外側は流れが速く、水深も深く、川岸も急斜面だったり、岩壁に面していたりすることが多い。

- 支流が本流に流れ込む川の合流部は流れが速く、複雑で、波なども予測がつかないことが多い。

- 人工の突堤は川の流れの一部を用水路などの分水路へ導くもので、カヤックやカヌーにとっては危険になりうる。セメントで造られていることが多いが、川の岩を積み上げて作られている場合もある。

突堤

- セメントで落差を作るタイプのダムや放水路は、川全体を人工物で区切っている。なんとしても回避すべき場所だ。強い水流が発生していることが多く、ボートや泳いでいる人を呑み込む危険がある。

ドロップダム

- 人工と自然、両方のあらゆる障害物の中で最悪なのは橋だ。カヌーやドリフトボートやゴムボートなどは、橋桁まわりに発生する水流のせいで文字どおり橋桁に巻きついてしまう。橋には大量の岩屑や植物の根の塊などが引っかかって水中や水面に集まっていることも多く、それも危険だ。

早瀬の簡単な分類と、その偵察の大切さ

　急流の近くに行くなら、国際河川難易度スケールとその早瀬の5段階の分類を知っておくべきだ。そして、難易度の低い河川でも事故は起こることを忘れてはいけない。ボートに乗るときは、どんなに川がおだやかに見えても、必ずライフジャケットを身に着けること。流れがある水でもない水でも、水温が低ければすぐに命に関わる。川の状態はめまぐるしく変化する。大雨が降れば水流が増えて、クラスⅠだった川がクラスⅢに変わることもあるのだ。木が川に落ちて、危険な障害物となることもある。

● **クラスⅠ**　傾斜が非常にゆるく、流れが遅い。経験の浅い者でも、ゴムボートやカヤックやカヌーで安全に航行できる。タイヤのチューブに乗って、ビールを飲みながら下っていく人もいるような場所だ。

● **クラスⅡ**　一部、流れが速い場所や小さな波、ちょっとした落差などもあるので、基本的なスキルが必要。経験が浅いと、カヌーで漕ぎ出してトラブルを招くかもしれない。

● **クラスⅢ**　流れの速い部分や急流、中程度の落差などがある場所。沈んだ岩や、一部水面に顔を出している岩などが点在して危険だ。クラスⅢを航行するには高度な操縦スキルが必要だ。初心者には危険性が高いが、ベテランにとってはなんということはない。

● **クラスⅣ**　非常に速い水流や激しく岸を洗う反射波や渦、常に

白濁している急流、大波、落差、岩など危険な箇所がある。上級スキルを持った者以外はクラスIVの急流に挑戦してはならない。このクラス以上の急流ではドライスーツとヘルメットを装着することが推奨される。カヌーではクラスIVの急流に入ってはならない。操作性の高い急流用カヤックや浮きやすいラフティング用のゴムボートなどに限られる。

● **クラスV**　長く続く白濁した急流や危険な早瀬、大波、急な落差や滝、大きな岩、渦巻き、深みに吸い込まれる場所など、ボートやカヤックなどの上級スキルがないと乗り切れない危険レベル。オールやパドルを流されてしまうと、ほぼ確実に転覆する。水の流れは非常に荒く、ライフジャケットを着ていても溺れてしまう可能性がある（通常の分類はここまでだが、ほかのレーティングではさらにクラスVIが存在することも。クラスVIの急流では、乗り越えられない巨大な急流や滝があり、航行しようとした者はほぼ確実に死ぬと書かれている）。

　急流やその危険な箇所については、可能なかぎり事前に偵察しておくこと。旅への出発前に調べられることも多少はある。川の地図を調べたり、地元のガイドや装備業者に聞いたりすると、どこに急流などの危険があるかを知っておくことができるので、GPSやスマートフォンの地図アプリにマークしておこう。あとで実際に川に行ったら、急流より上流部にボートを繋留して、歩いて急流部分を偵察しておこう。

　その際に見るべきものは、その急流を下る際のもっとも安全なルートだ。まずは比較的流れがおだやかな下流に向いたV字型の合流部分を探そう。ここから急流に入るといい。次に、スピード

を緩めるとか、上げるとか、向きを変えるとか、流れの反対側に
渡るとか、危険物を避けて安全なコースをたどるために何かアク
ションを取る必要のある地点を確認しておく。川岸を下流に向か
って歩きながら、急流全体を観察しよう。そうやって安全なコー
スを計画できたときだけ急流下りを実行しよう。複数のボートで
航行する場合は、一艘ずつ急流に入ろう。もっとも経験豊富な者
が最初に急流を下り、下り終わったら、急流の下で救助や支援が
できるよう、すべてのボートが下り終えるまで待機すること。

ボートを陸路で運ぶ

　陸路運搬というのはもともと、新世界アメリカ大陸を大きな重いカヌー
で移動していたフランスの罠猟師たちが使っていた言葉だ。水路と水路
の間や、急流などの危険を避けるために、カヌーを引き上げて陸地を運ぶ
ことがよくあり、そのような水路や障害物のことをポーテージと呼ぶよう
になった。この言葉は現在も、ミネソタ州のバウンダリー・ウォーターズ・
カヌー・エリア・ウィルダネス（BWCAW）などの場所で使われている。ポー
テージの距離はロッドで表される。1ロッドは16.5ft〔約5m〕で、だいたいカ
ヌーの全長と同じであり、バウンダリー・ウォーターズ内には3km以上の
距離をポーテージしなければならない場所もある。罠猟師たちや新大陸
の探検隊はもっと長距離をポーテージしたことで知られている。ルイス・
クラーク探検隊はミズーリ川のグレートフォールズで30km近くの距離を
ポーテージせねばならず、31日間もかかったという。
　数百ポンド分もの装備や毛皮を積んだボートを運ぶには相当に長い距
離だが、初期の探検隊は自然のなかでボートが転覆して生命を落とした

り、エネルギーを奪われる危険を冒すより、陸路で運ぶことを選んでいた。その点では数百年経った今も何も変わらない。危険な急流をあえてボートで下れば、ボートとすべての装備を失ったり、その途中で溺死するかもしれないリスクを伴うことになる。

ボートと装備をポーテージするのは非常に疲れるし、時間もかかるが、それでも他の手段よりはましだ。ボートを急流に浮かべ、岸からロープを使ってコントロールできる場合もあるが、途中でボートが沈んだときのために、装備をしっかり結びつけておくこと。ポーテージの手段としてはもっとも速くて簡単な方法だが、いつも可能とはかぎらない。水流が速すぎたり、強すぎたり、川が切り立った崖から滝になって峡谷に流れ落ちていたりする。そういうときはボートを引き上げて運ぶしかない。カヤックやカヌーを運ぶもっとも効率的な方法は、裏返して肩の上に載せて運ぶことだ。この方法でカヤックや小型で軽量なカヌーは運ぶことができるが、大型のカヌーを運ぶのはひとりでは無理だ。ラフティング用のボートを運ぶのはもっと大変だ。一艘を運ぶのにふたり以上の人間が必要で、その際はフレームを外し、別に運ぶ必要がある。そして忘れないでほしいのは、オールやパドル、クーラーボックスやキャンプの装備などは、あとで戻ってきて運ばなくてはならないということだ。ポーテージがどのくらいの距離になるか、あらかじめ見積もっておかなければならない。そして実際にはいつも思っていたよりも遠いものだ。午後遅い時間だった場合はその場でキャンプを張って、翌朝を待とう。

急流でのセルフレスキュー

カヤックやカヌーの上級者がすべての危険について完璧に予防策を取っていたとしても、それでもトラブルが起きることはある。思わぬ水流や

川にある障害物のせいで、ボートの操縦や泳ぐのが難しくなるのだ。もし
も川に落ちてしまったら、どうすれば脱出できるのかを知っておく必要が
ある。以下に挙げたやり方がまずはお勧めだ。

- ボートから落ちてしまったら、急流対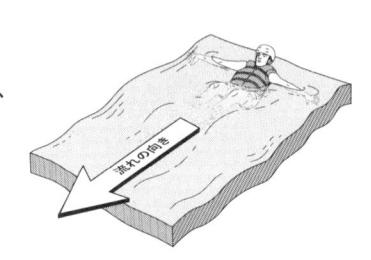
  応用の姿勢を取ってみよう。顔を上げ、
  尻をついて座る姿勢を水の中で保ち、
  脚は下流に向けよう。背泳ぎのよう
  に水をかき、流されるスピードを殺し
  ながら、障害物を避けよう。これにより、頭を後方で守りながら、岩など
  の障害物を足で蹴って避けることができる。岸に近い穏やかな流れのほ
  うへ背泳ぎで進んでいき、尻が川底に着いたら、川から上がろう。

- 急流では転覆したボートの近くにいるべきか、離れるべきかは議論のあ
  るところだが、安全を考えるなら、ボートから離れたほうがいい。ボート
  の上に乗ったり、つかまっていると、岩や橋桁などの危険な障害物とボー
  トの間に挟まれてしまう可能性がある。ボートのせいで、さらに大きな
  急流に引きずり込まれてしまう危険性もある。

- 転覆したボートの下に入ってしまったら、両手を使って一方向に「歩いて」、
  脱出しよう。

- 強い水流でストレーナー（沈んでいる木、流れ着いた丸太群、沈んだ流木の根など）のほう
  へ流されていたら、姿勢を変えながらストレーナーに向かって必死で泳
  ごう。みずからストレーナーの上にあがるのが目的だ。
  そうしないと水中部分の枝にからまって、身動きが取れなくなってしまう。

- 岩壁などに当たって返ってくる水流にはまってしまったら、その水流に
  逆らわないこと。流れと同じ方向に必死で泳ぎ、流れを利用して水流か

ら脱出しよう。

河川量をモニターしつづけるメリット

　かつては川のガイドもクライアントを連れて船のもとへ行くまで、川の状態がどうなっているかはわからなかった。今日では、Webサイトやスマートフォンのアプリを使えば、アラスカ以外の州のたいていの川についてリアルタイムの流量データを見ることができる。アメリカ地質調査所 (USGS) は1万カ所以上にソーラーエネルギーの水位計測所を設置し、水位観測網を構築している。また、補足として目視の流量計測もおこなっている。水位計測所と現地係員による計測データはUSGSの水資源データのWebサイトで公開されている。

　流量データはだいたい1時間ごとに更新され、見やすいグラフになっている。特定河川の特定の日の流量の平均値や最高値、最低値などを蓄積した統計データにもアクセスすることができる。多くの州の機関でもWebサイト上に流量データを公開しているし、RiverCastやRiverAppなどのスマートフォンのアプリでもUSGSのデータを見ることができる。

　こうしたWebサイトやアプリで提供されているデータにはふたつの種類がある。ひとつ目は水位で、ふたつ目はCFS、つまりft^3/sだ。水位はある地点の川の水面が平均水位からどれだけ上か下かを計測したもので、CFSは川のある地点を流れていった水の量と速さを測ったものだ。どちらのシステムも非常に役に立つ。カヤッ

クをする人や急流のガイドは確かによく水位をチェックしているが、私はCFSシステムのほうが正確だし、川の水位を想像しやすいと感じている。

どちらのデータでも、とにかくグラフを見たい。旅に出発する前にグラフをちゃんとチェックしていくと役に立つ。ふだんは比較的平坦な線を描いていたのに、短時間のうちに急激に上向いていたら、水量が増えていると考えるべきだ。日頃から流量のグラフをチェックしていると、長期間にわたったその川の総合的なデータが蓄積できる。多くの川には複数地点に水位観測所がある。ある川の日頃と異なる動きを知っておくことは非常に価値がある。

USGSの流量グラフを長年見てきた結果、ある川の、私がいつもフライフィッシングをする釣り人たちをガイドしているポイントは200CFS〔約5.6㎥/s〕のときは渡りやすく、1000CFS〔約28.1㎥/s〕のときはゴムボートから釣りをするのに最適な状態だとわかった。2500CFS〔約70.7㎥/s〕以上だと、廃線になった鉄道の線路の下をくぐる際に高さが足りなくなってしまう。それから、別の川でお気に入りの釣り場は、上流のダムのすぐ下の水位観測所の水量が放水によって増えると、澄んでいた水が数分で濁ってくることも知っている。その濁った水から十分に遠ざかるには、ダムから50km下流の地点まで移動すればいい。恒常的な流量データから得られる知識によって、貯水池の水位とか、灌水の必要性とか、渇水とか、暴風雨とか、低温や高温がその河川の流れにもたらす影響などがわかるようになる。川のガイドでない人も、釣りがうまくやれそうかどうかを考えたり、ラフティング用のボートやカヤックで急流を下る難易度などを予想したりする以外にも、データの使い道はい

ろいろある。ハイカーは事前に山中の川を渡れるかどうかを検討できるし、キャンプをする人は川沿いの砂州からテントを移動すべきだと知ることができるし、カヌーをする人は水深が浅すぎる地点から800mほど、ボートを陸路で運ぶ準備をしておくことができる。

ブロディ・ヘンダーソン（『ミートイーター』の編集主任でかつてはフライフィッシングのガイドをしていた。モンタナ州ボーズマンに妻とふたりの息子と暮らしている）

湖と海

　1940年11月11日、中西部に予想外に早い冬のブリザードが吹き、激しい雪で視界がゼロになり、時速約130kmの風が吹き荒れた。この休戦記念日の嵐は非常に激しく、ミシガン湖では、全長100mを超える貨物船が沈没し、乗員は全員死亡した。湖にはこのような危険があるのだ。湖と言っても大きさはさまざまだ。ダコタの平原にある“ポットホールズ”から、パウエル湖のような人工の砂漠に造られた大きな人造湖、さらには大海のような五大湖まである。それぞれが地形によって異なる特徴を持っている。オレゴン州のクレーター湖は直径数キロしかないが、水深は600mほどあり、アメリカでもっとも深い湖のひとつだ。水温が低く、夏でも15℃までしか上がらない。対照的に、フロリダ州の巨大な湖オキーチョビー湖は水面の表面積が1900km^{2}あるが、平均の水深は3m以下で、水温が23℃を下回ることはほとんどない。はじめての湖に行く予定があるときは、少し前にその湖固有の危険などがないか、あるならその回避方法などを調べておくといい。

　娯楽的にも、航行的な意味でも、海を単なる大きな湖のようなものと考

えるのは間違いだ。海には淡水にある危険はすべて存在し、さらにそれに加えて海特有の危険もたくさんある。海洋大気庁によると、砂浜から海に侵食された絶壁まで、アメリカだけで8000kmもの海岸線があるという。海の環境は地理学的な広い規模だけでなく、ごく狭い規模でも絶えず変化している。岸の近くにあって、釣りをするのにぴったりな砂州があったとしても、激しい嵐の後には岸から何百メートルも離れた水の底になっているかもしれない。満潮のときにはボートで航行できた水路も、数時間後の干潮時には座礁してしまうかもしれない。また、午前中には乾いた陸地だった場所が、昼時には深さ3mもの水の下になっていることもある。海にはできるかぎり敬意を払い、慎重に行動することが必要だ。湖にも海にも当てはまる基本的な原則がいくつかあるので紹介しよう。

海や湖を安全に航行するためにするべきこと、してはいけないこと

- アメリカ海洋大気庁(NOAA)のウェザーラジオを必ず聴くこと。NOAAは海洋予報を1時間ごとに更新している。海洋予報の内容は天気の状況、風速と風向、警報、波の高さ、特定のエリアでの小型船舶への注意報などである。

- 自分のいる場所の潮汐表をすぐ取り出せる状態で携帯しよう。満潮、干潮、凪の時刻を知ると、干潮のあいだは水面より上に見えているが満潮時には水に沈む障害物を避けることができたり、ボートが座礁してしまったときに、どのくらい待てば潮位が上がってくるかがわかる。

- 大洋水深総図や水深図、つまり海底の地形と水深測量を示した図を使うこと。ほかの手段で見られなくなったときのために紙の図も持っていくべきだが、ふだんはGPSユニットに入れられる図を使おう。特定のエリアの海図をメディアの形でも、ダウンロードでも買うことができる。

- 信号を送ったり、コミュケーションを取るための信頼できる手段を用意しておくこと。
- 船の限界を超えるような使い方をしてはいけない。小さな船は荷物を積みすぎたり、高波のところに行ったりすると、簡単に沈んでしまう。
- エンジンのケアとメンテナンスを怠らないこと。漂流や立ち往生を防ぐためには、ボートのエンジンを常によい状態に保つこと。
- 沈みかかった流木や流されていくゴミ、漂流物などに注意しておくこと。沈みかかったまま流れている流木は発見するのが非常に難しい。衝突するとボートに穴が開く可能性がある。カニ捕り罠のロープがプロペラにからまるとエンジンがダメになるかもしれない。
- 離岸流に逆らって泳がないこと。離岸流とは潮流によって発生する強い水流で、岸から沖の方向に向かい流れていく。泳いでいるときや、ボートから落ちてしまったときに、この離岸流に入ってしまったら、流れに逆らわないようにしよう。水流に乗って泳ぎ、流れが十分に弱くなったところで横に泳いで逃れよう。
- ボートが沈みはじめたら、浮くものを何でも水に投げ込もう。ガソリンタンクでも、船のハッチカバーでも、バンパーでも、ブイでも、クーラーボックスでも、つかまって岸まで泳いだり、助けを待つあいだ身体をあずけて浮いていられるかできるものなら何でもいい。
- 沈んでいくボートからは泳いで離れよう。水中に引きずり込まれないようにするためだ。

沿岸警備隊救難ヘリパイロットから
安全のためのアドバイス

アメリカ沿岸警備隊の一員として20年以上、捜索救難(SAR)をおこなってきて、非常に過酷で恐ろしい状況に耐え、家族のもとに帰れた遭難者たちをたくさん見てきた。残念なことに、それほど幸運でない人たちも大勢いた。これから挙げるのは、もしものときの運命を変えるかもしれないリストだ。夜明け前のカモ猟のためにカヌーでゆっくり進んでいくときも、マグロやシイラを釣るためにはるか外洋へ出るときも、出発前のチェックリストにぜひ次のアイテムを加えてほしい。危険な状況を避けるためにも、危険な状況から逃れるためにも役立つはずだ。

❶**航行計画書**　航行計画書は目的地の場所と帰宅する日時を明記した、簡単な旅程だ。航行計画書は旅に同行しない信頼できる人に託していこう。長期の旅の場合、所在確認をしてもらう日時を事前に決めておくといいかもしれない。航行計画どおりに帰ってこないことを心配した家族が捜索と救難を依頼したおかげで命が助かった例は多い。捜索救難をおこなう組織も航行計画書があると助かる。そこに記された情報をもとに、適確な場所を捜索することができるので、救助の成功率が上がる。航行計画を立て、それをしっかり守ることだ。

❷**適切な連絡手段**　スマートフォンは非常時のライフラインとしては、これさえあれば大丈夫というような無敵のものではない。

水上では通信が制限されることが多い。ボートにVHFの無線機や非常用位置指示無線標識装置 (EPIRB) を積んでおくことが望ましい。カヌーやカヤックのような小型ボートの場合は携帯用位置指示無線標識装置 (PLB) か衛星通信機器をライフジャケットにいつも装着しておくこと。こうしたデバイスはバッテリーが非常によくもつ。防水で、水に落ちても浮き、携帯電話の基地局ではなく衛星ネットワークを使って通信する。もっとも重要なのは、ボタンを押すだけで、当局へ即時にアラートと正確な位置を送れることだ。

❸信号装置　最悪のシナリオも考えておこう。暗い夜に水上にいて、かなり沖に出ていたとする。遭難信号を送ることができたとしても、生還できるかどうかは時間との戦いだ。ここでヘリコプターによる捜索救難チームの視点に立ってみてほしい。航空機による捜索では、漂流していることも考慮に入れながら水上90mの高度と時速130kmの速さを保ちながら捜索する。風や波の動きや波頭、雨や雪などの条件が加わると、飛行条件は非常に厳しく、捜索に成功するのは難しい。その点、ヘリコプターのクルーは電子光学赤外線センサーシステム (EO/IR) という、体温を信号として検知できる機器を使用しており、さらには眼に見える光のスペクトルを1万倍にする暗視ゴーグルも装着している。そのおかげで捜索はやりやすくなっているが、救助される側は発見されやすいように協力しよう。水上や水中にいる人は、何か合図を送れるものを持っていたら (421ページ参照)、救助される可能性が確実にぐっと上がる。信号拳銃 (493ページ)、目立つ色の衣服で作った旗、鏡、懐中電灯、さらには水で濡れてしまったラ

イターの火花などでも、私が参加したレスキューでは救助につながった。

❹ **ドライバッグ**　防水素材でできて、密封することができるドライバッグを船や自分自身の身体に結びつけておこう。中にはもっとも重要なサバイバルギアを入れておくのだ。ドライバッグは浮くので、救命胴衣の代わりにもなる。船が転覆したり沈んだりして、すべてが水に浸かってしまったときにはどうすべきかを常に考えておくこと。何が浮き、何が沈むのか？　何を確保できて、何を失うか？　サバイバルに必要なものをドライバッグに入れておこう。

❺ **サバイバルの助けになるもの**　必要なものはストラップで留めておこう。海や湖では、それまでおだやかに過ごしていたのに、突然サバイバルな状況に陥ることがある。いくらサバイバルのための装備（ファイヤースターターや信号装置、浮き輪など）を持参していても、状況が悪くなったときにしっかり身につけていなければ、それを手にすることは絶対にできない。その反対に、腰や胸まである防水長靴を履いてボートに乗るのはいい考えではない。私は子どもの頃、ペンシルベニア州でマス釣りの解禁日にそれを知った。ある朝私は、川の湾曲部の近くにある深い穴の上に差し渡された丸太の上でマス釣りをしていて、足を滑らせ川に落ちてしまった。気がついたときには腰まである防水長靴が水でいっぱいになっていて、その重さのせいで下流へと流されていた。幸運なことに、なんとか岸に上がることはできたが何年も経ってから、カナダのブリティッシュコロンビア州で船旅をしていたとき、ガイドが「同僚がその前のシーズンに胸までの防水長靴を履いた

ままボートから落ちて亡くなったのだ」と話してくれた。水深の浅いところでは防水長靴はズボンを濡らさないために役立つが、水深のあるところでボートから落ちると死を招いてしまうこともあるのだ。

❻ **ライフジャケット** 水上のアクティビティ時には、簡単にできてもっとも重要なのに、もっとも気に留められていないアドバイスに従うこと。すなわち、いつでもライフジャケットを着ていることだ。天気のいい日に30cm〜3mぐらいの深さの水で溺れる人を、私は今まであまりに多く見てきた。ライフジャケットは救助に必要な時間を稼いでくれる。かつて私は、オンタリオ湖へカヌーの旅に来て、予定を過ぎても帰宅しなかった3人の若者の捜索チームに加わったことがある。何時間もの捜索の結果、車を停めてあった場所から300mも下流で、なんとか岸に上がっていたふたりを見つけた。彼らはライフジャケットを着ていた。そして3人目の若者は遺体で発見され、岸に引き揚げられた。ライフジャケットを着ていなかったら、彼は遺体すら発見されなかったかもしれない。現実は過酷だが、ライフジャケットを着ていれば、遺族はせめてきちんと埋葬ができる。

❼ **前向きでいること** 状況がどんなに厳しく思えても、サバイバルで何よりも重要なのは心の持ち方だ。2010年に私は数週間、フロリダ州フォート・マイヤーズ・ビーチの沿岸警備隊の小型船舶基地で数週間の短期任務に参加した。ある朝早く、予定を過ぎても帰ってきていない釣り人がいると連絡が入った。私は海に出て、午前中ずっと捜索をしていた。不意に、この件は解決したから基地に戻るようにと指示された。あとでわかったのだ

が、この釣り人の船は前日の夜に16km以上沖で転覆していたそうだ。しかし、ひとりきりだった釣り人はあきらめなかった。彼はずっと岸の光に向かって、夜じゅう泳ぎつづけたのだ。昼前には岸に這い上がり、ビーチにいた人に、妻に電話をかけてくれないかと頼んだ……。そしてそう、この釣り人はライフジャケットを着ていた。

マシュー・キーパー(狩猟家、釣り人、現職のアメリカ沿岸警備隊捜索救難ヘリコプターのパイロット。 アリューシャン列島、五大湖、カリブ海で20年勤務している)

船

アウトドアでボートがあると、陸でも川や海でも、さまざまなところへ行けるようになる。アウトドアでの機動性はすばらしく上がるが、まずは自分の目的に合ったボートをきちんと選ばなければならない。限定された場所で乗るために設計されたボートもあるし、もっと汎用性の高いボートもある。我々のほとんどは、このセクションで述べる複数のボートのうち2種類ぐらいは持っているが、このリストにはヨットやプロペラ船、外洋の大型漁船など専門の目的がある船が入っていない、と思われるかもしれない。こうしたタイプの船を安全に操縦するには、非常に膨大な知識と経験が必要だから、この本の範囲を超えている。ほとんどのアウトドア系の男女は、結局以下に挙げるうちのどれかのタイプのボートに乗ることになるだろう。

カヤック カヤックには基本的にふたつのタイプがある。急流用のホワイトウォーターカヤックは全長が短く、操縦性が高く、上級スキルが必要な

速い流れや早瀬、波に対応できるように設計されている。載せられる荷物の量が非常に少ないので、長い旅には向かない。シーカヤック（ツーリングカヤック）は長く、かなり頑丈で、ホワイトウォーターカヤックよりもまっすぐ進むのが簡単で、長距離を漕いでいくのに向いている。流れのない水や海での使用を想定している。シーカヤックには荷物を積める場所が十分にあるので、複数の日程で使う予備の装備も積んでいける。さらに、さまざまな機材も追加できる。魚群探知機やGPSユニット、アンカーシステム、ロッドホルダー、舵などだ。回転成形プラスチック製で密閉できる荷物入れがついた船体を選ぼう。Wilderness SystemsやDaggerなどのメーカーはすばらしいシーカヤックを作っている。木製やカンバス地製のカヤック、さらにはファイバーグラス製でも、丈夫さではプラスティック製にはかなわない。

カヌー　人力の船で沼や湿地を抜けたり、流れの遅い川を下ったり、湖や湾などの波のない海岸を横切ったりするなら、我々のお気に入りはカヌーだ。サイズはいろいろあるが、機敏さ、安定性、積載可能量などのバランスがいちばんいいのは、全長5m前後、幅が約90cmくらいのものだと思う。このサイズのカヌーはふたりで乗って、長期旅行の装備を載せることができる。我々は釣りにいくときも、罠猟に行くときもこのサイズのカヌーを使っている。経験が豊富な人なら、カヌーで静かに、そして効率的に何キロも漕ぎ進むことができる。ふたり乗りカヌーでも、ちょっとした急流なら下ることができる。カヌーには木製、アルミニウム製、プラスティック製、複数の素材を組み合わせたものがある。アルミ製のカヌーは丈夫だが、騒音がうるさく、重く、船体にダメージを負うと修理が難しい。木製のカヌーは見ためは美しいが、維持に手がかかる。それに修理が非

常に難しく、アルミ製のカヌーよりも重い。プラスティック製と複数素材からできているカヌーは、定期的にカヌーを使う熱心なアウトドア愛好家にぴったりだ。Old Town社のカヌーのように何層ものポリエチレンでできたものは、丈夫で値段も手頃で、非常に軽い。メーカー推奨の材料をサバイバル装備とともに持っていくと、船体のダメージをその場で修理することも可能だ。

スキル:転覆したラフティング用ボートやカヌーを元に戻す方法

ラフティング用のボートが急流で転覆したり、カヌーが水をかぶってしまったり、ひっくり返ってしまったりしたときに備えて、より早く簡単にボートを上向きに戻せる方法を知っておこう。大人が複数いる場合は、ラフティング用ボートやカヌーを岸や浅瀬で人の手で持ち上げて、ひっくり返せばいいだけだ。しかし同じことをひとりでしようとしたり、ふたりでも深い水の中でやろうとしたら簡単にはいかない。

転覆したボートは重く、正しい向きに直すのは難しい。ボートと水との間の空気ポケットができて、そこに生じる圧力がさらに事態を難しくする。力任せになんとかしようとせず、テコの原理を利用しよう。ひとりの場合は、Dリングやフレーム、ボートの反対端のオール受けにロープを通す。同行者がいるなら、ボートの反対側の前のほうにロープを装着し、もう一本を後ろのほうに装着しよう。次に、ボートの自分の近いほうの側面に立ってロープを引き、遠い

ほうの側面が上がって水面から出て、こちら側にひっくり返ってくるようにする。

　深い水の中で、カヌーを元に戻す方法はふたつある。カヌーが転覆していたら、その下へ泳いでいき、カヌーの側面か船底を内側から押し上げてひっくり返し、上向きに戻す。しかしこのやり方はさまざまなリスクを伴うので注意すること。まず、カヌーの下に入っているときは外の状況が見えない。流れに入っているので、カヌー（と人）が何か障害物のほうに流されていっているかもしれない。また、カヌーが風に押されたり、波で揺れたりして、頭にぶつかってくるかもしれない。

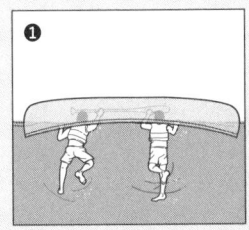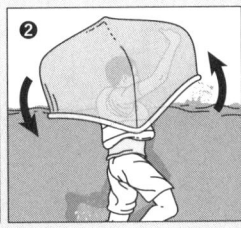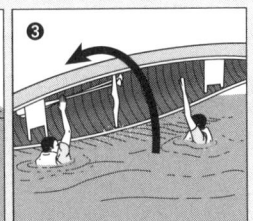

　もうひとつのやり方は、カヌーが水でいっぱいになっているが、転覆してはいないときに使う。ひとりの場合、カヌーの中心あたりに身を置く。パートナーがいる場合は、カヌーの長さを三等分した中央の2カ所にそれぞれ身を置く。片手で、近いほうの

ボートの縁を引き、もう片方の手で、反対側の縁に手を伸ばす。反

対側の縁をつかんだら、カヌーを前後に揺らし、できるかぎり水を外に出す。

　カヌーにふたたび乗り込むには、カヌーの縁を水面に向かって少し下げながら、上半身を上げてカヌーに載せる。それから反対側の縁をつかんで、全身をボートに引き上げる。パートナーがいるときは、ひとりが水に浮いた状態でボートを支えているあいだにもうひとりが乗り込もう。それからもうひとりがカヌーに乗り込む。このときにまたボートがひっくり返ってしまわないよう注意すること。

パックラフト　パックラフトは空気でふくらませるタイプの小型のラフティング用ボートで、背負って運ぶことができる。パックラフトの多くは軽量な折りたたみ式のパドルを使う。このパドルは荷物にストラップで留められる。歩いていくには深すぎる川を渡るのに使うのにぴったりで、短い川下りにも使える。ひとり乗りのものが多く、急流には向いていない。重い装備を載せるのにも向かないが、我々は肉を下流へ運ぶ際にパックラフトを使うことがある。Alpacka Raft のパックラフトは頑丈なひとり乗りパックラフトで、重さは1〜2kgしかない。

ラフティング用ボート　空気でふくらませる、自動排水機能のついたラフ

ティング用ボートは長い川旅にはもっとも安全な乗り物で、とくに経験の浅い人にはお勧めだ。AIREやNRSなどのメーカーが作っている高級モデルは、空気でふくらますという構造にもかかわらず非常に丈夫だ。ラフティング用ボートの基本的な漕ぎ方は簡単にマスターできる。よく浮くので、大きな急流を航行するのに適していて、転覆しても浮いている。ボートに飛び込んだ水は自動給水床にある排水溝から排出されるので、水が溜まって沈んでしまうこともない。それに船体が気密性の高い複数部分に分かれているおかげで、どこかに穴が開いても沈まない。スタンダードな4mほどのボートには3人が余裕をもって乗れて、さらに長旅用の装備も積み込める。我々はアラスカ奥地の川で10日間に130kmを航行するムース猟の船旅でも使ったことがある。パドルでも操縦できるが、オールと、丈夫なアルミニウム製のフレームを取り付け、座席や立ち釣り用の手すり、モーターマウントまでカスタマイズすることができる。フレームは、ドライバッグなどの装備をボートに結びつけるのにちょうどいい場所にもなる。

ドーリーとドリフトボート　ドーリー〔伝統的な小型釣り舟〕とドリフトボート〔ラフティング用ボートにフレームと座席、オールを取り付けたもの〕は、アルミニウム製、木製、ファイバーグラス製、さらにプラスティック製のものまである。ファイバーグラス製が万能に使えてお勧めだが、アラスカ州キーナイの川幅が広く流れが速い川のような、ドリフトボートに大型の船外ジェットモーターを装備することが多い地域などでは、実用的なアルミニウムモデルのほうが適している場合もある。今は発泡スチロールを芯にして射出成形した厚いプラスティックでできたドリフトボートを作っているメーカーもいくつかある。こういうボートはラフティング用ボートのようによく浮いて、沈まず、とても丈夫だ。

　ドリフトボートやドーリーでも、ラフティング用ボートと同じように急流を航行することができると主張する愛好家もいるようだ。たしかに、グランドキャニオンなどではクラスⅣの大規模な急流をドーリーで航行している人がたまにいるが、こういうタイプのボートは転覆したり、水が入ったり、船体が割れたりしたら沈んでしまう。だから岩があちこちにある白濁した大急流へ漕ぎ出すのは賢明な選択ではない。しかし、クラスⅢの早瀬がある程度の川なら、ラフティング用のボートよりも広くて快適なこうしたボートが選ばれることもある。ドリフトボートはスタンダードなタイプで5mの長さがあるので、3人で乗って、キャンプ用の装備をいろいろ積み込むことができる。ドリフトボートとドーリーは川で浮くように設計されているので、静かな流れではとても扱いやすく、小さな船外エンジンをつけるとさらにいい。しかし強風が吹くと悪夢を見ることになるかもしれない。こうした軽量ボートはすぐに風に吹かれてコースから外れてしまうからだ。

小型モーターボート　小型モーターボートは小型平底ボートと呼ばれることもある、モーター付きの実用的なボートだ。我々はアラスカ州南東部のプリンスエドワード諸島周辺の海での主な輸送手段に活用したり、イエローストーンやミズーリ州などの西部の大きな川でも利用した。小型モーターボートは通常3.5m～6mほどの長さで、5m前後のサイズがもっとも人気が高い。アルミニウム製、ファイバーグラス製のものがある。アルミニウム製のモーターボートのほうが軽量かつ頑丈で、維持に手がかからない。浅い川や沼を航行するためのモデルは船底が平らになっていて、深い湖や海などを航行するためのモデルは船体がV字型になっている。航行する場所によっては、船外プロペラモーター、プロペラなしのジェット船

外機、ロングテールマッドモーターを取り付けることができる。漕いで進むなら、オールロックもつけられる。

安全のためのツール

　自分の安全、同行者の安全のために、ボートに常備すべきアイテムがある。ボートのタイプやサイズにもよるが、航行灯のような安全のための装備を搭載することは法で定められていると思う。ほかのアイテムはどのタイプの船にも必須のものだ。我々の船に乗り込んできた沿岸警備隊の人々は、とても職務に忠実に安全関連のチェックをしていた。違反があったら、ためらわず厳しいチケットを切るし、陸地に連行するかもしれない。各州当局もまた、それぞれボートに関する規制があるので、猟区管理人や公園管理人はその規制を執行すると考えておいたほうがいい。コロラド州でラフティングの旅をしていたとき、我々は船を陸に上げるよう命じられ、必要な安全用のアイテムを持っているかどうか、非常にたくさんのものをチェックされた。救急キット、予備のオール、6m以上の友綱、さらにはボートの修理キットに接着剤が1缶入っているかどうかまで調べていた。溺死は、アメリカで事故死の死因トップ5に入るので、政府当局はボート遊びでの安全対策を非常に真剣に捉えているのだ。ボートの安全対関連の装備は何を携帯しなければいけないかという規制について、定期的に調べるようにしておくこと。

PFD　PFD（パーソナル・フローテーション・デバイス）、つまりライフジャケットは何よりも大切な水辺での安全対策装備であり、ボートに乗るときの安全ルールのナンバー1は、常にライフジャケットを着ていることだ。ライフジャケットの使用に関する法律は同じ州内でも、川や海や湖によって大き

く異なる場合がある。ある場所では、常時PFDを着用していなければならないことになっている。そして別の場所では、12歳以下の子どもだけに着用の義務がある。ライフジャケットはいざというとき数秒で手に取れなければ、何の役にも立たない。ライフジャケットをラフティング用ボートのフレームに結びつけていたり、ドリフトボートの座席の下にしまい込んでいたり、モーターボートの鍵がかかったコンパートメントに押し込んでいたりする人があまりに多い。流れがおだやかなところにいるときは、一時的にはライフジャケットを脱いでも許されるかもしれないが、そのときも絶対に手元から離してはいけない。

PFDにはさまざまなスタイルがある。救命ボートにあるような、昔ながらのオレンジ色のウレタン製PFDは首輪のように首にかけて使う。かさばるし、居心地が悪いことこのうえないが、これをしていれば沈まない。ファスナー式のカヤック用、釣り用のライフベストはNRSとかStohlquist（ストールクイスト）などのメーカーのものだと200ドルぐらいするが、川や海での探検やアクティビティを追い求めるなら、その値段の価値はある。サイズが豊富で、身体の活動をさまたげることなく、快適にフィットしてくれるのだ。さらに便利なファスナー開閉のポケット、Dリングや、その他の釣具や安全のためのギアを取り付けられる器具もついている。こういうタイプのライフジャケットには非常用のPFDに付属しているようなヘッドレストがないことが多いので、泳げない子どもに着せるには最適とはいえない。小さな子どもには常に頭と首を支えて、水面から顔が上向きに出ているようにするライフジャケットを着せておくべきだ。

フロートコートは厚地のジップアップジャケットで、中に浮力材のウレタンが入っている。プロの漁師など海で働く人々に人気だが、我々は寒く雨の多いアラスカ南東部でよく着ていた。フロートコートはかさばるが、

水の中にいるときも、水から上がっても、ずっと暖かさを保っていてくれる。

　CO_2の小さな缶を利用してふくらませるタイプのPFDもあるが、あまり信頼は置けない。ふくらませるタイプのPFDのほとんどはサスペンダーのように着用するようになっているが、ベルトのように腰に巻くタイプもある。ライフジャケットには、水に落ちたとき、紐を引くと即座にふくらむものや、小さな化学薬品のタブレットが水に濡れて溶けると、自動的にふくらむようになっているものもある。こうしたPFDの長所はコンパクトに携帯でき、軽量で、目立たないことだ。しかし、機械的な仕掛けには常に不具合がつきものであり、ふくらませるタイプのPFDの仕掛けが故障したり、うまく働かないという話はよく耳にする。

ボートボックスとドライバッグ　身体に身につけたり、ボートに結びつけたりしない安全装備はだいたい、防水ボックスかバッグに入れてボートの中に常に置いている。こうすればつい忘れてしまうのを防げるだろう。下に挙げるアイテムの多くは、すでにボートに備えている人が多いかもしれないが、さらに加えることを検討してほしいアイテムもこの本全編にいろいろ出ているので、確認してもらいたい。ドライバッグの中にサバイバルギアのフルセットと救急キットを入れておくのはいいアイデアだ。予備の衣服、ファイヤースターター、絆創膏、浄水機器、コンパスなどは陸地の旅と同様に水上の旅でも役立つ。エンジン修理のための基本的なツールのキットやラフティング用ボートのフレームのねじを締めるのに使うソケットレンチ、また六角棒レンチなどの必需品も必ず入れておくこと。

照明弾　5m以上の長さのボートや、夜に航行する船には救助隊や他の船に向けて遭難信号を発するための照明弾を載せていなければいけない。昼

間用を3本、夜間用を3本用意するか、あるいは両用のものを3本でもよい。濡れると使えなくなることがあるので、使う直前まで、買ったときの包装のままにしておくか、防水のコンテナに入れておくこと。使用期限も必ずチェックしよう。沿岸警備隊では漏れなくそうしている。

警報音発生装置　沿岸警備隊はすべての船やその乗組員に、大きな音を出して信号を発したり、ほかの船舶の注意を引けるようなデバイスを何か携帯しておくようにと推奨している。ライフジャケットについているホイッスル（濡れても音を出せるもの）を常に身につけているというのが良いアイデアではないかと我々は考えている。収納スペースが少ないボート上では、気笛も非常にいい。

海図　海図、つまり"海の地図"は、陸地における地図よりもさらに重要ではないかと思う。夜間や霧の中などでは、見えない危険物にぶつかって沈没してしまう危険があまりに多い。水上では簡単に方角がわからなくなるし、間違ってちがう方向へ進んでいってしまうこともある。伝統的な水深測量付き（単位はファゾムであることが多い。1ファゾムは約180cm）の海図は役に立つが、海底地形図はさらに便利で、とくに良い釣り場を見つけるのに使える。現在は、深浅測量機や魚群探知機の多くにGPSが搭載されているが、箱から出したらすぐに使えると思ってはいけない。実際の海図をダウンロードしたり、メディアに入ったデータを買ったり、サービス開始の操作をしたりしなければならないことが多い。携帯式のGPSユニットには同じデータが入っており、スマートフォンアプリの多くは、五大湖、川、海の図を現在地付きで見ることができる。

スローバッグ　急流を通る可能性がある場合は、スローバッグを所持する義務がある。スローバッグとは、通常18mのロープがメッシュの袋に入っているもので、水に落ちた人を救助する際に投げると、空中で広がるようになっている。スローバッグを使う方法は、バッグの紐を引いて開け、ロープの端と結び目を片手でしっかりと握る。水中にいる人に声をかけて、これからスローバッグを投げることを知らせる。そして空いているほうの手で、水中の人に向かって下手投げでバッグを投げる。このとき、救助する人より下流の岸やボートから投げること。バッグが水中の人よりも上流に落ちるように狙って投げれば、届かない恐れが少ないし、ロープが流れてくるのを待てるので、取り逃すリスクも減る。水中の人はロープをつかみ（バッグではなくロープをつかむこと）離さないこと。救助する人は手近にある動かないものにしっかりとつかまる。これは、ロープがピンと張ったときに水に引きずり込まれてしまわないようにするためだ。しばらくすると、水中の人は振り子のように弧を描いて、岸へと流れ着く。スローバッグで安全に引き上げることができなかったら、泳いで救助しなければならないかもしれない。しかし忘れてはいけないのは、救助しようとした人が溺れたり、もともと溺れていた人がパニック状態で混乱し、救助者を引きずり込んでしまうことも起こりえるということだ。この図のように相手の背後に回って確保するテクニックを使って、自分を危険にさらさずに助けよう。

ナイフ　急流のガイドのほとんどは、ライフベストの胸か肩にストラップ

でレスキューナイフを装着して持っていなければならない。ラフティングやカヤックを本格的にやっている人も持っていることが多い。この専用ナイフは緊急時に鞘から素早く抜けるようになっている。レスキューナイフの刃は誤って誰かを刺してしまわないよう先が鈍くなっていて、刃全体はストレーナーにからまってしまったロープやライフジャケットのストラップを断ち切るためにのこぎり状になっているのが普通だ。あるいは専用ナイフにあまり金をかけたくない場合は、ボートに乗るときは必ずポケットナイフかヒップナイフをすぐ手に取れるところに携帯し、水に落ちて錨索などにからまってしまったときに使えるようにしておこう。

錨 錨はボートを停止させるのに非常に重要なツールだが、使い方を誤ると非常に危険になることがある。モーターボートに乗っているときは、錨は船首から、風上や波に向かって投げること。川でラフティング用ボートやドリフトボートに乗っているときは、錨は船尾から投げること。こうしたスキルを使って錨を下ろせば、ボートが前後に激しく揺れて転覆してしまうリスクを減らすことができる。絶対に、船の側面に錨を下ろしてはいけない。そんなことをすれば、ロープに力がかかったらすぐに船が転覆してしまう。カヌーやカヤックの多くも、おだやかな天気のときは湖に錨を下ろして停泊することができるが、非常に転覆しやすい形状であることを考えると、波や流れがある場所では停泊すべきでないことがわかる。

ボートの安全のためのツール補足

- 防水の水中ライト
- バケツなど、水を汲み出す道具
- パドルやオールの予備（モーターボートの場合も！）

- ガソリンの予備
- 予備の水抜き栓(ドレインプラグ)
- ラフティング用ボートやファイバーグラス製カヌーの修理キット
- はらみ綱(ボウライン)／引き綱(トウライン)
- 投げて使える浮力材製クッション

怪我・病気と応急処置

Medical and Safety

　私はこれまでアウトドアで、十分すぎるほどのニアミスや危機一髪を経験してきた。正直言って、自分も友人たちも命を落とさなかったのは驚きだ。ハイイログマに追いかけられる、銃が暴発する、山から転落する、氷の割れ目に落ちる、ボートが転覆する、トラックが衝突する、全地形車両（4輪バギーなど）で事故、デンキウナギで感電する、料理用の燃料が燃え上がる、蛇が侵入してくる、凍傷、雪崩、岩が落ちてくる、ムースに追われる、それから何百ものさまざまな切り傷、擦り傷、打撲など——自然の世界は危険でいっぱいだ。けれどそこも好きなのだ。そのときは怖かったことも、過ぎ去ってしまうとなんだか面白く思えてくる……ただしそれは全員無事だった場合にかぎる。

　だが自然のなかでは、悪い結末を避けられないような状況になることもある。クマに追いつかれて咬まれることも、山道で足を滑らせた誰かが山側ではなく谷のほうへと落ちていってしまうことも。そんなふうに幸運が尽きて、救急車や救急ヘリチームを何時間とか何日とか待たなければならなくなったときには、自分が持っているかぎりの医療スキルを使わねばならない。残念ながら、私を含むほとんどの人が、この点では悲しいほど不適任だ。私は子どものころから、銃や弓矢は使いこなしてきたが、止血帯の正しい巻き方と巻くべきタイミングを40代半ばになるまで知らなかった。つい最近まで、ヘビに咬まれたとき、実際に毒を吸い出すべきなのかどうかもわかっていなかった。傷口の洗浄の仕方も知らなかった。虫に咬まれたときのためにエピペンは数種類持っていたけれど、エピネフリン（アドレナリン）を打った後その人を医師に診せる必要があるのかどうかを知らなかった。知らなかったことはまだまだたくさんあるが、言いたいことはもう伝わったと思う。私は物心ついてからずっと、アウトドアのありとあらゆる知識をマスターしようとしてきたが、おそらく、もっとも重要な一分野が

抜けていた。それは、緊急事態の際に誰かが死なないように行動すること
だ。

　アウトドアでの医療について無知であることの言い訳をしなければなら
ないとしたら、そもそも我々はテクノロジーの発達やインフラの整備のお
かげで、救急処置についてあまり知る必要がなくなったからだと言うだろ
う。現代ではみなが携帯電話やスマートフォンを持ち、即座に救急サー
ビスに電話することができるわけだし。少なくとも、人間が暮らす大半の
場所ではそうだ。地元の公園から1分かからず、簡単に119番へ電話でき
るし、それからインターネットで「ハチに刺された、喉が腫れる」と検索し
て、救急隊が到着するまでのあいだ、何をすればいいのかを考えることも
できる。アウトドアで陥る可能性のある緊急事態は山ほどあるから、その
すべてについての対応を記憶しておくことは気が遠くなるような難題だ。

　さらに、応急処置や医学の選択肢はどんどん更新されていく。細菌感
染から心臓発作まで、それぞれの症状への対処法は常に変わっているの
で、自分の知識はすでに時代遅れで、手を出すとかえって害になるのでは
ないかと恐ろしくなる人もいるだろう。なにより、野外災害救助法などと
「野外」という文字がつくと、もともとハードルの高い「救助法」がさらにす
ごく難しいものにも聞こえてくる。首に怪我をした人は動かさないように
しなければならないのは一般論として想像はつくが、その人が川岸で低体
温症になってしまい、救助はまだあと何時間も来ないとしたらどうしたら
いいのだろう？　取るべき行動は変わってくるはずだ。

　しかし、そんな言い訳は関係ない。北米には携帯電話の電波が届かな
い場所が、アラスカ州とカナダの大半、それにアメリカ本土の48州のあ
ちこちにたくさんある。もっとも網羅された携帯ネットワークでさえ、ア
メリカ全体の25〜75%はカバーできていないのだ。こうしたエリア外は

人口の少ない場所と一致していて、まさに人々がハイキングやカヌー、狩猟やスキー、釣りやダイビング、山登りやボート遊び、探検のためにやってくるのと同じ場所だ。電話さえすればすべてが解決するなどと言って、大切な知識やノウハウを脇へ置いておくわけにはいかないだろう。

　最新の救助法なんて知らないからと不安になるあまり、「傍観者効果」に陥ってしまわないようにしよう。これは社会心理学の用語で、事故などトラブルの現場に居合わせたときに、周囲に複数の人がいると、お互いに自分よりも適任な人がいるだろうと考えて何もせずに見ているだけになってしまうことを表す。いくらかは知識がある者として行動を起こしたほうが、見て見ぬふりをして傍観しているよりもずっといい。あなたの生命、そしてもっと大切なあなたの友人の生命がかかっているのだ。

山男のための衛生講座

　長年のあいだに「dirtbag（ダートバッグ）」という言葉は、自然と調和して暮らし、都市の生活にとらわれたり惑わされたりせずアウトドアに情熱を注ぐ人を指す、愛情こもった名誉ある称号となっている。汚れた感じのワイルドな男になるのはクールかもしれないが、しかし、文字どおりの"クズ"になるのはトラブルに飛び込んでいくようなものだ。手を洗うというような基本的なことをひとりがやめると、キャンプ全体にありとあらゆるトラブルがやってくる。指のちょっとした切り傷からひどく感染するし、調理をしたり、調理器具を共有しただけで、ウィルスと食品が媒介する病原菌が次々と伝染していくだろう。ぶしつけに言えば、人間がおいしい山の空気を吸い込んでいるときも、病原菌は働いているのだ。

うんち問題

これはあくまでも我々の意見だが、アウトドアの世界でもっとも価値のない生き物は、「埋めない奴」だ。すなわち、キャンプ場所やトレイルからふっとどこかへ行き、排便をし、そのまま目に見える状態でそれを放置し、トイレットペーパーを風に飛ばして立ち去るような奴のことだ。放置された便はありとあらゆる問題を引き起こす可能性がある。近くの水源の飲み水が汚染されたりするのだ。とくにそれが広がってしまったら。アメリカでは毎日何百万人もの人がアウトドアを楽しんでいる。「埋めない奴」はそのうちのほんの少数だと思いたいが、仮にそうだったとしても、地面にものすごい量の便が放置されている計算になる。病気の感染が大きな問題になっている場所もある。ある国立公園局の地質学者がおこなった最近の試算によると、97tを超える便が、デナリ国立公園にあるカヒルトナ氷河の登山ルート沿いに口を開けたクレバスに勝手に投げ落とされているという。この場所では、同時に登山者たちが雪を溶かして飲み水にしているのだ。また、「糞は山を下って流れていく」とよく言われるが、アメリカ大陸の最高峰の斜面で排泄をしたら、そこからふもとまでは長い道のりだ。

完璧な解決策はない。しかし外での排便のもっとも安全なやり方は、「キャットホール」を掘ることだ。深さ20cm以上になるように掘り、そこに排泄物を埋めるのだ。そのためにもっとも便利なのは折りたたみ式のシャベルだ。陸軍では塹壕を掘る道具、Eツールと呼ばれているものだ。Eツールはもともと、薪の小さな塊を砕いたり、藪を払ったりするための道具である。緊急時にはボートの錨やオールの代わりにも使えるので、装備の収納に余裕があるときは持っていくといい。しかしシャベルを持っていくと重くなりすぎるというのなら、岩や棒など「原始人の道具」と我々が呼んでいるもので掘ればいい。手元に何もないときは、半分埋まっているバスケ

ットボール大の岩や丸太などを引っくり返して、その下のくぼみをキャットホールとして使ってもいい。そして事が済んだら、岩や丸太を元の位置に戻して、すべてをかくすのだ。

　この排泄物をかくす際にも、すべてを川や湖から離れた場所でおこなうことが重要だ。通常のガイドラインでは、水源を汚染しないためには60m以上距離を取ると安全だと書いてある。それからどうか、ほかのアウトドア愛好家の男女のことを考えて、せめてキャンプ場やハイキングのトレイルから離れた場所でしてほしい。これらのルールはすべて連れてきたあなたの愛犬にも当てはまる。

　トイレ以外で排便するのは未経験という人には、地面に堀った穴にするのはいくつかちがう点があることを伝えたい。その場所の地質や周囲の植生のタイプによって、普通にしゃがむことができるか、木や岩に寄りかかったり、小さな木の幹や枝につかまってバランスを保つことができるかなどが決まってくる。そして事が済んだら、きちんとトイレットペーパーを使い、手指消毒剤などで両手を十分きれいにして、手から口への汚染を防ぐことが必要だ（手の甲や爪も忘れずに。消毒剤は拭き取らずそのまま乾かすこと）。たどり着いたキャンプ場が古いトイレットペーパーが散らばっているだけの原始的な状態だったら、我々が最初に強調した点をわかってもらえると思う。使用済みのトイレットペーパーは見ために不快なばかりでなく、災害級の病原体が繁殖した巣窟なのだ。生物分解性のあるトイレットペーパーを使って、キャットホールに埋めるか、燃やして灰にすること。我々はそのためにたいてい、トイレットペーパーを入れたジップロックにライターも入れている。ただし、燃やす場合は場所とタイミングが安全なときだけにすること。トイレットペーパーの代わりにウェットティッシュを使うなら、アルコールフリーの赤ちゃん用のものを使うことをお勧めする。ウェット

ティッシュは土壌で分解されないので、必ず燃やすか、持ち帰ること。

　もしも紙がないというアクシデントに見舞われたなら（古来から数知れぬアウトドア愛好家が通ってきた道だ）、草や雪などを使う古典的なやり方を試そう。変化球を試してみたいなら、靴下の片方やTシャツの袖を犠牲にするのもありだ。ただし自然に帰るものは埋め、または燃やし、それ以外のものは持ち帰ること。

　最後に、固体の排泄物は持ち帰るよう法的に定められた場所もあることを知っておいてほしい。こうした規則は、排泄物を勝手に捨てられると、それを分解する自然の力が追いつかないような、繊細で汚されていない環境でとくに定められている。「うんちは持ち帰る」ルールは未開の地や、国立公園のバックカントリー〔レジャー用に整備されていないエリア〕などを訪れるハイカーに適用される。グランドキャニオンなどの川をボートで旅する人々もこのルールを守らなければならない。事前に必ずルールを調べること。簡易トイレや固形の排泄物を持ち帰るための使い捨て回収バッグも市販されている。規制では旅行のあいだ同行者全員が使うのに十分な数のこうしたバッグを持参することが義務づけられている。排泄物回収バッグの使用が義務づけられていない場所では、排泄の際は川が最高水位になったときの地点から15m以上離れなければならない。これは常識でもわかることだ。

清潔を保つ

　ここまでに強調してきたように、現代の洗面設備がないからといって、手洗いは必須というルールから逃れられるわけではない。病原菌に感染するリスクがあるのは、排泄物による汚染ばかりでないのだ。狩猟をする人たちは、獲物を解体するときに血液や腸液が手についた後、インフルエン

ザなどのよくある病気があっという間に仲間に広がって、結局キャンプの
みなが罹（かか）ってしまうことがあるのを知っているだろう。とにかく最低限で
も、食事の前や開いた傷口を触る前後、魚や動物を捌（さば）いた後には手を洗
って、リスクをなくそう。キャンプ用の高濃度な石鹸（せっけん）ならば小さな容器で
簡単に持っていける。これを少量水で薄めて使えば、手や顔を完全に消
毒できる。爪を常に短く切って、ばい菌だらけの垢（あか）が爪の中にたまらない
ようにするのも有効だ。

　自分自身の健康と快適さのために、そして同行者のために、ときどきは
身体を洗うことも必要だ。気分も体臭もよくなるし、細菌の増殖や、股間
とか尻の割れ目、足の指の間とか脇の下のような湿ったところにカビやキ
ノコが生えるのを防げる。もちろん、家族で2〜3日の予定でシカ撃ちの
キャンプに来ているのか、何週間もの予定でアパラチアン・トレイルにハ
イキングに来ているのかにもよるが、毎日入浴するのは実際的でないし、
たいていは不可能でもあるだろう。我々は長期の狩猟の旅では、1週間か
それ以上シャワーを浴びないこともよくあるが、その状況でできるかぎり
清潔を保つ努力をしている。

　未開の地で入浴するには、工夫が必要だ。ただし、ここで言う入浴とい
うのは、お湯を張った浴槽にゆっくり浸かるという意味ではない。必要な
のはキャンプ用コンロで沸かしたお湯ひと鍋分だけだ。服を脱ぎ、石鹸液
に浸したタオルで身体をよく拭く。このとき、最後にさっと石鹸を落とせ
るようお湯は取っておくこと。石鹸を落としたら、キャンプ用の小さな、
軽いマイクロファイバー製のタオルで身体を拭こう。暖かい日だったら、
冷たい水でも多少は我慢できるだろうから、お湯を沸かすのをやめて、川
や池で身体を洗ってもいい。ただしその場合は生物分解性のある石鹸を
使うこと。石鹸や水も使わず、赤ちゃん用のウェットティッシュやShower（シャワー）

Pouchが作っているようなアウトドア入浴用の大判ウェットティッシュを
使うことだってできる。

　しかしどんなに身体を清潔に保っても、衣服は汚れていくだろう。たと
えば激しい雨でトレイルがどろどろにぬかるんでしまったり、エルクのよ
うな大型な獲物の内臓を抜き、その場で解体したりすると、衣服は非常に
汚れ、臭くなる。野外にいるのが1日か2日の予定だったら、それほど問
題ではないだろう。しかし長期の旅では、野外で洗濯をする必要が出てく
る。汚れて湿った衣服は真菌やバクテリアが増殖するのに打ってつけな環
境だ。そして、衣服をきれいにするべき理由は衛生面以外にもある。ハイ
テクなアパレル製品の中には、汚れがあまり付いていない状態でないと機
能を果たせないものがあるのだ。たとえば、通気性のあるゴアテックスの
雨具は、泥だらけになると通気が悪くなるし、耐湿性のメリノウール製ソ
ックスは汗が染み込んだ後に乾いたり、トレイルの泥にまみれたりして、
脱いでもそのままの形で立っているぐらいに汚れていると、足を暖かく乾
いた状態に守ってはくれなくなる。

　汚れた衣服をそのまま数日着つづけているときは、天候が許せば、しっ
かり水で洗うといい。化学繊維とメリノウール製のアパレル製品は木の枝
やバックパックの横にかけて、日の光と風に当てておけばすぐに乾く。

衛生基本キット

- 赤ちゃん用のウェットティッシュ
- 身体を拭くための大判ウェットシート
- 歯磨き粉、歯ブラシ、デンタルフロス
- 生物分解性のあるトイレットペーパー
- アルコールの手指消毒剤

- Campsuds や Dr. Bronner's のような生物分解性のある濃縮液体石鹸
- 速乾性のマイクロファイバーのキャンプ用タオル
- バンダナあるいはタオル

食物と水の安全

　ほとんどの人が、自宅では安全を心配することなく飲んだり食べたりできることを当たり前だと思っている。アウトドアには冷蔵庫も浄水場もない。腐敗しやすい食品はどんどん悪くなっていくし、水道の蛇口から出てくるのと同じくらいきれいに見える水にも病原菌がいて、野生の魚や動物は寄生虫や病気を持っていたりすることもある。結果として、この本の水と食料についての章で述べた水の浄水(CHAPTER 2)と食物の安全(CHAPTER 3)のルールを注意深く守ることが非常に重要だ。

救急キット

　これは当たり前のことなのだが、やはり言っておかねばならない。森の中では医師の真似をするより、常識に従って安全を守ったほうがいい。本に書いてあることをすべて実行したとしても、怪我や病気などの緊急事態をすべて防ぐことはできない。だからアウトドアで過ごすときには、救急キットが必要なのだ。思えば我々にしても、アウトドアにいるときには、誰かがイブプロフェンや絆創膏、棘を抜くための毛抜きを探して救急キッ

トをかき回さないですむ日はない。ときには本当の大惨事にきわめて近い場合もあり、そんなときに救急キットがなかったら、ものすごく困っていただろう。

ここで言っているのは、ウォルマートなどの量販店で売っているような安価なキットではない。得てして、そういうキットには必要以上の数の絆創膏が入っている一方で、大事なものが入っていない。未開の地用の救急キットは専門店などへ行けばアウトドア用に適したものを購入できるが、もっとも良いのは必要なものを自分で揃えて救急キットを作ることだ。これなら行く旅ごとに、何かを足したり抜いたりして、カスタマイズすることができる。

毎回出発前に、アクティビティのタイプや期間、人数や目的地の環境に合わせて、救急キットの中身を調整しよう。たとえば、ひとりで1泊のキャンプに行くのに、絆創膏を50枚持っていくのは多すぎる。薬に防水のラベルを貼っておく用意は絶対に必要だ。キットに入れた錠剤や軟膏のラベルの文字がぼやけたり、かすれたりして、何の薬だったかわからなくなるのを防ぐために。ほかの人がそのキットを使うとき、どんなことを想定して揃えられたのかわからなくては困るだろう。薬の消費期限をチェックし、頻繁に入れ替えよう。アルコール綿は乾燥するし、下痢止めの錠剤はドロドロした粉のようになるし、絆創膏は粘着力がなくなる。中身を随時チェックしよう。キット全体をコンパクトに整理し、防水の丈夫なバッグかポーチに入れておこう。大人は全員基本的な救急キットを身につけているように。遠征用の大型救急キットはキャンプに置いておこう。もし余ったら、それだけ野外で安全に過ごせたということだ。さらに、救急時にも便利だが、ほかの用途もある、防水の医療用テープや安全ピンのようなものも救急キットに入れておくといい。マルチツールや懐中電灯などの

ように、救急用品だとはみなされないものもあるが、実際には野外での医療に必要不可欠なのだ。

　以下に挙げるのは、我々がどこへ行くときも救急キットに入れているものだ。

- **処方薬**　これは誰でもわかるように、リストのトップに挙げるべきものだ。いつも飲んでいる薬のラベルがはっきり読める状態で、防水の頑丈な容器に入っているかどうかを確認しよう。それから同行者には事前に自分が飲んでいる薬と、その理由を伝えておこう。自分で動けなくなる状態も想定して、1回の服用量を伝えておこう。予定外に旅程が延びることもあるかもしれないので、必ず予備を持っていくこと。1週間の予定だったら、10日分以上を持っていこう。その薬が本当になくてはならないものだったら、なくしたときや、薬がダメになってしまったときのために、同じ量をどこか別の場所にも入れていこう。

- **止血帯**　アウトドアでは出血を伴う怪我をすることは珍しくない。出血が激しく、すぐに医療関係者のケアを受けられない場合、命を救うための唯一の方法は止血帯を巻くことだと、医療のプロも認めている。バックパックのストラップやベルト、バンダナを使った即席の止血帯でもないよりはましだ。戦術止血帯(CAT)かラピッドアプリケーション止血帯(RAT)を持っていくのがいちばんではある。どちらも医療、軍隊のプロが使っている止血帯で、オンラインで購入できる。使い方は551ページで説明する。

- **万能副木サムスプリント**　副木もまた、野外で代用品を作ることはできるが、アルミ合金の面にウレタンフォームを貼り合わせたサムスプリントは軽くて便利だ。自由にカットして捻挫や骨折した箇所に装着し、副

木にすることができる。何度も再利用でき、小さくカットすれば指の骨折に使うこともできる。528ページにさらに詳しい使用法がある。

● **一般的な薬**　一般的な病気に対する市販薬をひと通り持っていくこと。液体やジェル状のものではなく錠剤を選び、旅行用の1回分のパッケージがあれば、そちらにすること。解熱鎮痛剤のアセトアミノフェン、イブプロフェン、アスピリンは持っていったほうがいい。イブプロフェンは腫れも軽減してくれる。下痢の薬は、ロペラミド（商品名はイモディウム）などの下痢止めを持っていこう。ジフェンフェドラミンは抗ヒスタミン薬で、アレルギーや風邪、インフルエンザの諸症状、船酔いに用いる。睡眠補助薬としても効果がある。デイクイルなどの錠剤は、風邪の諸症状の治療に使える。胃痛や胃のもたれ、吐き気にはペプトビスモルの錠剤を使うといい。長期の旅や海外への遠征の場合は、事前に主治医にオーグメンチンやバクトリムなどの抗生剤を処方してもらおう。肺炎や重症の下痢、皮膚細菌感染症や尿道感染症の際に使う。こうした薬剤のジェネリック版は効果が変わらず、価格も安いので便利だ。

● **止血パッド**　血液を凝固させる作用を持つ止血パッドは、怪我で出血がひどい場合に使われる。凝固作用を促進するためには傷口に深く詰めなければいけない。QuikClot（クイッククロット）やCelox Rapid（セロックス ラピッド）は医療関係者や軍関係者にも使われているが、一般の人でも買える。

● **洗浄用シリンジ**　傷口を水で洗うための注射筒だ。持っていないときは、ビニール袋に水を入れて小さな穴を開け、水を押し出しながら、傷を洗浄しよう（ペットボトルも使える）。必ず処理した水か、フィルターを通した水、または沸騰させた水を使うこと。

● **防水湿潤治療用パッド**　Elasto-Gel（エラストジェル）などの、外部に対しては防水で、傷口の水分を吸い取る絆創膏。傷口や火傷（やけど）の患部を開いたまま清潔に保ち、

感染のリスクを減らす。

以下、救急キットの仕上げに追加すべきアイテムを挙げておく。

- **除菌シート**　アルコールに浸したウェットシートで、小さな切り傷やすり傷の消毒に使う。
- **抗菌軟膏**　小さな傷口の感染を防ぐ。
- **絆創膏**　いろいろなサイズのバンドエイドを持っていこう。
- **バタフライ型絆創膏**　小さな傷口が引っ張られたり、圧迫されたりして開いてしまうのを防ぐ。
- **ガーゼパッド**　傷口を覆い、保護するのに使う。
- **防水医療用テープ**　濡れる状況で絆創膏として使ったり、ガーゼなどを留めたりするのに使う。ちょっとした修理やライフルの銃口に雪や泥が入るのを防ぐのにも使える。
- **モールスキン**　靴擦れ用のテープ。
- **剃刀の刃**　ガーゼなどを切ったり、もっと単純に巻き爪を切ったりするのにも使う。
- **毛抜き**　皮膚に刺さった棘やサボテンの針を抜いたり、傷口からガラス、泥などのゴミを取りのぞいたりするのに使う。
- **安全ピン**　包帯やガーゼや腕吊りなどを留める。
- **三角巾**　腕吊りや副木にする。
- **エース包帯**　伸縮性の包帯。捻挫や骨折の際に巻く。
- **巻きガーゼ**　傷を覆うのに使う。
- **強力瞬間接着剤**　さまざまな装備の修理に使うだけでなく、傷口を閉じたり、歯が欠けたところに詰めたりできる。

- **針と糸**　細いシルクかナイロンの糸は緊急時に傷口を縫うのに使える。綿の糸より皮膚に刺激をあたえない。破けた衣類やテント、バックパックや寝袋の修理にも使えて便利だ。
- **ニトリルかラテックスの手袋**　傷の処置をするときに自分自身や仲間を病原菌から守る(合成ゴムであるニトリルの手袋は、天然ゴムのラテックスにアレルギーがある人でも使え、ラテックスよりも丈夫なことが多い)。
- **潤滑点眼剤**　1本あると目の乾燥や痛みに対処できて役立つ。

市販の鎮痛剤

　もしも、2年前に膝の手術を受けたとき処方された鎮痛剤がまだ残っているから救急キットに入れていこうと考えているなら、やめるべきだ。麻薬性鎮痛剤は強いので、服用すると感覚が鈍り、危機のときにしっかりした判断ができなくなる可能性がある。依存や眠気や呼吸停止などの生死に関わる副作用が出ることもある。戦場や救急医療の場でプロによって投与されるべき薬であり、平均的なアウトドア愛好家にはもっと安全で適した薬がある。慢性的な痛みを抱える患者がアドヴィル(イブプロフェン)とタイレノール(アセトアミノフェン)を組み合わせて使うと、オピオイドを投与したのと同じぐらいに痛みを抑えることができたという研究もある。イブプロフェンは怪我をしたときの痛みと炎症を抑える。アセトアミノフェンは怪我の後、痛みを起こす化学物質が蓄積するのをブロックする。救急キットにはアセトアミノフェンかイブプロフェンのどちらかを入れておけばいいと考えているかもしれないが、両方持っていくべきだ。このふたつの薬を順に使用することで、長期にわたるひどい痛みを比較的簡単に抑えることができる。ただし、ラベルに書かれている服用量を守ること。

知識、覚悟、準備——基本的なツールと考え方

しっかりした内容の救急キットを車に積んだり、荷物に入れていったり
するのは重要だが、キットを使いこなすには知識と準備が必要だ。怪我や
病気などの緊急事態の際、状況や症状を正しく判断できなければ、誰か
を助けることも、自分を救うこともできない。自分の命を危険にさらした
り、さらに危険を増すようなことなく理性的な判断をし、適切な行動をと
る必要もある。そのための指針となるガイドラインと全体的なルールを以
下に挙げる。心に留めておこう。

- **知識** 野外でも救急マニュアルを携行していよう。赤十字の救急救命法
  や心肺蘇生法(CPR)の講習も受けておこう。アウトドアへ出発する人は脱
  水症、足首の捻挫、外傷による大量出血、心停止などへの対処法の基本を
  理解しておく必要がある。医療のプロが進める救急法のテクニックは頻
  繁に更新されていくので、取れる資格は取得し、常にその更新を怠らな
  いこと。講習は大学のキャンパスや地元のコミュニティセンター、オン
  ラインなどでおこなわれている。NOLS〔野外学校の組織〕のようなところで開
  かれるより専門的な講習や、野外災害救助法(WALS)などもお勧めする。

- **連絡** どこへ行っても健康問題はついてくる。未開の地ではそのリスク
  は大きくなるから、事前に健康状態をよく把握しておこう。旅に出る前
  には必ず、同行者全員でこれまでの病歴を共有し、現在と過去の症状を
  話しておこう。ひとり旅のときは、健康状態の不良や身体的な制限があ
  る場合はそれも自覚しておこう。自分では対処しきれないような状況に
  陥らないよう、全力を尽くそう。毎年、頑固に自分の限界以上に山を登っ
  たり、森からシカを引きずり出したりしすぎたせいで、何十人ものハンタ

ーが重大な心臓発作を起こして倒れ、亡くなっている。同じことは怪我にもいえる。そもそもするべきではないことをして（あるいは行くべきではないところに行って）怪我をした人が多いせいで、無数の救難救助活動がおこなわれているのだ。

- **パニックを抑えよう**　大怪我などの緊急事態は精神的なストレスも大きい。よってパニックにもなりやすいが、こうしたピンチを脱するためには、医師が患者を前にしているときのような感情を排した状態が必要だ。どんなにひどい惨状でも、冷静さと集中力を失わずにいられた人がサバイバル状態から生還できることは、くり返し証明されている。だから何かトラブルが起こったら、パニックになってはいけない。我々の友人アラン・ラザーラが語ってくれた金言に従おう。「何もせずにそこに突っ立っていてはいけない。何かをするんだ」緊急のときに冷静さを失わず、今しなければならないことに集中すると、賢明な判断をしたり、状況をよくするようなアイデアを思いつけるようになる。冷静さを失わず、ちゃんとした救急キットがあれば、たいがいなんとかなるものだ。

- **リスクをはかる**　溺れている子どもを救おうとした両親の悲劇はあまりによく聞く話だ。自分の子どものためなら生命の危険も顧みずに行動してしまうその気持ちは十分に理解できる。しかし、ここで感情論はひとまず置いておいて統計を見ると、多くの人が危険な状況で誰かを救助しようとして命を落としている。燃え盛る家に飛び込んでいく消防士のように行動せよと本能が命じていても、実際に行動する前にリスク判断はするべきだ。もしも危険が大きすぎるなら、安全に現場へ近づけるタイミングを待つべきだ。

だが正直にいうと、親しい友人や家族を救えるかどうかという状況になったら、きっと我々だってかなりの危険を冒してしまうだろう。けれど、

自分が怪我をしたり死んでしまったりしたら誰も救うことはできない、とここに書いておくのが我々の責任だ。

子どもたちについて

　未開の地での子どもへの応急処置のやり方は大人に対するものとほとんど変わらないが、緊急時は判断基準や治療のガイドラインが大人とはちがう部分もある。たとえば、幼児や子どもに対する心肺蘇生法や気道に詰まった異物の除去などのやり方は、大人用のものとは異なる。アウトドアの冒険に子どもを連れていくのは良いことだが、その場合は、幼い子どもは起こりうる危機を判断し、対処するための特別講座を受けていくことをお勧めする。

症状の見積もりと判断の際に使える標語

　誰かを助けようと決意したら、医療的な緊急事態にあるその人の状態を総合的に判断しなければならない。どんな病気や怪我でも、もっとも重いものから先に対処すること。以下に挙げる標語はその優先順位を素早く判断するのに役立つだろう。

- ●**3つのP**　生命を守る(Preserve life)、これ以上害が加わらないようにする(Prevent further harm)、回復を促進する(Promote recovery)──プロでもそうでない人でも、救急救命に携わる人たちがめざすことだ。
- ●**AMPLE**　患者に意識があり、コミュニュケーションが取れる状態なら、

AMPLE の頭文字が重要な情報を知るのに非常に役に立つだろう。アレルギー(Allergies)、薬(Medication)、病歴(Past medical history)、最後に食べた食事(Last meal)、その怪我や病気に至る経緯(Events leading to injury or illness)の頭文字だ。この情報がわかっていると後で診断や治療のときに非常に役に立つ。

●**ABC(D)** 患者が呼吸をしていなかったり、心停止状態だったりしたら、AMPLE の情報を訊くことはできないし、即座に救命措置を取らなければならない。救命法の基礎講座を受けたことがある人は、ABC という言葉を知っているかもしれない。気道(Airway)、呼吸(Breathing)、心拍(Circulation)の頭文字をとったものだ。その患者には心肺蘇生法が必要か、それとも他の救急救命処置が必要かを判断するのに役立つ。まず気道を確保する。次に呼吸をしているかどうかを確認し、最後に脈拍をチェックする。多くの救急救命士がこれに D の中枢神経(Disability)を加えている。患者が手足をみな同じように動かせるか、問いかけに反応できるかを神経的に判断するのだ。アウトドアでは心停止状態の人がいても、電動の除細動装置を使うことはまずできない。しかしアウトドア愛好家が集まる地域では携帯型の自動対外式除細動装置(AED)が設置されていることが非常に増えてきた。州立公園や船着場、スキー場にもある場合が多い。自動音声によるガイドもあるので簡単に使え、命を救える。だから AED がある場所は調べておこう。

●**MARCH** 救命救急の際は ABC のルールが長年スタンダードだったし、現在も使われている。しかし救急救命士たちは、外傷の患者には少しちがったやり方で診断するようになってきている。現代の戦場からはじまったやり方だ。戦場で負傷した兵士は病院に搬送される前に死亡する確率が高いので、負傷者のケアは MARCH という標語に基づいておこなわれることが増えている。大量出血(Massive hemorrhage)、気道(Airway)、呼吸

(Respiratory)、循環／心臓(Cardiac/Circulation)、頭部外傷／低体温(Head/ Hypothermia)の頭文字だ。MARCH は ABC の完全版だと考えてほしい。こ こでも基本になっているのは、もっとも危険な症状から優先して処置し ていくという考え方だ。たとえば、脚の骨折はたしかに悪いニュースだが、 同時に動脈から出血していたら、骨折のほうは後回しにすべきだ。この 救急処置のやり方は記憶に刻んでおくべきだが、オンラインで2ドルほど の MARCH カードも売られている。簡易マニュアルのチャートとともに、M、 A、R、C、H それぞれに対しての診断と処置がステップごとに書かれている。 救急キットにぜひ入れていくべきだ。

危険信号について

　救急医療の医師たちは患者を診る際に、危険信号と呼ぶものを探す。 危険信号とは患者本人の話や、医師の観察や、患者の病歴にある危険因 子から疑われる心配な症状のことだ。わかりやすいものもある。中年か老 年で、太ってる患者が胸痛を訴えていたら、心臓発作である可能性が高い。 一方、そこまでわかりやすくない危険信号もある。スキーで転倒した人が 翌日に下腹部痛を感じたら、内臓出血の可能性がある。危険信号は救急 救命センターだけでなくアウトドアでも重要だ。深刻な問題に至る可能性 のある要注意サインをここに挙げるが、この本は医学書ではないし、我々 は訓練を受けた医師でもない。重大な怪我や病気が発生したときは、でき るかぎり早く医師の診察を受けられるようにしてほしい。

野外で判断する

　救急時、生き延びられるかどうかは医療のプロのスキルや経験による技 にかかっている。しかしアウトドアでは、こうしたプロに診てもらえる可

能性は非常に限られている。病院や救急設備からあまりに離れているかも
しれないし、患者自体が動けなかったり、動かせなかったりするかもしれ
ない。こうした状況では、助けを求めにいくべきか、その場で助けを待つ
べきかを判断しなければならなくなる。

　たとえば、ハイキングの同行者が足を滑らせて急な峡谷の底まで落ち、
脚を骨折してしまったとしよう。自分たちがいる場所を誰かに知らせよう
とするが、携帯電話の電波は来ていないし、車まで戻るには5km近く歩
かねばならず、そこからさらに車を30分走らせないと電波のある場所には
行けない。基本的な応急処置はすませ、大量出血などの生命に関わるよ
うな外傷はない。できるかぎりのことはしたが、同行者は峡谷を登れない
し、あなたが運んでやるのも無理だ。ふたりともサバイバルキットと雨具
と暖かい衣服と軽食を少し、それに水がいっぱいに入ったボトルを持って
いる。まだ日中の早い時間で、今日の天気予報は晴れだ。こういうケース
で、いちばんいい方法は、同行者をできるかぎり居心地のよい状態にし、
イブプロフェンをあたえ、自分は助けを呼びにいくことだ。そして正確な
位置を伝え、救助にきてくれた人たちを連れて戻るか、道案内をする。

　では、同じことが夕方、吹雪で気温が急激に下がっているときに起こっ
たらどうだろう。この場合、夜のあいだ同行者に付き添いようすを見て、
暖かくしていられるように助けるほうが理にかなっている。最善の策は火
を熾し、即席のシェルターを作り、その場を動かないことだ。救助はやっ
てくるだろうし、必要なら、日が上って天候が回復してから助けを呼びに
いけばいい。

　すべての状況がこうした例ほどわかりやすいわけではない。はっきりし
ているのは、自分が救急救命措置を続けていなければ死んでしまう人のそ
ばから離れてはいけないことだ。誰かの命を助けられるもっとも確率の高

い方法がその人から離れることなら、そのときはその人が安定し、できる
かぎり居心地が悪くないようにしてから、時間を浪費せずに行動に移ろう。

怪我と病気についてのリスク──
野外トラブルのデータベース

　野外での怪我や病気での緊急事態に備えるには、被る確率の高い外傷
や症状に意識を向けるのもいいかもしれない。そのために、NOLSのデー
タベースを見てみよう。ここにはのべ400万人を対象とした調査から判明
したアウトドアで起きた1万4000件のトラブルが示されている。
　データとして登録する際、トラブルは次のカテゴリーに分類されている。

・その場の応急処置以上の治療を必要とした怪我や病気
・後日治療や薬の処方が必要になったもの
・12時間以上アクティビティに復帰できなかったもの
・撤退が必要になったもの

　次ページの表は2002年から2005年までのあいだに起きたトラブルについ
いて表している。

NOLS　野外事故統計

996 事故総数	**518** 外傷			**478** 病気	
介入が 必要だった **外傷**	**55%** 筋肉、靭帯、 腱の捻挫、 肉離れ	**17%** 創傷、打撲、 裂傷	**5.2%** 口腔内の 怪我	**4%** 皮膚感染	**3.7%** 火傷
負傷時の **活動**	**47.7%** ハイキング	**13.5%** キャンプ	**9.8%** 水関連の アクティビティ	**9.7%** 登山	
介入が 必要だった **病気（症状）**	**23.6%** 吐き気、 嘔吐、下痢	**15.7%** ウィルスや 細菌への 感染	**9.2%** インフル エンザ、 風邪の症状	**8.2%** アレルギー 反応	**6.9%** 腹痛

一般的な病気の診断と治療

　アウトドア旅の理想はいい思い出だけしか残らないことだが、残念ながら怪我や病気をしてしまうこともある。いいニュースも悪いニュースもたぶん予想とはちがうはずだ。我々はみないつも最悪のシナリオばかり考えてしまうようだ。外国から来た致死性の病気に感染してしまう、ピューマ

に八つ裂きにされる、崖から転落する、喉が渇いて死ぬ、凍死する……た
しかにこういうこともときどきは起きているが、現実によくある野外での
外傷は捻挫、肉離れ、それから切り傷、すり傷、打撲などのような軟部
組織の軽い損傷だ。そして野外の病気で多いのは一般的な吐き気、嘔吐、
下痢、インフルエンザ、風邪などがトップを占める。それに加えて、アク
ティビティと病気の間にも直接的な相関関係があることが多い。バックパッ
カーは靴擦れや足首の捻挫をよく経験し、カヤックをする人は肩を痛め
ることが多い、登山をする人は高山病になりやすいなどだ。我々クルーは
どうかといえば、森に行くと少し怪我をして弱ってくることが多い。みな
野外でインフルエンザになったり、狩猟用ナイフで自分を傷つけてしまっ
た経験がある。

　ほとんどの人はこういうちょっとした病気や怪我なら問題なく対処でき
るが、すぐに手当をしないと死に至るようなものに対処する知識と物資な
しで、森に行ってはいけない。緊急のときは即席の処置で全然構わない。
強力瞬間接着剤はバタフライ型絆創膏の代わりに使えるし、腕吊りはバッ
クパックのストラップで作れるし、生理用ナプキンは出血している傷口
に当てるのに使える。医療関係者が勧める標準の救急法に則っているか
だけは考えよう。鼻血を止めるために頭を仰向かせたり、低体温症の患
者に酒を飲ませることなどは時代遅れだ。意味がないばかりか、かえって
危険だったりする処置もあり、それでは害ばかりで何の役にも立たない。

痛み全般

　野外にいるときにかぎらず、一日の終わりに寝ようとしたときに、体の
どこかがかなり痛くなったら、何かやり方を間違っていることがあるのか
もしれない。ここ数日のうちに何か怪我を負ったかのように痛みが増して

くることになるかもしれない。ふだんから身体を鍛えておくと、長い目で見て、体全体に負うダメージを減らすことができる。そのほかにも十分水分を取る、しっかりとした食事をする、睡眠を十分取るなども欠かせない。ハイキングの途中で足を止めて、筋肉や関節を伸ばすストレッチをするのも大きな助けになる。『ミートイーター』のクルーの中には、週2回のヨガのレッスンのおかげで身体が柔軟になり、筋肉痛も減ったと言う者もいる。しかしどんなに準備をしていても、それでもときどき身体は悲鳴を上げるものだ。痛み止めが必要なときは、イブプロフェンを飲むといいい。身体のどこかにずっと続く痛みがあったら、それは何らかの怪我や不具合の危険信号かもしれないと思うように。

筋肉の痙攣

　筋肉の不随意な収縮や痙攣は、一時的なものでも非常に体力を消耗する。しかもいつまた起こるかわからない。難しい斜面を登っている途中で腹に痙攣が起きるのもかなり不快だが、真夜中にふくらはぎが攣って阿鼻叫喚の苦しみに襲われるのも地獄だ。痙攣はどの筋肉にも起こりうるが、もっとも多いのはふくらはぎ、太もも、下腹部、首だ。数秒から数分でおさまり、その原因は長時間身体を酷使したことである場合が多い。ほかの原因としては、神経の圧迫や肉離れ、血流の悪さや電解質レベルの低下、脱水なども挙げられる。痙攣の治療法は安静、ストレッチ、マッサージ、温めること、水分を摂ることなどだ。

打撲

　打撲あるいは打ち身は、何かに打ちつけられた衝撃により、筋肉の中で少量の出血があったことにより起こる。この出血によって皮膚に赤、紫、

青、黒、黄色、緑色などを帯びた変色が生じる。打撲は通常、重症度によって腫れや張りや痛みを伴う。

　表面だけの軽い打ち身の場合は、筋肉の上にかぶさっている組織に影響が出る。骨まで打撲を受けた場合は、表皮は変色しないが、治癒するまでに数週間かかる場合もある。

　打撲の治療は安静と、可能なら患部を心臓より高くあげることだ。冷湿布は症状を緩和し、治癒を早める。伸縮性のある包帯で弱く圧迫することも有効だ。必要なら市販の鎮痛剤を服用しよう。

肉離れ

　肉離れは「筋を伸ばした」とか「筋肉の断裂」などとも表現される。筋肉や腱の線維が引っ張られすぎたり、裂けたりすることで起こる。肉離れはその重症度により3段階に分類されている。Ⅰ度の肉離れは痛みも軽く、可動性は変わらないことが多い。Ⅱ度になると痛みは増し、患部が腫れ、可動性が制限される。Ⅲ度の肉離れになるとまったく動かすことができないかもしれない。一般的に、その応急処置はRICEという言葉で表される。安静(Rest)、冷却(Ice)、圧迫(Compression)、上にあげること(Elevation)だ。

靭帯の捻挫

　捻挫はふたつの骨を関節でつないでいる靭帯が引っ張られすぎたり、裂けたりしたときに起こる。靭帯の捻挫も肉離れと同じように重症度によって分類されている。重い捻挫のなかには痛みよりも腫れや動かせなくなることのほうが深刻な場合もある。応急処置は肉離れと同じだが、捻挫の場合は患部を固定し、関節が動かないようにするために副木が必要になることが多い(528ページ参照)。ひどい捻挫は完治するまでに数週間かかること

が多く、たいていの場合手術は必要ない。足首の捻挫はハイカーにとって身近な怪我だ。足首をひねることを完全に予防することはできないので、31ページで紹介しているような頑丈に足首を支えてくれるハイキングブーツを履くことが第一の対策だ。

脱臼

　脱臼とは関節の外傷により骨が通常の位置からずれてしまうことだ。ハリウッドのアクション映画では、ヒーローが脱臼した肩を壁にぶつけて元通りにするといったシーンも多い（医学用語では「整復」という）。ただし、脱臼のちゃんとした整復の仕方はそんな単純で荒っぽいやり方ではない。とくに肩や腰のような大きな関節の場合はなおさらだ。指の脱臼でも、間違ったやり方をすると、神経や血管や靱帯に後遺症が残る可能性もある。最善の対処法は医師に処置してもらえるまで待つことだ。実際、野外で整復を絶対おこなわなければならないのは、末端への血流障害が起こっている場合だけだ（たとえば、膝の脱臼で足への血流が止まるなど）。しかし、問題に完全な対処をするためには、ずれてしまった骨を元の位置に戻さねばならない。それには、同行者に脱臼した手や脚をゆっくりと回転させながら、そっと少しずつ関節に沿って引っ張ってもらうとよい。肩を脱臼した場合は、自分で両腕で輪を作り、組み合わせた指を膝で押して、肩をそっと引っ張るようにする。脱臼を元に戻そうとするのは、脱臼したときよりも痛いのが普通だ。けっして無理にはやらないこと。整復がうまくいかなかったら、肩と腕を痛くない位置に吊っておこう。関節の中や近くに、ほかにもわかっていない骨折があるかもしれない（肘はそれが多いことで悪名高い）。それに何度も整復を試みると、誤って骨を神経や血管に近づけすぎることになるかもしれない。どちらにしても、できるかぎり早く病院を受診することだ。

骨折

　我々はすでに野外医療の研修を終えているが、ここでも一度やってみよう。救急では、骨折は外傷の中の一カテゴリーだが、さまざまな状態があるのでひとつのマニュアルでは対処しきれない。骨折はその部位も重症度もさまざまだ。指の骨折から、肋骨の骨折、背骨の骨折、大腿骨の複雑骨折（開放骨折ともいう）まで、骨折への対処法はそれぞれ大きく異なる。医師に診てもらえるまで耐え抜くことができるケースもあるが、救急ヘリでの搬送が必要なケースもある。

　『The Blind Side』〔邦題『しあわせの隠れ場所』〕という映画の冒頭で、NFLのクォーターバックだったジョー・サイズマンの脚が折れた鉛筆みたいに、ポキッと曲がっている有名な映像を見たことがある人もいるかもしれない。見るだに恐ろしい光景だが、すべての骨折がこのように手足などがわかりやすく妙な方向に曲がってしまうわけではない。ヒビが入っただけで、完全に折れてはいない場合など、レントゲンなどで見ないとわからない骨折もある。一般的にいって、骨折している場合、患部を動かそうとすると鋭い痛みを伴う。しかしその逆になる場合もある。骨折によって患部の感覚が麻痺するのだ。

　骨折は診断も治療も難しい怪我だが、対処しなければならなくなったときには共通のルールがいくつかある。折れた骨が肉や皮膚から突き出している開放骨折の場合、もっとも優先すべきなのは出血を止めることだ。それには骨折した部位より上にある動脈の止血点（549ページ参照）を探すことが必要だ。直接圧迫したり、骨を動かして骨折を「元に戻そう」としてはいけない（骨折の対処法は526ページ参照）。

　頭、首（頸部）、背骨の骨折は痛みと手足の痺れ、手足の麻痺を伴うかもしれない。このタイプの骨折であることが疑われたら、動けなくなってい

る患者を安全な場所に移すことがどうしても必要な場合以外は、絶対に動かさないこと。どうしても必要な場合は、患者の首の付け根にある僧帽筋をつかんで頸椎を安定させ、前腕を使って、頭が動かないようにする。頸椎が曲がらないように最新の注意を払う。患者を安全に寝かせたら、衣服か寝袋を首の両側に置いて、何かのはずみで首が動いてしまうことを防ごう。呼吸を観察し、ショックの徴候（555ページ参照）がないか確認したら、すぐに緊急医療救助を要請しよう。

　肋骨の骨折は非常に痛みが強く、呼吸が困難になる。折れた肋骨の周りを縛ったり、何かで巻いたりすると、呼吸がさらに困難になって肺炎に至ることもある。縛ったり巻いたりする代わりに、スポーツで使うテーピング用のテープやダクトテープを使って、副木のようなものを作ろう。患者はできるかぎり楽な姿勢を取り、呼吸時に痛むなら、意識を集中して腹式呼吸をするようにしよう。肋骨の骨折は肺に打撲や出血が生じたり、肺が破れることもある。呼吸困難がさらにひどくなるようなら、すぐに搬送が必要だ。

　骨盤骨折も非常に深刻な緊急事態になりうる。骨盤内出血を伴うことが多いからだ。患者が身動きすることによって症状が悪化しないように、身体を安定させて支えること。救急車や救急救命センターには、専用のサムスリングという骨盤整復固定具があるが、アウトドアでは図のように衣服や寝袋を使って、腰の周りをしっかりと包む即席のスリングを作らねばならないだろう。

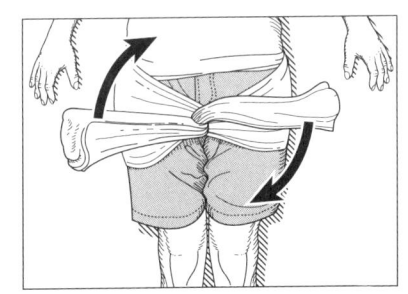

　指、腕、脚の骨折に対処するときの副木は比較的簡単に作れる。副木は骨折した部分の上下の関節より

向こうまでカバーして、患部が完全に動かないようにするのが理想だ。

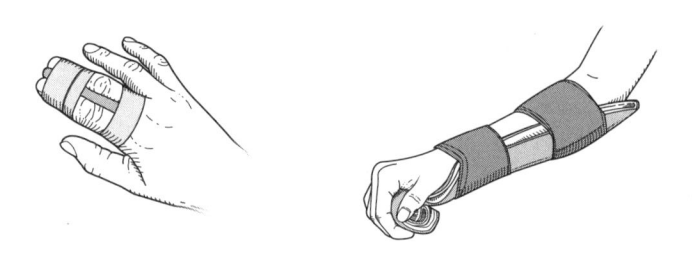

　我々はサムスプリントを救急キットに入れておくことをお勧めしている
が (510ページ参照)、野外では雑誌や棒やテントのポール、折りたたみ式のト
レッキングポールなど、使えるものを何でも使って即席の副木を作り、患
部を固定して、それ以上重症化させないようにすることもできる。副木はテ
ープや結束バンド、バックパックのストラップやベルトなどでしっかりと
装着できるが、あまりきつく縛りつけすぎると血流が滞ってしまう。腕の
骨折には副木をしてから腕吊りをする。三角巾や布でも代わりになる。

　腕の骨折は着ているシャツ
の下端をめくり上げて、そこ
に腕を入れると、腕吊りの代
わりになる。右の図を参照の
こと。

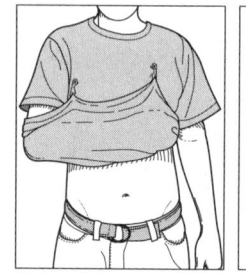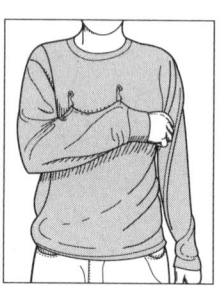

　副木で骨折した部分を固定
したら、患部はできるだけ高くあげよう。骨を元の位置に戻そうとするの
は絶対にやめること。骨の端を神経や血管に危険なほど近づけてしまう恐
れがあるからだ。イブプロフェンとアセトアミノフェンは痛みと腫れに効
果がある。末端への血流が阻害されている (たとえば膝の骨がずれているせいで足への
血流が滞っている)ときをのぞいて、野外で骨折を整復する必要はない。医師に

よる整復で骨と動脈を解剖学的に正しい位置に戻すと、血流が戻る。

下痢

　アウトドアでなりそうな病気の筆頭は下痢だ。下痢を引き起こす要因は仲間が作った激辛料理からインフルエンザウィルスまでいろいろある。アウトドア系の人がよく経験するのは「旅行者下痢症」と呼ばれるもので、それはだいたい人間や動物の排泄物で汚染され、有害なバクテリアやウィルスや病原体を含んだ食物や水を摂取したことで起こる。旅行者下痢症になると、脱水し、衰弱する。数時間で症状はおさまることが多いが、治療をしなければ数ヶ月続く場合もある。ほとんどの人が下痢は一時的につらいだけだと思っているが、本当のところは、命に関わる可能性もある。第一次世界大戦では何十万人もの兵士が赤痢で死亡し、現代でも発展途上国では何百万人もの人が下痢で亡くなっている。自分や同行者が強い下腹部痛、嘔吐、発熱、血便を伴う急性の下痢に見舞われたらすぐに医師に診せること。

　野外では、下痢の原因である病気を治すことはできないかもしれないが、市販薬を持っていれば、症状に対処することはできる。ペプトビスモルは腸内分泌を抑制することによって腹痛を抑え、下痢の症状を緩和する。この薬を飲むと舌に黒く色がついたり、黒い便が出たりするが、それはまったく正常で問題がない。イモジウム（ロペラミド）はよく効く下痢止めで、腸の運動を抑制する。下痢止めであり、抗コリン薬（筋肉の痙攣を緩和する薬）でもあるロモティルは事前に医師に処方してもらうことができる。海外や医療を受けるのが難しそうな人里離れた場所を通る長い旅に出発する前、こうした処方薬を確保しておくのは我々にとっていつものことだ。しかし、そもそも下痢とは感染源を体外に排除しようとする身体の働きだ。細菌やウ

ィルスが原因の下痢の場合は、こうした薬の使用は控えめにしなければならない。下痢に伴って高熱や便に血が混じる状態が続いたら、下痢止めを服用するべきではない。

※注意：下痢により体内の水分と電解質が激減し、補給が追いつかないことがある。重症の脱水状態は下痢の危険な副作用だ。下痢の治療の際は、次の脱水症の節も参照すること。

脱水症

　人体の約70%は水でできていると聞くと、予備の水は十分あるような気がするかもしれない。しかしそうではない。身体のさまざまなシステムを働かせるにはそれだけの水が必要なのだ。脱水症は水分の摂取量より排出量が増えるとすぐに起こる。軽度の脱水症でも身体の働きに影響が出て、恐ろしく具合が悪くなる。体内の水分量が正常値より2%以上減ると、より深刻な健康問題が起きはじめる。脳の損傷、臓器不全、さらに重症の場合には死に至る。とくに幼児や妊婦、糖尿病などの持病がある人は重症化しやすい。脱水症を引き起こす要因は、標高、薬やアルコールの摂取、発熱、下痢、嘔吐、過度の発汗、過度の身体的活動、日焼け、高温の場所にいることなどいろいろある。しかし病気のときや、炎天下にいるときだけ脱水症を心配すればいいわけではない。寒くて、濡れた状態で戸外にいるときは身体が水分を必要としているのを忘れがちだ。だから多くの低体温症患者が脱水症を併発する。

　さいわい脱水症の症状は通常わかりやすい。喉が渇いたと感じたら、おそらく脱水症の初期の段階がすでにはじまっている。尿の色は脱水が進んでいないかどうかを見るのによい。透明で、レモネードのような色の尿は身体の水分が足りているということだ。尿が出なかったり、濃い茶色がか

った黄色の尿が出るときは、脱水症が進んでいる。頭痛、口内の乾き、肌の乾燥、倦怠感もよくある症状だ。さらに重症になると、めまい、汗が出なくなる、心拍数が上がるなどの症状も出る。

こうした徴候に気づいたら、症状を元に戻すために水分補給療法をおこなおう。やり方はシンプルだ。清浄な飲み水がすぐに手に入る状態にいるなら、そもそも脱水症を防ぐのは簡単だ。58ページを参照すること。すでに脱水症になってしまっていたら、もっとも効果的な水分補給法はボトルの水を一気飲みすることではなく、少量の水分を定期的に飲むことだ。

それから、脱水状態のときに身体から失われているのは水分だけではないことを忘れてはいけない。脱水症の予防と治療には、汗や尿などに含まれる生命維持に不可欠な糖分、塩分、カリウムなどの電解質を取り戻すようにしよう。我々はゲータレードなどの水分補給用のスポーツドリンクの個包装の粉末を使っている。毎日飲み水に1袋か2袋を加えるだけで、失われた電解質を補給し、身体がより水分を吸収できるようになる。1Lの水に塩をたっぷりひとつまみと砂糖ひとつまみを入れ、それを飲みながらクラッカーを2枚を食べると、基本的に同じ効果が得られる。クラッカーを食べることで、ベーキングソーダに含まれている重炭酸塩を摂取できる。

COLUMN

高山病とひどい二日酔い

私はコロラド州の高地でほぼ20年にわたってガイドを務めてきた。その間、フライフィッシングのために海抜2000〜2500m、と

きには3000m以上の高地へやってきた平地の住民を案内してきた。これほどの高度の場所でも、ガイド付きならフライフィッシングはそれほど大変なアクティビティではない。クライアントの多くは私のラフティング用のボートで川を下るが、川の中や陸を少し歩いて移動することが必要な場面もある。体力をハードに酷使するわけではないのだが、クライアントのなかには頭痛、疲労、息切れ、脱水、不眠を訴え、気分が悪くなる人もかなりたくさんいる。彼らは軽い「高山病」になっているのだ。

さいわいなことに、海抜0mからロッキー山脈にやってきた人でも、こうした症状の悪化はわりと簡単に防げる。平地からやってきた人はアウトドアのアクティビティに飛び込む前に、身体を山の高度に慣らしておくべきなのだ。高度が上がれば、それだけ空気中の酸素が薄くなる。しかし二日もすると、身体が自然に低い酸素レベルに適応する。それによって身体の不調がなくなるのだ。はじめてのエルク狩りのために西へ向かってコンチネンタル・ディバイド・トレイルをハイクするなど、高地で厳しい冒険をするのなら、そのあいだずっと具合の悪さに見舞われないようにするいちばんいい方法は、事前に身体を鍛えておくことだ。鍛えられた筋肉と強い心血管システムがあれば、高度にもより簡単に、より早く適応することができる。最後に、これまで高山病だと訴えてきたクライアントのなかには、本当はたった2杯の酒を飲んだだけで予想外に二日酔いになっていただけ、という人が数えきれないほどいる。これは警告だ。アルコールの悪影響は高度の高いところではさらにひどく出る。高地では水はいつもより多く飲み、アルコールはいつもより控えること。

　軽度の高山病でも気分はかなり悪くなるが、重症になると死に至る場合もある。高地肺水腫(HAPE)と高地脳浮腫(HACE)は赤血球が補給できるよりも早く酸素が減少し、肺や脳に水分が溜まることで危険な状態を生む。脳浮腫はすぐに下山すれば回復できるが、あっという間に生命の危険に陥ることもある。どちらも短時間で高度を上げすぎると起こりやすい。ともに昏睡状態や死に至る可能性があり、確実な救急救命処置は患者を低い高度の場所に安全に移すか、高気圧治療によって下山したのと同じ状態にすることしかない。その際、同時にむくみを減らす薬の投与もおこなう。とはいえ、HAPEもHACEもまれにしか起こらない。重症の高山病は、技術的に高度な世界最高峰などをめざすような登山の場で起こることが多いからだ。

　それでも、海抜3000m以上の場所に長期間行く計画をしているのなら、念のために、以下のガイドラインに従おう。

● ハードな活動の前には高度に身体を慣らしておくこと。

● 1日のうちに300m以上登ることを避ける。

● 1日のうちに300m以上登る場合は、登山のおまじない「高く登ったら、低いところで眠れ」を実行しよう。これはいったん目標の高度まで登ったら、夜は元の高度まで下って眠ること、という意味だ。

● 海抜3000m以上の高地では、900m登るごとに1日休むこと。

● 高エネルギーの炭水化物を食べ、1日に3L以上の水分を摂ること。

● 何らかの高山病の症状が出たら（頭痛、嘔吐、軽症のものでは疲労、重症のものでは歩けなくなる）、すぐに高度の低いところまで下りよう。

534

風邪、インフルエンザ、肺炎

　頭痛を伴うひどい風邪や胃腸炎になるのは、自宅にいてもつらい。寒い
場所にいて、着ている服は濡れていて、居心地のいい家からはるか遠くの
テントで寝ている状態なら、さらにずっとこたえるだろう。アウトドアで
の風邪やインフルエンザへの対応に特化した確実な情報をここで紹介で
きればいいのだが、暖かくして、衣服や身体を乾かし、十分に水分を摂る
ぐらいしかできることはない。そして風邪にもインフルエンザにも治療薬
はないが、市販の薬のなかには風邪やインフルに伴う諸症状を緩和するも
のがある。

　ウィルス性の肺炎はほぼ必ず風邪かインフルエンザからはじまる。警戒
すべき危険信号は、消耗、咳や呼吸の際の鋭い痛み、高熱、ひどい寒気
と震え、息切れなどだ。風邪やインフルエンザから肺炎に悪化したのでは
ないかと疑われる場合は、すぐに病院へ行くこと。放置しておくと生命に
関わる。

発熱

　発熱はやりすごせるくらいの軽いものから、死の危険が迫るほどの高熱
が出る重症な場合まである。発熱の原因は熱疲労、毒素、薬へのアレル
ギー反応などいろいろだ。しかしもっとも多いのは、怪我や病気がきっか
けで何かに感染したことへの反応だ。身体は発熱することでバクテリアや
ウィルスが繁殖しにくい環境を一時的に作り、感染と戦っているのだ。体

温の上昇 (熱中症含む) は免疫細胞の反応を効果的に助けていると考えられている。

　大人の場合は、感染に伴う発熱は長期間40℃前後を超えたりしなければそれほど危険ではないと考えられている。乳幼児の場合は軽度の発熱でも、長期間続く場合は深刻な感染の危険信号かもしれない。発熱は身体にとってよい役割を果たしている場合もあるが、深刻な問題がかくれているサインでもある。42℃に近くなったら (子どもの場合はもっと低くても。基準は年齢によって異なる)、また痙攣を伴ったり、嘔吐が続いたり、蕁麻疹や意識の混濁、呼吸困難やひどい下腹部痛などが生じたら、すぐに病院へ行こう。

　熱がある人は、水分を十分に摂って脱水症にならないようにしよう。熱の原因となる細菌感染は抗生剤で効果的に治療できるが、ウィルス感染には効かない。イブプロフェンやアセトアミノフェンやアスピリンは (アスピリンは成人だけ) 体温を下げ、感染に伴う発熱の症状を軽減してくれる。しかし発熱が熱疲労や熱中症から起こっている場合、患者は物理的に身体を冷やさねばならない (次項を参照)。

熱中症 (熱疲労と熱射病)

　熱疲労、あるいは高体温は過度の発汗によって、身体の水分か塩分、あるいはその両方の割合が危険なほど減ってしまった場合に起こる。水分の減少が進むと汗をかけなくなり、身体を冷やすことができなくなって、深部体温が上がってくる。その結果、喉の渇き、頭痛、めまい、吐き気、嘔吐、さらには40℃近い発熱が起こる。熱疲労の患者にはスポーツドリンクのような電解質を含む水分を摂取させる。エネルギーを使わないで冷却する「受動冷却」の処置も必要だ。患者を日陰に連れていき、身体を締めつける衣服を緩め、氷枕や濡れタオルなどを当てて冷やそう。適切な処

置をしないと、熱疲労からさらに危険な熱射病になることもある。

　熱射病は発汗によって身体を冷やす機能が働かなくなった状態で、生命に関わる緊急事態を引き起こす。診断基準は肌が熱を持ち、乾いて、赤くなっていること（多少は汗をかいている場合もある）と深部体温が40℃を超えていることだ。こうした症状に精神状態の異常など神経障害の症状が伴う場合は、状況はかなり急を要する。見当識障害、嘔吐、痙攣が起きる場合もある。患者は頻脈（心拍が速くなる）、頻呼吸（呼吸が速くなる）になって意識を失う。とくに重症の例では昏睡、臓器不全、脳損傷や死に至る場合もある。熱射病の患者はすぐに医師による処置を受ける必要がある。まずは医療施設で氷風呂につけることだ。アウトドアではそれは不可能にしても、冷たい小川や池なら近くにあるかもしれない。少なくとも、日なたより日陰に寝かせるだけでもましだ。可能なら119番に連絡をし、衣服を脱がせ、氷嚢を首や脇の下や鼠蹊部に当てて冷やそう。患者に意識があって、液体を飲めるようならすぐに水分補給をしよう。

　極度の暑さの中での身体活動による熱疲労や熱射病は、完全にではないが、避けることができるのを知っておこう。また、高温の環境で身体を動かすことに慣れていない人は熱中症になりやすいため、過酷な大冒険の旅に出る前に、グランドキャニオンの下をハイキングして戻ってくるなど身体を夏の暑さに慣らしておくといいだろう。出発の前の1週間は毎日1時間、高温の環境でエクササイズをしよう。こうすることで身体が適切に汗をかくようになるし、暑い中で活動するのがどういう感じか知ることもできる。

　糖尿病や心疾患や喘息など心臓や肺に関わる持病がある場合は、とくに高温の環境下での過度な活動には気をつけよう。高温の中では安静時よりも心拍数が上がっているので、既存の問題が出てきやすい。

寒冷障害

　ヒトは他の動物たちのように厚い毛皮や防水の羽根や何層もの脂肪などに守られておらず、低温の環境に長くさらされることには耐えられない。冷たい空気や水温から身を守るための暖かい防水の衣服や靴がなければ、寒冷障害になるのは避けられない。しかも、それは北のほうや氷点下の気候でだけ起こるわけではない。よく晴れた夏の日、急速に気温が下がり、雨が降ることもある。暖かい季節でも水が冷たい湖や川はたくさんある。季節にかかわらず、濡れたり、濡れたままでいたりすることは、極寒の地にいるのと同じぐらい身体が危険だ。以下のような症状にならないようにするには、装備や衣服をよく考え、もしなってしまったときのために治療法を学んでおくこと。

塹壕足　人間の足はとくに寒さと濡れている状況に弱い。第一次世界大戦中、歩兵は防御のために掘った湿った泥の塹壕の中で何週間も過ごしていた。その多くが医師たちの言う「塹壕足」、あるいは「浸水足」と呼ぶ症状になった。塹壕足は数日間、濡れた靴下や靴を履いていたせいで足が水に浸かっていたために起こる「凍傷ではない」寒冷障害とされている。症状は麻痺、腫れ、痛み、温度変化に過敏になるなどだ。症状が長引くとひどい水ぶくれや感染が進む。一世紀ほど前、イギリスの兵士たちは塹壕足の症状を予防するために、鯨の油を足に塗っていたが、もっともよい治療法は足を温めて完全に乾燥させ、高くあげておくことだ。予防のためにはまず靴下と靴をちゃんと用意すること。

凍傷　非常に低温な空気にさらされた結果起こる寒冷障害が凍傷だ。気温が氷点下の場所で肌を露出していたためになることが多い。極寒の地

では厚い手袋やブーツを身に着けていても、手足の指が凍傷になることがある。症状が現れるまでの時間は、気温、風速、外気にさらされていた時間などによって、数分から数日まで幅がある。

　軽度の寒冷障害では皮膚の柔軟性は残っているが、感覚は麻痺し、色が赤くなる。患者は皮膚の表面に焼けるような感覚を持つが、これは感覚異常と呼ばれる。鼻、耳、頬などを露出しているととくになりやすい。患部を温めると、すぐに症状が消える。治療は簡単だが、そのまま進行すると非常に深刻な凍傷になる。

　凍傷は組織（皮膚、筋肉、ひどいときには骨まで）が凍ってしまうと起きる。皮膚のみの凍傷（Ⅰ度とⅡ度）は固く白色や黄色に変色し、透明か濁った液体のたまった水ぶくれができることもある。深部の凍傷（Ⅲ度とⅣ度）は皮下組織にまで広がる。症状は血がたまった水ぶくれ、皮膚の灰色や青っぽい色への変色、腫れ、痛み、焼けるような感覚、関節が動かしにくくなり、やがてまったく動かせなくなる。非常に重症なケースでは壊死（組織、細胞の死）、皮膚の黒変、手足が完全に麻痺して、切断せざるを得なくなる場合もある（どのくらいひどい状態になりえるかは、グリーリー北極探検隊の隊員のひとりが、気づかないうちに片足が落ちてなくなっていたという実話を聞けば、感覚的にわかってもらえるのではないか）。

　凍傷には緊急の応急処置が必要だが、アウトドアでは市販薬を飲むか患部をゆるく包んで損傷した組織を保護するくらいしかない。軽傷の場合は皮膚と皮膚を接触させるかお湯につけるかして、時間をかけて温めていくこと。摩擦や乾燥させるような温め方はしてはいけない。重症の場合は医師の診察が必要で、治療は抗生剤の投与、組織除去、あるいは切断などがおこなわれる。不可逆的な神経損傷が起こったり、可動性を取り戻したり、力をかけられるようにするための長期間の治療が必要になることも多い。

　凍傷の予防法はひと言でいうと、身体の露出を減らし、適正な衣服を身に着けることだ。人類はちゃんとした装備なしには強風やマイナス45℃の環境で長く生き延びることはできない。しかし、保護のための正しい準備をしていれば、気温が0℃以下にぐっと下がっても比較的快適で安全に過ごせる。肌がどこも露出していないように気をつけること。耳、顔、頭部は帽子やフード、スキー用のゴーグルや目出し帽で覆う。体幹部は汗などを吸収し、水分を外へ逃すモイスチャーウィッキング素材のインナー、厚みのある断熱の衣服、防水、防風のアウターで守ること。手足には特別な注意が必要だ。切断されることになるのは手足の指が多い。厚いミトンは、5本指の手袋よりも暖かさを保持できる。厚いウールの裏地がついたパックブーツ、つまり「ミッキーマウス」ブーツは軍用にデザインされたもの、足を保温するのに最適だ。CHAPTER 1の35ページ、CHAPTER 5の354ページを参照すると、低温環境でのサバイバルについてのさらに詳しい情報がある。

低体温症　凍傷とはちがい、低体温症は直ちに命に関わると思っていたほうがいい。深部体温が35℃に下がっただけで症状がはじまる。強い震えが止まらなくなったら、低体温症の危険信号だ。ほかの症状には眠気、意識の混濁、皮膚が冷たくなり、赤く変色するなどがある。深部体温が32℃まで低下すると震えが止まり、皮膚の色は薄い灰色か青に変わる。脈拍が弱くなり、呼吸が遅くなり、意識を失う場合もある。呼吸器不全や心不全、神経系の機能が停止すると死に至る。低体温症は徐々に進行して理解力を奪っていくことが多く、患者本人が自分の状態に気づいていないこともある。低体温症の患者は「逆説的脱衣」と呼ばれる行動を取ることがある。身体が極度に冷えると、皮膚に近い血管は収縮して体表面

への血流を減らす。そして血液は、身体の深部や重要な臓器の近くに多く流れ、温度が下がらないようにする。しかし、体表面に近い血管を収縮させるにはエネルギーが必要だ。身体が衰弱していくと、最終的に血管の収縮が弱まり、体表面にどっと暖かい血液が流れはじめる。そのときに患者はものすごく暑いと感じて、服を脱ぐのだ。アクセサリーまで外していたケースもある。

　低体温症は意外に高い温度でも発生する。防寒用の衣服を着ていない場合、気温10℃の場所に2日間いると低体温症になる可能性がある。人間の身体は濡れていると乾いているときの25倍の速さで体温が下がっていくので、ちゃんとした雨具を身に着けておらず、気温が低い場所で豪雨に見舞われてしまったら、おそらく数時間で低体温症になるだろう。完全に水に浸かっている状態だったら、もっと早い。水温15℃以下の水の中では数分で身体を動かしにくくなり、2時間以内には意識を失い、その後すぐに死に至る。あきらかに気温や水温が低いと、それだけ低体温症のリスクは大きくなる。船舶用の救命用具であるドライスーツやサバイバルスーツを着ていない状態で4℃以下の水に浸かる事態になってしまったら、数分で死んでしまうだろう。生き延びられる時間を少しでも長くするには、どれだけ暖かく乾いた状態でいられるかにかかっている。

　震えが止まらなくなった人がいたら、すぐに温めはじめよう。低体温症は軽度のうちならアウトドアでも治すことができる。乾いた衣服に着替えさせるか、それがなければ濡れた衣服を脱がせて寝袋に入らせる。さらに、使い捨てカイロ、水のボトルを温めたもの、肌の接触（寝袋に一緒に入って体温で温める）、温かい飲み物なども深部体温を上げるのに有効だ。キャンプファイヤーなどでさらに暖を取ったり、濡れた衣服を乾かしたりするのも役に立つ。重度の低体温症と考えられる場合は、できるかぎり早くその場から

撤退すべきだ。医師の診察と温めるための特別な技術が必要となる。

溺水

　冷たい水にさらされることで低体温症のリスクは上がるが、溺死の大半は裸で泳げるほど水温の高い夏のあいだに起きている。季節にかかわらず、アウトドアに出る人は水辺のアクティビティでは常に注意を怠ってはならない。カモ猟からフライフィッシング、海水浴からボートまで、水は十分な注意を払われることが少ないが、溺死は事故死の中で上位の死因であり、子どもの場合はとくに多い。大人は2分で死ぬ可能性があり、幼い子どもの場合はなんと30秒で死んでしまっても不思議はないのだ。

　救急救命的観点からいうと、溺れた人を蘇生するのは不可能ではないが、確率は低い。溺れた際に呼吸器システムに水が入りダメになって窒息し、脳や心臓に酸素が供給されなくなるからだ。だから素早く行動する必要がある。溺れた人は助けを呼ぶことも、みずからピンチを脱することも、ほぼできない。命があるあいだに救助できたら、心肺蘇生を施すと呼吸が復活するかもしれない。ハイムリッヒ法（腹部突き上げ法）や脚で身体を押して水を吐き出させようとしても効果はない。蘇生が遅くなるだけだ。横向きに寝かせ、指を使って、気道に入った水や異物（吐瀉物、水草など）を取りのぞく。溺水者の蘇生で最初の5分から10分にもっとも重要なのは、脳に損傷が起きる前に酸素の供給を復活させることだ。人工呼吸（マウス・トゥ・マウス、バッグバルブマスク）による心肺蘇生や、手に入るなら酸素吸入をおこなおう。自力で呼吸をしていても意識がなかったり、混濁したりし、心拍が弱いなど他の症状があるかもしれない。状態をよく観察し、すぐ病院に運べるよう助けを求めよう。

下腹部痛

　下腹部痛には考えられる原因がいろいろある。無害なガスが溜まっていたり、虫垂炎（盲腸）のような病気の危険信号かもしれない。手当もさまざまだ。内臓出血が起こっている場合は救急ヘリで搬送すべきだし、単に胃の調子が悪いだけなら胃酸の分泌を抑える薬を何錠か飲めば楽になる。

　もっとも注意しなければいけないのは、一定の箇所で長期間続く鋭い下腹部痛だ。ほかにも、下腹部痛に伴っている場合は緊急を要する症状に発熱、嘔吐、下痢などがある。吐瀉物や便に血が混じっていたり、色が黒かったりしないか注意すること。下腹部に外傷を負って、強い痛みや打撲がある場合は内臓出血をしている可能性がある。女性の場合、こうした下腹部痛は妊娠に関わる危険な徴候であるかもしれない。次ページの腹部痛を部位により4つに分けた図で、原因を判断するための詳しい情報を参照してほしい。

中毒

　中毒は、さまざまな経緯でさまざまな毒物に触れた際に起こる。化学物質、ガス、薬物などは有害だし、飲み込んだり、吸い込んだり、触れたりすると死に至るものもある。このようなタイプの緊急事態がアウトドアで起こることはあまり多くないが、特定の中毒が起こりやすいアクティビティもある。たとえば一酸化炭素中毒が起こる可能性は、キャンプなどで密閉された空間でプロパンガスやランタンを使った場合に跳ね上がるし、ハイカーはツタウルシのような有毒な植物に触れてしまうリスクも高い。さらに、ハンターや釣り人、採集者は毒のあるベリー類やキノコ、肉や魚の腐敗に注意していなければならない（こうした危険についての詳しい情報は、CHAPTER 3を参照のこと）。

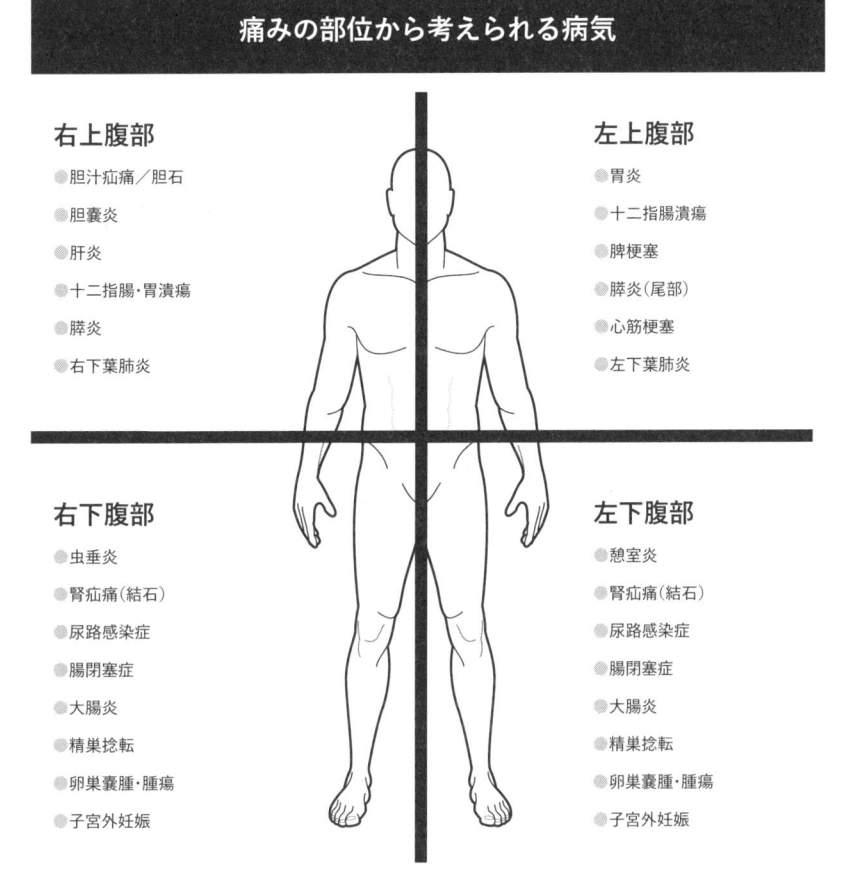

痛みの部位から考えられる病気

右上腹部

- ◉ 胆汁疝痛／胆石
- ◉ 胆嚢炎
- ◉ 肝炎
- ◉ 十二指腸・胃潰瘍
- ◉ 膵炎
- ◉ 右下葉肺炎

左上腹部

- ◉ 胃炎
- ◉ 十二指腸潰瘍
- ◉ 脾梗塞
- ◉ 膵炎（尾部）
- ◉ 心筋梗塞
- ◉ 左下葉肺炎

右下腹部

- ◉ 虫垂炎
- ◉ 腎疝痛（結石）
- ◉ 尿路感染症
- ◉ 腸閉塞症
- ◉ 大腸炎
- ◉ 精巣捻転
- ◉ 卵巣嚢腫・腫瘍
- ◉ 子宮外妊娠

左下腹部

- ◉ 憩室炎
- ◉ 腎疝痛（結石）
- ◉ 尿路感染症
- ◉ 腸閉塞症
- ◉ 大腸炎
- ◉ 精巣捻転
- ◉ 卵巣嚢腫・腫瘍
- ◉ 子宮外妊娠

痙攣、嘔吐、呼吸困難、眠気、意識の混濁はみな、中毒を示すサインの可能性がある。何か毒のあるものを飲み込んでしまった人がいても、無理に吐き出させてはいけない。医療従事者はもう、この時代遅れの応急処置は使っていない。その代わりに、少量の水を飲ませるのだ。有害な気体を吸ってしまった人は、きれいな空気の場所に連れていき、毒のある植物に触れてしまった人は、その部位を石鹸と水で洗う。このようなケース

では、即座に119番に連絡すること。

火傷

　火傷には種類がいくつかある。摩擦による火傷、凍傷、化学物質による火傷、電気による火傷、熱による火傷、日光による火傷だ。アウトドアでの摩擦による火傷は、たいてい装備や靴の選び方がよくなかったときに起こる。凍傷については537ページを参照のこと。化学物質による火傷と電気による火傷はアウトドアで起こることは少ない。しかし戸外に出ると、太陽や火など自然の要素による火傷の危険にさらされる。

　日焼けは強い痛みを伴う場合もあるが、極端に重症でないかぎり、市販の薬や湿布、アロエや保湿ローションで手当てができる。本当に危険なのは紫外線による火傷で、くり返すと危険が増していく。日焼けするたびに皮膚ガンになる可能性が上がっていくのだ。実際、皮膚ガン財団は5回日焼けをしたことがあると、メラノーマ(悪性黒色腫)になる可能性が倍になると警告している。日焼けで皮が剝けたり、水ぶくれができたりすると、さらにリスクが上がり、とくに子どもや若い人では危険が大きい。多くの人が日焼けの危険を今日では認識しているが、たった2分を費やして、SPF30以上の日焼け止めを塗ったり、つばの広い帽子やネックゲイター、長袖のシャツやズボンを身に着ければ、メラノーマなどの皮膚ガンのリスクは激減させられるのだと訴えていくことがまだまだ必要だ。我々は汗や水をはじくウォータープルーフの日焼け止めを使っている。曇りの日も忘れずに日焼け止めを塗ろう。紫外線の約80%が雲を通過するのだ。

　日焼けと同様、熱による火傷もだいたいは何かを怠ったことにより起こる。避けられない事故もあるが、火は人間が完全にコントロールできる道具として扱われがちだ (あるいは娯楽の一部に使われることもある)。しかし本当のと

ろ、キャンプファイヤーや調理用のコンロを使うときにはいくら注意しても十分ではないのだ。熱い鍋や調理器具、熱々の液体、直火などが、アウトドアでの火傷の原因としてもっとも多い。

　熱による火傷は重症度により分類される。Ⅰ度熱傷は皮膚の表層にだけ軽い損傷がある状態で、赤みと痛みを伴う。Ⅱ度熱傷は皮膚の下のほうの層にまで及ぶ。皮膚は鮮やかな赤色になって光沢があり、腫れ、水ぶくれ、強い痛みを伴う。消えない痕が残る場合もある。Ⅲ度熱傷あるいは全層性熱傷は皮膚のすべての層が損傷し、黒色や茶色や白色や黄色に変色する。火傷した部位は短時間で固くなり、木の表面のような不自然な見ためになる。Ⅲ度熱傷は非常な重症だが、末端神経も破壊されるので、患者は痛みを感じない。火傷が皮膚の全層を超えて筋肉や結合組織、骨にまで達することもある。Ⅲ度熱傷の患者はすぐに医師の診察を受ける必要がある。短期的には生命の危険があるショック状態に陥りやすく、長期的には死に至る感染のリスクがある。

　すべての火傷の応急処置は以下のとおりだ。

● 火傷の原因となる火を消したり、接触するものを取りのぞいたりする。
● 燃えているものや衣服をできるかぎり脱がせる。もしも火傷している部分の皮膚にくっついていたら脱がさずに、周囲の衣服を切り取る。
● 両手のアクセサリーを外す。火傷の患部だけでなく、どちらの手足も腫れることがあり、指輪やブレスレットが外しにくくなるからだ。

Ⅰ度熱傷の応急処置——

● 冷たい水に浸けるか、冷却圧迫療法をする。

- 滅菌済みの包帯か布で覆う。
- ワセリン、アロエ、保湿ローションを1日1回塗る。

II度熱傷の応急処置——

- 15分間、冷たい水に浸けるか冷却圧迫療法をする。このとき氷は使わないこと。使うとさらに損傷をあたえてしまう。
- 適切な滅菌処置をおこなわずに水ぶくれには穴を開けないこと。水ぶくれになっている箇所を石鹸で洗い、針をライターの炎で赤くなるまであぶって滅菌する。針は冷めてから使うこと。
- 抗菌の軟膏を塗り、ガーゼか布で締めつけないように覆う。
- できるかぎり早く病院に連れていく。

III度熱傷の応急処置——

- 119番に連絡するか、誰かに助けを呼びにいってもらう、
- ショック状態になるのを防ぐ。火傷をした箇所と脚を高くして患者を寝かせる。毛布や衣服をかける。
- 脈拍、呼吸などを観察する。

外傷による出血

狩猟や釣りやキャンプをしているとき、切り傷を作ってしまう場面はいろいろある。我々は戸外で長く過ごしているので、旅のたびに新たな切り傷や擦り傷ができることに慣れている。通常なら、小さな傷口は洗って抗生物質の軟膏を塗り、その上からバンドエイドを貼って、そのままやって

いたことを続ける。あるいは、1〜2分ほど傷口を押さえて止血をしてから、傷口にバタフライ型絆創膏を貼るか、瞬間接着剤で傷口を閉じよう。これはみなが身につけておくべき応急処置だ。いずれも旅を中止しなければならないようなものではない。数針縫わなければならないような怪我でも、出血さえ止まっていたら急いで救急救命室に駆け込まなくてもいい。

　外傷の出血が止まらないときは生死に関わる。大量の出血は激しい裂傷や、筋肉や大動脈、生命維持に不可欠な臓器に深く突き刺さった傷などで起こるが、重症の挫傷（鈍い外力による身体内部の損傷）によっても起こる。血が絶えず湧き上がったり、たまったり、吹き出したりしている状態は、命に危険をおよぼす危険信号だ。はっきり外傷が目視できない場合でも、吐血、下腹部の腫れ、胸痛を伴う負傷は内臓出血をしている可能性を示しているかもしれない。

　ヒトの血液には凝固する物質が含まれているので、小さな傷ではわりと早くに出血が止まるが、大量出血の場合は人体の血液凝固の能力を超えてしまう。平均的な成人の体内には約4.5Lの血液がある。1Lの血液を失っただけでも、酸素を組織に運び二酸化炭素を回収する機能が損なわれ、出血性ショックを起こすことがある。車でいえば、油圧が低すぎてエンジンが動かなくなるようなものだ。全血液の3分の1以上を失うと死亡する可能性がある。アメリカでは、外傷性の出血多量によって年間に約6万人が死亡していると推測されている。このような失血死は頻繁に起きているばかりでなく、死ぬのもあっという間なのだ。失血による死の半分以上は、原因となった負傷から数分以内に起きている。そのときの環境や傷の状態にもよるが、人は1分程度で失血死してしまう生き物なのだ。

　怪我による出血が止まらなかったら、119番に電話をすること。携帯電話の電波がない場所だったら、誰かを助けを呼びにいかせること。どちら

も不可能な場合は怪我をした人のそばにいて、必要なかぎり精神的に支えよう。もしも周囲に誰もいないときにこうした怪我をしたら、自分自身で処置をおこなう覚悟をしておく必要もある。

　ひどい出血を抑えるためには、積極的な応急処置を素早くおこなわなくてはいけない。止血でまずしなければならないのは、出血場所の特定だ。当たり前のように聞こえるかもしれないが、厚着をしているせいでどこから出血しているのかよくわからないこともある。一方で、わかりやすい傷からの出血の場合も、傷口がほかにないかを確認する。何かが貫通した場合の入り口と出口のように、複数の傷ができている可能性もあるからだ。怪我を引き起こしたものがどんなものかわからず、まだ傷口の中に残っている場合は、さらに傷を深くしないようそのままにしておき、取り出そうとはしないこと。

　出血場所がわかったら、傷口が穴になっている場合はガーゼやTシャツなどをすき間なく詰め、すぐに2本の指や手の平の下部、あるいは膝を使って直接傷口を圧迫する。ぐっと強く押す。切断された血管が締まるよう。出血が止まるか、誰かと交代するまでは力を緩めないこと。可能なら、傷がある箇所が心臓

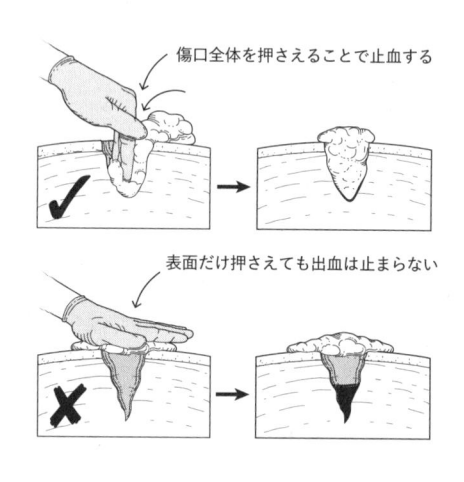

傷口全体を押さえることで止血する

表面だけ押さえても出血は止まらない

より上に来るようにする。手や足の傷を直接圧迫しても出血が止まらないときは、傷口の圧迫は続けながら、傷口より上に位置する〔心臓に近い側にある〕動脈の止血点を強く押さえよう(次ページの図を参照)。

動脈の圧迫止血法ガイド（緊急時の止血法）

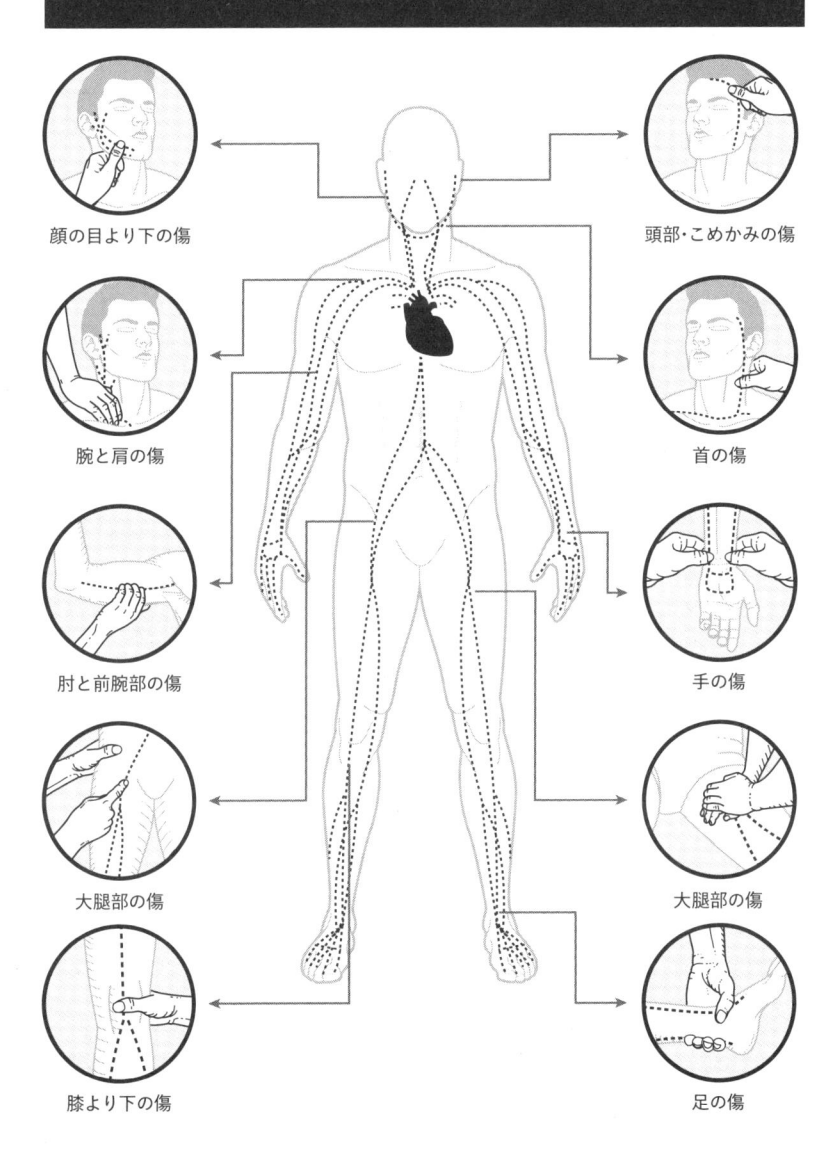

顔の目より下の傷

頭部・こめかみの傷

腕と肩の傷

首の傷

肘と前腕部の傷

手の傷

大腿部の傷

大腿部の傷

膝より下の傷

足の傷

　直接圧迫しても出血が減らない場合は、圧迫包帯や止血ガーゼ、止血帯などを使って致命的な失血を防ごう。市販されている圧迫包帯や長いタイプの吸収性包帯は傷口をしっかりと包み、出血を遅くする。止血パッドは化学的に血液の凝固を加速する成分を含んでいて、三層構造になっているが、単に止血パッドを当てるだけでは十分ではない。とくに深い溝になっている傷や貫通している傷では、傷口にできるだけ深く詰め込まないと効果を発揮しないからだ。

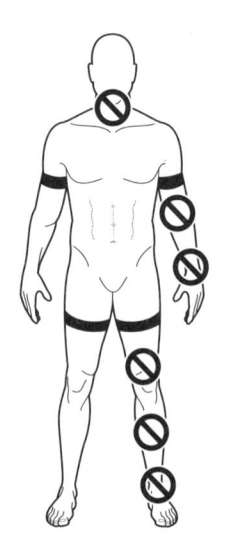

　上半身（首、脇の下、股間）など止血帯を使えない部位には、止血パッドと圧迫包帯を併用するのがいい。

　手足の切断や、大腿部の大動脈が切れた場合には、血が吹き出したり、急速に大量出血したりするので、手の平の下部や膝（両手が自由に使えるように）を使って直接圧迫したあと、すぐに止血帯を巻く。『ミートイーター』のクルーは、以前は救急キットに止血帯までは入れていなかったのだが、あるとき救急救命の医師に止血帯の価値を教えてもらってからは、ちゃんと携行するようになった。止血帯は2006年にアメリカ軍の標準装備となったが、以来3000人以上の兵士たちの生命を救っている。2013年のボストンマラソン爆弾テロ事件の発生直後、現場には重傷者が300人以上いて、出血多量で危ない状態の人もたくさんいた。3名の死亡者は出たが、その場に居合わせた人たちが素早く頭を働かせ、また即席の止血帯を使うという知識が広まっていたおかげで、この日多くの命が救われた。臨機応変に即席の止血帯を作れるのは、すばらしいことだ。しかし、バックパックなど取り出しやすい場所に本物の止血帯を持っているほうが絶対にいい。ブーツの靴紐を外して巻き締めようとしているあいだに、相棒は死んでしま

うかもしれないのだ。

　しかし、止血帯は適切に使わないと十分に効果が出ない。止血帯は出血している傷より心臓に近い位置に巻いて、血管をしっかりと圧閉する。だからしっかり締めつけることが大切だ。ものすごく痛いほどにやるくらいでちょうどいい。締めつけが足りないと、血は流れ出しつづけてしまう。止血帯は6時間ほどそのまま付けていても、組織に影響は残らない。おかげで、医療機関が近くにないときなどは時間が稼げる。一度巻いたら動かさず、出血が止まったかどうかを外してチェックしたりしないこと。そんなことをしたら、せっかく凝固してできた血の塊が外れて、また出血が再開してしまう。止血帯の仕組みをよく理解し、緊急事態となる前に使い方を練習しておこう。www.BleedingControl.orgにはさらに詳しい情報がある。

感染した外傷

　傷口からの感染も心配ではあるが、出血が止まらないことのほうが緊急の危機なので、こちらを先に対処する。その後、傷口を清潔にして感染を防いでいれば、それに続く危機も避けられるかもしれない。もしも感染してしまったとしても、一般的にいって、危険な敗血症などになるまでには時間がある。だから、感染はサバイバル状態に陥ったとき、最初に心配することではない。しかし病院に行くことができなかった場合には、非常に深刻なピンチを招くかもしれない。

　感染して膿んだ傷を治療せずに放置すると、敗血症に陥ることもある。傷口で増えた細菌が身体じゅうに広がると、感染と戦うための化学物質が分泌される。それによって炎症と敗血性ショックが起こり、血流の減少と血圧の低下、臓器不全を引き起こし、死に至る。初期症状は皮膚が赤く

腫れ上がり、患部には痛みがあり、触ると熱い。傷口から黄色か緑色の膿が出て、皮膚に赤い筋ができたら、感染した傷が膿んで広がりはじめている徴候だ。敗血症の症状としては、意識混濁、発熱、吐き気、頻脈、頻呼吸などがある。

　先ほども述べたとおり、危険な感染が進行するのには時間がかかるが、まれにそうではない場合もある。メディアでセンセーショナルに扱われている壊死性筋膜炎（筋肉が損傷する病気）は、24時間以内に死に至ることもある。壊死性筋膜炎を引き起こす細菌は水がよどんだ湖や池に多く、海にもいる場合がある。この病原菌は開いた傷口から体内に侵入することが多く、傷の大きさにしては激しい痛みを感じるのが特徴だ。まだ治っていない傷や火傷があったら、泳いだり、水温の高い川を渡ったりするのはやめよう。とくに水が汚かったり、汚染されていたりするときは絶対に避けるべきだ。

　アウトドアによくいる細菌が引き起こす危険な感染症には破傷風もある。開口障害とも呼ばれるこの病気は、泥や糞に生息する細菌によって引き起こされる。子どものころ我々は、破傷風の原因は錆びた金属だから、ワクチンを打っていない状態で錆びた釘を踏んだら死ぬと思っていた。実際はもっと複雑だ。破傷風を引き起こす細菌は錆びた金属の表面にいることが多い。破傷風菌は嫌気性であり、酸素がない環境で繁殖するので、釘を踏んだときにできるような穴状の傷などは打ってつけだ。感染すると非常に強い痛みや、筋肉に麻痺性の痙攣を起こす。症状はあごからはじまり、身体じゅうに広がることが多く、死亡率が高い。さいわい破傷風の感染は非常に数が少なく、完全に予防することもできる。破傷風のワクチンを打ちつづけていれば（10年に一度、あるいは傷が過度に汚染されたらすぐに）、何も心配することはない。

　破傷風に罹る可能性は低いが、ほかにももっと罹りやすくて注意すべき

感染症はある。傷口は開いているうちに清潔な水とヨード液で洗うか、ア ルコール綿で汚れを拭き取り、抗生剤の軟膏を定期的に塗る。傷口はガ ーゼなどで覆い、乾燥させておく。この簡単な治療を実行すれば、健康 な人で軽度の感染なら治すことができる。敗血症になるなど、もっと重症 の場合は病院に行って抗生剤による治療などを受けなければならない。

COLUMN

救急救命の傷治療ガイド

　傷口からの出血が止まったら、次は感染を防ぐことを考えよう。 防御の第一段階は傷口の洗浄だ。我々は「汚染を解決するには薄 めるしかない」と言っている。水をたくさん使おう。傷口1cmに対 し50ml以上が目安だ。できるなら清潔な水がいいが、不可能なら、 きれいに見える水を使う。よどんだ池の水はダメだ。洗浄用のシ リンジか密封できる4Lサイズのビニール袋に水を入れて使おう。 袋の余計な部分は生クリームの絞り出し袋のように丸めて、下に来 た角に穴を開ける。そして袋を握って圧力を加えれば、大きな汚 染物質も目に見えない細菌も洗い流すことができる。

　しっかり洗浄したら、次は清潔な包帯などで傷口をふさぐこと。 縫うのはあとでプロにやってもらおう。救急病棟では、裂傷は身 体を元の形に戻し、感染や傷跡が残るリスクを減らすために縫合 する。衛生的ではない場所では不可能な処置だ。狩猟やキャンプ のために森に来ているなら、その場で傷を縫うというのはいい考え ではない。ただし、もしも清潔な器具（煮沸した針とシルクかナイロンの糸）を 持っていて、世界の終わりが迫っているなら、傷口を縫って閉じる

こともあるかもしれない。小さな深い傷口で、大きな裂け目などがないのなら、瞬間接着剤で傷口を閉じることもできる。我々もしばしば瞬間接着剤を使っている。皮膚の端を指でつまむようにしてくっつけて、その上端に（傷口の中ではなく）薄く瞬間接着剤を塗り、乾くまで2分か3分そのまま持っている。瞬間接着剤がどこかの皮膚についてしまったら、ワセリンや抗生剤の軟膏をつければ取りのぞく助けになる。

　瞬間接着剤で閉じられない傷もあるし、開いたままにしておいたほうがいい傷もある。一般的にいって、その傷が8時間以上にわたって開いた状態にあったら、医師はすぐには縫合しない。長い時間細菌にさらされていたので、感染している可能性が高いからだ。大きな傷跡は残る場合もあるが、皮膚の端が内側へと成長するにつれて治っていく。ただ、敏感な部分の皮膚や顔の傷の場合は縫合の「8時間ルール」は適応されない。傷跡ができると困ることが多いからだ。

　救急センターにすぐ行くことはできないが、医師に診せる必要がある怪我をしてしまった場合、普通の石鹸と水で傷を洗い、できたら1日2回ガーゼなどを替えよう。どちらも無理だったら、助けが来るまで、何かで傷を覆っておく。深い刺し傷の場合、小さなかけらや異物が入っていないかを確認しよう。後になると取りのぞくのが難しくなる。感染する可能性も高い。手足の甲の刺し傷はとくにひどい感染になりやすいので、こうした怪我をしたら、できるかぎり早く医師に診せること。

アラン・ラザーラ（救急救命科の医師、狩猟家、野外災害救急法指導者。
ミシガン州アン・アーバー在住の献身的な夫であり、3人の子どもの父）

ショック

　ショックは臓器不全や脳の損傷など死につながる危険な状態だ。ひどい感染や大量出血の後に起こることが多く、中毒、火傷、アレルギー反応とともにはじまることもある。身体に何らかの傷を負うと、末端や重要な臓器に十分な血液が行かなくなり、ショック症状に典型的な低血圧状態に陥る。身体はアドレナリンの大量分泌に反応して血管が収縮し、心臓の脈動がどんどん速くなる。あきらかな症状としては、皮膚が冷たく、また青白くなる、発汗、呼吸と脈が速くなる、衰弱、めまい、吐き気、嘔吐、瞳孔の拡大などだ。意識を失う場合もある。こうしたショック状態が疑われる人がいたら、すぐに応急処置を開始すること。

- きつい衣服は緩める。
- 足を高くあげた楽な状態で寝かせる。
- 暖かい毛布か寝袋をかける。
- 飲食物はあたえない。
- 119番に電話する。
- 脈拍、血圧、呼吸、体温などを観察し、必要なら心肺蘇生をおこなう。

頭と首の怪我

　頭部、首、背骨の怪我は同時に起こることがあるが、それぞれ別に診断され、処置の仕方は部位や怪我の特徴によって異なる。頭部については、出血して開いている傷口、目で見てわかる頭蓋骨骨折、見ためにはわからない怪我までいろいろある。開いていない傷は、開いている傷口と同じぐらい危険だ。頭に加わった外力のせいで、頭蓋骨の中の脳が打撃を受けているかもしれないからだ。その結果、脳震盪、頭蓋内出血、腫れによる

脳への圧迫などが起こる。頭蓋骨の変形、目や耳周辺の痣、瞳孔が開いている、視覚障害が起きている、鼻や耳から透明な液体が流れ出てくる、意識の混濁、眠気、意識を失うなど症状があったら、出血している傷以外に、頭蓋内や脳に問題がある徴候だ。嘔吐もときには同様の危険信号で、とくに子どもの場合は危険だ。

　頭部の怪我の応急処置でまず必要なのは、患者が絶対動かないよう固定し、出血を抑えることだ。頭皮の怪我はひどく出血する。脈拍、呼吸、体温などを観察し、必要なら心肺蘇生を施そう。頸部（首）骨折や脊髄損傷などを伴っている場合は、皮膚が汗をかき冷たくなる、ヒリヒリする、麻痺などが起こるかもしれない。

　首に怪我をしている疑いのある人についても同様で、けっして動かしてはいけない。わずかな衝撃でも、脊髄や神経系をさらに損傷させてしまう危険性があるからだ。衣服をまとめたもので頭と首を支え、揺れたり落ちたりしないようにする。頭部と首の怪我は脳や身体、神経に後遺症が残ることがあり、最悪の場合は死に至る。とにかく医療のプロの助けを得られるようできるかぎりのことをしよう。直ちに行動を取ること。

呼吸困難

　医学用語としての「呼吸困難」は、突然呼吸が苦しくなることを指す。原因はさまざまで広範にわたるため、因果関係を突き止めるよりも、まずは処置を優先させたほうがいい場合もある。急性呼吸困難の要因には喘息の発作、高山病、パニック、さらには心臓発作なども考えられる。慢性の呼吸疾患がある場合にはすぐ医師に診断してもらう必要がある。

　しかし、ただ単に無理をしすぎただけでも息切れすることはある。『ミートイーター』の事務所にはわかりやすいフィットネスのスローガンが書

いてある。「脚と肺」。要するに、身体を鍛えつづけておこうということだ。

　数分休んでも息切れがおさまらなかったら、かなり不健康であることは間違いない。最悪の場合、突然深刻な健康トラブルに陥って、病院に駆け込む羽目になるかもしれない。

アレルギー

　木や草や花粉に囲まれて過ごしているうちに、いろいろなアレルギー症状が増えてくるのは、アウトドア活動の副作用として驚くべきことではない。こうした症状にはだいたいは自分で対処できる。我々は市販の抗ヒスタミン剤と目薬を持っていって、くしゃみや鼻詰まりや目のかゆみが出たとき使っている。しかし、特定の植物・動物・食物に重大なアレルギーがある場合は特別な注意が必要だ。すぐに救急サービスを受けられないような場所へ行く場合はとくに気をつけよう。

　重度のアレルギーがある場合は、何に反応するのか、また必要な薬の情報を同行者たちに伝えておこう。アレルギー症状が出てしゃべれなくなったときも、事前に伝えてあれば助けてもらえるかもしれない（理医療情報を書いたIDブレスレットを身につけているのが理想だ）。エピペンや吸入器を持ち歩いている場合は、どこにあるかも伝えておこう。

　アレルギー発作の症状についても知っておこう。喘息は気道が腫れて狭くなることが特徴的な症状だが、アレルゲンと運動のどちらも原因である場合がある。症状は軽いものから、死につながる可能性のあるものまで幅広い。息切れ、咳、ゼーゼー、ヒューなどの呼吸音は重い発作の徴候だ。吸入器を使ってもよくならなかったり、さらに悪化していく場合は、すぐに医師に診てもらえる道を探ろう。

　発疹や蕁麻疹などの皮膚症状はわかりやすいアレルギー反応だ。虫に

咬まれたことが原因だったり、ウルシ（245ページ参照）などの植物に触れたことによる接触性皮膚炎だったり、呼吸や飲食物の摂取が原因だったりする。嘔吐を伴う蕁麻疹にはエピペンを注射し、救急救命センターに運ぶことが必要だ。しかし蕁麻疹の症状が軽く、呼吸に問題がなく、皮膚以外の症状もなく、抗ヒスタミン剤の服用によって症状が引くようだったら、それ以上の対処は必要ない。その一方、蕁麻疹は重い症状が次々と起こる前触れとなることもある。息切れ、気道の狭窄、動悸、めまい、失神、血圧低下を伴う青白い皮膚が蕁麻疹を起こしている場合（そうでない場合も）、死に至ることもあるアナフィラキシーショックの徴候だ。アナフィラキシーショックは身体がアレルゲンと戦おうとして起きる炎症反応で、唯一の治療法はエピネフリンの注射（エピペンを使用）の後、最寄りの救急救命センターへ運ぶことだ。重症の場合は救急隊を呼び、患者の足を高くあげた状態で寝かせ、毛布や寝袋をかける。重症のアレルギーを引き起こす、もっともよくある原因はピーナツなどの木の実、魚、貝類、乳製品、蜂に刺されること、ヒアリに咬まれることなどだ。

　食物のアレルギーがあるのがわかっている場合は、いうまでもなく、アウトドアに持っていく食料を買う際は食品のラベルを注意して読まなければならない。アレルギーが複数あって、食品棚から安全な食材を見つけるのが難しいときは、自分でスナックやフリーズドライの食事を作ること考えてみよう（103-110ページ参照）。食物に対するアレルギー反応の徴候は、発疹や蕁麻疹、吐き気、下痢、嘔吐、下腹部痛などだ。重度の食物アレルギーはアナフィラキシーショックを引き起こしやすい。誤って危ないアレルゲンを摂取してしまったら、反応が出るのを待たずに予防措置としてエピペンを打ってもいい。

てんかん発作

てんかん発作は脳内の異常な電気活動により起こる痙攣などで、いつ起きるかわからない。そして人々が考えている以上によくある症状だ。アウトドアでは通常の日常生活を送っているときよりは起こりにくいが、救急医療を受けるのに何時間も何日も時間がかかる場所でもし発作が出てしまったら、対応ははるかに難しくなる。

てんかん発作にはいくつかのタイプがある。突然宙を見つめて動かなくなる小発作、あるいは欠神発作〔呼びかけにも反応しなくなる子どもに多い発作〕などが数秒続いたあと、筋肉の痙攣や湿疹を伴う大発作に至る。こうした激しい症状の原因は無数に考えられる。てんかんなどの遺伝性発作性疾患、低血糖や低ナトリウム血症、脳の損傷、感染、医薬品への拒否反応、脳卒中(561ページに詳細がある)、発熱(同534ページ)、中毒(同542ページ)などだ。外傷や服薬を忘れたなど明白なきっかけと思われる出来事がない場合、発作の診断は非常に複雑だ。

痙攣発作がすべて深刻な状態に至るわけではない。てんかんと診断されている患者が意識を失い、その発作が5分以内におさまり、それ以外に症状がなければ、救急車を呼ぶ必要はないとアメリカ疾病予防管理センター (CDC)は述べている。

ただし、その人がはじめて発作を起こした場合は、発作の持続時間にかかわらず、救急サービスに電話をすることが推奨されている。可能なら、発作の長さを測ろう。発作を起こしている人の口にスプーンや指を突っ込まないこと。「舌が気道をふさいでしまう」というのも医学にまつわる不正確な神話のひとつだ。また、患者の身体を押さえて痙攣を止めようとないこと。呼吸しやすいよう慎重に横向きに寝かせ、呼吸をさまたげているような衣服は緩める。糖尿病による低血糖状態が疑われたら、錠剤やゼリ

一錠のブドウ糖（糖尿病の持病がある人はサバイバルキットに入れておくこと）をあたえる、歯茎にはちみつを塗りつける、ジュースを飲ませたり、キャンディバーやエナジーバーを食べさせたりすること。

発作につながる早期の危険信号は、意識混濁、じっと一点を見つめる、不安感がつのるなどだ。睡眠不足とストレスもてんかん患者の発作を引き起こしやすい。てんかんなどの発作性疾患の人は、ほかの持病を持つ人と同じように、同行者にその旨を伝え、余分に薬を持っていこう。

心臓麻痺

冠状動脈が詰まることによって心臓への酸素供給ができなくなる心臓麻痺（心筋梗塞）は、原因となる基礎疾患によって分類される。虚血性心疾患、脂質異常症、高血圧、食生活の問題、運動不足などは心臓のトラブルが起こる可能性を示しているが、ほかにも先天性の心疾患や血液凝固障害などが原因となる場合もある。アメリカでは若年層の死因の第1位は心疾患だ。心肺蘇生法の習得がどれだけ大事かを強く感じさせる統計だ。

予防法を挙げるとしたら、定期的に運動し、適切な食生活をし、健康体重を維持し、煙草を吸わず、ストレスをためないなどのありきたりのアドバイスとなる。40歳以上で、これまで日常的に運動をしておらず、ほかにもリスクとなる要因のある人は、激しい運動をする前には健康チェックを受けることをお勧めする。とくに強いリスク要因を持つ人は、暑い気候の場所に行くのは慎重に考えたほうがいい。暑いところにいると、何もしていなくても心拍数が上がってしまうから。

心臓麻痺の多くは前触れもなく起こるが、次のような前兆が現れる場合もある。胸が締めつけられる感じがくり返される、腕や首へ放散するような痛み、脱力感、ふらつき、失神あるいは失神に近い状態、消化不良、

嘔吐、背部痛、あごの痛み、息切れなどだ。心臓麻痺を起こしても、必ずしも胸が痛くなって、バタンと地面に倒れるばかりではない。もっと目立たない症状が積み重なって、死に至ることもあるのだ。

心臓麻痺が疑われたら、必ず救急救命センターに搬送しなければならない。移送の途中あるいは救急隊を待つあいだに、アスピリン（325mg）を噛んでから水とともに服用するといい。日頃からの心臓麻痺の予防措置として低用量が処方されている場合もある。アスピリンは血液を薄める働きがあるので、心臓麻痺の際には救いになる（この同じ働きこそ、怪我をして大量に出血している人にアスピリンをあたえてはいけない理由だ）。

患者の意識がなかったら、517ページのABCを参照しよう。脈がなかったら、心停止している可能性が高い。心肺蘇生法を開始し、救急隊が到着するまで続けよう。自動体外式除細動装置（AED）は最近、国立公園エリアなど交通量の多い場所ではよく設置してあるようになった。公園の管理者なども持っていることが多いので、場所によってはすぐに使えるかもしれない。

心停止は、血液を送り出す心筋が止まっている状態だ。心臓麻痺の際に、心臓の脈動リズムに異常をきたし、効果的にポンプが働く収縮をしなくなるせいで起きる場合もある。さらに、ほかの心臓の既往症によって心停止になる場合もある。心停止は正しく心肺蘇生をおこなうか、AEDで即適切にショックをあたえることができなければ、その人を救うことはできない。血流が復活しなければ、脳に回復不能な損傷が広がり、数分で死亡する。

脳卒中

アメリカの死因第5位である脳卒中は、心筋梗塞の脳版といったところ

だ。脳への血流が突然止まったり、弱まったりすると、酸素と栄養分を供給されなくなった脳の組織が死ぬ。

脳卒中にはふたつの種類がある。より件数の多い脳梗塞は血管が詰まること（血栓）によって起こり、少数派の脳出血は血管に穴が開いたり、破裂したりすることによって起こる。救急救命センターで施される処置は脳卒中の種類と血栓や出血の位置によって変わるが、アウトドアで脳卒中に陥った人にしなければならないことはただひとつ。できるかぎり早く、救急救命センターへ運び込むことだ。

脳卒中の典型的な徴候を知っておこう。

- 呂律が回らなくなる。言語障害が出る。
- 顔面、腕、足のしびれや麻痺。身体の片側だけに現れることが多い。
- 視界がかすんだり、真っ暗になる。ものが二重に見える。
- 突然、激しい頭痛に襲われる。嘔吐やめまいを伴うこともある。
- めまいと歩行困難。
- 顔の一部分が垂れ下がる。笑ったとき顔の片側に現れることが多い。

自分や同行者にこうした症状が現れたら、すぐに救急車を呼ぶこと。早く治療を受けられれば、長期におよぶ機能障害を防げる可能性がそれだけ上がる。脳への血流が滞った時間が短く、自発的に復活した場合（一過性虚血性発作）は、永続的な後遺症は生じないだろう。しかし、より深刻な症状がふたたび現れるリスクは常にあると思っておいたほうがいい。

脳卒中のもっともよい治療は予防することだ。心疾患のリスクを高める生活習慣は、同時に脳卒中のリスクも高める。不健康な食生活、運動不足、体重過多、高血圧、高コレステロール値、喫煙、アルコールの飲みすぎ

など。統計データの一部に加えられてしまわないよう、まじめに健康を考えよう。

目の怪我

　アウトドアでの冒険中いかに目が危険にさらされているかは、少し考えればすぐ理解してもらえるだろう。残念ながら、目はさまざまな状況で炎症や感染や怪我に見舞われやすい。

　埃、煙、花粉などに触れると、目がかゆくなったり、乾燥したり、痛くなったりする。清潔な水や生理食塩水で定期的に目を洗っていれば、目に入ったこのような小さな異物を取りのぞく助けになる。我々はそのために救急キットに目に潤いをあたえる目薬を入れている。もっと大きなゴミが目に入ると角膜に傷がついて、角膜炎になる。角膜炎は痛みとまぶしさ、視界がぼやけるなどの症状を引き起こす炎症だ。コンタクトレンズや細菌に汚染された水が原因で起きることもある。

　汚い指で目をいじると、食物が汚染されるのと同じぐらい簡単に感染することを肝に銘じて、必要ならこの本の衛生についての解説を読み返そう。流行り目という別名もある結膜炎は、ウィルス性であることが多いが、細菌性のものもある。痛み、かゆみ、目の充血を伴う腫れなどの症状はそれ自体がつらいが、さらに耳や鼻や喉にまで感染が広がる場合もある。治療には、1日に5〜6回、蒸しタオルで、まぶたを閉じた状態で目ヤニなどを拭き取ろう。眼の表面を直接拭かないこと。1週間経っても症状がおさまらない場合には病院で治療を受けよう。目薬か内服用抗生剤の処方が必要になる場合もある。

　眼球の組織は柔らかくて敏感なため、感染だけでなく、さまざまな外傷を負いやすい。調理中に油や火の粉が跳ねたり、飛んでいる虫が当たった

り、釣り針が引っかかったりして目に怪我を負った人たちを我々は数多く目撃してきた。こうした場合、怪我をした目はすぐに清潔な水か生理食塩水で洗い流そう。それからガーゼなどで目を覆い、できるかぎり動かさないようにする。瞬きや眼球を動かすことによって、損傷が悪化する場合もある。医師の診察を受けるまで、目を覆ったガーゼを上からテープで固定しておこう。眼球は左右同時に動くことが多いので、理想は両目とも覆えるといい。怪我をしたほうの目だけを覆っていても、もう片方の目が動いたときに、一緒に動いてしまうのだ。森の中をハイクしているときや、救急救命センターまで自分で運転しなければならないときなどには当然無理だが。

　目の外傷のほとんどは、サングラスをかけるだけで防げる。このことは、ここで強調しておきたい。2年ほど前、未開の地でクマ猟をしているときに、我々のカメラマンのひとり、ダート・ミスの目に松葉が刺さってしまった。ダートはものすごく屈強な人物だが、あまりに痛みがひどいので、数キロを歩いて車に戻り、最寄りの眼科へ行った。そして手術を受けることになった。もしもサングラスをかけていたら、手術は必要なかっただろう。顔にフィットして目の周りを包み込むタイプで、飛散防止レンズを使ったサングラスが、目の保護のためには最適だ。埃やゴミ、跳ね返ってきた枝や釣り針から守ってくれる。もちろん、サングラスは有害な紫外線から目を守るにも役に立つが、生い茂った藪の中を抜けるときは、たとえ曇っていてもかけていたほうがいい。銃やチェーンソーを使うときに射撃用のサングラスや安全用保護ゴーグルがない場合も、どんなものでもいいからサングラスをかけよう。もっといえば、アウトドアでは安全のためにいつでもかけているくらいのほうがいい。もちろん子どもたちにもかけさせよう。

適切なメガネとコンタクトレンズ

　未開の地でハイキング、狩猟、スキー、自転車などの激しいアクティビティをおこなうときは、メガネではなくコンタクトレンズにする人が多い。コンタクトレンズはメガネとちがって、ずれたり、落ちたりすることが少ない（目から落ちてしまうことは、まれにだがある）。傷がついたり、割れたりすることもずっと少ない。メガネでもコンタクトでも、アウトドアでは目と視力矯正器具には特別のケアが必要だ。

　未開の地にメガネをかけていくなら、頑丈なものを選び、ストラップやケースで保護すること。しまう場所としてケースを持っていくだけでなく、メガネ拭きの布と液体も持っていくこと。毎日メガネをかけるなら、度付きのサングラスも持っていくといい。コンタクトレンズで行く人も、予備としてメガネも持っていったほうがいい。旅の期間やコンタクトをなくしたときどのぐらい困るかなど、それぞれの事情に応じて検討しよう。

　未開の地で使うコンタクトは、1日装用（ワンデー）タイプが長期装用のものより向いている。1日装用のレンズなら、毎日新しくて清潔なコンタクトを使え、洗ったり、すすいだりする必要もない。欠点があるとすれば、毎日極小のプラスティックゴミが出ることだが、1週間分でも30gにすら満たないから、使用済みレンズを持ち帰る手間は取るに足らない。長期装用のものより割高だが、長期装用のほうが維持に手間がかかり、洗浄液も持っていかなければならない。保存ケースも汚れるし、アウトドアではコンタクトをちゃんと洗浄することは難しいので、目の感染や炎症のリスクが高い。夜間、洗

浄液に浸して置いているあいだに凍って、レンズがダメになるリスクもある。気温が低い場所では、夜は必ず寝袋の中に入れること。

　コンタクトをしたまま眠るのは、検眼士などからはけっして推奨されないが、外すのを忘れて寝てしまうのはよくあることだ。実際ごくまれになら、アウトドアではそのほうがいいこともあるかもしれない。コンタクトをしたまま寝ることによって、汚い指で目を触る機会が減るので、2日間装用することになっても、そのほうがいい場合もある。ただ寝る前と朝、昼間も必要になったら、必ずコンタクトレンズ用目薬などで目を潤すこと。ハードコンタクトレンズなどは眼球にくっついて、角膜剥離を起こすかもしれない。

　ソフトでもハードでも、ケアに必要な基本的なものを持っていくこと。以下にいくつか挙げておく。

❶コンタクトのつけ外しの際に使う小さな鏡。スマートフォンでは良い代用にならない（鏡は信号を送るときにも使える）。

❷感染や炎症を防ぐため、コンタクトを扱う前に手を洗うための石鹸。病原菌や砂、虫よけスプレーや日焼け止め、また皮膚から出る脂などはみな炎症を引き起こす可能性がある。ドクターブロナーの石鹸は非常に濃縮されているので、30g入りを持っていけば、1週間手と顔を洗うことができる。ウェットシートで手を拭いてもいいが、アルコール入りのシートを使った場合は、完全に乾かしてから目を触ること。そうしないと手についたアルコールが目を刺激し、炎症を起こしてしまう。汚れた保存ケースも多くの眼の感染を引き起こす元凶となる。1週間に一度はケースを煮沸しよう。

❸埃や風、乾燥した空気や高い標高など厳しい条件にはコンタクトレンズ用の目薬で戦おう。これらはみな目とコンタクトを通常よりも早く乾燥させる要因となるからだ。

❹日数分のコンタクトレンズに加え、2日分の予備を救急キットに入れていこう。

耳の怪我

耳を怪我することもよくある。小さな木屑や砂が耳に入ったり、耳の中でクモが巣を作っていたなんて話もあるくらいだ。我々はマダニが餌を求めて外耳道に入り込み、そこで詰まってしまったという恐ろしい話を聞いたことがある。

日常でそういうことが起こる可能性はとても低いが、アウトドアでは起こりうる。耳の穴の中に異物が入って取れなくなったら、耳鼻咽喉科の専門家に取ってもらわなければならない。しかし、救急キットに入っている洗浄用シリンジで清潔な水を流し込めば、洗い出すことができるかもしれない。外耳道に虫が入って出てこなくなったら、ほじくり出そうとしても無駄だ（何かの道具を深く入れすぎると鼓膜が破れる危険もある）。しかし、外耳道に石油か料理用の油を流し込むことで、素早く虫を溺れさせて、とりあえず絶え間なく耳の中で続くブンブンという羽音は止めることができる。虫の死骸は後で医師に適切な道具で取りのぞいてもらおう。

外傷や非常に大きな音などによって鼓膜が破れたら、すぐに医師の診察を受けなければならない。めまい、痛み、吐き気、嘔吐、耳鳴りは鼓膜が破れたときの症状だ。通常の怪我ならたいていは自然に治るが、破れた鼓膜は外科的に修復せねばならない場合もあり、適切な治療を受けない

と感染症になったり、耳が聞こえなくなるなどの危険性もある。

歯の怪我

　どこにいようと、歯痛はつらい。野外にいるとき歯が欠けて神経が露出したり、感染して歯の根に膿が溜まったりしたら、まさに最悪のつらさだ。痛みで刻々と精神状態は悪くなっていき、キャンプでの簡単な雑事やハイクもこなせなくなる。さらに悪いことに、文明から何キロも離れているから、歯をちゃんと治すことはまずできない。マルチツールのペンチで開拓時代式にあごから歯を引っこ抜けるのなら別だが、通常は一時的に痛みと不快さを減らすことしかできない。

　よっぽど人里離れた奥地にいて、ほかに方法がないという状況でなければ、ペンチには手を出さないほうがいい。一時的に痛みを抑えるには、イブプロフェンとアセトアミノフェンを効果的なやり方で順に飲むといい。怪我をした歯や欠けた歯にアスピリンを押し込むと、歯を麻痺させる効果があるが、やりすぎないこと。アスピリンを局所的に過剰に使用すると刺激が強く、口の中がただれてしまうのだ。ガーゼの代わりにティーバッグを噛むなどのような、もっと自然な治療法が必要だ。ストレートの紅茶には血管を収縮させる作用があるので、怪我をした歯への血流が減ることで痛みや炎症を抑えられる。歯が欠けて、息をするたびにズキズキと痛む場合は、ごく少量の瞬間接着剤で歯に蓋をする処置も有効だ。露出した神経に空気が触れないようにすれば、痛みを抑えられる。ただ、小さな場所に正確に瞬間接着剤を塗らなければならないので、とても神経を使う作業だ。舌と歯をくっつけてしまわないように、同行者に見てもらいながらやると、うまくいきやすい。

　意外なことに、健康だった歯が折れたり、抜けたりした場合のほうが対

処はしやすい。まずは水できれいにすすぐ。このとき抜けた歯の下にあった歯茎をこすらないこと（歯根膜という必要な組織を損傷してしまう）。歯の向き（表・裏）にも注意して、そっと空いているところに挿し入れる。時間が重要だ。抜けた歯を30分以内に元の場所に挿し入れた場合、100%の確率で、のちに歯科医がその歯を救って復活させられる。2時間経過していたら、その歯は基本的に死んでいる。その場で歯を元の場所に挿さない場合や、うまく挿さらなかった場合は、口の中に入れ、頬と歯茎の間に挟んでおくか、牛乳を入れたグラスや少量の唾液の中に入れておいてもいい。こうして保存しておくと、歯の復活率が上がる。

　抜けた歯が乳歯だった場合は、下にある永久歯にくっついて、歯並びに悪影響をあたえる可能性があるので、元の場所に挿さないこと。

　こうしたやり方は一時的な応急処置であることを忘れないでほしい。抜けたり欠けてしまった歯は歯科医に治療してもらわなければならないし、怪我が深刻なら口腔外科での手術が必要だ。膿んでしまった場合は抗生剤の処置も必要となる。そうしないと急速に悪化して危険な状態になり、感染によって死に至るケースもある。歯に関する大きなトラブルがあったら、すぐに装備をしまって街に向かい、医師の治療を受けるべきだ。

足のトラブル

　ここまでに何度か、ちゃんとした靴を履いていれば、ありとあらゆるトラブルを防ぐことができると書いてきたが、立ったり歩いたりしているかぎり、ときにはぶつけたりして怪我をすることも避けられないだろう。予定を完全に中止して帰らなければならないようなトラブルを防ぐためには、足をよい状態で動かせるよう注意しておくことが必要だ。

靴擦れ（水ぶくれ）　ハイキング中は靴擦れができていないか常にチェックしていよう。凹凸のある土地を長距離歩くときはとくに注意が必要だ。靴擦れは、皮膚の表層が下の層の皮膚と分かれてこすれることで起こる。表皮がふくれ、そこに液体が溜まる。踵や指、親指の付け根にできることが多い。とくにこすれやすい部位では、水ぶくれが破裂して裂け、完全に皮が剝けてしまう。その結果、剝き出しになった赤く腫れた皮膚は非常に痛むので、歩く速度に大きく影響する。

　靴擦れへのもっとも良い対処法は予防であり、まずはハイキング用のよいソックスと足に合った靴を用意し、足を乾燥させておくことだ。皮膚の表面が赤くなって熱を持ち、かゆみや痛みが出てきたら、水ぶくれができる前兆だ。放置してはいけない。熱い箇所があると感じたらすぐに靴と靴下を脱いで、足を空気にさらそう。靴下が湿っていたら、乾いたものに履き替えよう。それだけでまた歩きはじめられる。しかし、その後も足に十分注意をしておくこと。悪化して水ぶくれができはじめたら、すぐに救急キットを取り出そう。

　靴擦れになりはじめたら、それ以上悪化させないために靴擦れの表面と靴下の間にバリアを作ろう（愚かにも靴下を履かないでハイキングしている場合は、皮膚と靴の間に）。靴擦れに絆創膏や医療用テープを貼ればいいし、なければ手持ちのダクトテープなどでもいい。粘着モールスキンテープがあればさらにいい。モールスキンは、自分の足に合わせて切ることができるシート状のものと足の各部分に合わせた各種サイズと形のものがある。柔らかくて、ふわふわしたモールスキンの表面は摩擦を起こさず、靴擦れを守るクッションとなるので、それほど痛みを感じずに歩けるようになる。水ぶくれを針で刺して中の液体を排出し、早く治るようにする人もいる。だが、我々はこのやり方でうまくいったことがあまりない。実際、水ぶくれを破ると、

赤い剥き出しの皮膚が露出しやすいので、感染の危険が増す。

陥入爪 陥入爪（巻き爪）のせいでハイキングを中止しなければならないこともある。陥入爪とは、爪のとがった先端が周囲の皮膚や肉に食い込んで痛むものだ。親指に起こることが多く、腫れ、感染などを伴ったり、放置すると化膿することもある。病院に行くと、痛みと炎症を軽減するために食い込んでいる部分を外科的に切除することが多い。

　普通なら、野外で自分でこの手術をおこなうのは絶対勧めないのだが、長期の旅の最中で、歩いているあいだずっとブーツの中で親指が爪に突き刺されつづけて耐えられないなら、痛みを発生させている部分をナイフや剃刀の刃で切り取るしかないだろう。その場合は、まず、ナイフまたは剃刀の刃とペンチを沸騰したお湯かアルコール綿で消毒する。足の指と両手をよく洗う。それから図のように、皮膚に食い込んでいる側の近くの爪に縦の切り込みを入れる。下の肉まで切ってしまわないように気をつけること。終わったら必ず抗生剤の軟膏を塗り、絆創膏を貼っておこう。きちんとおこなえばすぐに楽になり、治る。その間、必要なら市販の鎮痛剤を飲もう。

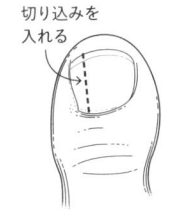

切り込みを入れる

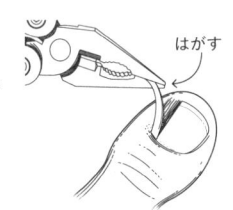

はがす

熱帯性皮膚病 塹壕足（537ページ参照）は低温の環境で起こるが、熱帯性皮膚病は暑く高温多湿な環境で起こる。塹壕足と同じように、その症状は軍隊と非常に関係がある。ベトナム戦争のとき、兵士たちは乾燥した気候に適したタイプの革製コンバットブーツを履いていた。ベトナムの熱帯ジャングルにいる兵士たちは、濡れたブーツと濡れた靴下を長時間履い

ていたせいで足が蒸れ、さまざまなタイプの潰瘍性真菌症や細菌感染に苦しんだ。熱帯性皮膚病が頻発している環境に行くことになったら、通気性のいい靴かつま先が閉じているタイプのサンダルを素足で履いて、足まわりの湿気を逃し、空気が通るようにしておこう。さらに念のために、機会があれば必ず脱いで足を完全に乾かそう。

水虫　熱帯性皮膚炎はほぼ熱帯でしか起こらないが、水虫はどこにいても罹る可能性がある、よくある真菌感染だ。名前〔英語ではathelete's foot〕が示すとおり、だいたいプールやシャワーやジムのロッカーなど暖かくて湿気のある場所で感染することが多い。いつも汗で湿った靴下や靴を履きっぱなしだと、アウトドアでも感染することがある。水虫は塹壕足や熱帯性皮膚炎ほど危険ではないが、かゆみと不快さと痛みを伴う。感染した皮膚は赤く乾燥し、ポロポロとはがれ落ちやすくなる。ヒビ割れや水ぶくれやヒリヒリする痛みに悩まされることもあり、さらに感染のリスクが大きくなる。定期的に石鹸と水で足を洗い、靴下を替え、毎日靴を毎日乾かすことで感染のリスクを減らせる。水虫治療用の軟膏やパウダーも市販されているが、重症の場合は処方薬が必要だ。

咬まれたり刺されたり

　我々にとっては、おそらく自宅よりもアウトドアで過ごしてきた時間のほうがずっと長い。その間、病気や怪我の原因になる植物や動物をこの目で数多く見てきた。ウルシのせいで入院しなくてはならなかったり、ダニに咬まれてライム病になったりと、『ミート

イーター』のクルーたちも母なる自然の容赦ない一撃にやられている。虫に刺されたり、ヘビに咬まれたり、毒のある植物に触れたりした場合の対処法は、CHAPTER 4を参照してほしい。

デマに注意：ハリウッド映画の間違い

　ハリウッド映画と現実の相違点はたくさんあるが、アウトドア関係でも激しくちがうことがある。ハリウッド版の救急救命のための応急処置はフィクションに他ならない。白黒の西部劇から莫大な製作費をかけて作られたアクション映画まで数限りなく、ハリウッドは何度もくり返して、映画は医療的な参考にしてはならないことを証明してきた。

　たとえばヘビに咬まれた場合の対処法だ。よくある場面だ。もう死んだものとして見捨てられ、馬もなしにひとり砂漠をさまよう主人公。太陽が容赦なく照りつけるなか、彼は砂だらけのカウボーイブーツでガラガラヘビを踏んでしまう。そのヘビは何らかの方法で空中を飛んできて主人公の腕を咬む。このままでは彼は死んでしまうが、でも大丈夫。バンダナを咬まれた傷の周りに巻き、やたらと大きなボウイナイフで牙の跡が残る腕の肉に深くX字の切り込みを入れる。それから彼は傷口に口をつけて毒を吸い出し、地面に向かって、勢いよく吐き出す。そして死をまぬかれた主人公は、敵への復讐を成し遂げるために夕日の中へと歩き去っていくのだった……。

　もしも毒蛇に咬まれて、このやり方を試してみたいと思ってもやめておこう。現実の治療の現場では、こういうハリウッドの魔法は

まず機能しない。毒を吸い出すやり方はうまくいかないし、口内の細菌が傷に入るリスクがある。毒はすぐ血流に乗って広がっていくので、吸い出してなんとかなると思うのは無理がある。

　傷口を焼くのも、映画の中ではお約束のようになっているが、現実にはうまくいかない。血が吹き出している切断面に赤く焼けたナイフを当てたり、銃で撃たれた傷の上に火薬を盛って着火したりして血を止めるなんてできないのだ。救急救命医のアラン・ラザーラによると、現代の焼灼法は非常に発達した機器で、非常に細い血管だけに正確におこなうのだという。ほとんど顕微鏡レベルの細かさだ。もしもひとりでいるときに怪我をして、シャツを着ていなかったとしても、傷口に火薬を詰めて、火のついた棒で着火するランボースタイルの止血は絶対にお勧めしない。ラザーラはこう教えてくれた。「大規模な焼灼法をおこなうと、多少は出血が止まるかもしれないが、完全には無理だ。血は流れつづけ、第Ⅲ度の火傷も加わる。さらに広い範囲の皮膚や血管や筋肉に損傷ができ、感染のリスクも上がる」

　誰かの生命を救うために、ナイフを突き立てその場で弾丸や矢尻をほじくり出すのはどうだろう？　ラザーラによるとこれもナンセンスとのことだ。ちゃんとした外科手術の技術も器具もないのに、出血している傷口の周りを掘り返したりすれば出血を悪化させ、より早くその人を墓場送りにするだけだ。出血が止まらない場合は、止血帯をするほうがずっといい。そして出血がおさまったとしても、傷口に細菌が入って感染し、死に至る可能性もある。ヒーローの肩から血まみれの弾丸を掘り出すのはアクション映画のハイライトシーンだが、現実の世界では、素人が傷口から異物を取りのぞく

ことはやめるようにと医師が言っている。プロに任せるべきなのだ。

狩猟と釣りの怪我のリスク

　狩猟と釣りには、ほかのアウトドアのアクティビティにはない怪我がたくさんあることは認めなければいけない。アクティビティと怪我の種類には間違いなく相関関係がある。シカ狩り用のツリースタンドから落ちることなど、日帰りのハイカーにはありえないし、バードウォッチングをしていて、魚や肉を捌くのに使う出刃包丁で指をざっくり切ってしまう人など見たことがない。

　こんなことをわざわざ書いているのは、ほかのアウトドア系の趣味にはまったく危険なんてないと軽んじようとしているわけではない。日帰りのハイカーだって、足首を捻挫したり、予定外に森で一夜を明かさなくてはならなくなる可能性があるのだから。ここで強調したいのは、釣り針と弾丸を使う人々はみずからありとあらゆる危険に身をさらしている、ということだ。ハンターや釣り人に、怪我を心配してノイローゼになれと言っているわけではないが、常に警戒を怠らず、アウトドアでの活動を安全におこなう努力はしなければならない。ハンターや釣り人が面倒臭さや不注意、油断のせいで見舞われる怪我はたくさんある。自分にはそんなことは起こらないなどと考えてはいけない。警戒をやめたらその瞬間に、悪い出来事が起こるのだ。

釣りでの一般的な怪我

　ノーマン・ロックウェルの、老人や若者が農場で釣り糸を垂らす牧歌

的な絵からは、釣りが危険な趣味だとはまったく伝わってこない。たしかに普通は危険ではない。しかし意外かもしれないが、我々は狩猟より釣りでの怪我をたくさん目撃してきた。ほとんどは深刻なものではないが、予定を切り上げて帰らなければならなかったこともあったし、救急救命センターに負傷した人を搬送しなければならないことも数回あった。フライフィッシングのガイドをしている知人の女性は、停めてあったドリフトボートが突然吹いた風で動き脚に当たり、ボートと川岸の間に挟まれて大腿部を骨折した。我々の仲間のひとりは、珊瑚に覆われた丸い岩の上に立っているときにサメがヒットした。サメが張り詰めた釣り糸を咬み切った瞬間、彼はバランスを崩して倒れ、下にあったクロウニの棘が手に突き刺さった。それから6ヶ月、彼は指を動かせなかった。アラスカでは、半分沈んだ丸太に釣り針を引っかけてしまった男性を見かけた。彼は釣り針を外そうと、リールを巻き取りながら川岸から後ずさって歩いていた。そのとき強い力がかかったせいでハリスが突然切れ、釣り糸に付いた鉛製のおもりが飛んできて眉間に激突。意識を失って昏倒した彼を仲間たちが運んでいった。別の知り合いは、ナマズを釣ろうと流し釣りの仕掛けを作っているときにボート後部から川に落ちた。ボートのエンジンプロペラが当たって深い傷を負い、溺れてしまった。これはほんの一部にすぎず、とてもすべては書き切れない。

水　釣り人にとっての危険とは、魚が水の中に棲んでいて、そもそも水とは危険なものだから起こる。釣り人の事故による死因でいちばん多いのは溺死であり、カナダ赤十字の調査によると、釣り人の溺死率は水泳、カヌー、カヤック、スキューバダイビングで溺死した人々を合わせたものよりも高い。この研究には釣りに関連する何百件もの死亡事故データが使

われているが、死亡者のうち90%がライフジャケットを着ておらず、3分の2が泳げないか、泳ぎが苦手だった。多くの人が警告を無視して小型船に荷物を積みすぎており、川の深くて流れが速い地点を渡るなど不注意な行動もとっていた。さらに、釣りに関連する溺死事故の原因として、半数以上に飲酒が関わっていた。

　こうしたデータを見ると、釣りにいくのは勧めないほうがいいと感じる人もいるだろう。だが我々はその反対で、正しい判断さえしていれば釣りは非常に安全だと思っている。水辺での安全について、より詳しい情報はCHAPTER 6を参照してほしい。

釣り針　釣り具も危険だ。酒に酔い、舳先に立って用を足しているとき冷たい水へ落ちるよりは危なくはないが。我々は長年のあいだに、釣り針が顔や手や裸足の足に突き刺さっている、ゾッとするような光景をたくさん見てきた。釣り針の先端はみなとがっていて、さらにほとんどの釣り針は、先端の内側に逆向きの鋭い返しがついている。針が魚の口に刺さったときに、外れるのを防ぐためのものだ。

　魚を逃したくない釣り人にとってはいい仕掛けだが、人間の身体に刺さってしまった針を抜くのはそのぶん大変だ。非常に痛いし、難しい。釣った魚を持って帰るつもりがないなら、あらかじめペンチで返しはつぶしておこう。そうすれば、万一針が自分や誰かに刺さってしまったときも、傷を深くせずに抜くことができる。返しのある針が皮膚に刺さったら、自分で抜くのは容易ではない。とくに、大きな針が耳や頬や首などに刺さって抜けなくなったら、そのまま上からテープを貼って覆い、救急救命センターに急ごう。手に深く刺さってしまった場合も同じだ。無理に引き抜くと、神経に後遺症が残るかもしれない。そしていかなる場合でも、目の近くや、

目そのものに刺さった針を抜こうとしてはいけない。だから、やっぱり目を保護するためのサングラスはかけるべきなのだ。それから、釣り針で怪我をすると破傷風になるリスクもあるので、できればワクチンも打っておきたい。

スキル：釣り針を安全に抜く方法

たとえば指先や前腕部のような、動脈から遠く、固い組織でできている場所では、返し付きの釣り針も、そんなに深く刺さっていなければ安全に抜けるかもしれない。『ミートイーター』のスタッフのなかには以前フィッシングガイドをしていた者が何人かいる。釣りのシーズン中は、莫大な数の釣り針が宙を舞うので、定期的に自分の肉やクライアントの肉から釣り針を外さなければならなくなる。奥地を流れる川を延々と下る旅の途中で、救命救急センターに行くために旅を終わらせるのはとにかく避けたい。

そこで彼らの多くは、図のような手作りの釣り針除去法を実施する。簡単で効果的なうえ、比較的痛くない。しかも、必要なものは短い釣り糸と少しの信念だけだ。まず、丈夫な釣り糸60cmほどを釣り針の湾曲部に結びつけてピンと張り、斜め上にテンションをかける。それからハリスを結びつける針のアイまたはタタキ（上端）にかけてシャンクを下向きに指で押し、そのまま力を加えつづけながら、素早くスムーズな動きで返し

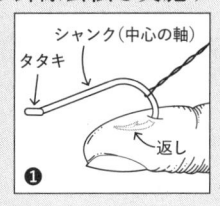

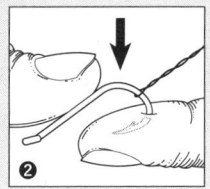

を引き抜く。我々はこのやり方でうまくいかな
かったことはないが、安全面からいうと、大き
な返しが付いた針にはこのやり方は使わない
こと。さらに、釣り針の表面は微小な病原菌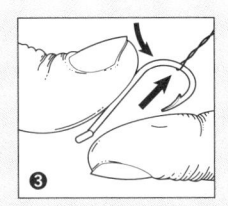
だらけなので、小さな刺し傷でも感染には打ってつけの環境となっ
ている。釣り針を引き抜いた後は、傷を完全にきれいにして治療し
よう。

釣り糸　釣り人たちとって、釣り糸は釣り針ほど危険には思えないかもし
れない。しかし我々は、釣り糸で切れた指先を嫌というほど見てきた。単
繊維のナイロンラインやフロロカーボンラインで怪我をすることもあるが、
細い編組糸やフライのバッキングラインなどで最悪な事故が起こることが
多い。とくにバッキングラインの多くはポリエステル繊維を編んだもので、
小さなのこぎりの歯のような形状をしているため、ちょっと力がかかった
だけで鋭いナイフのように肉を切り裂き、骨に達することさえある。編組
糸がからまっているのを解くとき、また岩や倒木にルアーが引っかかって
しまったのを取るときなど、この糸で手に切り傷を負う釣り人は多い。大
きな魚がヒットしてファイトしているときに、糸がものすごい速さでリー
ルから引き出されていく際、指がそこに触れてしまい、摩擦で出血してし
まうこともよくある。

魚　油断していると、魚にひどい怪我をさせられることもある。針にかか
った魚を扱うときは常に注意をしていよう。釣り上げた魚が跳ね回ってい
るところを針から外そうとしているときに、間違って自分に針を刺してし
まうことは多い。そんなときは布製かポリ塩化ビニール（PVC）コーティング

の手袋をするだけで、滑りやすい魚もかなり容易に、安全につかめる。古いTシャツか布でつかむだけでもかなりちがう。先の細いラジオペンチと鉗子があれば、指で魚に直接触ることなく、テコの原理を使って釣り針を取り外すことができる。

釣った魚を食べるつもりで、とくにその魚がサケなどのように大きくて力の強い魚だったら、針から外す前に締めるのも賢いやり方だ。素早く人道的におこなうには、頭部に何か棍棒のようなもので鋭い一撃を加えるといい。これによって、魚自体からの攻撃で怪我をするリスクはなくなる。

鰓の突起や歯が剃刀のように鋭い魚も多く、手をズタズタにされてしまう危険もある。オヒョウのような大きな魚がボートの上で激しく体を振って暴れ、釣り人が足を骨折したというケースもあるそうだ。カジカのように頭が大きな根魚やバス、ブルーギルの背ビレには鋭い棘があるので、注意が必要だ。魚がフライパンにおさまったら、ようやく警戒を解いていいだろう。

狩猟による主な怪我

ハンターたちが狩猟の安全性を主張したいがため、ほかのアクティビティの統計を持ち出してくるといった話は聞いたことがあるだろう。食べること、車の運転、ゴルフ、ジョギング、野球などのデータと比較し、それらのほうが実際、狩猟よりずっと危険だと示すような。残念ながらそういうデータは、彼らに狩猟は安全だから心配する必要はないという独りよがりな幻想を抱かせてしまう。ここでそれらデータの信憑性について議論するつもりはないが、比較対象としてはあまり意味がないだろう。全米で車を運転する人の数はハンターより2億人は多いし、人は誰でも食事をするものだ。しかもだいたいの人は一日3回も。

　だから、車で事故に遭ったり、ホットドッグを喉に詰まらせたりするほうが、統計的には怪我や死亡の確率は狩猟より高くなる。しかしそれは単に、狩猟よりも食事や運転をする機会のほうが多いからにすぎない。

　我々の目的は、狩猟に伴う危険をむやみに強調することではない。ただ、ハンターが間違った誤解からその危険性を低く見積もったり、無視したりすることを防ぎたいのだ。狩猟中に安全を考慮せずに行動したら、同行者全員が大変な目に遭うかもしれないからだ。

銃　狩猟では銃を使うことが多い。そしてそれこそが、狩猟のもっとも危険な面だと広く考えられている。たしかにハンターによる誤射はときどき起こるが、狩猟中に撃たれるリスクは実際には非常に低い。アメリカでは毎年平均1500万枚の狩猟許可証が発行されている。ある整形外科医による研究では、ハンターが銃で負傷をする確率は狩猟日数100万日あたり9人という結果が出た。国際狩猟者教育協会による別の調査によると、アメリカとカナダを併せた銃によって起こる人身事故は毎年1000件以下で、そのうち狩猟に関連した死亡者は100人より少ない。この流れで考えると、驚くほど低い数字だ。

　それでも、銃を適切に扱わず、狩猟の安全ルールを厳格に守らなければ悲惨な事故が起こるのだと、ここで念を押さなければならない。我々の友人のひとりはカモ猟に行き、迷彩柄のカムフラージュ用の布をかぶって横になっているとき、誤射して自分の足の指2本を失った。おとりのカモのそばに突然野生のカモが近づいてきたので、手元の安全装置を外してから銃身を袋から抜き出そうとした。そのときに誤って引き金を引いてしまったのだ。また、ポッドキャストのあるリスナーは、父親がキジ猟のとき誤射した弾が仲間の胸と腕に当たった話をしていた。すぐに止血帯をし

たおかげで、どうにか命は救われたらしい。

　多くのハンターたちは、同じような話を聞いたことがあるはずだ。ここでわかるのは、安全研修で頭に叩き込んだルールをいかに順守しなければならないかということだ。銃口は常に安全な方向へ向けておくこと。獲物をしっかりと確認するだけでなく、そのまた向こうのようすも確認する。撃つ準備ができるまで、引き金に指はかけないこと。

　実際、撃つときまで弾をこめないでおくことも賢明な選択だ。狩猟に関連した銃による怪我の約半分は、みずから招いたものなのだ。我々は、ライフルで大型の獲物を狩る猟をしているときは、基本的に撃つ直前まで弾倉に弾はこめない。起伏の多い場所で狩りをすることが多いので、いつも足元が安定していないからだ。よく予想外に足を滑らせたり、転んだりするので、装填した銃を持ってそんなことになったら、引き金と安全装置がどこかにぶつかって弾丸が発射されてしまうかもしれない。七面鳥やカモの猟のとき、装填したショットガンを暗い隠れ場所に持って入っていっても、同じことが起きるかもしれない。車中に置いた銃が、車が揺れた勢いで暴発してしまったり、猟犬が銃を踏んでしまって不慮の事故が起きたりという話を我々は嫌というほど聞いている。こうした事故はすべて、弾丸が入った銃で起こっているのだ。とにかく徹底的に銃の安全を事前に確認する必要がある。朝、銃を手に取ったとき、あるいはトラックから持ち出したときに、弾がこめられていないか実際に目で確認すること。仲間がフェンスを越えるときや用を足しにいくとき銃を預かったら、その人の言葉は信用せず、自分の目でまず銃をチェックしよう。

弓矢　狩猟の事故というと、どうしても銃での事故に注目が集まってしまうが、アーチェリーを使うハンターも事故にまったく遭わないわけではな

い。狩猟用のブロードヘッド（矢尻）は剃刀の刃を複数組み合わさったような形状をしている。動物の厚い皮も筋肉も骨も射抜くようにデザインされたもので、狙いを定めた鋭いブロードヘッドの矢が命中すると、体重数百キロのエルクが1分もかからずに失血死する。これは人間に刺さった場合でも同じだ。

　矢は弓のアローレストから滑って外れたり、弓が何かにぶつかった拍子に落ちたりすることもある。ハンターもつまずいたり、滑ったりする。それが同時に起きたら、死を招くかもしれない。我々は複数の猟区管理人から自分のブロードヘッドが刺さってしまったハンターを運び出したという話を聞いたし、同行者の矢が刺さったというハンターの話も聞いた。隠れ場所に静かに座った状態で動物を待ち伏せしているときなら、矢を射られる状態で構えるのも危険ではないが、弓に矢をつがえたままそのへんを歩き回るのは無謀としか言いようがない。カーボンファイバー製の矢を使う場合は、定期的に曲げてみて、割れたりしないかをチェックするのも必要な安全策だ。ファイバーに亀裂が入っていると、射たときに割れて、手に刺さることがある。

ナイフ　ブロードヘッド以外にも注意が必要な刃はある。ハンターも釣り人もよくナイフを使う。獲物を仕留めるとその場で解体し、食べられるサイズに切り分けるためナイフを使わねばならない。その間のすべての段階——内臓を抜く、皮をはぐ、身体を4つに割る、解体する——にナイフが必要だ。そしてこのプロセスが夜になってしまうと、暗くて見えにくい。日中でも両手をシカの胸腔に突っ込んでいる状態では、手元をよく見るのは難しい。仮によく見えていたとしても、ナイフの歯が不意に滑るかもしれない。我々が話をした猟区管理人は、シカやエルクの皮をはいでいると

きにナイフでひどい怪我を負ったハンターに応急処置を施したことが何度もあると言っていた。

　もっとも鋭い刃のナイフがもっとも危険だと思うかもしれないが、実際は逆だ。ナイフによる事故のほとんどは、あまり切れないナイフで起こっている。これは、よく切れるナイフはあまり力を入れなくてもなめらかに切れるので、扱いやすいためだ。よく切れないナイフを使うときのほうが力をかけなければならない。切れないナイフを使うと切り口がギザギザと不規則になりやすい。引っかかったり、滑ったり、切っているところから勢いよく外れて手や腕や脚に当たったりする。さいわい、バックパックや釣り用具入れのバッグに研ぎ器を入れていくだけで、こういう問題は簡単に解決できる。

　我々のお気に入りはWork Sharpのガイド付きフィールドシャープナーで、釣りや狩猟をはじめる前にナイフの切れ味を調整している。獲物が来ないときや、キャンプでくつろいでいるときなどに全体を研いでいる。ナイフを魚や動物に使った後は、液状のクリーナーでナイフをきれいにすることも忘れてはならない。これによって刃が錆びるのを防ぐと同時に、肉のかけらなどタチの悪い細菌を惹きつけそうなものを除去することができる。細菌がついていると、そのナイフで万が一自分を切ってしまったときに感染が起こる。

ツリースタンド　銃、矢、ナイフを扱うのは狩猟にどうしてもついてくるリスクだが、じつは、ハンターがもっとも危険にさらされるものといえば、シカを獲るために木に登っているときなのだ。毎年推定で6000人以上のハンターがツリースタンド（樹木台）に関連する落下事故で怪我をしている。そのうち4分の3はツリースタンドを設置しているときか、木に登ったり降

りたりしているときに起きている。また5分の1はツリースタンドの故障や構造的な欠陥が原因とされる。ツリースタンドでの事故に遭った半分以上のハンターが落下防止のための安全装置を装着していなかった。ツリースタンドの事故は重症な骨折や脊髄損傷につながることも少なくない。命綱や安全ベルトをつけていて落下した人は、ハーネスから安全に素早く抜け出せないと、長時間宙吊りになってしまう。そうなるとハーネスが大腿部や鼠蹊部に食い込んで血管や神経が圧迫され、サスペンショントラウマ〔意識障害や視覚障害、血栓などが生じる症状〕になる危険がある。ツリースタンドを使うハンターは、こういうデータの一部にカウントされてしまうことのないよう、できる用心はすべてすることが賢明だ。ツリースタンドの安全についての情報は、以下のコラムを参照してほしい。

COLUMN

ツリースタンドの安全について

　シカ猟をする何百万人ものハンターが、ツリースタンドというシカを高い位置から見て狙うため高所に取りつける足場を使っている。残念なことに、ツリースタンドから落下して怪我をしたり、死亡したりするハンターの数は、銃に関連する事故全体をはるかに上回っている。ツリースタンドに登って高い位置にいることは、統計的にハンターにとってもっとも危険な行動だ。しかしツリースタンドに関わる事故のほとんどは設置や撤去のとき、あるいはツリースタンドに乗るときと降りるときに起こっている。技術的な問題や不注意を伴っている場合も多い。このようなデータに基づき、安全な狩りをして、家族のもとへ予定どおりに帰るための大切なポイ

586

ントを以下に挙げておこう。

❶必ず、ツリースタンド製造者協会(TMA)の業界標準規格に合格している器具を選ぶこと。手作りのツリースタンドを木に釘で打ちつけて使うのは愚かで危険だ。ツリースタンドや安全に関する器具については省略したり、節約したりすべきではない。

❷森へ行く前に、信頼できる経験者に立ち会ってもらい、地面ですべての器具を試してみること。その製品の正しい使い方に関する指示に完全に従い、やってはいけないことも理解しておくこと。経験豊富なハンターの中には超軽量の木登り用ステップでかなり高いところまで楽々と登ったり、プロの樹医が使うのと同じツリーサドルに座ったりする人もいる。そこまで熟達者でないハンターはハシゴ付きのツリースタンドを使い、もっと経験を積んでから上級者用の器具を使ってみればいい。

❸器具は使う前にチェックしよう。

● ストラップや留め具など関係ある器具はすべて定期的に点検しておくこと。パーツの交換が必要な際はTMAの規格を満たしている信頼できる製造者のものを使おう。

● ツリースタンドを長期間森に放置しないこと。ツリースタンドのフレームやパーツは長期間日光や風や水や氷にさらされると劣化し、取り付けた木から脱落することもある。

❹取り付ける木を選ぼう。

● 必ず、地面に根を生やしている、枯れていない健康な木に取り付けよう。

● 周囲を見まわし、スタンドを設置する木の近くに枯れ木がな

いかを確認しよう。

● ワイヤーやステップのついた木登り器を使う場合は、使用に
適した幹を持つ木を選ぼう。滑りやすく硬い材質の幹は木登
り器の歯が食い込まず、しっかり身体を支えることができない。
同様に、幹が柔らかく、砕けやすい木も人間の体重に耐えら
れないのでやめておくこと。

❺ つながっていよう。現在さまざまなハーネスやロープが市販され
ているので、ツリースタンドの設置や使用は以前より安全にお
こなえる。

● 質が高く、体に合った全身型ハーネスを買い、しっかりメン
テナンスしていい状態を保ち、マニュアルに従って使おう。

● 簡易取り付け式のツリースタンドを使うなら、設置や登ってい
く際に、架線作業員用の安全ベルトでハーネスと木をつない
でおこう。

● HUNTER SAFETY SYSTEM などの命綱を使って、設置の際
も使用の際も身体とハシゴやツリースタンドをつないでおこう。

● 木登り器を使う場合は、地面を離れるときから降りるときまで
ずっと、専用のテザーロープやストラップを使って木の幹に身
体を結びつけておくこと。木登り器の上下を1本のストラップ
かロープで結び、離れてしまわないようにする。

● スタンドにいるときは、全身型ハーネスのテザーロープを立っ
たときの目の高さよりも上に固定しておこう。こうすると、座
ったときにテザーが緩むことがほとんどない。もしも落ちたと
きにも、落下距離を短くできるし、回収も楽になる。

● 宙吊りになったときの外し方と脱出の仕方を練習しておこう。

サスペンショントラウマは、木から落ちてハーネスにぶら下がった状態になったときに起こる。脚に血液がたまり、早く元の状態に戻さないと生命に関わる。重症にならないようにするために、ハーネスのサスペンションリリーフシステム〔乗馬の際の足置き器のようなパーツであることが多い。うっ血を防ぐ〕を使うか、自力で地面に降りるか、救助が来るまで両脚を動かしつづけよう。

❻近道をしない。

- ツリースタンドを設置するときは成人2名以上でおこなうこと。
- 木の幹につかまって体を支えない。突然折れることがあるから。
- 固定タイプのスタンドを使う場合は、木に登りやすくする補助具（ハシゴや足掛かりになる金具など）をスタンドの上まで設置し、スタンドの足場の真ん中に降りるとき、つかまる手掛かりにできるようにする。ねじ込み式のステップを使うのはお勧めしない。

❼急がない。

- 登っているあいだは常に木と3カ所以上の接点を持つこと。両手と片足、あるいは両足と片手のように。
- ルールは、ゆっくりと確実にだ。ハンターが慌てて近道をしようとしたときに、多くの事故が起きている。

❽器具をいっぺんにスタンドへ持って上がりたいときは引き寄せロープを使おう。

- 登るときには手に何も持たないこと。
- 銃や弓を背負った状態で登らないこと。

❾ハーネスをしているあいだは救急キット、信号発進装置、スマートフォンを手に届くところに置いておこう。

全身型ハーネスで動きがさまたげられて手が届かない場合は、

デバイスを手が届く場所に移動しておこう。

❿狩猟は計画的に。

● 友人や家族に行き先と帰る予定の日時を知らせておこう。

● 計画を変更するときは必ず誰かに知らせること。

アンソニー・マン(ツリースタンド安全インストラクター。ボート事故調査員の資格を持つ。インディアナ州で自然保護官を30年間務めている)

野外での無謀な行動の危険について、最後に言いたいこと

聖書の物語に登場するニムロドは伝説のハンターでもある王で、天国まで届くようにバベルの塔を建て、人類が神の怒りを買う一因を作った。それからあっという間に数千年の時が流れて、「ニムロッド」は愚かでドジなハンターを侮蔑的に指すスラングとなった。この言葉は一世紀近く前に、バッグスバニー〔ワーナー・ブラザースの有名アニメ・キャラクター〕がエルマー・ファッドのことをニムロッドと呼んだことから広まったと考えられている。

ハンターはそれ以来ずっとこの言葉に悩まされているが、しばしばそう呼ばれても仕方がないときもある。狩猟と釣りでは、我々の人生に危険を増やすような行動をたくさん取る。一般的な人より鋭いナイフを使う機会は確実に多い。暗くなってから森の中を歩き回り、水の中や水上で長時間過ごす。好きなことをするためなら、悪天候を物ともしない。こうしたことすべてが日常の一部なのだから、野外にいるニムロッドはみな、愚かな行動を取って危険を招くようなことはしないはずだと思うかもしれない。しかし我々の大半は、狩猟や釣りの場で愚かなことをして自身が怪我をしたか、あるいはそういう人を知っている。ここでふたたび、野外で起きる

事故や怪我のうちのかなりの多くは、完全に予防できるものだと言っておかねばならない。悪い結果になるのをわかっていて取る行動を「事故」と呼ぶのは間違っているかもしれない。

よい例を挙げよう。高校時代からの友人で『ミートイーター』の編集作業もしてくれているブロディ・ヘンダーソンは、初冬に水鳥猟をしていて、川につながる水たまりからアメリカオシを回収しようと、まだ凍ったばかりのビーバーの池を渡った。彼が氷を突き抜けて落ち、凍てつくように冷たい水に首まで浸かったことは驚きではないだろう。なんとか抜け出したが、衣服がほぼ一瞬で凍りついた。さいわい、ひどい低体温症にならないうちに歩いて家に帰ることができたが、もしその道のりがもう少し長かったら、彼はあっさり死亡統計の一データになっていただろう。我々はみな、こういう「死んでいたかもしれない愚かな話」を持っている。

アウトドア系の人々の中には、自分や身近な人のために、非常に厳重な安全策を取っている人も存在している。そのことをよく理解したくて、私はコロラド州の猟区管理人夫妻に話を聞いた。彼らが言うアドバイスは驚くようなものではなかった。狩猟や釣りの場に酒を持ち込むのは非常に悪い考えで、とくに4輪バギーやモーターボートのような要素がここに加わると最悪だ。彼らがこれまでに対処した愚かな行為として教えてくれたのは、ピストルの早撃ち競争をして足に穴が開いて病院送りになったり、裸足で熱い炭の上を歩いて第Ⅲ度の火傷を負ったり、その場の盛り上がりで斧投げコンテストをやって、跳ね返ってきた斧で深い裂傷を負ったり、手作りのジップライン〔ベルトとハーネスをつけ滑車を使ってロープを滑り下りる道具〕で遊んでいるうちに壊れ、丸太の山に突っ込んで骨折したりという実例だ。

これでも夫妻から聞いたうちの一部でしかないが、どれだけ嬉々として自分の人生にあえて災厄を招き入れる人がいるかを、夫妻は十分以上に

語ってくれた。彼らの言うとおり、誰かが怪我をするまではどれも楽しい
ゲームだったのだろう。

エピローグ

　私はこれまで40年以上にわたって未開の地へ赴き、そこで遭遇するさまざまなピンチを切り抜けてきた。その間、地球上でもっとも優秀で経験豊富なアウトドア愛好家たちとともに旅をするという幸運に恵まれてきたし、最悪な仲間と旅したことも何度かある。私は良い人々からたくさんのことを学び、ともにいる時間を大切にした。悪いほうの仲間たちからもたくさんのことを学んだ。

　残念ながら、こうして私が学んだ良いものも悪いものも、実際には人に簡単に伝えられるものではない。暗記することも、練習することもできないからだ。完全に理解するには、経験を重ね、それについて自分の頭でよく考えるしかない。ヨガや宗教のようなことについて「修行」という言葉を使う人に会うと、以前の私ならムッとしたものだ。気取った言い方のように感じられて。けれどそのうちに、この言葉が「それとともに生きる」とか、「ずっと続く旅のようなもの」を示しているのだと理解し、気にならなくなった。つまり、修行というのは完全に習得できたり、簡単にこなしたりできることではないのだ。それは、その人がなろうとめざす姿のことを指している。そして私は、自分とアウトドアとの関係もそのように考えている。これは修行なのだと。その修行の道々で、みなさんの旅にも役立つのではないかと思うことをいくつか知った。みなさんが私のアドバイスをそのまま受け取るとは思っていない。きっとみなさんも私と同じ間違いを犯し、最終的に同じ結論に達するだろう。だから、これから述べることを、すべて今すぐに覚えなくてもいい。むしろ、これらはみなさんが私と同じだけの時間をかけて理解するべき事柄だと思っておいてほしい。

　まずは、問題のある人々とアウトドアで過ごして、時間を無駄にしないこと。自然のただなかにいるときには、ものの見方も感じ方も鋭敏になっている。自然に身を置いて聴く野鳥の歌声は、餌台の近くで聴く同じ鳥の歌よりも美しく耳に響く。大自然のなかで見る日の出は、目だけでなく、全身で感じるものだ。雪の上に散る血は絵のようだ。緊張感の高まりは両刃の剣だ。ふだんの生活でなら、他人の無知や身勝手さ、虚栄心なども見過ごせるかもしれない。しかし自然のなかにいて、究極の美しさと危険に囲まれていると、こういう欠点は際立って見えてくる。人間の醜さが自然界の美と衝突するのだ。人間からストレスを受けると、自然のなかにいて遭遇する危険に心を砕いて対処する余裕がなくなる。ある人のことを自分は好きなのか嫌いなのかという疑問が湧いてきたら、その問いには家に帰ってから結論を出そう。山の中腹で、空腹で寒くて疲れた状態でいるときには、テントをともにしている相手が嫌な奴だと決めつけるべきではない。

　同様に、自分自身が嫌な奴にならないようにしよう。他人に寛容になること。事前にしっかり準備をしていくのは、なによりも同行する人を助けてあげられるようにするためだ。私は濡れて寒がっている人がいる隣で、人を助けるより自分の予備の衣服を確保しておきたいというだけの理由で、バックパックの中の乾いた衣服のセットを差し出さなかった人を、これまで何度も目撃してきた。こういう行動は結局自分に返ってくる。

　ずいぶん昔、私は北極海に面したアラスカの山の斜面で、数人の仲間とカリブー狩りをしていた。そのうちのひとりは自分の食料を全部持って、みなから離れた場所にキャンプを張っていた。表向きは「事をシンプルにするため」と言っていた。彼は必要なときは仲間からの手助けや保護を求めたが、面倒なことはやりたがらなかった。またあるとき、アラスカ中南

部でサケ釣りをしていた際、何尾かの調理が終わったところで、同じ人物が自分のぶんの切り身だけ持ってどこかへ行ってしまい、残りの魚を捌（さば）くのを手伝わなかった。彼は、別の場所で用事があったのだと言った。彼のルール違反は続き、その行動がグループの結束を損なわせていった。何かあったときは団結力が大事なのに。いつも自分のことしかやらないでいるのは、彼自身のためにもならなかった。つまり、この人物が本当にひどい状況に陥らないかぎり、私は道（あるいは小川でも）のむこうにいる彼を助けるために手を差し伸べにはいかないだろう。ほかにも何人か、私と同じ気持ちの者がいるのもわかっていた。

　友達を増やし、尊敬し合えるアウトドア仲間の強いネットワークを築いていったほうがよっぽどいい。もしも誰かのカヌーがきちんと係留されていなくて、湖に漂い出ていってしまったら、泳いで引き戻しにいくべきだ。夜、誰かのヘッドランプが点かなくなってしまったら、自分のものをその人に渡そう。嵐の中、雨と風でテントが飛ばないよう誰かが張り綱を増やしにいかねばならないときは、その役を買って出よう。信じてほしい。そこで利己的な振る舞いをするよりも、後でずっとよいことがあるから。

　私の友人ローク・デンバーは、海軍特殊部隊の基礎水中爆破訓練を長年担当している。この訓練は、世界屈指のエリート戦闘部隊に志願してくる人々の最初の選別テストの役割を果たしている。参加しているのは、選り抜きの優秀者ばかりだ。冷たい水に浸かり、多大な肉体的苦痛に耐えるうちに、75％は脱落する。ロークの言葉を借りると、ここで残った者は途中でやめることができない男たちだという。

　私はこのことをよく考える。途中でやめたい者などいるだろうか？　私はやめたくない。けれど、やめることができないという性格は、大惨事を

招くこともあるのは知っておくべきだ。真冬に、山頂をめざして登山をしているとき、今日は雪崩が起きる可能性が異常に高いと知ったとする。そこで引き返したら、途中でやめたことになるのだろうか？　ある浅瀬でオヒョウ釣りをしようと計画していて、そこへ行くには車で狭い地峡を走っていくことが必要だとする。地峡まで行ってみたら、道がでこぼこしすぎていて危険だとわかり、目的地へ行くのを回避したら、それは途中でやめたことになるのだろうか？　たしかにそう感じることもある。そんなときは嫌な気分だ。

　途中で投げ出した奴になってしまうのではないか、という不安に対処するため、私は自分の中に柔軟な頑固さというものを育てることにした。これは、前屈がどれくらいできるかなどとは関係ない。厳しい目標を設置しつつも、その目標を達成するためにこだわりすぎない、臨機応変な姿勢でいるというやり方だ。厳格で妥協を許さないスタイルを維持しながら、合理的な判断をするための余地は十分に持っていられるようにするのだ。これをうまくやれるかどうかは、いろいろな意味で「目標をどう定めるか」にかかっている。雪崩が起こりやすいある山の頂をめざすという目標より、何キロ踏破できるかを目標にし、そのうえで可能ならその山頂まで登ろうというようにすればいい。何がなんでもある特定の地点でオヒョウを釣らなければと考えるより、いろいろな地点で、程よく時間を過ごそうと思うほうがいい。このやり方を実行すると、アウトドアの冒険で「自分は途中でやめたのだ」と落ち込むことは減る。過剰に野心的な目標を立てては、実際に起こった障害や予想される障害を理由にいつも中止している人たちを私は知っている。誰しも、こういう説明を聞いたことがあるだろう。
「ボートが航行不能だったから計画全体を中止したよ」
「私の乗る飛行機が飛ばなかったんだ」

「山火事の危険があるからと国有林管理局がトレイルを閉鎖したんだ」

「川が氾濫していたから、渡れなかった」

　仮にこういう事態に遭遇しても、すべてをあきらめて帰宅しなければならないとは考えなくてもいい。次の案を実行すればいいのだ。

　海軍特殊部隊から聞いたことはもうひとつある。ゆっくりやるとスムーズで、スムーズだと速い、だ。ここでひとつ引用しよう。よくナポレオンの言葉とされているもので、ほぼ同じことを言っている。ゆっくりと服を着せてくれ、私は急いでいるんだ——おわかりだろうか。慌てるとトラブルや判断ミスをしがちということだ。アウトドアや冒険のエキスパートたちに共通するいちばんの特徴は、ストレス下にあっても冷静さを失いにくいことなのだ。生まれつきの性格も大きいと思う。アウトドアで人より優れているには、冷静でいることが必要なので、もともと落ち着いている人が人より抜きん出ているのは不思議ではない。けれど学んで身につける部分もあると思う。緊迫した状況を何度も経験するうちに、落ち着いていられるようになってくるのだ。ストレスがかかっているときに脈拍が速くなっていると感じたら、意識して自分を落ち着かせよう。風でテントが裂けたり、凍った湖の上で相棒との間の氷が割れて溝ができたりしているとき、落ち着けと言われても無理だと思うかもしれないが、忘れずに試みればできるはずだ。そのうちに意識しなくても落ち着けるようになる。それまでは、意識的に落ち着くことだ。

　ピンチのときにも冷静でいられるようになったら、次はそれを楽しめるようになろう。ここで思い出すのは、一年前、私の妻の友達サバンナが他の街から来てくれたときのことだ。私たちはカヌーを浮かべて、2時間ほど川下りをすることにした。季節は6月のはじめだった。この時期は水位が高くて、流れが激しいことは知っていたが、行ってみるまでどれだけ激

しいかはわかっていなかった。はたして、流れはものすごく速かった。河岸まで水が流れ込み、生えていた木が流され、川に垂れかかっていた大量の枝も水に浸かっていた。危険な感じはしたが、危険すぎるわけではないと思った。私は妻とサバンナにこう言った。

「3人でカヌーに乗ったら、50％の確率で転覆し、川で泳ぐことになる」

　我々は乗り込んだ。私は乗客のふたりに、もし転覆しても絶対に後ろを振り返ったり、カヌーのことを気にしたりしてはいけない、と指示した。「下流のほうを向くんだ」私は言った。「尻を下に、胸を上に向けて、脚は前に出してバンパー代わりにする。安全に岸に上がれそうなポイントを見つけたら、手で後ろに水をかいて岸に向かうこと。そして忘れるな、絶対に後ろを見てはいけない」それから我々は川に向かい、案の定、30分後には泳いでいた。カヌーはものすごいスピードでカーブに飛び込み、カーブの外側の木の枝の間に突っ込んだ。そしてまるで神の手でひっくり返されたみたいに、なめらかな動きであっさりと転覆した。妻とサバンナは私の言いつけを守って、振り返らなかった。私がなんとかカヌーにしがみつき、パドルや装備をかき集めようと奮闘していると、ふたりの姿は私の目の前で下流の急流に呑み込まれていき、それから波の間に小さな点のように現れたかと思うと、次のカーブを曲がって、視界から消えた。

　なんてことだ、と私は思った。俺の妻が消えてしまった！　幼い子ども3人の母親である妻が！　俺はいったい何を考えていたんだ？　私はカヌーを立て直すとカーブを曲がり、狂ったように猛烈にパドルで漕いだ。妻の姿はない。さらに猛烈に漕いで、次のカーブを曲がる。するとようやく、向こうに妻とサバンナが立っているのが見えた。ふたりは無事に川岸に上がっていた。最高に楽しそうというわけではなかったが、ひどいめに遭ったという感じでもなかった。ふたりはとても……ゾクゾクしているようだ

った。カヌーでのワイルドな体験にゾクゾクしていた。生きていることに
ゾクゾクしていた。見ている私のほうまでゾクゾクした。それから2時間
のあいだ、ゾクゾクした感じがだんだん喜びへ変わっていくのを見ている
のは楽しかった。車で家に帰り着くころには、3人とも、いまのワイルド
な経験の代わりに家でぬくぬくと過ごしていたかったなどとは思っていな
かった。そして、このうれしい気持ちはその後も消えることはなかった。

　このあいだその川沿いの道を車で通ったとき、子どもたちに「ママが増
水した川で泳ぐことになった場所だよ」と教えてやった。一家全員で笑っ
た。このことで私は、自分たちがどういう人間であるかを、家族にお互い
知っていてもらいたいという思いをさらに強く抱くようになった。うちの
家族はみな、冒険が大好きなのだ。危険に遭遇したら、どうするべきかを
学ぶ。恐怖に打ち勝つ。そしてあとでその経験を笑い合うのだ。無事に切
り抜けられた冒険は私たちを強くする。それにとても面白い。

　ここで、この本の最後にもうひとつ言っておきたいことがある。

　厳しく聞こえるかもしれないが、はっきり言わせてもらいたい。母なる
自然に対する愛がないなら、自然に近づかないでほしい。「人間vs自然」と
いうスタンスは時代遅れで、もう通用しない。これまでの人類の歴史の大
部分で自然がなくならなかったのは、ただ単に人類がまだ到達していなく
て破壊していなかっただけだ。当時は、文明世界を広げるという口実のも
と、開拓者や探検家を褒め称えていた。そういう時代は終わった。我々は
自然を征服したり、支配したりしたいと考える人々をもう必要としていな
い。いまは、自然を守りたいという人が必要なのだ。自然もその危険も、
我々がそれを守ろうという選択をしたから、いまも存在しているのだとい
う現実を認識しよう。自然が存在するのは、我々が自然を失いたくないと

考えているからだ。

　次に自然のなかに足を踏み入れるときは、思い出してほしい。

　すべての危険に感謝すること。すべてのリスクは恵みだと思おう。生き延びなければならない環境が残っていることをありがたいと思おう。テントの外でガサガサと音がしたら、あなたを食べようと狙う何かの生き物がやってきているのかもしれない。どうか、そいつに反撃する準備をしてほしい。けれど反撃するときは、愛を持ってしてほしい。

スティーブン・リネラ

謝辞

　本書に寄稿してくれたブラッド・ブルックス、レミ・ウォーレン、パトリック・ダーキン、サミュエル・セアー、グレッグ・フォンツ、ロニー・ボーム、リック・ハットン、マシュー・カイパー、アンソニー・マンら諸氏に厚くお礼を申し上げたい。

　貴重な時間を割いて、この本の医学的情報をチェックしてくれたアラン・ラザーラには非常に感謝している。

　『ミートイーター』クルーのサム・ラングレン、ジャニス・プテリス、ジョー・フェロナート、スペンサー・ニューハース、ケイティ・フィンチ、アンソニー・リカタは、このプロジェクトの大きな助けになってくれた。

　ランダムハウス社のベン・グリーンバーグ、カエリ・サバーウォル、ナンシー・デリア、グレッグ・キュビー、エリン・リチャーズにお礼を申し上げる。出版エージェントのマーク・ジェラルドにも、いつもとても感謝している(俺たちはもう17年も一緒にやってきたんだね、マーク)。

　ピート・シェスキには、我々のクレージーなプロジェクトにまた参加してくれたことを感謝している。

　そして最後に、私の友人であり協力者であるサバンナ・アショアとブロディ・ヘンダーソンには、とくにお礼を申し上げたい。

訳者あとがき

　ここまで読まれた方はもうご存じのことだが、本書はアウトドアのアクティビティをフルに楽しみ、安全に帰宅するための読みごたえあるガイドブックだ。物心ついたときにはすでに狩りに参加し、雪山でも砂漠でも急流でもサバイバルしてきた著者が、長年の経験と知識とデータに基づいて、詳しく楽しく教えてくれている。日帰りから数週間におよぶキャンプまで、山、川、砂漠、氷河、海、登山などでのあらゆる野外活動に必要な準備と知識とトラブル対処法が網羅されている。要所要所で登場する著者の驚くべき経験談にも注目だ。

　著者スティーブン・リネラは狩猟をし、獲物を料理して食べながら旅をするオリジナル番組『ミート・イーター　猟理の達人』(NETFLIX) でホストを務めている。現在シーズン10を配信中の人気番組だ。ミートイーターの名を冠した本としては、*Meat Eater: Adventures from the Life of an American Hunter* (2013)、*The Complete Guide to Hunting, Butchering, and Cooking Wild Game* (2015)、*The MeatEater Fish and Game Cookbook* (2018) などがあり、そのほかにもエッセイ等の著書がある。ポッドキャストやAudible (どちらも英語版) のシリーズもあるという多才さを発揮するスティーブの今後の活躍もお楽しみに。

仁木めぐみ

［著者］
スティーブン・リネラ
Steven Rinella

1974年米国ミシガン州生まれ。狩猟家、作家、料理人。山、川、海、砂漠などあらゆるフィールドへ足を運び、狩猟で捕らえた獲物を料理しては食べ、旅をする自然ドキュメンタリー番組『ミート・イーター 猟理の達人』(NETFLIX)でホストを務める(現在シーズン10配信中)。ポッドキャストでも活躍。ミートイーターの名前を冠した書籍に、*MeatEater: Adventures from the Life of an American Hunter* (2013)、*The MeatEater Fish and Game Cookbook* (2018)などがあり、ほかにも多数の作品を上梓。なかでも *American Buffalo* (2009)は、Sigurd F. Olson Nature Writing Award や Pacific Northwest Booksellers Award などを受賞。

［訳者］
仁木めぐみ
Megumi Niki

翻訳家。東京都出身。主な訳書に、ジェニファー・ベリー・ホーズ『それでもあなたを「赦す」と言う』、ミキータ・ブロットマン『刑期なき殺人犯』、サム・ナイト『死は予知できるか』(以上、亜紀書房)、オスカー・ワイルド『ドリアン・グレイの肖像』(光文社古典新訳文庫)、ヘレン・トムスン『9つの脳の不思議な物語』(文藝春秋)、ブロニー・ウェア『死ぬ瞬間の5つの後悔』(新潮社)、ホセ・コルデイロ、デイヴィッド・ウッド『死の終わり』(化学同人)など。

ミートイーター式
サバイバル大全
アウトドアの「もしも」に応える実践ガイド

2024年9月1日　第1版第1刷　発行

著　者	スティーブン・リネラ
訳　者	仁木めぐみ
発行者	株式会社亜紀書房
	〒101-0051
	東京都千代田区神田神保町1-32
	TEL 03-5280-0261（代表）
	TEL 03-5280-0269（編集）
	https://www.akishobo.com
装　丁	金井久幸 [TwoThree]
装　画	藤原徹司
本文イラスト	ピーター・シェスキ
ＤＴＰ	山口良二
印刷・製本	株式会社トライ https://www.try-sky.com

Printed in Japan　ISBN978-4-7505-1848-0
Ⓒ Megumi Niki, 2024

亜紀書房の本

生き物を殺して食べる

ルイーズ・グレイ　宮﨑真紀＝訳　2200円＋税

野生のごちそう　手つかずの食材を探す旅

ジーナ・レイ・ラ・サーヴァ　棚橋志行＝訳　2200円＋税

第三の極地　エヴェレスト、その夢と死と謎

マーク・シノット　古屋美登里＝訳　3200円＋税

消えた冒険家

ローマン・ダイアル　村井理子＝訳　2500円＋税

地下世界をめぐる冒険　闇に隠された人類史

ウィル・ハント　棚橋志行＝訳　2200円＋税

亜紀書房の本

深海世界 海底1万メートルの帝国
スーザン・ケイシー　棚橋志行＝訳　2800円＋税

暗闇のなかの光 ブラックホール、宇宙、そして私たち
ハイノー・ファルケ、イェルク・レーマー　吉田三知世＝訳　2700円＋税

ビッグバンからあなたまで 若い読者に贈る138億年全史
シンシア・ストークス・ブラウン　片山博文・市川賢司＝訳　2500円＋税

匂いが命を決める ヒト・昆虫・動植物を誘う嗅覚
ビル・S・ハンソン　大沢章子＝訳　2600円＋税

標本画家、虫を描く 小さなからだの大宇宙
川島逸郎　2000円＋税